英語リーディング指導ハンドブック

門田修平・野呂忠司・氏木道人 (編著)

大修館書店

まえがき

　本書は，先に刊行した『英語語彙指導ハンドブック』（大修館）の姉妹本です。前著は英語の語彙指導の実践をその背景にある基礎知識とともに解説し，さらには理論研究と統合しようとしたものとして，一定の評価を得ています。それに続いて，リーディング指導を扱う本書では，実践編をさらに大幅に拡大・深化させ，外国語としての英語のリーディングの指導・学習に直結する具体的で実践的なノウハウを可能な限り提供しようとするものです。最大の特徴は，翌日のクラスルームでの指導に生かせる手順やノウハウをできるだけ具体的に，リーディング指導全般にわたって網羅したリソースブック（resource book）になっている点にあります。そして，必要な方法を取捨選択していただけるようにしています。このように本書は，前著同様，実践編と理論編の2部構成としていますが，特に実践編をさらに発展させたものになっています。

　同時に以上のような実践に必要となる背景知識や，リーディングのメカニズムに関する心理言語学研究の成果についても，最小限必要な情報を，精選した形で提供しています。これにより，確信を持って英語リーディングの指導ができるようにつとめました。

　本書ではまず1～3章で，教科書などのテキストに入る前の pre-reading 活動，実際にテキストを読む while-reading 活動，テキストの理解を終えた後の post-reading 活動として何が効果的であるかという観点から，実践例を詳細に紹介します。そして，4章では，1時間の指導の流れを具体的に示します。さらに，学習者に不足しがちな言語インプットの確保という観点から，その効果が再評価されている多読や，従来からその必要性が唱えられている速読について，具体的な実践方法を解説しています（5章）。実践編の最後の6章では，読みとスペリングや文法との関係，リーディングストラテジーやタスクベースのリーディングの指導，教材の選定や，リーディング力の測定といった問題について取り上げています。そして，1～6章全体にわたって，リーディング指導を実践する上で不可欠な背景知識を，それぞれの

実践と関連させる形で，配置しています。

続く理論編（7章）では，第二言語リーディングについて，心理言語学など認知研究の観点から，リーディング中の眼球運動研究，文処理研究について概観し，近年多くの研究者の注目を浴びる，読みの構成要素アプローチの解説をしています。最終章では，実際に教室の内外で活用できる質的・実践的研究法にどういったものがあるのか紹介し，その活用法について述べています。このように実践重視の内容構成をとりながら，その背後の理論的裏付けを盛り込むという試みがどの程度成功しているかは，前著同様，本書を手にとっていただいた読者の先生方の判断に委ねたいと思います。

本書は主に，中学校・高等学校における普通教室における授業実践を想定しています。しかし，中高のみならず，小学校や大学にも大いに参考になるものです。またCALLを活用した授業などにも応用できると考えています。

平成21年3月に公示された高等学校の新指導要領によると，英語Ⅰ，英語Ⅱ，リーディング，ライティングから，コミュニケーション英語基礎，コミュニケーションⅠ～Ⅲに変更されます。改訂の趣旨は「聞く」「話す」「読む」「書く」の4技能を総合的に活用できるコミュニケーション能力をつけることです。本書はこの趣旨も十分考慮しています。一例をあげると，第4章では，「聞く」活動から「読む」活動につなぐ形でテキスト理解を行い，理解ができたら音読やシャドーイングで知識の内在化をはかり，「話す」活動と「書く」活動へ発展させる，諸技能を統合した指導法について検討しています。

本書の刊行は，3名の編著者と12名の執筆者のコラボレーションの産物です。企画の趣旨に賛同し，計10回におよぶ，大阪・名古屋での執筆者会議や原稿検討会に出席いただき，編者からの要請に快く応じて頂いた執筆者の先生方に厚くお礼を申し上げます。また，大修館書店編集部の金子貴さんには前著同様大いにご尽力を賜りました。ここに記して深く感謝したいと思います。本書が，日本の英語教育におけるリーディング指導を見直す一つのきっかけとなれば，編者としてこれにまさる喜びはありません。

2010年4月
編者一同

編著者・執筆者一覧

【編著者】
門田 修平（関西学院大学教授）
野呂 忠司（愛知学院大学教授）
氏木 道人（関西学院大学教授）

【執筆者】（五十音順）
池田 真生子（いけだ まいこ）（関西大学准教授）
泉 惠美子（いずみ えみこ）（京都教育大学教授）
城野 博志（しろの ひろし）（三重県立四日市南高校教諭）
高田 哲朗（たかだ てつろう）（京都教育大学附属高校教諭）
田中 武夫（たなか たけお）（山梨大学准教授）
長谷 尚弥（はせ なおや）（関西学院大学教授）
土方 裕子（ひじかた ゆうこ）（元東京理科大学講師）
藤田 賢（ふじた けん）（三重県立神戸高校教諭）
松井 孝彦（まつい たかひこ）（愛知教育大学附属高校教諭）
溝畑 保之（みぞはた やすゆき）（大阪府立鳳高校教諭）
村尾 玲美（むらお れみ）（名古屋大学准教授）
吉田 信介（よしだ しんすけ）（関西大学教授）

目次

まえがき ... iii

第Ⅰ部　実践編

第1章　教科書を用いたリーディング指導（1）pre-reading 活動
- 1-1　はじめに ... 3
- 1-2　様々な事前リーディング指導 ... 4
- 1-3　読解のための語彙指導 ... 14

第2章　教科書を用いたリーディング指導（2）while-reading 活動
- 2-1　はじめに ... 20
- 2-2　聞きながら読む ... 21
- 2-3　英問英答による読解チェック ... 25
- 2-4　内容理解のための効果的な発問の作成および活用方法 ... 32
- 2-5　教師によるパラフレージング（paraphrasing）によって理解を促進する ... 41
- 2-6　チャンク（フレーズ）読み ... 52
  - 《基礎知識1》チャンクと言葉の処理過程 ... 59
- 2-7　サイト・トランスレーション ... 62
  - 《基礎知識2》訳すということの意義：直訳から翻訳へ ... 69
- 2-8　結束表現の認識と解釈による理解チェック ... 74
- 2-9　和訳はどのような時にするか？ ... 81
  - 《基礎知識3》和訳と英語力の関係 ... 86

2-10	推論と内容要約を用いた文章理解のための指導	89
	《基礎知識4》リーディングにおける意味の理解とは？	97
	《基礎知識5》テキスト表象の構築	100

第3章　教科書を用いたリーディング指導（3）post-reading 活動

3-1	はじめに	106
3-2	サマリーライティング	107
3-3	リーディングとライティングとの統合	121
	《基礎知識6》ライティングの心的プロセス	129

第4章　リーディング指導の具体的な流れ

4-1	はじめに	135
4-2	和訳先渡しリーディング指導法	136
4-3	和訳中渡しリーディング指導法	142
4-4	ラウンド制リーディング指導法	152
4-5	繰り返し読みの指導	158
4-6	直読直解をめざす指導法	162
4-7	談話構造を意識した指導法	172
	《基礎知識7》語彙力と読解力の関係	179

第5章　多読・速読指導

5-1	はじめに	185
5-2	多読の方法と教材	186
	《基礎知識8》インプットの役割：なぜインプットの質を高める必要があるのか	193
5-3	中学校での10分間読み	199
5-4	高校での10分間読み	206
	《基礎知識9》多読と動機づけ	209

5-5	授業外の自主的な多読	215
	《基礎知識10》100万語多読	221
5-6	中学校における絵本を用いた読み聞かせの指導	226
5-7	多読と他技能の統合	231
5-8	速読指導	233
	《基礎知識11》読みの処理速度を高める訓練としての速読と速読術の違い	239

第6章 リーディング指導の諸相

6-1	はじめに	245
6-2	リーディング能力の基礎となるスペリング能力とそれを伸ばす指導	246
6-3	リーディングにおける文法指導	248
6-4	読解ストラテジーを利用した指導	258
	《基礎知識12》読解方略とメタ認知	273
6-5	タスクリーディングによるリーディング授業の活性化	276
6-6	テキスト選択の指針	285
6-7	易しめのテキスト・教科書利用の勧め	300
	《基礎知識13》readability は信頼出来る指標か？	304
	《基礎知識14》テキストにおける未知語の割合	310
6-8	読解力の評価：リーディングテスト	314
	《基礎知識15》リーディングテストにおける妥当性と信頼性	322

第Ⅱ部　理論編

第7章　書かれた語や文はいかに処理されるか

7-1	はじめに	328
7-2	リーディングにおいて眼球はいかに情報を受容するか：眼球運動研究の成果	329
7-3	語彙処理の自動化と読解プロセス	334
7-4	文法力と読解力：文理解におけるパージング	342
7-5	日本人英語学習者によるガーデンパス文の処理	347
7-6	読解力を構成する要素は何か？	354

第8章　第二言語読解研究の方法

8-1	はじめに	360
8-2	質的研究	361
8-3	発話・筆記プロトコルによる方法	373
8-4	実践にもとづく方法：アクションリサーチ	384

参考文献	395
索引	413

執筆分担

池田：《基礎知識12》；8-2
泉：　6-4；6-6
門田：《基礎知識10》；7-2；7-4；7-5
氏木：《基礎知識2》；3-2；《基礎知識8》；《基礎知識11》；《基礎知識13》；《基礎知識15》
城野：2-10；4-7；4-2；4-3；《基礎知識9》
髙田：4-4；4-6；5-5；6-7
田中：2-4；8-4
野呂：1-3；2-2；2-8；2-9；《基礎知識3》；《基礎知識4》；4-5；《基礎知識7》；5-2；《基礎知識14》；7-3；7-6
長谷：1-2；2-5；6-3
土方：2-6；《基礎知識1》；2-7；《基礎知識5》
藤田：5-4；5-7；5-8；6-8
松井：5-3；5-6；6-2
溝畑：2-3
村尾：3-3；《基礎知識6》；6-5
吉田：8-3

英語リーディング指導ハンドブック

第1章　教科書を用いたリーディング指導(1)
―pre-reading 活動―

1.1　はじめに

本章では，pre-reading 活動の指導法を紹介する。pre-reading 活動はリーディングの準備段階で，その目的は，(1) なぜこのテキストを読むのか，その理由を明らかにすること。(2) 今から読もうとするテキストのトピックについて興味を持たせ，その背景的知識を活性化すること。そうすることで学生に内容を予測させることが出来る。また，(3) 内容の理解の障害にならない程度に，語彙や文法についての言語情報を与えることも pre-reading 活動の目的の一つである。

本章では，オーラルイントロダクション，オーラルインタラクション，pre-reading questions，先読み，スキミングとスキャニング，セマンティック・マッピングによる指導法を例示する。

学習者の背景的知識の活性化のために，教師が易しい英語を使って口頭で，読む内容について紹介をするオーラルイントロダクション (oral introdaction) がある。教師が一方的に話すのではなく，学習者と簡単な英語で読む内容についてやり取りをするオーラルインタラクション (oral interaction) は，学習者を会話に引き込み，テキストに興味を持たせることが出来る。また，読む前になされる pre-reading questions は，これから読むテキストの内容やテキスト構造を予測させ，読む目的を与えるものである。先読み (previewing) とは，写真，グラフ，チャート，地図等の視覚情報やタイトルや見出しのような言語情報を使って，読む内容を予測させる方法である。スキミングはテキストにざっと目を通して内容のあらましをつかもうとする読みで，スキャニングはテキスト中のある情報を探させる読みである。両者とも本格的な内容理解の準備をさせるものである。最後に，未知語や文法の扱い方について言及し，pre-reading で導入する語，while-reading で導入する語について論じた。トピックとなる語について連想する語を学習者に挙げさせて，その語を分類して意味地図を作製させるのがセマ

ンティック・マッピングである。マッピングをさせることによって，背景的知識が活性化し，単語の記憶を促進することが出来る。

1．2　様々な事前リーディング指導
1．2．1　pre-reading 活動の一つの目的：スキーマ（背景知識）の活用化

　スキーマ（背景知識）とは，読み手の持つ構造化された背景知識のことである。スキーマ理論によると，いかなるタイプのテキストもそれ自体は意味を伝達せず，むしろ読み手や聞き手がテキスト理解に関係のあるスキーマを呼び起こして活性化し，テキストの意味を作り出していくきっかけをえているとされる（Carrell & Eisterhold 1983）。つまり，読みというのは，読み手自身が持つスキーマと照合することで，読み手がテキストから意味を捉えるプロセスである。したがって，読み手がテキストに関係深いスキーマを共有しているかどうか，または，そういったスキーマをうまく引き出せるかどうかがテキストの理解を左右することになる。生徒がテキストを読む際にそういった自身の持つスキーマを活性化できるように指導することが教師に求められる。こういったことが，トピックに対して生徒に興味を持たせ，読みの動機づけをすることと並んで，pre-reading 活動の大きな目的となる。

1．2．2　pre-reading 活動のための様々な指導法

　では次に，具体的な教材を用いて pre-reading 活動のための様々な指導法を見ていこう。以下の英文は，アメリカのハワイから日本の学校に英語を教えに来た外国語指導助手（ALT）によって書かれたものであり，特にハワイに住む多くの異なった人種やそこで話されている多くの言語が話題となっている。この教材を用いる場合，具体的にどういった pre-reading 活動が考えられるだろうか。その具体的な指導例を見てみよう。

● Example 1：教材例

Aloha, everyone !
　As you know, I am from Hawaii. If you have been there, maybe you noticed that there are many different kinds of people in Hawaii.
　Some people call our islands "the melting pot of the Pacific." The first people came to Hawaii over 1,000 years ago from other Polynesian islands. Their descendants, like myself, are called "Hawaiians," but we are a

minority. There are also many people from different parts of the world: Japan, Korea, China, the Philippines, Europe, and other American states. Though there are many different races and nationalities, we seem to be getting along very well.

There are lots of different languages too. Of course English is our main language, but did you know that Hawaiian is also an official language? I'd like to tell you a little about it.

Crown English series I（三省堂），53-54

(1) オーラルイントロダクションやオーラルインタラクションを活用した指導
①オーラルイントロダクション

　オーラルイントロダクションとは文字通り，これから読もうとしているテキスト内容を教師が口頭で生徒に紹介することである。この活動によって教師は，これから読もうとするテキストの内容を生徒に紹介すると同時に，その内容に関して生徒の興味を喚起することが出来る。また，その内容に関して生徒の持つ背景知識を活性化させたり，新出語を導入することも出来る。

● Example 2：Example 1 をもとにしたオーラルイントロダクションの例

　Aloha, everyone! You know what *Aloha* means, don't you? It means hello in the Hawaiian language. As you know, Hawaii is one of the states of the USA, so people living in Hawaii speak English, of course. But they also speak their own language called Hawaiian, and *aloha* is one of the words of Hawaiian. By the way, did you know that there are many different kinds or "races" of people living in Hawaii? Lots of people are from the mainland USA, but there are also many people who are originally from Asia and islands in the Pacific Ocean. There are many different races of people living in Hawaii, but they seem to be getting along very well.

　The story of Lesson 4 is about the many peoples living in Hawaii and the languages they speak. Let's read the story and learn more about Hawaii!

　Example 1 の英文の主な内容は，ハワイに住む人々の人種的な多様性とその言語の豊かさである。ここではこの２点に焦点を当てる形でテキストの内容を紹介している。同時に，race といった新出語も紹介している。

②オーラルインタラクション

　オーラルイントロダクションがどちらかといえば教師から生徒への一方的な情報伝達になりがちであるのに対し，オーラルインタラクションは教師と生徒のやりとりを媒体にした教材の導入方法である。基本的な役割はオーラルイントロダクションと同じであるが，これから読もうとする内容に関して教師がいろいろと発問し，それに対して生徒が答えるというやりとりがその特徴である。また，リーディング指導にあって，この活動が貴重な他の技能（リスニングやスピーキング）の練習の機会を与えてくれることは重要である。

●Example 3：Example 1 をもとにしたオーラルインタラクションの例

教師：*Aloha*, everyone! Does anyone know what *aloha* means? People say this word when they meet each other on the street. What does *aloha* mean?

生徒："Hello"?

教師：Very good! Now, where do they say this word? How about A?

生徒：Hawaii?

教師：That's right! People in Hawaii say *aloha*. By the way, which country does Hawaii belong to?

生徒：America, I think.

教師：You are right! Hawaii is part of the United States. So of course they speak English. But they also have their own language called Hawaiian. Did you know that? How about people? What kind of people live in Hawaii, do you know? How about B?

生徒：Americans.

教師：That's right. A lot of people in Hawaii came from the mainland US, but there are also a lot of people who came from other parts of the world. Can you guess where they came from? How about C?

生徒：I don't know.

教師：How about D?

生徒：Japan?

教師：Very good! Long time ago, Japanese people moved to Hawaii from Japan to live there and their children and grandchildren still live there. In fact, not just Japanese but many different peoples live in Hawaii, who originally came from different parts of the world. There are many different "races" in Hawaii. And they all have their own languages. Hawaii is really an interesting place. Okay now, let's read the story of Lesson 4 and learn more about Hawaii.

生徒の興味を引き続けておくためには，上のような生徒とのやりとりが効果的である。生徒に対して答えやすい簡単な質問を用意することで，生徒をうまく会話に巻き込むようにしたい。

(2) 読みに先立つ質問を活用した指導

これは signpost questions（Nuttall 1996）とも言い，読んだ内容を生徒が理解したかどうかを確認する post-reading questions とは異なり，生徒の読みを正しい方向に導くための signpost（道標，指標）の役割を果たすものである。適切な questions を聞くことによって生徒の読みを正しい方向に導き，注目すべき英文の箇所へと生徒の注意を引きつける。また，これから読もうとするテキストに対して生徒に興味を持たせたり，読む理由を与えることで生徒が目的を持って読むことが出来るようにすることもその主な目的である。同時に，新出語などの言語材料を導入し，指導することも出来る。

● Example 4：Example 1 のための読みに先立つ質問の例

教師：Okay, before we start reading today's passage, I have several questions for you. Do you think the answers to these questions are T (true) or F (false)? You don't have to answer now. Please think about these questions when you read the passage. And let's talk about the answers after the passage. Here are some questions I would like you to think about.

1. There are many kinds or "races" of people living in Hawaii. (T/F)
2. Hawaii is called "the melting pot of the world." (T/F)
3. The first people in Hawaii came from the mainland USA. (T/F)
4. "Hawaiians" are a minority. (T/F)
5. There are many problems in Hawaii because many races of people live there. (T/F)
6. Everybody in Hawaii speaks the same language. (T/F)
7. There are more than one official language in Hawaii. (T/F)

こういった質問を読みに先立って生徒に尋ねておくことで，生徒にこれから読もうとする内容をある程度予想させるとともに，これらの質問に対する答えを探しながら読むことで目的を持った読みを体験させることが出来る。こういった質問を考える際に注意すべきことは，それがあまり難しすぎないようにすることである。読んだあとの内容理解確認のための質問（post-reading questions）と異なり，これらの質問の目的はあくまでも，読む上での動機やヒントを与えることだからである。

(3) 概要を掴むための質問を活用した指導
　基本的な役割は上述の読みに先立つ質問と同じであるが，細かい内容ではなく，書かれてある内容をパラグラフ単位で掴む上でのヒント，パラグラフ単位での読みに指針を与えるものが概要を掴むための質問（paragraph questions）である。

● Example 5：Example 1 にもとづく概要を掴むための質問の例
教師：Okay, before we start reading today's passage, I have just a few questions for you. Please think about these questions when you read the passage, and let's think about the answers after we have read the passage. Here are the questions for you to think about.

　　　1. Who is the writer and where is he/she now?
　　　2. What are the two main topics of the paragraph?
　　　3. What is the writer going to do after this?

こういった質問に答えるためには，テキストの細部というよりも大枠，大まかな内容を掴む必要がある。まず大まかな内容を掴むことで話の概要を把握し，正しい読みの方向づけをしっかりとした上でさらに細かい点まで読み取る作業に入るように指導したい。

(4) 先読みを活用した指導
　先読みとは本格的に教材を読み始める前に「先読み」することである。先読みは，読み手が持つ背景知識の活性化と並んで頻繁に行われる pre-reading 活動であり，効果的なリーディング指導法の一つである（Chen and Graves 1995）。英文そのもの以外にも，タイトル，図表・写真・挿絵等の視

覚情報に簡単に目を通すことで，英文の内容をかなり予想することが出来る。

①写真・イラスト・グラフ等による先読み
以下は，Example 1 の英文に関するイラストである。

青い海や林立する椰子の木々，背景にはダイヤモンドヘッドを臨むハワイの代表的な風景である。このイラストを見ながら，これがどこであると思うか，行ったことがあるか，行ったことがある生徒に対してはどういった印象を持ったか，行ったことがない生徒に対してはハワイと聞いてどんなことを連想するかなどについて聞いてみるのもよい。

●Example 6：イラストに関する previewing questions の例

図1　Example 1 のイラスト

教師：Please look at the illustration on page 52. Have you ever seen this place before? Where do you think this is?
生徒：Hawaii?
教師：Very good! This is Hawaii. It's a popular place to go on vacation, isn't it? Tell me anything you know about Hawaii.
生徒：(silence)
教師：Okay, that's fine. Now we know that the story of this lesson is about Hawaii. Let's read the story and find out what's written about Hawaii.

次に，ハワイを中心とした以下の太平洋の地図（図2）を見ながら，ハワイがアジア大陸とアメリカ大陸のほぼ中間点に位置すること，南方には他にも多くの太平洋諸島が存在することなどを認識させる。また，ハワイに住んでいる人々がその昔どこから来たのかといったことを考えさせるもの面白い。

●Example 7：地図に関する previewing questions の例
教師：Okay. Now, look at the map on the next page. On this map, Hawaii

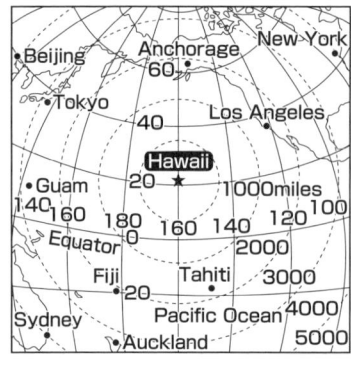

図2 ハワイを中心とした太平洋の地図

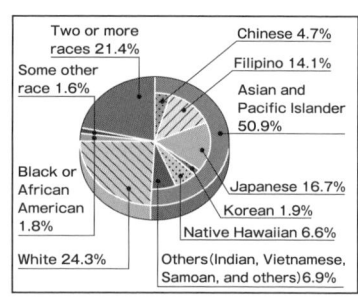

図3 ハワイ州の住民の出身を％で表したパイチャート

        is in the middle. Can you see?
生徒：Yes.
教師：Good. Now find Tokyo and Los Angeles. Do you see those places on the map?
生徒：Yes.
教師：Very good. Tokyo is over here on the left, and Los Angeles is on the other side of the Pacific Ocean across Hawaii from Tokyo. So you can say that Hawaii is between Tokyo and Los Angeles, or between Japan and the United States. Of course, Hawaii is part of the United States, too. Now, what else can you see on the map?
生徒：(silence)
教師：Can you see anything to the south of Hawaii?
生徒：Fiji.
教師：Very good. Yes, Fiji is to the south of Hawaii in the Pacific Ocean. How about Tahiti?
生徒：Yes.
教師：So both Fiji and Tahiti are rather near Hawaii. These islands are called the Pacific Islands because they are located in the Pacific Ocean.
      ……

最後に，人口構成を表すパイチャート（図3）を見せ，ハワイの全人口の約半分がアジア・太平洋諸島出身者，4分の1が白人，あとの4分の1が混血であることを認識させる。そして，ハワイには多くの人種が共存し，多くの

異なる言語が存在していることを予想させることは，本文を読む上で大いに参考になる。

●Example 8：パイチャートに関する previewing questions の例
1. What does the lightly shaded of the chart mean?
2. About half of the population in Hawaii comes from Asia and Pacific Islands. Did you know that?
3. What percent of the total Hawaiian population does Japanese make up?
4. According to the chart, "Two or more races" makes up 21.4％. What does this mean?

②タイトルや小見出しによる先読み

　次に，タイトルや小見出しを見ることでもある程度内容を予想することが出来るということを生徒に教える。この課のタイトルになっている Punana Leo（現地の言葉で「託児所」）を見ながら，これが何を表すかを生徒たちに想像させてもよい。また，タイトルのすぐ下にハワイの現地語で書いてある短い文（I ka olelo no ke ola, I ka elelo no ka make.）とその英訳（Inside the language lies life; inside the language lies death.）を読ませ，それらがどういったことを表しているのかを考えさせるのもよい。

●Example 9：タイトルに関する previewing questions の例
1. What do you think "Punana Leo" means?
2. "I ka olelo no ke ola, I ka elelo no ka make," means "Inside the language lies life; inside the language lies death," in English. What do you think this means?

③本文のスキミングやスキャニングによる先読み

　最後に，本文そのものにざっと目を通すことでこれから読もうとする英文の内容を予想させる。

　まず，スキャニングとは，特定の情報を探して英文に目を通すこと（情報検索読み）である。タイトルや写真からこの課の話題がハワイやそこに住む人々，或いは話されている言語であることは既に分かっているので，例えば，現在ハワイに住む人々の出身地を表すであろう地名や現地で話されている言葉と思われるものを探しながら，ざっと英文に目を通させるのもよい。

● Example 10：スキャニングのための質問例

Read part 1 quickly and:
  1. find one word of the Hawaiian language
  2. find out where the writer of the story comes from
  3. find names of areas/countries
  4. find out what "Hawaiians" mean
  5. find a number

次に，スキミングとは細部にこだわることなく，全体にざっと目を通してみてどういったことが書かれてあるかを大まかに掴もうとする（大意把握読み）活動である。その際，繰り返し出てきた単語や特に記憶に残った単語を発表させてもよい。Example 1 で言うと Aloha, Hawaii, "the melting pot of the Pacific," "Hawaiians," "language(s)" などであろうか。

● Example 11：スキミングのための質問例（Nuttall 1996 を参考）

Read part 1 quickly and：
  1. think of a title for part 1.
  2. answer which of the following topics are talked about in part 1.
    a. souvenirs of Hawaii b. different peoples in Hawaii
    c. history of Hawaii   d. marine sports in Hawaii
  3. write down any words that appear repeatedly and/or that impressed you.

また，各パラグラフの最初の一文だけに注目させて，それらの文をもとにそのパラグラフの話題や話の展開をある程度予想させることも出来る。

● Example 12：段落展開の予想課題の例

以下は，part 1 の各パラグラフの最初の英文を抜きだしたものである。これらをもとに，このパートの話の展開を予想しなさい。

    Aloha, everyone!
      ↓
    As you know, I am from Hawaii.
      ↓
    Some people call our islands "the melting pot of the Pacific."
      ↓

There are lots of different languages, too.

こういった先読みによる様々な活動をさせることで，生徒に対して心理的に英文を読む準備をさせるとともに，これから本格的に読もうとするテキストの内容に慣れさせたり，内容を予測させることは有意義である。

1.2.3　pre-reading 活動を考える上での注意すべき点とよい活動の条件

以上，様々な pre-reading 活動を紹介した。いずれもうまく導入することによって，これから読もうとしている英文に対して生徒に興味を持たせたり，背景知識を活性化させるなどして読みの準備を整えさせることが出来る。pre-reading 活動を準備する際に大切なことは，生徒にとってそれがあまり難しすぎないものにすべきであるということである。例えば pre-reading questions などにおいても，正解を得ることが重要なのではなく，そういった questions をきっかけに背景知識を活性化させたり，これから読もうとする内容に対して興味を持たせたり，その内容を予想させたりするなどの読みの準備を整えさせることが重要なのである。pre-reading 活動というのは，それによって新しい知識を得るといった学習効果を狙ったものではなく，比較的容易に取り組むことが出来る活動を通して，生徒に対して読みの準備を整えさせるものなのである。

最後に，pre-reading 活動を考える上での注意すべき点とよい活動の条件（Nuttall 1996）を挙げておく。

(1) 注意すべき点：
　①長く時間をかけすぎないこと。
　②これから読もうとするテキストの内容を教えすぎないこと。
　③テキストに関係のない活動をさせないこと。
　④生徒を巻き込まない教師からの一方的なものにしないこと。

(2) よい活動の条件：
　①生徒に対してテキストを読みたいと思わせるものであること。
　②テキストの内容を生徒自身の経験や興味と結びつけるものであること。
　③生徒を積極的に巻き込むものであること。
　④テキストを読むことで生徒自身が発見出来る事柄を含んだものであること。
　⑤適当な短さであること。

1．3　読解のための語彙指導

　テキストを読む前にテキストのテーマになる語を選んでその語と関係する単語を列挙させて，関連する単語の導入やテーマに関する背景知識を活性化することが出来る。また未知語の扱いには注意が必要である。テキスト中に意味を推測出来るほどの手掛かりのある語は推測させてよい。手掛かりはないが，テキストの理解に必要な語は事前に教師が導入する必要がある。無視してもよい語もあろう。そのような判断を教師はする必要がある。

1．3．1　事前に語彙指導計画をたてよう！

　テキストを読む前に未知語をどのように扱ったらよいか前もって指導計画を立てておくとよい。中学校の段階では，一時間に扱う未知語は少なく，どの語が未知語かはっきりしているので，テキストを導入する前に未知語を全て提示することが出来る。中学校では抽象的な意味をもつ語が使われることが少ないので，意味や音声・スペルの提示の仕方は，絵，写真，ジェスチャーなどで視覚的に意味と同時に音声を導入した後，フラッシュカードで未知語が定着するような練習をするとよい。意味の定着には訳語に絵を加えたフラッシュカードを使えば効果的である。

　高等学校でリーディングの教科書を扱う場合には，学習者の語彙力の個人差が大きいので，pre-reading の単語の指導には注意が必要である。未知語として導入した単語を知っている学習者もいる。また全ての未知語が教師によって導入されてから読むことに慣れてしまうと，教科書以外の未知語が含まれるテキストは読めなくなるし，自立した読み手にはなれない（相澤 2003, 116-17）。反対に，ある学習者には，教科書として不適切と思われる未知語の割合が 10％，いや 20％を超える場合もあるかもしれない。テキストを読む前にそれらの未知語を全て導入するのは，時間的に無理があり，学習者の記憶に負担がかかりすぎる。教えている学生の語彙力を十分知ったうえで，リーディングの指導前に教師は語彙の指導計画を立てることが必要である。①どの未知語を教えるべきか，②どの語を推測させるとよいか，③テキスト理解に必要でない語はどれか，を決めることである。自分の力で読める学習者を育てるために，未知語にどのように対処したらよいか，辞書をどんな時にどのように使えばよいか，についての方略を教えることも必要である。

1.3.2　語彙の扱い方の手順

米山（2002, 163）は，未知語の扱い方について，図4のような手順を提案している。教師はまず，①テキスト理解に不可欠な語か，そうでない語かを判断する。②テキスト理解に必要な語は推測が可能か，不可能かを判断し，推測が不可能な語は事前に導入する。③推測させる場合，文脈の手掛かりを利用して推測出来る語か，語形成の知識があれば推測出来る語か，を区別する必要がある。語形成の知識を利用出来る語の選択には注意が必要である。接辞によっては違った意味に理解されてしまうことがある。例えば，outline は out of line, research は search again, inflammable は nonflammable, cooker は a person who cook の意味ではない。Nation（2001）は，未知語を推測する方略として語形成の知識を利用する方法を使ってはいない。語形成の知識を意味の推測に利用するのではなく，推測した意味の確認に使っているのは，接辞の意味に先に言及したような不安定さが少しあるからである。④推量した意味を確認するには，(a)品詞が一致するか，(b)推測した意味を入れてみて，文脈に合うか，(c)文脈を利用した場合，語形成からも検討してみる，(d)最終的に辞書を引いて確かめる。⑤最後に，内容理解に必要でない，頻度の低い単語を教える。

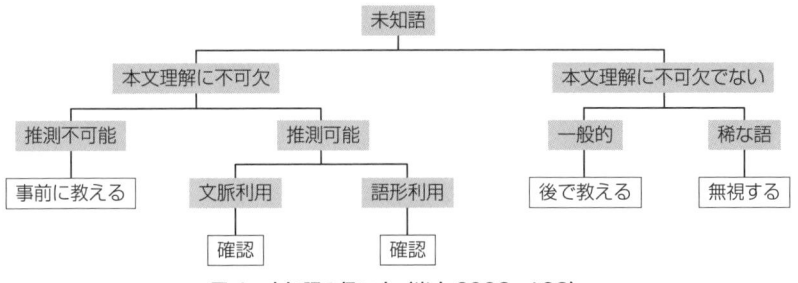

図4　未知語の扱い方（米山 2002, 163）

1.3.3　未知語の導入法の実際

e-mail に関する一節を使って未知語の導入法を説明する。

● Example 1：教材例
Part 4　①筆者が認めている E メールの利点を四つあげましょう。
　　　　②E メールによって，人はどうなってきていると筆者は考えている

のでしょうか。

　Also, physically challenged people get a lot of benefit from e-mail and modern technology. Although the telephone can't help deaf people, e-mail is a great communication tool for them. Surprisingly, e-mail helps blind people too. They can listen to e-mails if they use "text-to-speech" software, which reads aloud the e-mails if they have received. Moreover, they don't even have to type messages if they use "speech recognition" software. They only have to talk to a microphone and the software turns their speech into text. How convenient!

Mainstream English course I（増進堂），64

【注がついている語】physically challenged, text-to-speech software, turn 〜 into

【新出語】benefit, modern, technology, deaf, blind, software, aloud, moreover, recognition, microphone, convenient

学生によっては，新出語以外にも知らない単語があるかもしれないが，未知語が新出単語だと考えて指導法を提案する。教科書によっては語注がついているが，それも活用させるとよい。

(1) 扱い方によって単語を分類する。
事前に教える語：benefit, software, technology, recognition,
推測させる語：　deaf, blind, aloud, moreover
後で教える語：　modern, microphone
無視する語：　　なし

(2) 事前に教える
　　・導入の仕方は学習者の熟達度によるが，英英辞典の定義を与えて，その定義を教師が解説してから，相応しい日本語を言わせるのも一法である。
　　　（例）benefit – something that improves your life in some way or the help that you get from something
　　・例示して，意味を導き出すのも一法である。
　　　（例）telephone も e-mail も technology の生み出したものですね。

(3) 推測させる

文脈から推測させる語：deaf, blind, moreover
- deaf や blind はどのような意味かを推測させるには，どこに手掛かりがあるか言わせるとよい。telephone と e-mail が手掛かりである。文字を使うのか，音声を使うのかに気づけば推測出来る。ここで〔注〕で導入した physically challenged を結びつけられる。
- moveover は文中でどのような働きをしているか質問し，接続表現であることに気づかせる。前後にどのような意味の表現があるかを考えさせれば「そのうえ」という意味は推測出来る。語源から推測しても一致する。

語源から推測させる語：aloud, (microphone)
- aloud は a（強調）＋ loud（大きな声）とすると間違ってしまう。「（人に聞こえるほどに）声を出して」の意味を確認する。同様に，micro（大きくする）＋ phone（音）と理解すればよいのだが，micro は普通日本語で「きわめて小さいもの」を表すので誤解しやすい。またこの語は外来語として使われるので，推測させる語として扱わなかった。

(4) 後で教える

全て外来語として使われている語なので，日本語で確認するだけでよい。

1.3.4　セマンティック・マッピング（semantic mapping）の利用

テキストを読む前に読解テキストのトピックになる語を選んで黒板の中心に板書する。そのトピックについて考えさせ，その語から連想される単語を出来るだけ多く列挙させて，黒板の端に書いていく。多くの生徒にとって，関連する単語を英語で挙げるのは難しいので，日本語で言わせてもよい。教師は挙げられた日本語に英語の対訳をつけて板書し，学生に英語を繰り返して言わせる。リスト（p.19 図 5）が完成したら，その単語を見て学生たちに話し合わせて関連する単語をグループ化する。その後，学生たちに各々のグループにラベルをつけさせる。このように意味地図（p.19 図 6）を完成させるのがセマンティック・マッピングである。

セマンティック・マッピングは普通 pre-reading 活動として行われるが，post-reading 活動としても使うことも出来る（Heimlich and Pittelman 1986,

6)。post-readingでは，pre-reading活動で作成した意味地図に授業中に出てきた語彙を加えて，もっと詳しい意味地図を作成出来る。この地図で，学習した単語を再構成し，その課の復習が出来る。

セマンティック・マッピングの目的は，①読もうとするテキストのトピックに関する背景知識を活性化し，読みを促進すること，②トピックとなる語と関連する語の連想活動，関連語のグループ化やグループのラベルづけを通して語彙知識を再構成し，単語の記憶を促進することである。

セマンティック・マッピングは残念ながらあまり使われていないのが現状であろう。その理由として，①時間がかかること，②学生が挙げる日本語をすぐ英語に直していくのが難しいこと，③予習を前提としている授業では実施しにくいこと，が考えられる。

①の解決法として，テキスト理解に必要な単語を板書し，その意味を考えながらグループ化をさせ，グループに名前をつけさせる。②を解決する変形手法として，あるレッスンのトピックを告げて，「今から読むテキストにどのような単語が出てくるか言ってみよう！」と言って，単語を挙げさせる。教科書に出現する単語だけ，日本語と英語で板書する。その後で，そのリストの単語をグループに分けさせる。③を解決する手法として，予習プリントを与え，各自でセマンティック・マップを作らせ，発表させるとよい。授業時間も節約出来る。たとえ，予習をさせる授業を行なっていても，テキストに出てくる単語を使ってグループ化やレベルづけをさせることによって，単語の形式と意味を何度も考えることになる。そのような作業を通して語彙記憶と語彙連想を促進し，心内辞書の語彙ネットワークを広げることになる。

1.3.5 セマンティック・マッピングの実際

Mainstream English course I（増進堂）の Lesson 5, Is e-mail the greatest invention? を例にして，セマンティック・マッピングの方法を説明する。e-mailをこの課のトピック語と考え，学生にブレーンストーミングして，関連する語をある語を学生から引き出し，板書していく。図5のリストがその例である。

第1章 教科書を用いたリーディング指導(1)　19

| * computer
* ビールス (virus)
* internet
　search engine
* chat
* convenient
* website
　Address | Google
Yahoo
Netscape
Outlooks express
* software
* message
　keyboard
携帯電話 (cellphone)
Nifty | * download
* network
* technology
* worldwide
* monitor
　接続業者 (provider)
　sending
* quick
　mouse |

図5　引き出された単語のリスト　　＊印は本文に出現した語

このリストに基づいて，学生たちにグループ分けをさせ，各グループに名前をつけさせる（図6）。

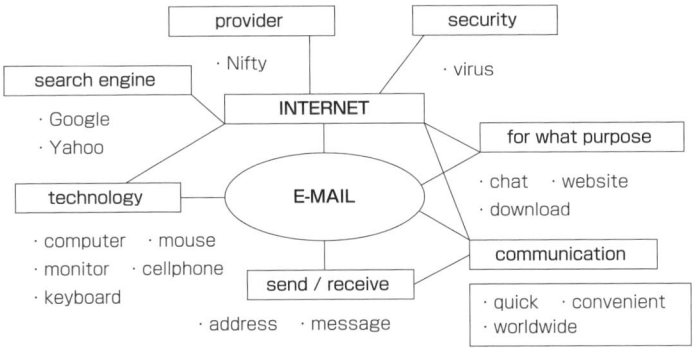

図6　セマンティック・マップの例

このレッスンを終えてから，本文中に出てきた単語を加えてマップを完成させると学習したことのまとめになり，単語の整理が出来る。

第2章 教科書を用いたリーディング指導(2)
― while-reading 活動 ―

2.1 はじめに

　本章では，リーディングの while-reading 活動で使われる指導法を取り上げる。while-reading は本来のリーディング活動である。その目的は，学習者にテキストの修辞構造を理解させ，テキストの内容を正しく理解させることである。テキスト内容を正確に理解させるには，学習者を積極的に，効果的にリーディング活動に従事させる必要がある。

　本章では，「聞きながら読んで理解する方法」「英問英答による読解チェックの方法」「内容理解のための効果的な発問作成法」「パラフレーズによる理解を促進する方法」「チャンク読み（フレーズ・リーディング）」「サイト・トランスレーション」「結束表現を利用した読解チェック法」「部分和訳が必要な場合」「推論と内容要約を用いてテキストを理解させる方法」について解説する。

　「聞きながら読む」方法は，音韻符号化を促進し，戻り読みをしないで，より分かりやすくテキストを理解させる方法である。また全文和訳を避けるためには，「パラフレーズ」を使って理解を促進させる方法や，「結束表現 (cohesive markers)」を使って理解をチェックする方法もある。さらに「チャンク」ごとに，口頭で翻訳させていく「サイト・トランスレーション」によって，直読直解につなげていくことも可能である。しかし，英文を正確に理解させるには「部分和訳」をさせてもよい場合もある。「英問英答」も含めたリーディング指導における「発問」は，学習者が英文テキストを正確に，かつ，主体的に読む力を育成するために重要である。効果的な発問をどのように作成し，活用すべきかの方法を提示する。効果的に生徒に推論させる指導や，読解を確かめられる「要約」の作り方についても具体的な方法を例示する。

　指導の「基礎知識」として，指導の理論的背景や指導と関連する解説を付記している。英文和訳との関連で，「リーディングにおける意味の理解とは

何か？」「和訳と翻訳の違い」と「和訳と英語力の関係」を取り上げた。「チャンクと言葉の処理過程」と「テキスト表象の構築」は読解の言語処理に関する解説である。

2.2 聞きながら読む
2.2.1 「聞きながら読む」とは何か？

「聞きながら読む」とは教師の音読またはＣＤやテープの音声の支援を受けて読むことである。学習者は音声をペースメーカーとして，テキストの文字を追いながら理解することになる（野呂 2001c）。音声のスピードに合わせて読まないといけないので相当量の集中力が必要とされる。読む速さが音声のスピードについていけないと，理解が途切れてしまうことになる。

「聞きながら読む」方法の目的の一つは，文字と音声の対応規則の習得をより促進することである。読みが困難な学習者は書記素などの視覚情報や音素の聴覚情報の記憶に問題があるので，何度も繰り返して書記素と音素の対応規則を身につけさせる必要がある。英語を第一言語とする子どもの中には，何も教育的介入がなされなければ，25～30％の児童が文字を音声化することに問題があるといわれている（Collins 1997）。英語の第二言語学習者の中にもかなりいるはずである。古田（2006）の単語の音読調査によると，既習の規則語で 23.4％，既習の不規則語で 31.1％の単語を音読出来なかった。ほぼ第一言語の子どもの結果と同じである。音読が出来ないと単語もスペリングも覚えられなくなり，英語学習が嫌いになる（野呂 2007）。単語が出現する文脈に関係なく，読みは正確で，速い，自動的な視覚によるディコーディングから始まる（Adams 1994; Stanovich 1992; Perfetti 1985; Samuels 2006），ということを考えると，文字と音の関係を習得させることは重要である。

二つ目の目的は，戻り読みをしない読み方を身につけさせることである。音声言語を理解する場合，通常戻って聞くことが出来ない。聞くのと同じように読むのである。そうすれば，読むのも速くなる。聞くのと同じ速さで目に入ってくる情報を理解するには，チャンクごとに理解出来るようにならなければならない。そうすれば，速く朗読されても理解出来るようになる。

第三は，ただ黙読するよりも，「聞きながら読む」ことによって，よりよい理解が得られるようにすることが目的である。英語を読む経験を積めば前置詞の前（of の場合を除く），接続詞の前とかの文法単位を読解の意味単位

として捉えられるようになるが，読みの経験の浅い学習者は（特に，節や文が長くなると）黙読の際，読解単位（reading unit）であるチャンクとかフレーズを見つけにくい。英語を聞く場合には，音声が連続していてどこで単語が切れるのか分からないようであるが，よく聞いてみると語句の前後に450ms（millisecond）以上のポーズがあれば，意味単位として認識されることを，河野（2001）は実証し，この聴解単位を perceptual sense unit（PSU）と呼んだ。この PSU は，リーディングの読解単位であるチャンクと等しいものである。すなわち，「聞きながら読む」場合には，目からの視覚情報と耳からの聴覚情報を処理しながら，テキストの理解がなされるが，その際，耳で捉えたポーズが理解する意味単位を示してくれるので，テキストの理解が一層促進されるようになる。黙読するよりも，また聴解するだけよりも，「聞きながら読む」方が，学習者にとって分かりやすくなるはずである。

2.2.2 「聞きながら読む」指導法の実際と注意事項

「聞きながら読む」方法は，教科書を使った精読指導の場合，pre-reading 活動として概要をつかませたり（skimming），ある情報を探させたり（scanning）する時に使うことが出来る。また未知語や難しい表現について意味の確認の後，詳細な意味を理解するのにも使うことが出来る。以下では「概要把握読み」の場合の例を示す。また，戻り読みをしない訓練として，多読教材を使った指導法も例示する。音声提示の場合も，文字提示の場合も，提示する単位は，単語ではなく句または節の方がよい。なぜなら理解のための処理単位は，単語を超えたレベルになるからである（門田・吉田・吉田 1999）。

(1) 指導方法：教科書の精読の場合
①教師の朗読

教師はチャンク（意味処理単位）ごとに少しポーズを置いて朗読する。語句と語句の間，節と節の間，文と文の間と少しずつポーズを長くする。学習者の英語力に応じて音読するスピードを調整する。日本人中学生や高校生の黙読のスピードは，1分間に150語以下，多くは50語～100語であろう。始めはゆっくり，慣れてきたらスピードを上げるとよい。最初はポーズのところにスラッシュの入った英文を与えて，教師の朗読を聴きながら黙読させると，理解がしやすい。下記の英文を読む場合，例えば，読む前に「Chico た

ちの長年の抵抗の結果,政府はどのようなことに同意したでしょうか」という質問を与えておくとよい。

● Example 1：教材

　Next, /Chiko formed a workers' union. || For thirteen years, /he worked hard/to stop the government of Brazil/from destroying the rainforest. || The government finally agreed/to save part of the rainforest, and invited Chico to Brasilia/to talk with them. ||

　He said/"The rainforest is only seven percent of the earth, /but/more than half of the Earth's species live there. || Do you want to destroy them? || They're connected to other living things. || For example, /the medicine used to fight cancer/comes from the plants and animals of the forest. || Yet/seventeen thousand living things/a year/become extinct/due to the cutting. || For ever, /I ask you again/to stop the cutting. ||

Mainstream English course I, 2nd ed.（増進堂）, 78

②指導上の注意事項

　まずExample 1の/は語句と語句の間のポーズ,|は節と節の間のポーズ,||は文と文の間のポーズを示している。河野（2001）によると,音と音の間隔が330ms以下の刺激は全体的にゲシュタルト的に処理され,450ms以上の音声刺激は意識的・分析的に処理されるという。すなわち,チャンク間のポーズは450ms以上でなくてはポーズとして捉えられないということになる。日本人学習者のことを考えて,鈴木（2008, 448）は「ポーズの長さは,句末700ms,節末1200ms,文末1500msになるように音声教材ソフトで調節し」ている。そのように教科書付属の音声教材を編集しておくとネイティブの音声を使うことが出来る。

　また,pre-readingのscanningやskimmingの場合には,上記のテキストのようにチャンクを示すスラッシュを入れたハンドアウトを与えた方が理解を促進することが出来るだろう。もっと詳細な意味をつかむ際にも同じハンドアウトを使ってもよいが,慣れてきたらスラッシュなしで「聞きながら読む」ことをすれば,チャンクの区切り方も身につくだろう。

(2) 指導方法：易しい多読教材の場合
①教師の朗読
　読み方については，精読の場合と変わらない。使われる教材は物語文が多いので，オーラルインタプリテーションの要素を取り入れドラマティックに表現出来ると一層理解を助けることになる。教師が読み終えたところで，学生に教材を裏返しにさせて，一人の学生を指名して読んだ内容のあらすじを言わせる。始めは2，3行から始め，慣れてくれば下記のテキスト全体を音読しても，まとめが出来るようになる。

● Example 2：教材

　Sim Dalt had long arms and long, thin legs. His face was thin too. And he had big brown eyes. Sim was twelve years old.
　'He's a nice looking lad,' people said about Sim. 'But—isn't he stupid?'
　Sim wasn't a good student, but he was a good goalkeeper. Before he went to school, he played football with his mother. She kicked the ball and he tried to stop it. Soon he was able to stop the ball every time.
　Then Sim went to school. Sim didn't like school, but he liked four o'clock. At four o'clock, lessons ended and Sim raced out to the park. The boys played football there every day. Sim was always the goalkeeper.
　　　　　　　　　The goalkeeper's revenge and other stories（Macmillan），6

②指導上の注意事項
　始めの頃は，学生たちは，読んだ・聞いた英文を和訳しようとする。そうすると英文が少し長くなると，途中で和訳が音読のスピードについていけなくなったり，和訳した意味が覚えられなくなる。そこで，教師がチャンク毎に頭の中に絵を描き，粗筋を話す時はその絵を巻き戻してから言ってみなさいとアドバイスをすると，徐々に長い文章でもまとめられるようになる。すなわち，心的表象（mental representation）を描くことが出来るようになる。
　また，最初のうちは，英文はチャンク毎にスラッシュを入れたものを使うと理解がしやすくなる。慣れてくれば，易しい教材なのでスラッシュなしでも十分理解出来るようになる。

2．2．3　「聞きながら読む」の効果と学習者の評価
　最初に挙げた「聞きながら読む」の目的はいくつかの実証実験に基づいて

いる。音声を聞きながら読解をしたグループの方が読解だけをしたグループよりも，読解テストでも，内容を要約したクローズテストでも有意な差があった（Amer 1997）。黙読だけの指導より，音声を併用した指導の方が高校生の読みのスピードに影響を与えるのか，ポーズの有無が読みのスピードに影響を与えるのかについて調べた結果，音声を併用した指導とポーズを入れた教材を用いた指導がリーディング・スピードに効果があることが分かった（鈴木 1998）。

精読教材のような難しい教材を読む場合には，朗読を聞きながらチャンクのところにスラッシュを入れさせるスラッシュ・リーディングがよく行われるが，鈴木（2008）の研究によると，スラッシュが入れられたところにポーズをおいた朗読を聞きながら，スラッシュ入りの英文を黙読する方が，スラッシュを入れながら英文を理解するよりも，理解度が有意に高くなった。聞きながらスラッシュを入れるのは，チャンクの切れ目を聞き取り，スラッシュを書き入れることにワーキング・メモリーの処理資源が多く使われるからであろう。内容理解の観点から言うと，「ポーズを置いた朗読を聴きつつスラッシュを入れながら黙読して内容を理解することを求めるのは貴重な授業時間の無駄使いで，最初からスラッシュ入りの英文を与えて，同じ位置にポーズが入った朗読を聴かせて黙読させ，内容理解に集中させるべきである（鈴木 2008, 449）」。

多読教材のような易しい教材を使った「聞きながら読む」訓練を受けた学習者の反応は，集中しなければ，教師の朗読についていくことが出来ず，聞き逃しや読み飛ばしになってしまうので，とにかく疲れるということであった。しかし，「聞きながら読む」訓練を続けた学生は，まずリスニングしているような感じで速く読めるようになった，英語の音声やリズムにも慣れリスニング力もついたと実感しているようである。チャンクの切れ目がどのように音声表示なされるのかを身につけられるのも大きな利点であろう。

2．3　英問英答による読解チェック
2．3．1　英問英答に MERRIER Approach を使う

教師のモデルとなるような公開授業では，円滑に英問英答が教師と生徒の間でなされるが，一般には英問英答が授業の大部分を占めることは少ない。なぜであろうか。「準備に時間がかかる」「指名されたものしか考えない」「答えるのに時間がかかる」「解答を確認しても靴底から足の裏を掻くような感

じである」等の理由が考えられる。「大半を英語で進める授業」を意識して，教科書本体にはあらかじめ英問が用意され，指導書に補充もあるが，その質はどうであろうか。理解していなくても該当箇所を特定すると答えられることが多く，深い理解を導くものか疑問に思えるものも少なくない。

　英問英答を用いて出来るだけ和訳をしないリーディング指導で，しかも，深い理解を促すものにするためには，MERRIER Approach（渡邉 2003）を使用すると効果的である。MERRIER Approach とは，言語外情報（model/mime），具体例（example），余剰性（redundancy），繰り返し（repetition），相互交渉（interaction），補強（expansion），賞賛（reward）の七つの指針を利用して，学習者に理解可能な input を与える手法であり，今までに多くの英語教師によって活用されている。一般的には，オーラル・イントロダクション（インタラクション）のスクリプトを考案する際に用いられることが多い。ここでは，具体的にこの手法を用いて，かなり高度な英文で英問英答が成立することを示す。まず語彙の導入にこの手法を取り入れる。さらに英問英答のやり取りにもこの方法を使い英文の深い理解を求める。以降は新出語を取り上げて扱った後に，一文一文を読み上げ，英問英答で理解を深めていく例である。力のある生徒は予習を前提とせず，授業での質問への応答で実力を試させる。不安な生徒には，予習を勧めて，授業に臨ませる。

2.3.2　教科書を使用した例

● Example 3：教材

　One day Ryuta Kawashima hit on a good idea. He thought, "Our brain must be working very actively when we play video games because we use our eyes, ears, hands, and mind so much. I'll study how our brain works while we are playing a video game. If I get the results I expect, I'll take them to the video game company and tell them that playing video games is very good for training our brain. I'm sure the company will provide money for my research."

Mainstream English course I, 2nd ed.（増進堂），119

● Example 4：Example 3 の MERRIER Approach

T：Let me check whether you understand new words in the first	新出語 新出語を取り扱うことを明確にする。

paragraph. First, we have "actively" in line two. Can you name some animals that move actively at night? (Example/Interaction)

S：Lions, tigers . . .

T：Right. Lions and tigers walk and run to hunt at night but don't move actively during the daytime. (Redundancy) They move actively in the dark. 獲物を捕らえるような身振りを交えて (Model/Mime)

T：So "work actively" means "do a job busily" or "be very busy doing a job." (Redundancy) Next, what about "result"? Last Sunday the baseball team of our school had a game against C High School. What was the result? Did it win or lose? The result：our team won. (Example) You had an easy English test last week. What was the result? (Repetition) Was it good, not good, or poor? How many points did you get? (Interaction)

S：It was good.

T：Now what about "expect" in line four? "Expect" means "think something will happen". (Redundancy) Now, please listen to Michael Jordan, a super hero of American basketball. ポスターを貼る。(Model/Mime) He said, "If you put in the work, the results will come. I don't do things half-heartedly, because I know if I do, then I can expect half-hearted results."

Next, let's check the meaning of "provide." What should good hotels

本文とは別の文脈で意味を推測させる。

定義を行う。

自己関与できる身近な話題を利用する。

視覚補助を使う。
インパクトの強い名句などを利用する。
次の２つは日本語を与えてもよい。
put in the work「仕事に打ち込む」，do things half-heartedly「中途半端に事をする」
直近に扱った result を登場させる。
ジョーダンのせりふは２度繰り返す。

やり取りの中で，新出語の意味・用法を確認し使用させる。

T : provide for guests? (Interaction)
S : ...
T : Good hotels should provide good service for guests. (Example) Then what should schools provide for students? (Interaction)
S : Schools should provide good education for students. (Example)
T : Now you understand new words, "actively," "result," "expect," and "provide," then let us check the sentences one by one. One. One day Ryuta Kawashima hit on a good idea. Can you change "hit on" into two words that mean almost the same. One day Ryuta Kawashima . . . a good idea. (Redundancy)
S : "Think of."
T : Good try! (Reward) But "one day" in the sentence means that something happened in the past, so . . . one day Ryuta Kawashima . . . (Expand)
S : Thought of a good idea.
T : Perfect! (Reward) Next, let's check the second sentence. Two. He thought, "Our brain must be working very actively when we play video games because we use our eyes, ears, hands, and mind so much. "Our brain must be working very actively." Is it a fact or an opinion? To what extent was Kawashima sure about it? One hudred percent, 90, 60, or less than 50? (Redundancy)
S : ...
T : "Our brain must be working . . . " is different from "our brain is working . . . " How different? What does "must"

回答が遅く間延びする前に答えを出し，次の質問へテンポよく移る。

文レベルの意味へ移ることを明らかにする。
本文より一文ずつ口頭で読みあげる。

同義の語句を考えさせる。
語数をヒントとして与える。

時制に注意を払わせる。

事実を述べた文か，意見かを考えさせる。

数字で具体的に考えさせる。

must がない文と比較させ考えさせる。

mean here?
S：…にちがいない
T：So, he was not 100 percent sure, but very close to it.
S：Ninety percent.
T：Right. So, is it a fact or an opinion?
S：It's an opinion.
T：Next, another question about this sentence. What do we use when we play a video game?

…when ~ because…の関係について理解を深める。

S：We use our eyes, ears, hands, and mind.
T：Good. (Reward) In short, we use three . . . and mind. What do we use? . . . We use three senses and mind. Now the next sentence. Three. "I'll study how our brain works while we are playing a video game. So Kawashima "decided" to do something. (Redundancy) What did he decide to do?

具体的なものを抽象度を高める「抽象のはしご」をのぼる例

引用符のなかの I'll と decide の関連について考えさせる。

S：To study how our brain works.
T：That's right. Then here is a question to all of you. The answer is not in the text. Think of your own answer. What do you want to study when you become a university student? Start your answer with "I want to study how . . ." (Interaction)

自分自身の答えが求められていることを明確にする。
自己関与しやすい別の文脈を与える。

英問英答のやり取りの中で how + S + V を使わせる。ペアで行ってもよい。

S：Well . . . I want to study how we can help make the world peaceful.
T：Good idea! (Reward) Now the next sentence. Four. If I get the results I expect, I'll take them to the video game company and tell them that playing video games is very good for training our brain. What result did Kawashima expect? (Redundancy)

the results I expect は，和訳ができても真の理解ができない場合が多い典型的な例。これを英問英答で明らかにする。

S : Our brain works very actively when we play video games.
T : What does "them" after "take" refer to? In other words, what was Kawashima going to take to the video game company? (Redundancy) 　連続している代名詞 them が, それぞれ指すものが異なることを確認する。話の流れをヒントに代名詞の内容を考えさせる。
S : The results of his study.
T : That's right. What does "them" after "tell" refer to?
S : ...
T : To whom was Kawashima going to tell the results of his study?
S : To the video game company.
T : Good. Now the last sentence in the first paragraph. Five. I'm sure the company will provide money for my research. What did Kawashima expect from the video game company? What did he want to get from the company? (Redundancy) 　二つの質問をつなげて, I'm sure that S + V = I expect O to V に気づかせる。
S : He expected money for his research.
T : Perfect! (Reward) He expected the company to give him money. Why did he think so? 　離れた複数の文の間にある因果関係を理解させる。
S : ...
T : He was going to show something good for the company. What was it? Playing video games is ...
S : Playing video games is good for the brain.

2. 3. 3　MERRIER Approach のねらい

　第 1 段落は 87 語で構成されていて, 語彙の導入から内容理解に生徒と教師間でやり取りされた英語は約 650 語に及んでいる。多量の英語に触れ, 出来るだけ即時の反応を求めることで英語を実際に聞き使用する機会を与えることが出来る。

　新出語の導入に際しても, 英日の対応による学習でなく, 具体例, 動作,

自分の体験などと直接結ぶ学習活動を通じて，その意味とどのようにその語が使用されるのかを理解させることが出来る。この活動は時間がかかるが，生徒は英語を集中して聞いて，よく考え類推し思考力を鍛えていくことになる。provide がよい例で，ホテルや学校について，実際にその語の使用法を紹介した上で，質問として provide を再度聞かせて，英文を作らせることで，学校に対する自分の意見を表現させるところまで踏み込んでいる。

　生徒との相互交渉については，このシナリオ通りに運ぶことは少ないかもしれないが，その場で MERRIER Approach を応用することで教師の授業力が高まる。完璧に出来るようになってから試すのでなく，試しながら教師も生徒も力をつけていくのだという発想が大事である。この例では，学校のクラブの試合の結果やマイケル・ジョーダン，という観点から構想を練っているように，生徒が持っている知識や体験をうまく利用するように心掛ける。

　補強については，コミュニケーションの流れを阻害することのないように，Good try. や Very close. などの賞賛の言葉をうまく使用しながら，訂正を行い正確さを高めるようにしたい。

　具体例については，「抽象のはしご」ののぼりおり（渡邉 2003）が大事になる。抽象的なものを具体的にすることは当然ながら，上級の論説文等では，eyes, ears, hands を senses にしたように，具体例を抽象的にまとめる方向にも留意したい。

2. 3. 4　文法事項について

　文法事項の確認に関しては，第1時間目にまとめて行うのもひとつだが，文法を文法として切り離して教えるのでなく，文法事項が自己表現や読解技術と結びついていることを実感させ，運用能力の育成とつながるように工夫する。S＋V＋how＋S＋V で扱ったように，その項目が理解されているかどうかを，質問 "What do you want to study when you become a university student?" に答えさせる中で，実際にその項目の理解が出来ているかどうかを確認出来る。つまずくようであれば時間を割いて，日本語による解説を加え，練習させるとよい。学習している項目が実際の自己表現と直結した有意義な活動とすることが出来る。推測の must も，全体の流れの中で，「脳が活発に活動する」ことが事実か意見かを考えさせる。must によって表される可能性の度合いを数字でおさえるとよい。

2.3.5 その他の工夫

より深く正確な読みをさせるために工夫したいことは，代名詞が何を指しているかをおさえながら読む習慣を身につけさせることである。また，the results I expect とは何のことか明らかにするなど，英語で書かれた文章に頻出する言い換えを正確に捉えさせる質問はぜひ行いたい。英問英答にこだわり過ぎると，意味理解なしに機械的に解答すれば済む問いになることも多い。5 I'm sure the company will provide money for my research. について行った，What did Kawashima expect from the video game company? What did he want to get from the company? というように，質問に本文とは異なる語を意図的に使用する工夫をする。

教師にとって英問英答の目的は，生徒のテキスト理解を和訳を用いることなく確かめることである。生徒は質問を理解し，英文の理解を深め，英語で表現出来るようになることを目指す。英問英答の最大の利点は，複数の技能を絡めて鍛えることが出来ることである。深い理解を進め，直読直解の習慣を養うため，内容の易しい時期から教師がこの MERRIER Approach を使用して良問を用意して，積極的に英問英答活動を行うことの意義は大きい。この準備が教師自身の英語力向上にも大いに貢献する。

2.4 内容理解のための効果的な発問の作成および活用方法

リーディング指導における発問とは，生徒が自分の力で英文テキストを正確に，かつ，深く読む力を育成するための計画的な教師の問いかけを指す。発問の形式や目的によって多様な発問内容が考えられるが，教師がどのように英文テキストを捉え，どのように発問を使って生徒の理解を促すかは，リーディング指導を考える上で重要な課題である。このセクションでは，これらの点を踏まえ，効果的な発問の作成および活用の方法について，具体的な英文テキストを用いて提示する。

2.4.1 英文を使った授業で何を問うべきか

次のような英文テキストを使ってリーディングの指導を行う場合，どのような問いかけをしながら授業を進めていくだろうか。

● Example 1：教材

John Lennon was born in 1940 in Liverpool, England. From early childhood, he was a sensitive child who preferred to be alone. He hated studying, but loved writing poems and painting pictures. He dreamed of becoming an artist. He didn't want to conform to adult rules. So, to some teachers he was a difficult boy.

When John turned 15, his dream changed and he wanted to become a rock'n'roll star. Influenced by Elvis Presley, he was absorbed in playing the guitar. Mimi, his aunt and foster mother, often said to him, "If I were you, John, I wouldn't be so crazy about music. The guitar is all right for a hobby, but you'll never make a living at it." He was not sure about the future and he did not know what to say to her. As a junior high school student, he was already trying to find himself.

Exceed English series II(三省堂),87

この英文テキストについて教師が生徒に問う場合,新出語の意味を尋ねたり,英文構造を確認しながら日本語訳を尋ねたりすることが考えられる。新出語の意味や日本語訳を確認する以外に,教師が生徒に投げかける問いとしてどのようなものが考えられるであろうか。ここでは,リーディング指導のあり方を考える上で重要なポイントの一つである教師による発問について考えてみることにする。

2.4.2 発問を考える手順とは

一般に,発問とは,指導目標に即して生徒の読みを促し,生徒を主体的に英文テキストへと向き合わせる計画的な教師の問いかけのことを指す(田中 2008;田中・田中 2009)。それは教師による思いつきの問いかけではなく,リーディング力の育成を支援する指導の一環としての意図的な生徒への問いかけである。では,どのようにすれば適切な発問を考えることが出来るのであろうか。表1に,発問づくりにおける四つのポイントを提示した。

表1 発問を作成するためのポイント

考えるポイント	中心となる視点
ポイント1 教材の解釈	どのような特徴をもつ教材なのか?
ポイント2 生徒の把握	どのような実態の生徒たちなのか?
ポイント3 目標の設定	この教材で生徒に何を学ばせたいのか?
ポイント4 授業の構想	どのような発問を準備するのか?

注:田中(2008)をもとに改変

表2 テキストタイプに応じた指導のポイント

テキストタイプ	特徴	読みのポイント	理解すべき内容の例
説明文	知識や情報の獲得が目的。ある事柄を題材として，事例でもって論証する文章	ある主題に関する論理展開を読み取り，筆者の主張やその論拠などを理解する	(1) 何を話題にしているのか？ (2) 文章全体の主張は何か？ (3) 何を主張の根拠としているか？ (4) どのように論理を展開しているか？ (5) 主張の背景にある主題は何か？
物語文	感興の喚起・獲得が目的。エピソードが時間順に述べられ，登場人物を通し心情について描写する文章	一連の出来事における登場人物の行動や心情，情景を理解するなかで，一貫した主題を読み取る	(1) 登場人物は誰か？ (2) どのような場面なのか？ (3) どのように話が展開しているか？ (4) 人物の心情はどう変化しているか？ (5) 物語の背景にある主題は何か？

　第1のポイントとして，どのような特徴をもつ教材なのかを考える必要がある。テキストの特徴を捉える視点として，どのようなタイプのテキストか，英文が伝えようとしている主題は何か，その主題はどのように表現されているかなどを眺めてみると，英文テキストの特徴が見えてくる。例えば，テキストタイプには，大きく分けて説明文と物語文があり，それぞれ文章の特徴や指導のポイントが異なってくる（表2）。Example 1の英文テキストは伝記文であるが，ジョン・レノンの子どもの頃のエピソードが時間順に述べられ，ジョンの心情が描かれている点で，物語文に近い特徴がある。では次に，この英文の主題は何であり，その主題はどのように表現されているであろうか。この英文では，ジョン・レノンの幼い頃の具体的ないくつかのエピソードを通し，ジョンの孤独な生い立ちと音楽へ没頭する経緯が，主題として文章全体の背後に描かれている。

　第2のポイントとして，今から指導しようとしている生徒の実態を把握しておく必要がある。クラスの生徒は，この話題に興味・関心があるのか，どのようなリーディング力を現在もっていて，どのような力がまだ身についていないのか，どのような所で理解につまずきそうか，などを具体的に思い浮かべながら発問を考えることになる。Example 1の場合は，どうであろうか。ジョン・レノンのことをどれくらい生徒は知っているだろうか。ジョンの作曲したHelpやNowhere ManなどはテレビのCMなどで聞いたことは

あるが，ビートルズやジョン・レノンについては具体的には知らないだろうと予想出来る。伝記文は具体的なエピソードを描写しているため，生徒にとっては比較的読みやすいかもしれない。しかし，部分的な情報は正確に読み取れても，ジョン・レノンの孤独感までは読み取れないかもしれないと予想出来る。そのような生徒を指導する場合，授業の中でどのように生徒に問いかければ，テキストを読む動機を与え，読みの力を効果的に育成出来るかを考えることが，主体的な読みを促す発問を生み出すもとになる。

　第3のポイントとして，この英文テキストの特徴と生徒の実態をもとに，どのような指導目標を設定すべきかを考える必要がある。目の前にある英文テキストを使って，どのようなリーディング力を生徒につけさせたいのか，同じような英文を将来読む場合どのような読み方が出来ればよいのかなど，を考えることで発問内容が自ずと決まってくる。Example 1 に示したテキストの場合，どのような指導目標が考えられるだろうか。指導目標の例としては，ジョン・レノンに関する伝記文に興味をもって主体的に自分から読もうとする姿勢をもたせることや，一連のエピソードを正確に理解しながら，ジョンの子どもの頃の心情を理解すること，そして，一貫して流れるジョンの孤独感と音楽への没入という主題を読み取らせることなどが，指導目標として考えられる。

　最後に，第4のポイントとして，指導目標が決まったら，その目標である読みを促すために，どのような発問が授業の中で必要になるのかを，授業展開に沿って発問を考えることになる。授業展開に沿った具体的な発問づくりは次に見ることにする。

2.4.3　何を発問の対象とすればよいのか

　では，具体的に英文テキストの何を問えばよいのかを考えてみることにする。表2に示したように，テキストタイプに応じ，理解すべき内容はある程度決まってくる。説明文では，筆者の主張を中心に，主張の根拠や論理展開を押さえることになり，物語文では，登場人物の行動や心情を中心に，話の展開や主題を押さえることになる。

　多様なテキストタイプに応用出来る問いとして，Nuttall（2005）は，テキストの何を生徒に読み取らせるかに応じて，六つの発問タイプを示している（表3）。それらは，（1）文字通りの理解（literal comprehension）を求める問い，（2）再構築（reorganization）を求める問い，（3）推測（inference）

表3　理解のタイプに基づく発問タイプ

タイプ	特徴	発問例	目的
(1) Questions of literal Comprehension	文章の中から事実を拾い上げさせたり，特定の情報を探し出させたりする	15歳のジョンは何になりたかったのか？	正確にテキスト内の情報を理解させる
(2) Questions involving reorganization / reinterpretation	文字通りの意味をもとに，前後の文脈から意味を解釈させる	ジョンは学校が好きだったか？	一文を超えたテキストの理解を促す
(3) Questions for inference	言外の意味を推測させたり，心情や性格を推測させたりする	15歳の頃のジョンは幸せだったか？	文章中には直接表現されていない意味を理解させる
(4) Questions for evaluation	筆者が提供する情報の真偽や正誤を判断させる	"Nowhere Man"というタイトルに合った内容になっていると思うか？	客観的にテキスト内容を読み取らせる
(5) Questions for personal response	文章を読んで感じたこと，考えたことを述べさせる	あなたがジョンだったらミミの言葉をどう思うか？	テキスト内容を主観的に読み取らせる
(6) Questions concerned with how writers say what they mean	文章における主題を筆者はどのように表現しているかを考えさせる	ジョンの生い立ちやミミとの具体的な会話を通して筆者は何を伝えようとしているか？	英文の主題を読者として味わせたり表現方法を学ばせたりする

注：(Nuttall [2005] を参考に筆者が追加し表を作成)

を求める問い，(4) 評価（evaluation）を求める問い，(5) 個人的な反応（personal response）を求める問い，(6) どのように主題が表現されているか（how the writers say what they mean）を考えさせる問いである。表3には，Example 1 の英文を使った指導の場合，どのような発問が考えられるかを六つの発問タイプごとに示してある。ただし，一つの英文テキストにおいて，必ずしも全てのタイプの発問が出来るとは限らない。

この六つの発問タイプは，次のように，大まかに二つに区分することが出来る。

(A) 文字通りの意味を理解させる基本的な発問（発問タイプ (1), (2) に相当）

(B) 深い読みを促す発展的な発問（発問タイプ (3), (4), (5), (6) に相当）

これら二つのタイプは，それぞれに授業での目的が異なってくる。第1のタイプである，(A) 文字通りの意味を理解させる発問は，リーディング指導での基本的な問いである。読解において重要となる事実の把握や文内外での言語的な構造を把握し，文章に直接書かれた情報の意味を正確に理解させる目的がある。

先ほどのExample 1の場合，このタイプの発問として，どのような問いが考えられるであろうか。ここでは，True or False形式の発問例を取り上げてみることにする。

● Example 2：文字通りの意味を理解させる基本的な発問
ジョンレノンに関する次の文が正しいかどうか本文をもとに，○か×で答えよ。
(1) ジョンは1945年に生まれた。
(2) ジョンは社交的な子どもだった。
(3) 勉強好きでとくに数学が好きだった。
(4) 小さい頃，芸術家になりたかった。
(5) 全ての教師に好かれていた。
(6) 15のときジャズ歌手になる夢に変わった。
(7) 実の母ミミと一緒に暮らしていた。
(8) ミミはジョンの趣味に好意的ではなかった。
(9) ジョンは将来をはっきりと決めていた。

これら (1)～(9) の全ての問いに答えれば，この文章の要旨を押さえることが出来る。また，その中でもとくに，発問 (2) や発問 (8) などは，関係詞や仮定法過去を含んだ文の理解が欠かせない問いである。また，発問 (7) などは，ジョンの孤独感と音楽への没入という主題を読み取る上で必要な情報の一つである"foster mother"の意味の理解を尋ねることになる。

本文理解のための発問を作る基準としては，次のような事柄が考えられる。1) 問いに答えれば，その文章の要旨を理解出来るような問いをつくる，2) 複雑な言語構造のために生徒が誤解しそうな，或いは，つまずきそうな部分の理解を尋ねる問いをつくる，3) 文章構造を正確に把握し，主題の理解に必要な基本的な情報を尋ねる問いをつくる，4) 答えを導き出すヒント情報が本文中にある問いをつくる，などである。

第2のタイプの (B) 深い読みを促す発問とは，文章に直接書かれた情報

を読み取らせた上で，主題に関して問いかける発展的な問いのことである。このタイプの発問は，一文を超えた談話レベルで文章のメッセージを読み取らせたり，筆者の意図や文章の主題を考えさせてテキストを客観的，或いは主観的に読み取らせたりすることが目的となる。先ほどの Example 1 の英文では，どのような問いが考えられるかを次に示す。

● Example 3：深い読みを促す発展的な発問
　（1）15歳の頃のジョンは幸せだったか？なぜそのように考えるか？
　（2）あなたがジョンだったらミミの言葉をどう思うか？
　（3）この文章は"Nowhere Man"という題名に合った内容になっていると思うか？本文のどのような部分からそう考えるのか？
　（4）ジョンの生い立ちやミミとの具体的な会話から筆者は何を伝えようとしているのか？

　例えば，発問（1）では，文章中には直接表現されていない事柄を文章全体の情報から推測させている。発問（2）は，文章を読んで感じたことや考えたことを述べさせることにより，この文章の主題をより身近な問題として捉えさせることになる。発問（3）では，文章における主題を筆者はどのように表現しているかを尋ね，発問（4）では，筆者が提供する文章の書き方について読者としてどう評価するかを尋ねている。

　これらの問いに共通するのは，文章全体の主題に関わっていることを尋ねていることや，文章全体の中で主題がどのように表現されているのかを読み取らせていることにある。また，正解が一つとは限らない事柄を尋ねていることから，生徒から出てくる異なる意見をもとに，テキスト理解をさらに深めることが考えられる。授業の後半部分，とくに，テキストに直接書かれた情報の正しい理解が出来た段階において，生徒の読みを深めるこのような発展的な問いが役だつものと思われる。

　このように，これらの発問はそれぞれ用途が異なり，異なるタイプをうまく組み合わせることで，正確に，かつ，深く英文テキストを読ませることが可能となる。

2.4.3　発問にはどのような形式があるのか

　発問形式には，表4で示すように，発問の時点，形式，言語，モードに応

第 2 章 教科書を用いたリーディング指導（2）　39

表 4　発問形式のタイプ

(1) 発問の時点	①活動前	②活動中	③活動後	
(2) 発問の形式	①T/F 式	②選択式	③自由回答式	
(3) 発問の言語	①日問日答	②日問英答	③英問日答	④英問英答
(4) 発問のモード	①口頭	②文書（ワークシート・黒板・OHP）		

注：池野（2000）を参考に筆者が改変

じて，いくつかタイプが考えられる。

　(1) の発問の時点については，活動前，活動中，活動後の三つの段階がある。本セクションでは，とくに活動中の発問に焦点を当て，活動前や活動後の活動については，本章の他のセクションで述べることにする。

　(2) の発問の形式は，T/F 式，選択式，自由回答式の三つのタイプがある。例えば，T/F 式では，「子どもの頃のジョンは社交的だった。これが正しいかどうか真偽を答えよ」という発問形式が考えられ，同じ発問であっても，「子どもの頃のジョンの性格は次のうちどれか？（a）社交的（b）内向的（c）楽天的」といった選択式や，「ジョンはどのような子どもだったか？」といった自由回答式のタイプも考えられる。T/F 式や選択式の発問には，質問文の中にヒント情報がある分，取り掛かりやすく答えやすいという特徴がある一方，自由回答式は，答えを自分で考えさせる比較的負荷の高い問いになる。目的や生徒の学力に応じて適切な形式を選択する必要がある。

　(3) の発問の言語として，教師の問いと生徒の答えの言語を，英語にするか日本語にするかで，四つのタイプの発問形式が考えられる。例えば，「15歳のとき，ジョンに何がありましたか？」と問うのか，"When he turned 15, what happened to John?" と問うのかを，生徒の英語力や問う内容の難易度なども考慮しながら考えていく必要がある。(4) の発問のモードでは，口頭で問うのか，ワークシートなどの文書で問いを提示するのかといった選択が考えられる。一般には，ワークシートで発問を印刷し配布するケースが多く見られるが，授業の中で生徒に集中させたいときなどは，教師が口頭で直接生徒に尋ねた方が効果的である場合もある。

2. 4. 4　発問を通してどのように生徒とやりとりすべきか

　発問は，英文テキストの意味内容を生徒が正確に理解しているかどうかを確認するためだけにあるわけではない。先に，発問とは，指導目標に即した生徒の読みを促す計画的な問いかけであると述べた。メッセージ理解という

課題解決を支援する指導の一環として発問を捉えた場合，発問を通して教師はどのように生徒とやりとりすればよいのであろうか。

そこで，まず何のために発問をするのかを考えたい。教師が発問し，生徒からの正答が得られたら，次の問いにすぐに移っていく指導スタイルは，理解度をテストしているのみと言える。大切なことは，教師が発問をすることで，生徒が自分の力で英文を読み取れるように支援および指導することにある。そのためには，なぜその答えに至ったのか，どうすれば正答に至れるのか，なぜ誤読をしたのかなど，それらのプロセスを尋ねてクラス全員で確認していく必要がある。生徒ひとりでは理解出来ないところを見つけ，その問題を解決する方法をクラスで検討することが，メッセージ理解のための重要なリーディングスキルの指導につながるはずである。このように考えると，生徒の誤答や不完全な答えは，クラス全員にとって価値ある学びの場になりうる。

Example 1 の英文テキストでのケースを考えてみたい。ここでは，Example 2 で見た「ジョンは社交的な子どもであった。○か×か？」という発問（2）を例として，正確な意味理解に至るまでの支援を考えてみよう。

● Example 4：ある発問での教師と生徒のやりとりの例
教師：「ジョンは社交的な子どもだった」は○ですか×ですか？
生徒：×です。
教師：どうして×？
生徒：……
教師：本文のどこから分かりますか？
生徒：……
教師：どんな子どもだったのでしょう？
生徒：傷つきやすい子ども。
教師：それだけ？
生徒：……
教師："Ken is a child who is playing the piano." はどういう意味ですか？
生徒：ケンはピアノを弾いている子です。
教師：そうですよね。who 以下は a child を説明していますよね。じゃあ，"prefer to" はどういう意味ですか？
生徒：〜することを好む。
教師：じゃあ，"a child who preferred to . . ." の文はどういう意味になりますか？

生徒：1人でいるのを好む子。
教師：ということは？
生徒：社交的ではない。
教師：ということですよね。

　この例のように，T/F式の発問では勘で正答してしまい，正答に至る理由を説明出来ない場合がある。そのような場合，例のように，生徒が正しい理解に至るためのヒント情報を教師が少しずつ提示しながら，生徒の理解を支援することが出来る。とくに，生徒がつまずきやすい部分では，正答そのものよりも答えに至るまでのプロセスの検討の方が大切なことが多い。生徒からすぐに答えが返ってこない場合，他の生徒に正答を求めるだけでなく，ヒント情報や易しめの補助発問を与えたり，辞書を調べさせたり，隣の友達と相談させたりすることも大切な指導として考えられる。

　ここまで見てきたように，リーディング指導における発問作成および活用のカギは，いかに生徒を主体的に英文テキストと格闘させ，どのように自分の力でメッセージを正しく，かつ，深く読み取るかを支援するところにある。同じような英文を生徒が将来読むときに役だつ力を育成出来るような発問を計画的に考えたいものである。

2.5　教師によるパラフレージング（paraphrasing）によって理解を促進する
2.5.1　訳読式の弊害とパラフレージングによる指導の狙い

　訳読によるリーディング指導の問題点は多く指摘されているが，次の二つに大別されると考えられる。まず一つは，訳読によって内容を理解することが習慣化してしまい，英語と意味内容の直接的な関連づけ（direct association）が図れなくなってしまうということがある。英語を見ても頭に浮かぶのは日本語訳ばかりであり，書かれている内容のイメージ（心的表象 [mental representation]）が浮かばない。また，いったん日本語に訳さないと英文が読めない，或いは読めた気にならないといった「日本語訳中毒」に陥ったり，英語と意味内容が乖離してしまい，いつまでたっても独立した英語の言語システムを構築出来ないということも弊害として挙げられる。もう一つの訳読式指導の問題点は，英文を日本語に訳す作業に授業時間の大半が費やされ，生徒が英語に触れることの出来る時間が限られてしまう点であ

る。英語を用いた様々な言語活動が出来ないばかりか，英語の授業でありながらクラスの中を行き交う言葉は日本語が多くなり，結果，限られた時間内に生徒のための英語のインプットが十分に確保出来ないということが挙げられる。これは，上に述べた，独立した英語の言語システムを構築する上での障害にもなりうる。

　ここでいうパラフレージングによる指導とは，生徒にとって難解と思われる英文を教師が平易な英語に書き換え，もとの文とともにそれを生徒に提示することでもとの英文の内容を理解させるといった指導法を意味する。この指導法が果たす役割はいくつか考えられる。一つ目は，生徒にとって英語のままでは内容理解が難しい英文の内容を，日本語訳に依存することなく英語のままで理解させることである。この指導により，平易に書き換えられた英文とはいえ，英語のままで意味内容に到達する習慣を生徒につけさせることが出来る。これがこの指導法の最大の狙いである。二つ目に，日本語訳に代わってパラフレーズされた英文を提供することで，英語によるインプット，それも言語習得を促進するとされる「理解可能なインプット」(Krashen 1985) を多く提供することが出来る。最後に，同じ内容を表す様々な英文を生徒に与えることにより，生徒にとって英文内容のイメージ（心的表象[mental representation]）が浮かびやすいようにさせることがある。同時に，同じ内容を表す異なる単語，表現，文法，構文等を提示することにより，生徒の英語力に幅をもたせ，ひいては英語表現力をも養えることが期待される。

2. 5. 2　パラフレージングによる指導において注意すべきこと

　パラフレージングを利用した指導の最大の狙いは，生徒に対して，日本語訳を介さずに英語のままで内容理解を実現させること，その習慣形成にある。同時に，そうすることで教室を行き交う日本語の量を減らせるとともに，英語によるインプットを少しでも増やすことである。そしてまた，訳読式の特徴である英文と日本語訳の一対一対応といった固定的な読み方ではなく，深い読みを身につけさせ，同時に，幅があり，産出力にもつながる英語力を育成することにある。

　この指導を行うに当たっては特に以下の点に注意したい。

(1) パラフレージングされた文と原文の橋渡しをする

パラフレージングはあくまで「補助輪」であり，scaffolding（Nuttall 1996; Gibbons 2002）に過ぎない。scaffolding（足場）の役割は，生徒が自分の足でしっかりと立つ（教科書の原文が自力で読める）ようになるまでの助けであり，その役割は一時的なものである。いつまでもパラフレージングされた英文に頼っていては，平易に書き換えられた英文を通して内容は理解出来ても肝心の原文がいつまで経っても読めないという，本末転倒状態に陥ってしまう。指導する側が常に留意すべきことは，生徒がパラフレージングされた英文だけを読んで終わることのないように，パラフレージングされた英文と原文を常に関連づけて読むように指導することである。パラフレージングされた英文の助けを借りて内容を理解したあとには，何故原文がそのようにパラフレージングされるのかといったことを考えさせ，言語材料の点でも内容の点でも最終的には原文をしっかり理解させるように指導することが肝要である。

(2) パラフレージングは日本語訳に代わるものでしかない

パラフレージングは訳読式指導における日本語訳に代わるものである。したがって，訳読式指導において実際に生徒に日本語訳させたり，指導する側が日本語訳をする前に新出語句や文法事項，構文等を説明するのと同じように，そういった説明はパラフレージングによる指導の場合も欠かせない。ただ原文を平易な英文に書き換えたものを提示するだけでは，単語力，文法・構文などの知識が効果的に育成されることは期待出来ない。パラフレージングによって内容を理解させる前に，言語材料を中心としたそうした指導が重要である。

(3) 原文に基づいた言語活動をさせる

パラフレージングされた英文は，生徒にとって日本語訳に頼らなくても英語のままで読めることを最優先課題として書き換えられたものであるので，ある意味では「自然な」英文ではないこともある。原文の持つ英文としての美しさを損なっている場合も往々にしてある。パラフレージングされた英文の助けを借りて原文の内容を理解した時点で，パラフレージングされた英文はその役割を終える。あとは，音読，パラレルリーディング，シャドーイング等の様々な音声指導や英問英答等の言語活動を原文に基づいて十分に行う

ことで，原文のみで内容が理解出来るようにするとともに，原文の英語を内在化させるための指導が重要となる。

2．5．3　パラフレージングによる指導の実例
次のような英文テキストを使ったパラフレージングによる指導を考えてみよう。

● Example 1：教材

　Rainforests are, as it were, treasures for us human beings. They are beautiful, calm, and very old. In addition to these wonderful points, rainforests play important roles for us. One role is giving us various sorts of medicines. There is a strong connection between rainforests and medicine.

　The fact is that we still depend very much on plants for treating many of our diseases. A lot of people in developing countries rely on traditional medicines for their main health care. Their medicines are made from plants around them. In the US, about 25 percent of medicines are those with main elements from plants. About 120 prescription medicines sold all over the world now come from only 90 species of plants. Such figures make it clear that plants have great importance in modern medical science. Plants of the world's rainforests have been attracting more attention these days.

　The US National Cancer Institute reports more than 3,000 plants are effective against cancer. They also report 70 percent of these plants are found only in the rainforest. It is said that more than 25 percent of the main elements in today's cancer medicines come from the rainforest. Rainforests are indeed precious medical resources.
Element English course II（啓林館），137-38；原典は L. Taylor, *The healing power of rainforest herbs*（New York : Square One, 2005）

上の英文をパラフレージングした一例として以下のようなものが考えられる。（下線部が書き換えた箇所）

● Example 2：Example 1 のパラフレージング

　Rainforests are <u>just like</u> treasures for us human beings. They are beautiful, calm, and very old. <u>Besides</u> these wonderful points, rainforests <u>are important</u> for us. <u>One reason is that they give us many different kinds</u>

of medicines. There is a strong relationship between rainforests and medicine.

　In fact, we still depend very much on plants to cure many of our diseases. A lot of people in developing countries mainly depend on traditional medicines to keep their health. Their medicines are made from plants that they can find around them. In the US, main elements of about 25 percent of medicines come from plants. About 120 medicines that doctors prescribe which are sold all over the world now come from only 90 species of plants. From such numbers it becomes clear that plants are very important in modern medical science. People have been paying more attention to plants of the world's rainforests these days.

　The US National Cancer Institute reports that more than 3,000 plants work against cancer. They also report that 70 percent of these plants are found only in the rainforest. They say that more than 25 percent of the main elements in today's cancer medicines come from the rainforests. Rainforests are really precious places that produce medicines.

では以下，具体的なパラフレージングの仕方にはどのようなものがあるのか。上の例の中でパラフレージングされた箇所を順に見ていこう。

2.5.4 パラフレージングの具体例

1. as it were → just like（イディオムの言い換え）
2. in addition to → besides（同上）
3. play important roles → are important（コンパクト化）
4. one role is → one reason is（単語の言い換え）
5. is giving us → is that they give us（句から節への書き換え，主語の明確化）
6. various sorts of → many different kinds of（単語の言い換え）
7. connection → relationship（同上）
8. The fact is → In fact,（複文から単文へ，構文の平易化）
9. for treating → to cure（動名詞から不定詞，単語の言い換え，文法・構文の平易化）
10. rely on → depend on（熟語の言い換え）
11. for their main health care → to keep their health（前置詞句から不定詞句へ）

12. plants around them → plants that they can find around them（省略箇所の復活，補足説明追加）
13. about 25 percent of medicines are those with main elements from plants
    → main elements of about 25 percent of medicines come from plants（代名詞の明確化，構文の平易化）
14. prescription medicines → medicines that doctors prescribe（補足説明追加）
15. sold all over the world now → which are sold all over the world now（省略箇所の復活，補足説明追加）
16. such figures make it clear → From such numbers it becomes clear（無生物主語構文の書き換え，単語の言い換え）
17. have great importance → are very important（名詞表現から形容詞表現へ）
18. Plants ... have been attracting more attention
    → People have been paying more attention to plants.（無生物主語から生物主語への書き換え）
19. are effective → work（単語の言い換え）
20. indeed precious medical resources
    → really valuable places that produce medicine（単語の言い換え，補足説明追加）

　以上，Example 2 の中でパラフレーズされたものを具体的に見てみた。まとめると，パラフレージングを行うレベルとしては，単語・熟語レベル，句レベル，節レベル，文レベルがある。またその狙いとしては，語彙の平易化，文法項目の平易化，構文の平易化，文の主要素（SVOC）の明確化，文のコンパクト化，補足説明追加，省略箇所の復活，代名詞の表す内容の明確化，英語らしい表現の書き換え等がある。
　また，実際にこの方法で指導を行う場合には，段階を追った様々なレベル・種類のパラフレージングを準備しておき，生徒の理解度に応じてそれらを臨機応変に提示することも効果的であろう。

2.5.5 段階を追ったパラフレージングの例

再び Example 1 の中から二つ例をとり，段階を追ったパラフレージングの仕方を考えてみよう。

● Example 3：段階を追ったパラフレージングの例（その1）
There is a strong connection between rainforests and medicine.（原文）
→ There is a strong relationship between rainforests and medicine.（単語レベルの書き換え）
→ Rainforests and medicine are closely/strongly connected/related.（構文レベルの書き換え）
→ We cannot separate rainforests from medicine.（文レベルの書き換え）
→ Rainforests and medicine are inseparable.（文レベルの書き換え）

● Example 4：段階を追ったパラフレージングの例（その2）
Such figures make it clear that plants have great importance...（原文）
→ Such numbers make it clear that plants are very important...（単語レベルの書き換え）
→ Such numbers clearly tell us that plants are important...（構文レベルの書き換え）
→ From such numbers it becomes clear that...（文レベルの書き換え）
→ By looking at such numbers we clearly know that...（文レベルの書き換え）

2.5.6 パラフレージングを用いた具体的指導例
(1) 口頭，板書によるパラフレージングの提示

パラフレージングした英文の提示の仕方として最も一般的なものは，口頭や板書によるものである。原文を読みながら，生徒にとって理解が難しい箇所について教師がその場で口頭で言い換えたり，板書することでパラフレージングした英文を提示する。生徒はそれを手がかりに原文の意味内容を理解する。これは現在でも比較的一般的に行われている方法であろう。生徒の様子から理解度を判断し，それに応じて臨機応変に様々なパラフレージングのパターンを提示出来ることがこの方法の利点である。Example 3 や 4 で紹介したような段階を追ったバージョンをいくつか用意しておいて，生徒の理解度に応じて小出しにしたり，段階を経てさらに平易なものを提示することも効果的であろう。一方この方法の欠点としては，どうしても指導が単発的，

断片的，刹那的になりがちで，体系的な指導になりにくいということがある。また，生徒が自主的にノートをとらなければ生徒の手元には何も残らないため，生徒全員に対して指導の効果を徹底させることが難しくなる。

(2) プリントによるパラフレージングの提示（その1）
　上に述べたような問題を解決するための一つの方法として，ある授業で教師がパラフレージングしたものをプリント（以下，パラフレーズプリント）にまとめ，それを次の授業で生徒に配付するということが考えられる。次の時間にパラフレーズプリントを使い，生徒同士のペアワークや生徒と教師間で様々な活動を行うことで，前の時間の復習をするとともにこの指導を，教師から生徒への一方的な指導からインタラクティブな指導へと変えることができ，パラフレージングした英文をさらに有効に活用することが出来る。

(3) プリントによるパラフレージングの提示（その2）
　(2)に述べたような一種の復習プリントとしてのパラフレーズプリントの他に，Example 2のようなパラフレーズプリントを授業に先立って生徒に配布することも考えられる。前もって生徒に配布することで，予習の際にもそれを利用させることが出来る。

(4) いろいろなパラフレーズプリント
　Example 2に掲げたようなものがパラフレーズプリントの原型であるが，生徒のレベルや指導する側の狙いに応じて，様々なタスクを設けたパラフレーズプリントを作成することも可能である。例えば，パラフレーズプリントの中に適宜（　　　）を設け，原文と照合しながら（　　　　）を埋めるといったものや，パラフレーズプリントの英文の一部を削除して下線部を引き，その部分を生徒にパラフレーズさせるといった発展型のパラフレーズプリントも考えられる（以下，Examples 5, 6を参照）。ただ，いずれの場合も，（　　）を設けたり下線部を引く箇所には十分に注意しなければならない。パラフレーズプリントの本来の役割は，日本語訳に代わって，平易な英文を提供することで，生徒が原文の難解な箇所を読むのを助けることである。原文の中で生徒が難解だと感じそうな箇所に匹敵するところに（　　）を設けたり下線を引いたりしては，パラフレーズプリント本来の役割が果たせなくなるので，注意が必要である。

● Example 5：発展型パラフレーズプリント（その 1）

　Rainforests are just like treasures for us human beings. They are beautiful, calm, and very old. Besides these wonderful points, rainforests are (　　) for us. One reason is that they (　　) us many different kinds of medicines. There is a strong relationship between rainforests and medicine.

　In fact, we still depend very much on plants to cure many of our diseases. A lot of people in developing countries mainly depend (　　) traditional medicines to keep their health. Their medicines are made from plants that they can (　　) around them. In the US, main elements of about 25 percent of medicines (　　) from plants. About 120 medicines that doctors prescribe which are sold all over the world now come from only 90 species of plants. From such numbers it becomes clear that plants are very (　　) in modern medical science. People have been paying more attention to plants of the world's rainforests these days.

　The US National Cancer Institute reports that more than 3,000 plants work against cancer. They also report that 70 percent of these plants are found only in the rainforest. (　　) say that more than 25 percent of the main elements in today's cancer medicines come from the rainforests. Rainforests are really precious places that produce (　　).

　上を見てもわかるように，（　　）を設けるのは必ずしも生徒の理解を試すためではなく，原文と並行して読みながら（　　）を埋めるというタスクを設けることで，生徒に対してより積極的にパラフレーズプリントに関わらせることがその主な狙いである。

● Example 6：発展型パラフレーズプリント（その 2）

　Rainforests are just like treasures for us human beings. They are beautiful, calm, and very old. Besides these wonderful points, rainforests are ＿＿＿＿＿. One reason is that ＿＿＿＿＿＿＿＿＿＿＿＿＿＿. There is a strong relationship between rainforests and medicine.

　In fact, we still depend very much on plants to cure many of our diseases. A lot of people in developing countries mainly depend on traditional medicines to ＿＿＿＿＿＿＿＿＿. Their medicines are made from plants that they can find around them. In the US, main elements of about 25 percent of medicines come from plants. About 120 medicines that doctors prescribe which are sold all over the world now come from only 90 species of plants. From such numbers it becomes clear that plants are very important in modern medical science. People＿＿＿＿＿＿＿＿＿＿＿＿＿＿＿＿＿＿＿＿＿＿＿＿＿these days.

　　The US National Cancer Institute reports that more than 3,000 plants work against cancer. They also report that 70 percent of these plants are found only in the rainforest. They say that more than 25 percent of the main elements in today's cancer medicines come from the rainforests. Rainforests are ＿＿＿＿＿＿＿＿＿＿＿＿＿＿＿＿＿＿＿＿＿＿＿＿＿．

　上の例では，下線部を完成させるというより自由度の高いタスクを生徒に行わせることにより，生徒にさらに深い読みをさせたり，生徒の発信能力養成につなげることも期待される。

(5) パラフレーズプリントを利用した言語活動例
　パラフレーズプリントを利用した言語活動はいろいろと考えられるが，ここでは一つのペアワークを紹介したい。
　まず，ペアのどちらかが原文を，もう一方がパラフレーズプリントを担当し，お互いに相手の英文は見ないようにする。そして，原文を担当する生徒がある程度まとまった量の英文（例えば1パラグラフ）を音読する。相手の生徒は，パラフレーズプリントを見ながらその音読を聞く。相手が読み終えたところで今読まれた箇所に相当するパラフレーズプリントの英文を相手に向かって音読する。相手の生徒（原文担当）は，今自分が読んだばかりの原文を見ながら，相手が音読するパラフレーズされた平易な英文を聞く。以上の活動を段落毎に役割交替しながら行う。この活動の狙いは，目と耳からそれぞれ異なった二種類の，しかし同じ内容を表す英文をインプットすることで，日本語訳を介さずに英語のままで意味内容の理解を実現することである。

2.5.7　パラフレージングによる指導のタイミング

　基本的にこの指導は while-reading 時を想定したものである。その時間内に読む英文教材の内容をしっかり理解させるのがこの指導の最大の目的である。ただし，利用の仕方次第では post-reading 活動として行うことも十分に可能である。いったん理解した意味内容を別の英語で読み直すことは有意義なことである。英文の内容を本当に正しく理解出来たかどうかを別の英語

で確認したり，同じ内容を表す別の英語を読むことで，日本語訳に依存しない，英語による内容理解の習慣化が可能となる。

2.5.8 パラフレージングによる表現能力の育成

　最後に，この指導法を生徒の英語表現力，発信能力を育成するために積極的に活用することにも触れておきたい。

　ここまでは，和訳に依存しないリーディング指導法としてのパラフレージングの利用法を考えてきた。つまり，様々な原因により英語のままでは内容理解が難しい英文を，生徒にとってより平易な英語に書き換えたものを教師が生徒に提供し，それを利用することで，生徒が和訳に依存することなしに英文を直読直解する習慣を形成する助けとなるための指導法を考えてきた。ただ，パラフレージングによる指導法にはこの他に大きな潜在能力がある。それは，パラフレージングのやり方を生徒に指導することで，生徒の英語表現能力，発信能力を育成し，ひいてはコミュニケーションストラテジーとしてのパラフレージング能力を育成することである。教師が作成したパラフレーズプリントを見ることで，生徒が無意識のうちに同義語や別の文法項目や構文，さまざまな表現を身につけることになり，それだけ幅のある英語力を養うことが出来ることは疑いないが，さらに明示的にパラフレージングの方法を提示し，その練習を重ねることで，生徒の英語による表現力，発信力をさらに育成することが期待出来る。Example 6で紹介した発展型パラフレーズプリント（その2）は，まさにそういった生徒の発信能力を直接養うことを目的としたものである。

　最後に，Example 1の教材中のある英文のパラフレージングの仕方を巡る，教師と生徒とのやりとりの例を挙げておく。

● Example 7：パラフレージングの仕方の指導

教師：例えば，第2段落最後の方にある Such figures make it clear that plants have great importance in modern medical science. という文をもう少し簡単に，或いは別の表現を用いてどのように言い表せるかを考えてみようか。まず，figure ってここではどういった意味だったっけ。

生徒：「数字」です。

教師：そうだね。ということは簡単に number でもいいよね。複数だから numbers。具体的にはすぐ前の文にある 120 とか 90 といった数字を

表しているよね。次に，make it clear that ...の意味はわかる？
生徒：・・・（わかりません）。
教師：it は that 以下を受けているので，「こういった数字は that 以下のことを明らかにする，つまり，数字を見たら that 以下が明らかになる」っていう意味になるのはわかる？
生徒：わかります。
教師：じゃあ，それを英語で書いてみようか。「そういった数字を見たら」って英語で言うと？
生徒：う〜ん，If we look at such numbers かな。
教師：いいね。When we see those numbers でもいいんじゃない？
生徒：なるほど。
教師：じゃあ次に，「何とかが明らかになる」はなんて言えばいい？ clear はそのまま使えるよね？
生徒：「〜になる」は become だから，become clear ?
教師：なかなかいいねぇ。ということは it becomes clear that となるよね。じゃあ，ここまでをまとめてみよう。When we see those numbers, it becomes clear that ... となりました。これでももとの文と意味はほとんど変わらないよね。こんなふうに考えたら，同じ内容でも色々と違ったふうに表現出来ることがわかったと思います。

・・・・・・・・・・・・・・・・・・・・・・・・・・・

2.6　チャンク（フレーズ）読み
2.6.1　チャンク読みにはどのような効果があるか

　学習者に音読をさせると，不自然な区切り方が気になる場面が多々ある。また，長い文を見たときに「どこまでがどのようなまとまりなのかがわからない」ということもリーディングの困難さとして挙げられる。以下の文章を対象に，チャンク読みの効果を考えてみたい。

● Example 1：教材

　A parcel from London (5) arrived (6) at a tailor's shop (4) in Eyam (3) on one September day (2) in 1665 (1). The tailor's assistant, George, opened the parcel to find rolls of cloth inside.
Element English course II（啓林館），112: 原典は J. Carew, *Eyam, plague village* (Cheltenham : Nelson Thornes, 2004)

　上記の例文を日本語の語順に沿って和訳しようとすると，「1665 年の/9 月の

ある日/Eyamというところにある/洋服屋さんに/ロンドンから/小包が届きました。」という日本語になる。英文の中に記した括弧書きの数字は、日本語訳で何番目に出てくる箇所かを示したものであり、日本語と英語ではかなり順番が異なることが明らかである。何度も視線を前後させることにより、読む時間は長くなり、英語の語順のまま理解することもない。また、情報をまとめてつかむことがないため、読み手の記憶にかかる負担も大きい。ところが A parcel from London arrived/at a tailor's shop in Eyam/on one September day in 1665. のようにまとめて読めば、文頭から英語の語順に沿って理解することができ、戻り読みもないため処理時間が短くなる。また、チャンクごとにまとめて理解するため、一語一語を覚えるよりも記憶への負担も少ない。

2.6.2 速読におけるチャンク読みの活用

速読の訓練としてチャンク読みを導入する一つの方法は、紙面の英文にあらかじめスラッシュを入れていき、そのスラッシュで囲まれたチャンク毎に意味をつかませるようにするものである。

(例) I'm going to tell you/about a funny thing/that happened to my mother and me/yesterday morning.

このようにスラッシュを入れることにより、前項で述べたように、英語の語順のまま理解でき、何度も戻り読みを繰り返すよりも読む時間は短くなる。スラッシュを入れるだけでは戻り読みの癖がなかなか直らない場合には、チャンク毎に縦に英文を並べたプリントを作成し、行毎に読むようにすることも出来る（図1）。

I'm going to tell you
about a funny thing
that happened to my mother and me
yesterday morning.
…

図1　チャンクで縦に英文を並べたプリント

また，パソコンが使用出来る環境であれば，パソコンのスライドを利用してチャンク毎に素早く意味を取らせるのも効果的である。以下は，パワーポイントのスライドを使った例である。

● Example 2：チャンク毎にパソコン画面の中央に提示し，あらかじめ設定された提示時間が過ぎると自動的に次の画面に移る形式

I'm going to tell you	about a funny thing
1	2
that happened to my mother and me	yesterday morning.
3	4

これらの画面は，パワーポイントの「画面切り替え」機能を使うことでチャンク読みに使用することが出来る。自動的に画面が切り替わるように設定しておけば（例えば2秒後など），画面には次々に英文が出てくる。

● Example 3：チャンク毎にパソコン画面に提示するという点では①と同じであるが，文章全体が一つのスライドに入っており，その部分だけを見えるようにした形式

I'm going to tell you	about a funny thing
1	2
that happened to my mother and me	yesterday morning.
3	4

　スライドに一文（文章）全体をタイプし，一度に把握させるチャンクの部分のみ黒いフォントを使用する。この場合には4枚のスライド全てに白色で文全体をタイプする。そして1枚目のスライド（左上）では，はじめのチャンクの部分のみ黒いフォントで示し，次のスライド（右上）では，2番目のチャンクを黒いフォントで示す。同様にして3番目と4番目のスライドも，該当するチャンクのみ黒いフォントにする。その上で，それぞれのスライドが自動的に切り替えられるように設定しておくと，スライドショーとして見せるときに，黒いフォントの部分が移っていくように見える。

　前に紹介した方法と比べてこの形式が優れているところは，文（文章）の中でチャンクが一つずつ移動するように見えるので，より自然な視線の動きになることである。

● Example 4：チャンク毎に色を変え，焦点を当てて読まなければならない部分を強調しつつも，他の文章も薄い色で提示し，必要があれば前後もすぐに照合出来る形式

I'm going to tell you about a funny thing that happened to my mother and me yesterday morning.	I'm going to tell you **about a funny thing** that happened to my mother and me yesterday morning.
1	2
I'm going to tell you about a funny thing **that happened to my mother and me** yesterday morning.	I'm going to tell you about a funny thing that happened to my mother and me **yesterday morning.**
3	4

スライドに一文（文章）全体をタイプし，一度に把握させるチャンクの部分のみ黒いフォントを使用する。この場合には4枚のスライド全てに灰色で文全体をタイプする。そして1枚目のスライド（左上）では，はじめのチャンクの部分のみ黒いフォントで示し，次のスライド（右上）では，2番目のチャンクを黒いフォントで示す。同様にして3番目と4番目のスライドも，該当するチャンクのみ黒いフォントにする。その上で，それぞれのスライドが自動的に切り替わるように設定しておくと，スライドショーとして見せるときに，黒いフォントの部分が移っていくように見える。

　この形式のよいところは，文（文章）の中で焦点が当たるチャンクがどの位置にあるのかを把握することが出来ることである。また，前の画面が薄く表示されているので，前の二つの提示方法に比べて，記憶への負荷も少ない。

2．6．3　理解を促進させるためのチャンク読みの活用

　前項では，読解速度を上げるための工夫として，パソコンを使用して読解速度を上げる方法について触れた。本項では，理解を促進させる方法を紹介したい。

　パソコンを使用する場合，チャンクとチャンクの間にポーズ画面（白紙）

を挿入し，リハーサル（復唱）しながらチャンクを認識させるようにする。これは，read and look up にも通じる方法であるが，「チャンクごとには理解出来ても，それまでに読んだ内容を忘れてしまい，その結果全体としての意味を把握出来ない」ということを防ぐためである。人間が読解など高次の認知活動を行う際にはワーキングメモリが関わるとされているが，そのワーキングメモリは処理と保持がトレードオフの関係にある。すなわち，ある情報の処理に時間がかかるとその保持に多くの認知資源を配分することが出来ず，あまり多くの情報量を頭に残すことが出来ない。そのため，白紙の画面を挿入し，その間にリハーサルする時間を設けることにより，前に読んだ英文と今読んでいる英文の関連づけを促進する。

　また，それぞれのチャンクが文章全体の中でどの程度重要なものであるかを意識しながら読ませるようにする。文の構成素となる主要なチャンクと，別の要素を修飾するチャンクがあることを理解することで，学習者の記憶の負担をより減らすことが可能であろう。どのチャンクが特に重要であるかどうかは読む目的によっても異なるため，読解後の発問の設定には気をつけたい。チャンクごとにパソコン上で見せるときは記憶に負荷をかけて読むことになるので，文法事項など文構造の詳細を問うのではなく，文章の大意を捉えるような発問がよいだろう。

2.6.4　チャンク読みと合わせて行うことが望ましい指導

　チャンク読みの訓練を行うことで語順の問題点は解決出来るが，それだけでは解決出来ないものもある。例えば，次のような場合には，個別に説明を加える必要がある。

　チャンク読みの限界点として，第一に，チャンクとチャンクの関係および階層構造については，別の説明を要するということがあげられる。例えば長い名詞句の場合，複数のチャンクがまとまって主語もしくは目的語になることがある。そのような場合には，関係節が前のチャンクにある名詞句の説明をしており，本動詞はその後のチャンクに出てくることを確認したい。前述の例文の場合，I'm going to tell you/about a funny thing/that happened to my mother and me/yesterday morning. の中で that happened to my mother and me および yesterday morning のチャンクは，about a funny thing についての修飾である。

　第二に，代名詞の照応関係についても，チャンク読みだけでは確認するこ

とが出来ない。しかし代名詞が指しているものを読み違えると、文章全体の読みが正しいものにならないため、照応関係は別途、学習者に問う必要があるだろう。第三に、ある単語についての知識がなければ、その単語を見た段階で処理がストップしてしまう。そのため、新出語句の確認もまた、チャンク読みの前に行うことが望ましい。

2.6.7　学習者自身にチャンクを認識させるための指導

　次に、読み手自身にチャンクを認識させる活動である。例文を使ってやり方を説明した後、学習者に実際にチャンク毎に区切りながら読ませる。

● Example 5　学習者にチャンクを認識させる活動
　意味を把握出来る速度で意味的なまとまり（切れ目）にスラッシュ(/)を入れながら文章を読みましょう。

（スラッシュの入れ方の例）
I would like to welcome（1）/the new members（2）/who have joined us（3）/in the last few months./（4）　　　　　　　　（土方2006）
歓迎したいと思います／新しい会員の方々を／入会された／ここ数ヶ月で

このときの留意事項としては、以下のものがある。

(1) チャンクに区切ることだけに集中して理解がおろそかにならないように、読解後に内容理解問題を用意する。
(2) 文章を全部読んだ後でスラッシュを入れる場所を決めるのではなく、読みながらスラッシュを入れさせるようにする。
(3) 意味のまとまりであると感じる場所でスラッシュを入れるようにさせる。

　(1)については、どこでチャンクに区切るべきかということに意識が向いてしまい、文章の内容を捉えるよりも機械的に英文を見てしまう学習者がいるためである。(2)についても、まずは1回目にチャンクに区切り、2回目の読みでようやく理解のために読むということになってしまい、実際に英文を読むときにはあまり役に立たない。あくまでも内容理解のために読むリーディングの補助としてチャンク読みを位置づけたい。
　(3)は、統語的には別の要素であっても、一つひとつを独立したチャンク

としてみなすとあまりに読みにくい場合があるからである。換言すると，何語以上の名詞句は一つのチャンク，などと統語に基づく規則を絶対的なものにすると，あるチャンクと別のチャンクの情報量に偏りが出てしまうため，逆に読みにくくなってしまう。Women who say that they are not interested in clothes, like men who say that they do not care what they eat, should not be trusted, because there is something wrong with them.（橋本 1989）という文の場合，「関係節の前では必ずスラッシュを入れてチャンクを分ける」などという規則を厳密化すると，Women/who say/that…のように細かく切れすぎてしまい，読みにくくなってしまう。そのような場合は，たとえ統語的な規則の目安とは異なっても，関係節や接続詞 that を必ずしも別のチャンクに分ける必要はないであろう。

英文読解が苦手な学習者がスラッシュを入れた例を見ると，①スラッシュが入る割合は低くてもそれが大きなチャンクを示すのではなく，ただ単にスラッシュを入れなかっただけであると考えられるケースや，②細かく区切り過ぎていると考えられるケースなどがある。①の場合には，しばらく教師がチャンクに区切ったものを例示し，チャンクについての概念をつかませたい。また②の場合には，少し大きめにチャンクを区切る例も見せながら，極端に小さなチャンクにならないように促したい。

《基礎知識1》チャンクと言葉の処理過程
A 「チャンク」とはどのような概念か

電話番号を覚えるとき，私たちは7桁の数字をバラバラの数字として覚えるのではなく，市外局番までの3桁と残りの局番の4桁にまとめて記憶しようとする。また，チェスの専門家は，チェスの位置をまとまりとして覚えるため，チェスが得意でない者よりも多くの位置を記憶することが出来る（e.g., Gobet et al. 2001）。このように，意味のまとまりを示す「チャンク」は，私たちの身近なところに例を見つけることが出来るが，チャンクの概念は，心理学，とりわけ記憶研究の分野で発展を遂げてきた。短期記憶に一度に入れられる情報量の容量制限には「マジカルナンバー7」として知られている Miller（1956）の 7 ± 2 説や，Cowan（2001）による 4 ± 1 説がある。

言語理解におけるチャンキングは，発話や文字の流れを意味的なまとまりである「チャンク」に解析すること（Ellis 2001）である。言語におけるチャンキングの性質を理解するためには，(1) 知識として存在する定型表現を読

み手および聞き手がどのように利用して解釈するのか，(2)(1)以外の文字列について，どのような言語単位で理解するかという2点からアプローチが出来るだろう。

B　リーディングにおける定型表現の利用

　kick the bucket のような「コロケーション」も，チャンクの一種として位置づけられる（Ellis 2003; Nation 2001）。第二言語習得においては，コロケーションのような定型表現をいかに増やすかが重要とされているが，その観点に比べると，リーディングにおける formulaic sequence の使用については，あまり研究されていない。

　英語母語話者および非英語母語話者は，定型表現を非定型表現よりも効率よく処理するのか否かを調べた研究が Conklin and Schmitt (2008) である。(a) 定型表現がイディオムとして使用される場合（e.g., He blew his stack.），(b) 定型表現をほぼ同義に言い換えた場合（e.g., He got very angry.），(c) (a) にも (b) にも該当しない，同程度の長さの統制句（e.g., He saw many dents.），の3条件を用意し，これらの表現が短い文章に組み込まれるようにマテリアルを作成して，読み手の読解時間を測定した。その結果，母語話者も非母語話者も，定型表現を非定型表現よりも迅速に処理出来ること，その効果は (a) イディオムとして使用されていても，(b) イディオムのパラフレーズ条件であっても，(c) の統制句よりも同様に速く処理が出来ること，が示された。

　今後は Conklin and Schmitt (2008) も言及しているように，眼球運動測定などより精緻な心理言語学の手法を用いて，読み手がどのように定型表現を処理しているのかについて，さらに検証を積み重ねていくことが求められるだろう。

C　リーディングにおける，定型表現以外のチャンクの処理とは？

　リーディングにおけるチャンキングでは，コロケーションなど記憶の中でまとめられた項目が出てきたときに，これらの語がまとまりとして単独の意味を成すということを認識するばかりでなく，たとえ formulaic sequences のように特殊で強固なまとまりを形成しているのではないとしても，どこまでを意味的なまとまりとして認識するか，すなわち文字系列をどのように「チャンク」として認識するか，という点が重要になる（c.f., Ellis 2001;

Clahsen and Felser 2006)。そこで，読み手の文処理中の予測を踏まえることが有効になる。

　読み手がそれまでに多く遭遇した用法など，特定の用法を強く予測する場合，その偏りは「動詞バイアス」と呼ばれる (e.g., Garnsey, Pearlmutter, Myers, and Lotocky 1997)。動詞バイアスも含め，読み手が過去に経験したこと (e.g., Chang, Dell, and Bock 2006)，語の特性 (e.g., Trueswell, Tanenhaus, and Kello 1993)，統語構造 (e.g., Sturt, Pickering, and Crocker 1999) など複数の要因が，処理中の読み手の予測に関与している。チャンキングにおいても，読み手は次の要素が何であるかという予測を働かせながらチャンクを形成するが，この点を実証的に検証する研究はまだ多くない。

　Hijikata (2012) は，(1) 自他交替を持たない動詞（自動詞用法のみの例として jump，他動詞用法のみの例として kick），(2) 自他交替を持つが自動詞用法の方が強く想起される動詞（例として shine），(3) 他動詞用法の方が強く想起される動詞（例として break）を含む文を用意し，動詞の自他用法に対する日本人英語学習者のバイアスとチャンク処理の関係を調べた。自他用法のどちらにバイアスがあるかについては，日本人学習者を対象にした予備実験により決定した。自他交替がある動詞については自動詞用法と他動詞用法を含む文をそれぞれ用意し，句を基準とするチャンクごとに文を区切ったものを学習者のペースで読ませた。それぞれのチャンクが読みやすいかどうかを判定しながら読み進め，読解後にはその文の内容を書き出すという課題を設定した。その結果，動詞バイアスに反する用法（自動詞が強く予想される動詞の他動詞用法，および他動詞用法が強く予想される動詞の自動詞用法）の場合には，チャンクごとに区切られた英文を読みにくいと判断する傾向が見られた。チャンク提示は意味のまとまりを示唆するという役割を果たすものの，動詞の種類によってはかえって読みにくくなる可能性があるため，チャンクごとに英文を区切る場合には言語特性にも注意が必要である。

D　チャンクの処理は常に一定か？

　学習のメカニズムとしてのチャンキングには，以下の三つの原則が存在するといわれている。(1) 人間は一定の速度で継続的にチャンキングを行い，経験を積むにつれて付加的なチャンクを形成するようになる，(2) タスクに関連するチャンクが多いほど，タスクの遂行は速くなる，(3) 上位階層にあ

るチャンクにはより多くの下位パターンがある（Newell 1990, 8）。そのため，チャンキングは常に同じように行われるのではなく，学習過程によって推移していくものと考えるべきである。

　また，チャンキングには個人差も存在する。Ellis（2001）は，熟達している読み手は長期記憶に貯蔵されている上位の階層と聴いたり読んだりして入力されたばかりの言語情報を瞬時に照合することが出来るが，熟達していない読み手はこのような照合が苦手であると主張している。例えば，"I have a headache." という文の中にある "headache" という言葉を聴いて "head + ache" として抽出するのが熟達した学習者である。それに対して熟達していない学習者は "/h/＋/e/＋/d/＋/eɪ/＋/k/" のように，個々の音素をバラバラに処理しようとする。これは "head" と "ache" のように長期記憶と照らし合わせることが出来ないためである。

　母語話者が単語単位で処理時間を測定しながら文を読む場合，文末（もしくは，長い文においては節末）において，処理時間の増大が見られる（Haberlandt and Graesser 1989; Haberlandt et al. 1986）。母語話者の自動的な処理においては文末で意味を統合することが多いと考えられる。日本人英語学習者がチャンク処理を行う単位は句が基準であるが，それ以上の単位になる可能性もある（e.g., 門田・吉田・吉田 1999）。熟達度が上がったり，継続的なチャンキングの指導を受けたりすることにより，同一の読み手であってもチャンクの処理過程が異なるかどうかについては，今後の実証的研究が待たれるところである。

　リーディングにおけるチャンキングのプロセスは，統語および意味処理をどの言語単位（語，句，節，文）まで自動的に行うのかを調べることが一つのアプローチになるものと考えられる。研究手法としては，処理時間や眼球運動の測定に加え，事象関連電位（event-related potentials; ERP）が有効となるであろう。Abla, Katahira, and Okanoya（2008）は，音声言語の刺激の分節化に ERP の利用が効果的であることを示した。今後はリーディング中のチャンキングにおける ERP の応用も重要となるだろう。

2.7　サイト・トランスレーション
2.7.1　英文和訳の問題点とサイト・トランスレーション
　英文和訳には，「日本語と英語の単語を一対一の関係だと学習者に思わせてしまう」「英語の語順に沿って読むことが出来ない」「一文ずつ日本語を介

さないと,英語が読めない」などの問題点があると指摘されている。これらの問題のうち,日本人の学習者が陥りやすい問題点の一つが,母語（日本語）と目標言語（英語）の文構造の違いに影響された「戻り読み」である。一つひとつの単語を日本語に訳しながら内容を理解する人は,英語の語順どおりに読める人よりも,視線が長く留まる箇所の数や視線の余計な動きが多いことは2.6.1で述べたとおりである。しかし,文頭からチャンクごとに,大まかな日本語訳にしていくことが出来れば,英文和訳が抱える問題点を一つ解決することが出来る。

　サイト・トランスレーション（sight translation）とは,「原稿を見ながら即座に口頭で翻訳すること（水野2003）」である。もともとは同時通訳のテクニックとして用いられてきたものであるが,一般の英語教育においても応用することが可能である（e.g., 鳥飼1997）。音声情報を併用することでより本当の通訳訓練に近づくが,本節では音声を介さないスラッシュ・リーディングの一例として紹介する。

　具体的に,英文を使ってサイト・トランスレーションの例を示すと,次のようになる。

　Child labor,（児童労働は）/which is a serious human rights problem,（重大な人権問題ですが,）/does not usually gain the attention of people（普通は人々の注意を引くことはありません）/living in developed countries.（先進国においては。）//In many parts of the world, however,（しかし世界中の多くの地域で）/child workers are often seen（児童労働はしばしば見受けられます）/in factories,（工場でも）/fields and the streets.（畑でも街路でも。）//Children continue to be forced to work（子供たちは働くことを強制され続けます）/under bad conditions:（悪条件の下です）/low pay,（低賃金）/ long working hours,（長い労働時間）/no health care（医療は受けられず）/and improper food or homes.（貧しい食事と住まいといった具合です。）//They live without basic rights（彼らは基本的人権を持たずに暮らしています）/such as education,（例えば教育を受ける）/proper growth（適切に成長する）/and development.（発達するといった権利です。）//

　ここでスラッシュを入れる範囲（チャンク）は,教師が提示することももちろん有効である。しかし,英語の直読直解を促進させるために,チャンクを認識してスラッシュを入れる作業も,学習者にやらせてみてもよい。慣れな

いうちは日本語としての不自然さが目立ち、やりにくいと感じる学習者がいるかもしれない。しかし、きれいな日本語訳を作るのではなく、文頭からチャンク毎に大まかな日本語訳に出来ればよいということを理解させれば、教室におけるサイト・トランスレーションとして十分である。

2.7.2 サイト・トランスレーションを行う上で考慮すべき言語特性

日英語の語順が異なるが故に有効となるサイト・トランスレーションであるが、裏を返せば、日本語にしにくい場面が出てくる。その際に考慮すべき言語特性として、(1) 関係詞節 と (2) 強調構文を挙げたい。

はじめに (1) 関係詞節であるが、英語の授業においては、関係詞節の制限用法と非制限用法を区別して教えることが多い。例えば、"I have three daughters who are doctors." と "I have three daughters, who are doctors." の2文には、「私」に医者以外の娘がいるか否かという違いがある（前者の場合、3人以上の娘がいて、そのうちの3人が医者である可能性も含む）。しかし直読直解を目指してサイト・トランスレーションをする上では、「弁護士の娘」や「画家の娘」がいるかどうかは、重要な問題ではない。そこで、制限用法であっても、非制限用法のように「私には3人の娘がいる／彼女たちは医者である。」と前から訳すことが重要である。

次に (2) 強調構文の扱いである。通常、"It was A that ..." という文を見ると「that 以下だったのは、A だ」というように、後ろから訳すことが習慣となっている。しかしこの構文についても、A の位置にある要素が強調されるべきものだとさえ認識出来れば、後ろから訳すことにこだわらなくてもよい。既出の英文には "Perhaps it was his brother who was sending the cards" という強調構文が含まれている。これに対して「ポストカードを送っていたのは、おそらく彼の弟」のように後ろから訳さなくても、「弟だったのだ。ポストカードを送っていたのは。」で十分意味が通じる。

2.7.3 学習者のチャンキングおよびサイト・トランスレーションの例

最後に、実際に学習者がサイト・トランスレーションを行った例と、その例からどのようなフィードバックを行うべきかについて示す。例文を用いた説明と、単文による練習をいくつか行ったが、基本的には初めてサイト・トランスレーションを実施した学習者の事例である（例文は上野 1996 より）。

第2章 教科書を用いたリーディング指導（2）　65

●Example 1：学習者A（大学生・上級者）のサイト・トランスレーション
　London is famous for（ロンドンは有名だ）/its underground rail system,（その地下鉄のシステムで）/the "Tube."（そう地下鉄である）The railway,（地下鉄）/which opened in 1863 between Paddington and Farringdon stations,（それは1863年にパッディントンとフェアリントン駅の間で開通した）/is known as the oldest underground rail system（最も古い地下の鉄道システムとして知られる）/in the world.（世界中で。）It now has eleven lines and about 270 stations.（それは今12路線と270駅まで拡大している。）/The deepest section（最も深いとこで,）/measures over 50 feet down,（地下50メートルもあり）/one of the lowest in the world.（世界最深地である。）The Tube is an essential means of transportation for Londoners（地下鉄はロンドン市民にとって必需品で）/as there are no trains in central London.（ロンドン中心部には汽車がないから）The newest underground rail system（最新の地下路線は）/is a subway system in Sendai（仙台のシステム）/which is operated by a fuzzy computer.（コンピュータに管理された）The subway is praised（地下鉄は賞される。）/as the technology's most celebrated showpiece.（最も賞賛されるべき技術だと）Not only does it give an astonishingly smooth ride,（快適な乗り心地を与えるだけでなく,）but it is also 10% more energy efficient（10%も交率がよい。）/than systems driven by human conductors.（人間によってやってもらうよりも。）

●Example 2：学習者B（大学生・下位者）のサイト・トランスレーション
　London is famous for its underground rail system,（ロンドンは地下鉄のシステムチューブが有名だ）/the "Tube."/The railway,（そのてつどう）/which opened in 1863 between Paddington and Farringdon stations,（1863年にパディントン, Farringdon駅間で開設された）/is known as the oldest underground rail system in the world.（世界で最も古い鉄道システムとしてしられている）/It now has eleven lines and about 270 stations.（それはいまや11路線, 約270駅もある）/The deepest section measures over 50 feet down, one of the lowest in the world.（最深部は地下50フィート以上, これも世界で一番深いうちの一つだ）/The Tube is an essential means of transportation for Londoners as there are no trains in central London.（「チューブ」はロンドン中心に鉄道がないためロンドンの人の交通の足としてかかせない）/The newest underground rail system is a subway system in Sendai which is operated by a fuzzy computer.（最も新しい地下鉄システムは, コンピュータでせいぎょされるセンダイのものだ）/The subway is praised as the technology's most celebrated showpiece.（その地下鉄は技術の最もう

け入れられる断辺をしめしている。) /Not only does it give an astonishingly smooth ride, (すばらしいのりごこちだけでなく,) /but it is also 10% more energy efficient than systems driven by human conductors.（人間がうごかすシステムより10％エネルギー効率がよい。)

　学習者Ａには，数字の書き換えミスや，文末にスラッシュを入れていないことなど，指摘する点がないわけではない。しかし，全体を通して一定の大きさでチャンクに区切れており，訳も適切に書けている。特に「そう地下鉄である」と書くなど，前から訳しながらも，日本語として自然なつながりを意識している。これからフィードバックすべき点としては，"London is famous/for its underground rail system"のように，前置詞の意味を考慮しながらスラッシュを入れること，場所によっては大きさがバラバラになっている部分もあるので，出来れば同じような単位で統一させること，などである。

　それに対して学習者Ｂは，サイト・トランスレーションをする上で区切ったチャンクの数が，学習者Ａより10個も少ない。「チャンクが大きい＝熟達度が高い」というイメージもあるが，この２人を比べると，そうとは言えない。総合的な読解テストの得点でも，読解速度の点でも，学習者Ａの方が断然上位であった。そのため学習者Ｂが少ししかスラッシュを挿入しなかったからといっても，文単位で一度に処理出来たとは考えにくい。むしろ，文構造の把握が不十分であったために，文内のどこにスラッシュを挿入してよいのかわからず，戸惑ったのではないかと考えられる。

2.7.4　学習者への対処例

　学習者Ｂは，(この直前に行った) より易しいテキスト (Flesch-Kincaid Grade Levelが３程度のもの) では，学習者Ａが区切る位置とほとんど変わらない箇所・頻度でスラッシュを挿入していた。一文が長くなれば，コンマやピリオドの割合が少なくなるため，自分でチャンクを認識することがより重要になってくる。しかしそれは同時に，スラッシュを入れるために文法知識を要し，難しいタスクになることも意味する。そこで学習者Ｂに対しては，以下のような段階を踏んでから学習者Ａと同じような課題を与えるようにすることが必要であろう。

(1) あらかじめスラッシュを入れておいた文章を提示し，その範囲でチャンク毎に日本語にさせる。

● Example 3：プリントの例

☆スラッシュで囲まれた範囲ごとに，概要が伝わる日本語にしなさい。
☆スラッシュをまたいで訳してはいけません。
　（例）She feels frustrated/because she can't say a word.
　　　　　　　　①　　　　　　　　　②
　　○　①　彼女はイライラする／②　一言も話せないので
　　×　①　彼女は一言も話せないので／②　イライラする

But the question（　　　　　　　　　　　　　　　　　）/
of whether he did or did not make that deadly jump
（　　　　　　　　　　　　　　　　　　　　　　　　　）/
still remains.（　　　　　　　　　　　　　　　　　　）//

The fact is（　　　　　　　　　　　　　　　　　　　）/
that he did jump（　　　　　　　　　　　　　　　　　）/
from the Belle Isle Bridge（　　　　　　　　　　　　　）/
that November day,（　　　　　　　　　　　　　　　　）/
despite his sister's postcard collection.
（　　　　　　　　　　　　　　　　　　　　　　　　　）//

Perhaps it was his brother（　　　　　　　　　　　　　）/
who was sending the cards（　　　　　　　　　　　　　）/
— he did remain in Europe（　　　　　　　　　　　　　）/
while Houdini returned（　　　　　　　　　　　　　　　）/
to the US.（　　　　　　　　　　　　　　　　　　　　）//

Harry Houdini was certainly in Detroit
（　　　　　　　　　　　　　　　　　　　　　　　　　）/
at that time.（　　　　　　　　　　　　　　　　　　　）//

He was booked for two weeks（　　　　　　　　　　　　）/
　at the Temple Theater.（　　　　　　　　　　　　　　）//

ここで,チャンク同士の関連性がわかりにくいと感じる場合には,前置詞の特性について説明を加えておくとよいだろう。前置詞の中でも"of"は前の名詞句との関連が強いものであるが,of 以下が長い場合には独立したチャンクにして構わない。ここで問題となる第1チャンクと第2チャンクの訳し方およびつなげ方に関しては,「しかし問題となるのは」「彼が実際にジャンプをしたか否かについてであるが」のように,"A of B"に"BについてのA"という意味があると言及しておくことで解決出来るだろう。

(2) 挿入すべきスラッシュの数を指定してから,サイト・トランスレーションを行わせるようにする

　2.7.3で紹介した学習者Bのように,まとめて処理出来ないと思われるにもかかわらず一文をチャンクに区切らない学習者の場合は,教師が区切るチャンクの数を一文ごとに指定することから始めるとよいであろう。

●Example 4：プリントの例

☆次の英文を（　）内の数と同じ数だけスラッシュを入れ,前のチャンクから順にサイト・トランスレーションをしなさい。

[1] But the question of whether he did or did not make that deadly jump still remains. (3)
1.＿＿＿＿＿＿＿＿＿＿　2.＿＿＿＿＿＿＿＿＿＿
3.＿＿＿＿＿＿＿＿＿＿

[2] The fact is that he did jump from the Belle Isle Bridge that November day, despite his sister's postcard collection. (5)
1.＿＿＿＿＿＿＿＿＿＿　2.＿＿＿＿＿＿＿＿＿＿
3.＿＿＿＿＿＿＿＿＿＿　4.＿＿＿＿＿＿＿＿＿＿
5.＿＿＿＿＿＿＿＿＿＿

(3) 学習者に音読させ,自分にとっての処理単位であるチャンクを認識させる

　自分自身のチャンクにイメージが沸きにくい場合は,「意味が伝わるように区切り方を意識しながら」という指示を出した上で英文を音読させてみるのも一つの方法である。その上でチャンクごとに日本語にしていくと,次のような流れになる。

● Example 5：指示の例
☆　1回目の読み→意味が伝わるような区切り方を意識して音読し，区切りの位置にスラッシュを入れましょう。
☆　2回目の読み→スラッシュで区切ったチャンク毎に日本語にしましょう。

　音読をする学習者と，その学習者の音読におけるチャンクを聞き取って英文にスラッシュを入れる学習者がペアを組んでもよいだろう。
　本節では音声を伴わないサイト・トランスレーションについて扱ったが，このような練習を繰り返すことはシャドーイングのように音声を伴った場合のチャンキングにもつながり，ひいては音声文字の区別なく言語情報処理を促進させることにもつながっていくものと考えられる。

《基礎知識2》訳すということの意義：直訳から翻訳へ
A　はじめに
　英語指導のあり方は，「訳す」という行為とどう向き合うかにより方向づけられると言っても，過言ではないだろう。本章でも「日本語訳」について「先渡し，中渡し，サイトラ」など様々な訳の利用法が議論されている。つまり実際に訳というものを切り離すことは出来ないことを象徴しているとも思える。「訳」は「訳毒」とする Direct Method 的主義もあり，訳への批判は絶えない一方で，「訳す」という行為は学習者自身も理解の足場として利用しているものであり，授業でも訳に全く触れないことは考えにくいのも事実である（例えば，その利用価値を英語母語話者の指導者自身も見直した論文がある［Cook 2001］）。実際には，外国語教育では母語を足場にせざるを得ない現実があるだろう。第二言語のレキシコンの発達でも，始めは母語の単語を介して概念と連結しているが，リンクの強化で母語を介さずとも第二言語の単語が直接概念と結びつくようになると言われている（Potter et al. 1984）。これは単語単位の例であるが，中間言語という概念で示されるように，第二言語習得の過程で学習者は徐々に母語をベースにした理解から巣立っていくというのが現実ではないだろうか。そうなると「訳」というものをバランスよく取り入れて，いかにして第二言語習得のための生徒の認知環境を整えていくかといった方向に，議論の矛先を向けることは，「訳はいるかいらないか」という議論よりも生産的であると思える。「訳」ということ

が，私達が日々行う英語指導では切り離せない事項であるなら，「訳す」ということについて考察することも意義のあることである。

B　文法訳読法の「訳す」の問題点

　文法訳読法（grammar-translation method）に対する批判は，普通は訳すという活動よりも，教師が順番に生徒に訳させるという退屈な授業スタイルへの批判である。またその授業スタイルと，英語を日本語に変える「訳す」という行為自体に対する批判が入り混じっていることも多々ある。その授業スタイルの欠点に引きずられ「訳す」という作業が，レベルの低い言語習得の初期段階の行為と捉えられてしまってはいないだろうか。「訳すとは何か」を考える場合は，典型的な訳読式の授業スタイルへの批判とは切り離して考える必要がある。その上で本来の「訳す」ことの意義を考えるべきである。

　訳すということは言語を変換する行為だから，単に文を直訳すればよいと生徒は捉える場合が多い。教師が授業で「訳しなさい」と言えば，直訳か意訳かで生徒の訳し方も訳した結果も異なる。例えば，"You are the last person I want to see." を直訳すれば，「あなたは私が最後に会いたい人です」であるが，意訳すればそれを使う状況も踏まえて「あなたにはどんなことがあっても会いたくない」という否定的ニュアンスを含む必要がある。前者は文法構造を反映した訳であるが，後者はその文が使われる文化的な規則（語用論的情報）も含んだ訳である。本来の「訳す」とは「翻訳」であり，それは後者に限りなく近づくものである。しかし，大抵の場合，生徒は「訳しなさい」と言われると，上記のような文脈上で示される正確な文の意味を理解せずに直訳してしまう場合が多いであろう。文法訳読法の機械的な訳はまさにそのような逐語訳であり，訳すことの弊害はそこにあると言える。

　これまでの訳読に対する批判の多くは，訳すこと自体ではなく，生徒が作成する直訳調の訳に対する批判であるように思う。Gorsuch (1998) は，訳読という授業では生徒は日本語に訳すことに焦点をあて，英語のテキストそれ自体には焦点をあてていないと指摘している。小木野 (1983, 138) は，訳読式は一語一語と各センテンスを日本語に逐次対応させて訳すので，マイクロ的読解過程であり，テキストの全体的構造には注意を向けないものと指摘している。Hino (1992, 100-101) も，訳読では読み手は通常談話レベルでの意味を考えないと指摘している。つまり，訳読では機械的な逐語訳に徹する場合が多く，パラグラフの主旨を考えたり，文同士の関連性やパラグラフ

内の構成などに注意を向けるといったようなパラグラフリーディングの要素が欠如しているという批判である（木を見て森をみない）。Van Dijk and Kintsch（1983）は，テキスト表象（心の中にテキストの意味）を構築する過程を（1）表層構造（surface structure：単語や句の符号化），（2）テキストベース（propositional text base：文章の修辞的な構造の表象），（3）状況モデル（situation model：テキストから得られた情報を先行知識と統合する）という3段階に分類しているが，これまで批判されてきた直訳調の「訳す」とは，表層構造レベルの文の意味の形成に留まるものである。

C　本当の「訳す（翻訳）」とは

　しかし，「訳す」という作業が全て表層レベルのテキスト分析しか伴わないというわけではない。本来の「訳す」とはそのような機械的な訳とは異なり，より深いテキスト分析に基づく読みを伴う作業であり，それは「翻訳」という高度な技術である。翻訳とは何かを理解するには，成瀬（1995, 1-5）が参考になる。成瀬（1995）は，「忠実な翻訳」という言葉で分かり易く翻訳のあり方を議論している。まず「忠実」であるとは，原文に忠実であるという意味であり，それは原文の言語形式に忠実であるよりも内容に忠実であるという意味である。更に内容に忠実であることは単に「原文の内容＝訳文の内容」を達成するのではなく，以下のような原文の著者と訳文の読み手間でのより質の高いコミュニケーションの成立を目指すものである。つまり，図2のとおりその質とは原文が持つコミュニケーションの効果を異なった文化背景の読み手にも，平等に与えるという高度な意味を持つ。

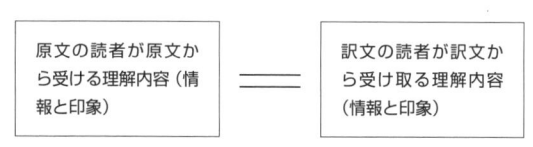

| 原文の読者が原文から受ける理解内容（情報と印象） | ＝ | 訳文の読者が訳文から受け取る理解内容（情報と印象） |

図2　原文と翻訳の関係

この構図の意味がわかる好例を成瀬（1995, 5）は挙げている。例えば，「前方後円墳」に対して"that of an ancient burial mound, square at the head and rounded at the foot"とする内容の等価より"keyhole (-shaped tomb)"とすれば効果的にイメージを喚起することが可能となり，これが翻

```
直訳のステージ：表面形式の分析
（一語一語の意味や文法のみに意識）
          ↓
意訳のステージ：文の語用論的分析
（文のメインアイデアや意図，含蓄された意味への意識）
          ↓
印象の等価のステージ：より深い含蓄の意味の分析
（行間を読む，文化的情報の分析）
          ↓
テキスト構造分析のステージ：マクロ構造の分析
（情報の論理性の転送，ジャンル分析とジャンル固有の
訳語選択，audience の選択）
          ↓
トリミングのステージ：訳文の再修正
（こなれた日本語の作成，訳超過訳不足分析）
```

図3　翻訳の各ステージ

訳の本来の目指す内容の等価だとしている。このような翻訳観は，形式重視（formal correspondence）に対して内容重視の等価（dynamic equivalence）と呼ばれ，それは逐語訳ではなく原文で伝達されている内容を訳語で再現することだと説明している（ナイダ・デイバー・ブラネン 1973, 20）。同じメッセージを伝える言語形式は，言語により当然異なり，言語間で意味が正確に一対一の対応をなす単語のペアは存在しない（例えば「water ＝ 水」は一対一対応と思えるが，「水」は通常は冷たく，英語では本来は cold water であり，「湯」は hot water であり，日本語では熱い水とは言えないので，英語の water は水という液体自体を示す）し，またある文化では存在するが他の文化では存在しない概念があることから，形式重視は意味の等価を乱すことになる。

　このようなメッセージの等価を実現するには，慎重なテキストの分析に基づく読解が不可欠であることは言うまでもない。直訳した場合のテキスト分析の程度は，表層構造に留まるが，翻訳では文章の修辞的な構造の分析に加えて，テキストから得られた情報が原文の文化ではどのような意味を示し，訳文の文化ではそれはどのように解釈されるべきかを考える必要がある。このように翻訳では，スキーマを活性化させながらテキストの意味を構築することが要求される。本来の訳すという行為は図3のステージ全てを踏むものである。

　これらの過程で訳者は原文を何度も読み返さねばならないだろう。つまり，本来の訳すという作業は，表層レベルのテキスト分析ではなく，原文が

含む情報を絞りに絞って引き出す精緻な読解を要求するものである。

D 翻訳を前提として訳す読解

　上述したとおり，翻訳とは原文のメッセージを出来るだけ完全に伝えている訳文を創作することである。つまり，翻訳とは訳したメッセージを受け取る相手を想定し，相手に分かりやすく原文のメッセージを訳文で伝える技術である。これは通訳と同じであり，翻訳者は原文のメッセージを正確に伝達するというコミュニケーションのコンテクストのなかに置かれ，原作者と訳文を読む読者の仲介役となる。つまり受け手へメッセージを正確に伝達することが本来の翻訳の目的となる。さらに翻訳ではテキストの理解は動的なものであり，完全な訳文を作成するためにテキスト分析が何度も繰り返されテキスト表象が修正されていく。つまり，完全に原文を理解してからその内容をそのまま訳文に転送するので，読解作業自体が非常に注意を要するものとなる。

　これに対して生徒に多く見られる直訳レベルの訳では，メッセージの受け手を想定しないで自分で原文を理解する為に原文の逐語訳をしているレベルに留まっていることが多い。この場合，英文読解は日本語の概念体系に依存するものであり，自分でテキストを理解する為に日本語に訳していることになる。この点において直訳に留まるような訳読作業は，完全にテキストの内容を理解してから訳す翻訳作業とは異なる（表5）。訳読で見られるこのような浅いレベルでの読解プロセスというのは，テキストの完全な理解に行きつく過程の一部に過ぎないであろう。

　上記の説明から，「訳す」という作業が，それが「翻訳」という観点から行われた場合，初級の学習者に行われる作業という考えが間違いであることに気づくだろう。翻訳するという作業は，表層構造，テキストベース，状況

表5　直訳と翻訳の違い

直訳による訳読	一語一語の変換，訳語をつなげる（英文法，構文の理解に基づく分析）	結果：置き換えた日本語訳で理解する読解作業
翻訳による訳読	全体的な変換，メッセージの再現のための訳文生成（英文法，構文やテキスト構造，状況の理解に基づく分析）	結果：訳語でメッセージを正確に再現するための読解作業

モデルといった全てのレベルでの分析を行った上で構築されたテキスト表象を訳出することである。つまり，それは正しい原文の理解の上に成り立つものであり，高度な読解力が備わってこそ出来る業である。理解の為に日本語を使用するという目的であるなら，サイトラやチャンクごとの訳出，必要な箇所だけ訳させるなどが適切であり，単に直訳させながらテキストの全てを読み進める作業は，従来批判されてきたとおり，深いテキスト分析を伴わせないだけではなく，日本語で理解をさせる読み方を助長するものでしかないだろう。「訳す」という方法を取るなら原文の正確な分析に基づいた翻訳をさせることが望ましく，その場合は「訳す」という行為が自ずと高度な読解力を要求する作業になり，読解力を高めることにつながるであろう。つまり，相手に内容を正確に伝達するために「訳す」という前提を立てて読解させるという手法を取れば，そのための原文解釈がより深い分析を伴うものになるということをここで強調したい。但しプロの翻訳家のような芸術性を要求する必要はなく，原文が使われている状況を正確に読み取るような直訳ではない訳出が出来るように指導すると，効果的であると思える。

2．8　結束表現の認識と解釈による読解チェック
2．8．1　はじめに

　和訳をさせなくて，どのように学習者のテキスト理解を確かめるか。その一つの方法は，指示表現や代用表現などの指すものを理解させたり，省略されている語句を補わせたり，テキストを構成する文と文の論理的関係を示すシグナルとなる談話標識（discourse markers）を見つけさせ，それに続く文の伝達機能を明らかにさせることによって，テキストの理解を確認したり，促進したりすることである。そのような結束性を示す表現（cohesive devices）を Halliday and Hasan（1976）は五つのタイプに分けている。指示（reference），代用（substitution），省略（ellipsis），接続（conjunction），語彙的結束性（lexical cohesion）である。各結束表現の特徴を解説し，各表現に焦点をあてた読解チェックの方法を提案する。

2．8．2　指示表現と代用表現の認識と理解

　Halliday & Hasan によると，指示表現には人称詞（he, his, him, she, her, hers, it, its, they, their, them, theirs），指示詞（this, these, here, that, those, there, then, the），比較語（same, identical, similar[ly], such, different, other, else, additional, 序数, as＋形容詞, 比較級, 最上級）が含まれる。代用表現とは one, ones, the same, so, not, do, be, have, do the same/likewise, do so, be so, do it/do that, be it/be that のような表現である。

(1) 指導例
　テキストを正しく理解するには, that とか them とかの代名詞が何を指しているのか, 代動詞 do がどのような表現の代わりをしているか, を分かることが必要であるが, 場合によっては困難な時があることを認識させることが大切である。下の英文は大平光代さんの『だからあなたも生き抜いて』の英訳版からの抜粋である。(1) の them が何を指しているのか曖昧で, 理解するのは難しいであろう。mental scars と painful experiences を指してのことであろうが, mental scars なのか, painful experience なのかについて判断は迷うところである。

●Example 1：教材例
The title of the final chapter of her best-seller is "Regret." She says strongly as well as calmly, "I regret all that I did in the past when I was going downhill. I can erase none of that, which still has various adverse effects on me." Scars from when she knifed herself in the stomach and the tattoos on her back which now disturb her skin are causing her physical problems. "Moreover," Ohira continues, "mental scars cannot be overcome, and painful experiences cannot be assimilated. For me, I no longer have a way but to accept (1) them.

　指示表現が何を指しているのか, 代用表現がどの語句の代わりをしているのかを明らかにすることは重要であり, 易しい作業ではないのだと認識させた後は, ①テキスト中の指示表現と代用表現を見つけ出し, その語が指している語, 代用している語（句）を突き止めさせる練習をする。②指示表現と代用表現を省いて空所にしたテキストを与え, 空所に適切な表現を入れさせる練習も可能である。this は前方照応（anaphoric）にも後方照応（cataphoric）にも使えるが, that は後方照応には使われないことを知っていなければ, 下記の例の場合, 正しい代用表現を挿入出来ない。正確な文法知識が必要になる。また後方照応の指示表現には普通ストレスがおかれることに学生の注意を払わせたい（Halliday and Hasan 1976, 67-70）。

What I want to say is (*this*). We cannot live by bread alone.

2.8.3　省略の認識と理解

　書き手は必要以上の情報を与えないというのが効率的なコミュニケーションである。読み手の常識でたやすく捉えられる情報を繰り返さないほうが簡潔で，効率的な表現になる。読み手にとっては省略されている語句を補うことが出来なければ，正しくテキストを理解していることにはならない。省略は（a）名詞句の省略，（b）動詞句の省略，（c）節の省略の三つのタイプに分類出来る。

(a) I looked everywhere for apples but I couldn't find any ▲.
(b) The days are hot and the night ▲ cool.
　　They came although they were not to ▲.
(c) John's coming to dinner. – When ▲?

(Halliday and Hasan 1976; Nuttall 1996)

(1) 指導方法
　①普通行われる指導法はテキストを読ませ，省略がどこでなされているかを問い，省略されている語句を補って，文を完成させることである。その文が如何に読みづらいかに気づかせ，何故省略が使われるかを理解させることが重要である。

Man is seen in perspective as just another piece in this grand jigsaw, and his activities in terms of the effects, good or bad, that they are likely to produce on the communities and soils from which he derives his food.
(Nuttall 1996)

　②省略されている箇所が分からない場合は，質問をすることである。例えば，人間は大きなジグソーパズルの中でどのように見られるのかな？とか，人間の活動はどのようにして評価されるのかな？とか質問して，どこにどのような表現が省略されているか考えさせるのである。
　③もう一つの方法は，以下のように省略されているところに省略記号（▲）を入れて，どのような語句が省略されているかを考えさせるやり方である。

Man is seen in perspective as just another piece in this grand jigsaw, and his activities ▲ in terms of the effects, good or bad, that they are likely to produce on the communities and soils from which he derives his food.（▲には are seen が省略されている）

2．8．4　語彙的結束性の認識と理解

英語においては，同じ意味のことを言うのに同じ語を繰り返したり，代名詞を使いすぎたりするのを避け，同じ意味を持つ異なる語彙項目を使って表現するのが普通である。英語では同じ語の繰り返しの単調さを避けた「洗練された変化（elegant variation）」（Leech and Short 1981; Nuttall 1996）が好まれる。このような語彙面のつながりが文と文の間を連結し，談話に結束性を与える。これを語彙的結束性と呼ぶ。同じ語彙項目が使われなかった場合，それが同じ意味であることが突き止められなかった場合には，テキストが理解出来ないことがあるので，語彙面のつながりも大切である。語彙的結束性には四つのタイプがある。

(a) 同じ語（the same word）
　　I turned to the ascent of the peak. The ascent is perfectly easy.
(b) 同意語（a synonym _or_ near-synonym）
　　I turned to the ascent of the peak. The climb is perfectly easy.
(c) 上位語（a superordinate）
　　I turned to the ascent of the peak. The task is perfectly easy.
(d) 一般語（a general word）
　　I turned to the ascent of the peak. The thing is perfectly easy.
　　　　　　　　　　　　　　　　　　（Halliday and Hasan 1976, 279）

これらの表現は同じ語と代名詞を両極にして，最も特殊な語から一般的な語の順で普通使われる。すなわち，同意語→上位語→一般語の順である。この順序を破る場合には，文体的効果を書き手は狙っていると，de Beaugrande and Dressler（1981, 64）と指摘する。

Nuttall（1996, 91-92）は，比喩（metaphor），テキストを構築する語（text-structuring words），意味を明確にすべき語（pin-down words）も語彙的結束性に加えている。下記の（e）の例のように，light dawned という比喩は「洗練された変化」の一形式であり，この文のほかの部分（he felt he understood what it was all about)と意味的に同じであると解釈出来なければこの文を理解したことにはならない。

> (e) *light dawned*; for the first time, *he felt he understood what it was all about.*

(f) の例のテキストを構築する語（text-structuring words）である issue や such methods は，代用表現のように意味がないわけではないが，同じような働きをしている。the issue とはどのような問題なのか，such method とはどのような方法なのか，意味が明確でないので前後の文脈や背景的知識の情報で補って，テキストを正しく理解する必要がある。

> (f) The *issue* will not be resolved by such *method*.

(g) のテキストの中の（our）approach とは「イントネーションとイントネーションが意味にどのように影響するかを記述する方法」であることが分からなければ，テキストを十分理解したとは言えない。このように，approach のような語を含む文の命題的意味を十分理解するには，この語の具体的な意味内容を明らかにし（pin down）なければならない。特に，抽象名詞などはそれが何を意味するか，また具体的な例を考えてみることが必要である。

> (g) We hope that two features of *our approach* might make it especially acceptable to teachers. One is that by describing the meaning system in terms that have general validity we provide the teacher with analytic tools to handle the authentic spoken material, however complex, which he judges suitable for a particular learner or group of learners. By contrast, existing partial descriptions, and the highly specific values they tend to ascribe to intonation features, inevitably engender disappointment and frustration when they are applied to material other than the set of items the manual writers invent to exemplify them, while speech produced spontaneously and in real time almost always presents problems for which earlier systematic work has provided no preparation... (Nuttall 1996, 79)

(1) 指導方法

語彙的結束性を理解する訓練は，ある語が出てきたとき，その語と同じものを表す語がどこにあったか質問するように努めればよい。次にもっと語彙的結束性に焦点を当てた活動を紹介する。

①数パラグラフからなるテキストを与え，そのある語を四角（□）や括弧（【 】）の中に入れ，その語と関係のある語を見つけ，全て丸く囲ませるか，同じ色で塗らせる。下の Example 2 では，Yusof と語彙的結束性のある語（句）は丸く囲んだ（○）。Leila と語彙的結束性のある語（句）はイタリック体で示した。

● Example 2：表示例

　Last week, *Rahman's wife* 【Leila】 had an accident. (Rahman's youngest child), Yusof, was at home when it happened. (He) was playing with (his) new car. His father had given it to (him) for (his) third birthday the week before.

　Suddenly (the little boy) heard *his mother* calling 'Help! Help!' (He) left (his) toy and ran to the kitchen. *The poor woman* had burned herself with some hot cooking oil. *She* was crying with pain and the pan was on fire.

　Rahman had gone to his office. Both the other children were at school. (The youngster) was too small to help *his mother* and *she* was too frightened to speak sensibly to (her son), but (he) ran to a neighbour's house and asked her to come and help *his mother*. Soon she put out the fire and took *the victim* to the clinic.

　When her husband came home, Lelia told him what had happened. Of course Rahman was very concerned about *his wife*, but was also very proud of (his sensible son). 'When (you) are a man, (you) will be just like your father,' he said.　　　　　　　　　　　　　　(Nuttall 1996, 89)

2. 8. 5　接続表現の認識と理解

　接続表現は談話の文と文の関係をしめす談話標識であり，それが導く文の意味内容が，先行する文の内容に対してどのような関係にあるかを示すものである。Nuttall（1996, 94-97）はその標識をその機能にしたがって三つに分類している。

　（a）出来事の順序を示す標識　　then, first, at once, next, the following day

(b) 談話構造を示す標識

順序 (first of all, next, at this point, in conclusion, etc.), 言い替え (that is to say, or rather, to put it in another way, i.e., etc.), 明細化 (namely, that is to say, to wit, etc.), 言及 (in this respect, in that connection, as we said, apart from this, etc.), 再開 (to resume, to return to the point, getting back to the argument, etc.), 例示 (to illustrate, thus, for example, e.g., etc.), 要約 (to sum up, in short, to recapitulate, etc.), 焦点化する (let us consider, we must now turn to, I shall begin by, etc.)

(c) 書き手の見解を示す標識

【付加的機能】更なる証拠の導入 (moreover, furthermore, etc.), 付加的 (incidentally, in passing, etc.), 比較 (likewise, similarly, etc.)

【反意的機能】予想の否定 (yet, though, however, nevertheless, etc.), 予期しないことを認める (actually, as a matter of fact, etc.), 予期されることと予期されないことを結び付ける (instead, on the contrary, etc.), 対比する (on the other hand, at the same time, etc.), 簡単にことを片付ける (in any case, anyhow, at all events, either way, etc.)

【因果関係的機能】一般的表現 (so, hence, consequently, therefore, thus, for, etc.), 理由 (for this reason, on account of this, it follows, because, etc.), 結果 (as a result, arising from this, so ... that, etc.), 目的 (with this in mind, to this end, in order to, so that, etc.), 条件 (if, unless, otherwise, in that case, that being so, etc.)

【文修飾の副詞的語句】＜内容に関するもの＞真理の程度 (certainly, obviously, doubtless, presumably, admittedly), 判断 (rightly, surprisingly, fortunately, more importantly), ＜書き手の言葉の使い方についての評言＞ (strictly speaking, briefly, generally, put simply, to be precise)

(1) 指導方法

普通, while-reading においては, 接続表現が出てきたときに, この後にどのような内容の文が続くかを問うことで, 接続表現の働きに気づかせることが重要である。教科書のテキストを離れて, 接続表現の機能についての練習をするのも一方法である。次にその方法を紹介する。

①下線部の接続表現に続けて，テキストを完成するのに，適切な表現を選ばせる。以下のようにリーディングに授業では接続表現のところで，次にどのような内容が続くか予想させてみるとよい。

(1) It can get very cold in the winter in Chicago. <u>In fact</u>,
   (a) January is a winter month.
   (b) It can get very hot in the summer in Chicago
   (c) The temperature reached −5℃ one night last January.

(2) Some people like to travel when they were on a vacation, <u>while</u> other people
   (a) like to travel, too.
   (b) like to stay in one place and rest.
   (c) do not like to stay in one place and rest, either.

(田鍋 2000, 105)

②下記のようにテキストを与え，空所に選択肢を与えて選ばせる。接続表現のところを空所にして，適切な連結語句を入れさせてもよいし，連結語句の順番を変えてリストにして，そこから選ばせてもよい。

Vilma likes traveling by bus better than traveling by airplane for four reasons. (Thus, First, In fact), it costs less. She can ride by bus from New York to Chicago for $45. (Similarly, So, Yet) the air fare between the two cities is $160. (Nor, But, Second), traveling by bus gives her a closer look at the cities and countryside than she could get from a plane. (Still, Next, For example), she enjoys driving through the big cities of Philadelphia, Pittsburgh, and Fort Wayne.

(田鍋 2000, 107)

2.9 和訳はどのような時にするか？
2.9.1 和訳の功罪

　コミュニケーション能力の育成が叫ばれているけれど，英文を一字一句日本語に訳する文法訳読方式（grammar-translation method）の授業が依然として多くの学校で行われている。文法訳読式方式の問題点は，ほとんど全ての授業時間が全文和訳と文法説明に費やされることである。学生は易しい文

まで全文訳されないと気がすまないし、教師が訳すと、学生は英文の正確な理解に訳を利用するのではなく、教師の訳を写すのに必死である。英文を読まないで、写した訳をもとにテキストの内容を考えようとする場合は最悪である。定期試験に和訳の問題がたくさん出題されるので訳を求めるようになる。また英文を一語一語、一対一で丸暗記した訳を当てはめて日本語に置き換えたら、なんとなく分かったと思っている学生が多い。「何が言いたいの」と聞くと「分かりません」という返事が返ってくることが多い。

　行方（2007, 3）が「私は、『英文を読む』ということを、『何となく意味が取れる』ということとイコールに考えていたように思います」と述べているように、日本語を読むようには英文はすっきり読み取れない、と高校時代に私自身も思っていた。ところが大学1年生の時に出会った教師が、英文を正確に読むとはどういうことか教えてくれた。「何となく意味が取れる」のでなく、すっきり理解出来るようになった。「アバウトな理解（行方1994, 25-31）」から「すっきりした正確な理解」へ導くのに、部分的に和訳を使うのは効率的な方法である。学生たちが難しいと思う部分や教師の経験から学生が間違って理解しそうだと思う部分だけを和訳させ、学生の理解が正しいかを確認することは重要である。部分和訳させるのは、丸暗記の訳を当てはめても通じない場合、統語構造や文法を理解していないために意味が曖昧になる場合、英語と日本語の発想の違う表現について注意を払わせたい場合などである。テキストが難解な場合は和訳に頼る傾向があるので、テキスト選択には学習者全体の英語力や興味を十分考える必要がある。

2.9.2　正しい理解を確かめるための部分和訳

(1) 丸暗記の訳を当てはめても通じない場合
① The ghosts of London evidently dislike the swinging metropolis. In Victorian times every district could boast an ancient house with a reputation for ghostly knockings, resulting in long periods when the house agent's boards were displayed in vain in the unkempt garden.

　　　　　　（John Harries, *The ghost hunter's road book* ［Muller 1968］)

　上記の例は行方（2007, 48-49）からとったものである。最初の文中の"evidently"と"swinging"を丸暗記訳語である「明らかに」「揺れる」をあてはめて、「ロンドンの幽霊は明らかによく揺れる都会を嫌っている」と

しては通じない。文脈から，"evidently"は「どうやら…らしい」，"swinging"は「活気のある，賑やかな」の意味にとると，「ロンドンの幽霊はどうやらうるさくなりすぎた大都会が嫌いなようだ」。となり，納得出来る意味になる。

　下記の例文②の下から３行目の"as a wild or wilful eccentric"も"wild"の丸暗記訳語である「野生の，野蛮な」に置き換えて，「野生で，片意地な変人として」としてはどうも通じない。"wild"と"wilful"とよく似た意味に使われていると考えられるので，"wild"は「わがまま，手に負えない」とかの意味が適切であろう。

　このように，学生たちが覚えている意味と異なるように使われている場合には，学生にその語が含まれて語句や節を訳させてみると理解を確かめることが出来る。

(2) 統語構造や文法を正しく理解していないために意味が曖昧になる場合
② If, at the end of a conversation, somebody says to me, 'As soon as I know, I'll ring you up,' (a) <u>he is taking too much for granted</u>. He is proposing to attempt the impossible. So I have to say, 'I'm afraid you can't. You see, I'm not on the telephone. I just haven't got a telephone.'

　Reactions to (b) <u>this</u> are various. Some people say: '(c) <u>Oh</u>, but you must have a telephone!' as if they thought I had mislaid it somewhere, or forgotten about it. Some people say: 'How terribly inconvenient! How can you do without a telephone?' (d) <u>And</u> some say: 'Oh, you wise man, how I envy you!' But the usual reaction is astonishment, and although I regard myself as a quiet, conventional sort of character, I find myself being stared at as a wild or wilful eccentric, especially when somebody says: 'Well, if I can't ring you up, perhaps you'll ring me up,' and I reply, 'Perhaps; but (e) <u>I'm more likely to write to you</u>.'

　　　　　　　　　　　　（William Plomer, *On not answering the telephone*）

　(a) の "too much" を副詞句のように理解し，「あまりにも当然のことと思う」と訳しがちであるが，なんだかしっくりしない日本語である。これは "take ～ for granted" の～には目的語がくるという統語構造を無視している。「あまりにも多くのことを当然のことと思う」という訳が正しい直訳で

あり，彼が私に電話をするというのは，彼が当然と思っているあまりにも多くのうちの一つである。

(b)の"this"は何かを指示をする「これ」と先行する内容（今述べたこと），または次にくる文の内容（次に述べること）を指す「このこと」を区別して英文を理解させたい。(b)の"this"は「このこと」，すなわち，私が言う必要のあること「あなたは私に電話が出来ないこと，私は電話に出ないこと，電話を持っていないこと」である。

(c)の間投詞"oh"はわざわざ訳させる必要がないが，驚き・喜び・悲しみなどの感情を表す表現であることを認識させ，どのような気持ちで"oh"と言ったのかを考えさせる必要がある。この場合，「よう言わんわ」とか「呆れたわ」という気持ちであろう。

(d)の"and"を見れば，誰でも「そして」という意味が思い浮かび，間違いそうにないと思うだろうが，"and"の前後に文があり，それらの文と文の論理関係を示すものであるから，"and"がどのようにつないでいるかを示す必要がある。「電話に出ないとか，電話を持っていない」という表現に対する反応が三つの反応が挙げられている。"and"の前には「本当は電話を持っているのでしょう」と「電話がなければ不便でしょう」ということが書かれている。"and"の後には，「賢いわね，うらやましいわ」という言葉が続く。これらを結ぶのに「そして」でいいでしょうか。辞書（『リーダーズ英和辞典』）にも「［文頭におき，話を続けて］して，してまた，そうとも，それどころか，おまけに…」と出ているように，「その上」とか「それだけじゃなくて」という意味合いを入れるならば，筋がすっきりと通る。

(e)の比較級"more"が使われているが，"than"以下の省略を直観的に読み取る態度を養うことが大切である。この場合「電話をするよりも」を補う姿勢が望まれる。

代名詞，接続詞，比較表現などを使ってどのようにして英文を正しく読む指導をしたらよいかを例示した。このように，文法が正しい英語表現をするのに使われるだけでなく，英文を正しく読むのに使われることが大切である。

(3) 日本語の発想と違う英語独自の表現について注意を払わせたい場合

無生物主語，名詞構文と言われる英語表現が代表的なものである。いつも決まり切った訳をする必要はないが，一度は日本語として自然な訳を示すこ

とで，日本語の発想と異なる表現であることを認識させることが重要である。

(a) <u>A few minutes' walk</u> brought us to the park.
〈<u>数分歩くと</u>，私たちは公園に出ました。〉
(b) We are hoping for <u>your quick recovery</u>.
〈<u>あなたが早くよくなる</u>ように願っています。〉
(c) I <u>had a good sleep</u> last night.
〈ゆうべは<u>よく眠れました</u>。〉
(d) He is <u>a good swimmer</u>.
〈彼は<u>水泳が達者</u>です。〉　　　　　　　　　　　（江川 1991）

"I'll <u>move out</u> next month."（来月<u>引っ越す</u>ことになりました。）の表現のように英語は「する」的な言語，日本語は「なる」的な言語という表現の相違もあるし，"He is playing <u>out in the garden.</u>"（あの子は<u>庭で</u>遊んでいますよ。）の例文のように，英語では"out"（家の外）と包括的に言い，"in the garden"（庭で）と特定化した表現が続くのも英語表現の特徴であろう。他にも発想の異なる表現があるが，日本語訳を通してその発想の違いを説明してやることは生徒にとって役立つことだろう。

2.9.3　全文和訳を避ける教材とは？

　難しいテキストを使った指導は注意が必要である。テキストが難しいと下位の処理にワーキングメモリーの処理資源をほとんど使ってしまうので，全文和訳に頼ってしまう。それを避けるには，内容理解に必要な語句の意味を提示すること，また内容に関する背景知識を活性化したり，与えたりすると内容理解が促進される。また音声テープを聞くとチャンクの区切りがよくわかるし，書き手の心的態度もよく分かり，テキスト理解の助けとなる。それからチャンクごとにサイト・トランスレーション（2.7を参照のこと）をさせて，前から少しずつ理解した内容を積み重ねていって全体を理解させるとよい。

　教科書のレベルについては教師と学習者の間に意識のギャップはあることを認識しておく必要がある。鈴木（2000, 28）は，「教師が『適切』と思う教材を生徒は『難しい』と感じ，教師が『易しすぎる』と思う教材を生徒は『適切』と考える）傾向にある」ことを指摘している。教科書や教材の選定にお

いて教師はこの点を肝に銘じておくべきである。
　また難しい教材を使わないと一流大学に入れないと思っている教師が多い。しかし実際はそうだろうか？教師が「易しい」と思う教科書を使ったグループの方が「難しい」教科書を使ったグループよりもリーディング力を含め，英語力がつくようである。鈴木（2000, 28-30）は，学習者が適切と思う教科書を使ったグループの方が，難しいと思った教科書を使ったグループよりもリスニングと読解速度において優れていることを実証した。両グループの上位群ではプレ・テストとポスト・テスト間で差がなかったが，「易しい」教科書を使ったグループの中位群と下位群の学生は，「難しい」教科書を使ったグループより有意な伸びを示した。上位群はテキストの難易度がどうであろうと変わりがないが，中位群と下位群はテキストが易しい方が英語力を伸ばすのに効果があるということになる。すなわち，「易しい」教科書を使ったほうが全体的にリーディング力を向上させることが出来る。

《基礎知識 3》和訳と英語力の関係
A　はじめに
　訳読とは，その漢字が示すように，まず一語一語日本語にしてから，その訳された語を日本語の統語法にあうように並べ替えることである。読み手は，英語の統語形式に従って英語を理解するのではなく，日本語にコード化された形式を理解することになる。英語に関する言語知識が増え，言語処理が自動化されると，英語の統語形式に基づいて理解でき，訳に頼らなくても読めるようになる。大学入試における英文和訳問題について言及する。

B　英語の熟達度と訳読の関係
　訳読はどのように行われるのか？ Hino（1992, 100）は，表6に示すように，3段階の処理によって訳読がなされると説明している。すなわち，(1) 読み手は英語を一語一語日本語に置き換える。(2) その訳語が日本語の統語法に従って並べ変えられる。さらに，(3) それが日本語の統語法で再表現される。訳読はこのような手順を踏むことから，読みのスピードは遅くなる。では，このように和訳がなされたら，英語が正しく理解されたと言えるのか？丸暗記した日本語に置き換えても，文脈に合わない場合には，異なった意味に理解されるかもしれない。英文の統語法を正しく理解していなければ，置き換えられた語を日本語の統語法で並べ変えても正しい訳語にならないし，

訳語に頼って英文を理解すれば，間違って理解することになる。

表6　外国語読解における訳読の3段階処理（Hino 1992, 100）

[Target language sentence] She has a nice table in her room.

Stage 1　[The reader makes a word-by-word translation]

She	has	a	nice	table	in	her	room
kanojo	motteiru	hitotsu-no	sutekina	teburu	naka	kanojo-no	heya

Stage 2　[Translated words reordered in accordance with Japanese syntax]

Kanojo	kanojo-no	heya	naka	hitotsu-no	sutekina	teburu	motteiru

Stage 3　[Recoding in Japanese syntax]

Kanojo-wa kanojo-no heya-no naka-ni hitotsu-no sutekina teburu-wo motteiru

　表6で挙げた例は，初期段階の学習者の訳読の処理を示すもので，いつもこの例のように読まれるわけではない。英語の言語知識が増え，読解力が向上してくると，一語一語和訳するのではなく，チャンク毎に処理されるであろうし，英文が易しければ和訳する必要もない場合もある。ではどのような場合に和訳がなされるのか？　Kern (1994, 455) は「第二言語のテキストを読む力がついてくると，テキストを理解しようとして訳に頼らなくなる」と述べている。「テキストを読む力がつく」とは，主にあるテキストを読めるほどの言語知識を学習者が身につけている，という意味であろう。逆に，訳に頼るのは，テキストが難しく，学習者の英語熟達度を超えている場合で，少しずつ訳していかないと，意味の統合が出来なくなるからであろう。テキストの内容が難しい場合も同様に訳しておいてから，その訳を使って全体の意味の理解をしようとする。

　和訳にはどのような認知メカニズムが働いているのであろうか？図4は第一言語のリーディングを始めた頃の読み手のテキスト理解の仕方を示している。まだディコーディング処理が自動化されていないので，制約のあるワーキングメモリーの注意資源をディコーディングに全て使ってしまうと，同時に理解の処理が出来なくなってしまう。ディコーディング（decoding）とは，単語の文字を見て音声化することであるが，L1の読み手の場合，自動的にアクセスするので単語認知と同じ意味になる。理解はディコーディングの後に行われ，その後理解の後に理解のモニター処理が行われるようになる。第二言語のリーディングの場合には，読み手の語彙知識や統語知識が乏

しく，自動化されていないと，ディコーディング，意味アクセス，統語処理，意味の統合，モニターの各処理にほぼ全ての注意資源を使ってしまう。同時処理が出来ないので，少しずつ和訳をしておいて，意味の統合をして理解をすることになる。

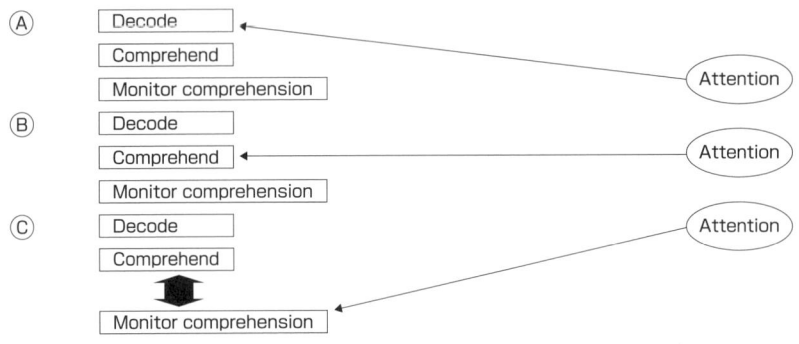

```
Ⓐ   Decode            ←
     Comprehend
     Monitor comprehension          Attention

Ⓑ   Decode
     Comprehend        ←            Attention
     Monitor comprehension

Ⓒ   Decode
     Comprehend                     Attention
         ↓
     Monitor comprehension ←
```

図4　読む経験の浅い読み手のテキスト理解（Samuels 2006, 37）

　テキストが読み手の言語知識の十分閾値内にある場合でも，文が2，3行の長さになると，たとえ訳をしないで読み始めても途中で，認知的負荷が高くなり，読み手の集中力が持続出来なくなる。集中力が切れたところから，理解を始めようとすると，始めの部分を読み返し，易しい語句や節であってもその部分を無意識のうちに訳してしまうことがある（Kern 1994, 447-48）。
　出来るだけ訳に頼らないで読解が行えるようにするには，語彙知識や統語知識を増やすこと，また単語認知や統語解析の処理を自動化することが重要になる。言語知識は急に増えないので学習者の英語力にあった，適切な教材を選ぶ必要がある。全訳をしなければ分からないテキストなら，それは学生にとって難しすぎるので，易しいものに変えた方がよい。また単語認知や統語解析の処理の自動化を促進するためには，段階別教材（graded readers）のような易しい英文を多読させることである。易しい英文を大量に読めば，訳さなくても読めるようになる。精読教材を読む場合でも，易しい部分が自動的に処理出来れば，難しい表現や意味の統合に注意資源を注ぐことが出来る。

C　入試問題の「英文和訳」に英文和訳指導は効果があるのか？
　国公立大学の2次試験や私立の大学の入試にかなり「英文和訳」の問題が出題されるので，「英文和訳」の練習をしないと入試でよい点が取れないと

思っている教師が多い。本当にそうであろうか？　難関校といわれる大学の「英文和訳」の入試問題を見てみると，「和訳」する英文に難しい語彙も複雑な統語構造もあまり使われていない。しかし日本語に訳しにくい英文や書かれている内容になじみがなく，理解が難しい英文であることが多い。でもこのような英文も英語が正しく理解出来れば，あとは日本語力の問題であり，和訳練習によって変わるものではない。そのような入試問題の和訳を読ませて，なじみのないトピックについて考えさえ，理解させ，スキーマを与えてやる指導を行う教師がいる。邪道かもしれないが，日本語の力をつけるには案外効果があるかもしれない。

　鈴木（2000, 22-23）は，普段の授業で，2クラスに全文和訳を，2クラスに部分和訳を課し，6月に実施した模試で全文和訳グループと部分和訳グループの成績が同じになるように各グループ71名を選び，英文和訳問題と内容理解問題で差が生じるかを追跡調査した。11月に実施した模試では，模擬テスト全体，英文和訳問題，内容理解問題のどの領域でも，平均点において統計的な有意差はなかった。鈴木は異なる年度の3年生の3回の模擬試験も調査をしているが，英文和訳問題では，全文和訳グループと部分和訳グループ間で統計的な有意差は一度もなかったことを報告している。

　この実証研究の結果から，全文和訳が入試の「英文和訳」に効果があるとは言えないことになる。2.9「和訳はどのような時にするか？」で述べたように，英文を正しく理解しているかどうかを確かめるために部分訳を行うことは必要である。そうすれば全文和訳するよりは時間を節約出来，その時間を音読やシャドーイングに，またスピーキングやライティングの活動にまわすことが出来る。

2.10　推論と内容要約を用いた文章理解のための指導
2.10.1　文章のまとまりをつかむには

　一つひとつの英文の意味はとれても，全体で何が書かれているのか，著者は何を伝えたいのか，文章の全体像をつかむことが出来ない生徒は多い。部分は分かっても全体がつかめない原因はどこにあるのだろうか。

　門田（2007a）は，英文読解のプロセスはディコーディングと理解の二つがあり，日本人英語学習者の場合に両過程はそれぞれの下位部門から成っていると仮定している（図5）。この過程に照らすと，文法の知識を使いながら単語の意味を積み上げて一文ごとに意味を理解する読み手は，図5の統語

ディコーディング (下位プロセス)	理解 (上位プロセス)
文字認知	統語解析
単語認知	意味処理
音韻符号化	スキーマ処理
	談話処理

図5　読解プロセス

解析（＝文の構造を理解する）と意味処理（＝文の意味を作る）のみに従事していると思われる。そこでは，スキーマ処理（＝背景知識を使って意味を推測）や談話処理（＝文章全体の意味を理解）が行われることはない。柴崎（2006）は，和訳にばかりに読み手の意識が向けられると，全体の意味を理解したり，書かれてあることをイメージとして捉えることが困難になると述べている。いま問題になっている，読み手が文章の全体像をつかむことが出来ないという現実は，当然の帰結と言えるかもしれない。

　このように英文読解とは，英文の構成単位を順番に処理して一貫した「理解（心的表象）を形成するプロセス」（深谷 2006）と言われる。一貫した理解を作るためには，読み手は明示的もしくは非明示的に示されている文章のつながりを理解しなければならない。明示的なつながりを表すものには，指示詞・接続詞・ディスコースマーカーなどが挙げられる。しかし文章によってはつながりを理解するための情報が欠けている場合もある。その場合は既存の知識を使って，つながりを推測しなければならない（推論）。

　読解能力を養うためには語彙や文法の知識を高めるだけでは不十分であることがわかる。それらに加えて，文章に書いてあることを手がかりに既存の知識へアクセスをしたり，書いてあることをまとめたり，全体としてまとまりのある解釈をしたりする指導を総合的に行う必要がある（津田塾大学言語文化研究所読解研究グループ 2002；以下津田塾と表す）。そこで，以下では，推論と内容要約を用いて文章のまとまりをつかむために必要な力を高める指導を四つ紹介したい。一貫性を示す明示的手段を意識した読解の力を高める指導は本書 4.7 を参照されたい。

2.10.2 文章のまとまりをつかむための指導

(1) 背景知識の活性化によって推論を促し,理解を絵で表現する

　次の英文は,レイチェル・カーソンの原文をほとんどそのまま引用してあり,高校1年生を対象とした場合,その難解さからじっくりと読まれることは稀であると思う。しかし,視覚的にも聴覚的にも自然の息遣いや四季の移ろいがひしひしと伝わる格調高い英文であり,この教材を英文和訳で済ませてしまっては,折角の名文の価値が台無しになってしまう。また文字から情報を取り出すよりも,画像化して理解させた方が,その文章のより深い理解が可能と考え,以下のような英文に対して,予習段階で背景知識を深めた上で,その理解を絵で表す取り組みを行った。

● Example 1：理解を絵で表現させる指導

【引用文】
In autumn, oak and maple and birch produced bright, beautiful colors against a backdrop of pines. Then foxes barked in the hills and deer silently crossed the fields, half hidden in the mists of the fall mornings.
Unicorn English course I （文英堂), 146-47; 原典は R. Carson, *Silent Spring* (Orlando : Houghton Mifflin, 1962)

【予習段階】
①In autumn, oak and maple and birch produced bright, beautiful colors against of pines とありますが,下線を引いた木々は秋になるとそれぞれどんな色になるのかインターネットで調べよう。
②Then foxes barked の fox には「きつね」だけでなく「狼」「コヨーテ」も含まれています。秋に「狼」が遠吠え (bark) すると,どんな気持ちになりますか？
③half hidden in the mists of the fall mornings の中で,「朝もや」が垂れ込めるのは何故でしょうか？「鹿」は早朝に何をしに来たのでしょうか。

【授業のタスク】
英文を読んで,その内容を表す絵を描こう。

【生徒の作品】

この予習段階の活動は，文章に書いてあることを手がかりに既存の知識へアクセスをしようにも，既存の知識が不足しているために，正しい理解が出来ないことに対する支援行為と見なせる。伊東（2004, 14）によれば，読み手は読解を行いながら連想を働かせたり，推論したり，問いを生成するなど様々な活動を行い，そうした活動が理解に影響を与えるとされる。

　この取り組みでは，新たに獲得した背景知識を基に場面を構成する様々な要素（朝もやから湖の存在・木々が紅葉していること・鹿や狐から晩秋のわびしさ）を推論させることを目指している。そうやって生成された推論により英文理解が高められている。さらに，理解を絵で表現するために，英文をさらに何度も読み返し，英文と英文の関係を考えながら，さまざまな問いの生成が促進され，理解はさらに深まると思われる。

(2) 時系列に沿って英文を並べ替えさせ，因果関係を推論する

　ふだん，私たちが接する英文は大きく物語文と説明文に2分される。読み手の読解活動は，物語文とそうでない文では異なる（津田塾 2002）。物語文では，日常生活でなじみのある出来事が描かれ，その出来事は時間的関係や因果関係といった関係でつながっている。記憶に残りやすいのは出来事間の因果関係によって説明出来る場合が多い（津田塾 2002）。深谷（2006）によれば，時系列順に並べられたり，因果関係の原因が先に書かれてあるほうが理解しやすいとされる。そこからヒントを得て行った実践が以下の取り組みである。

● Example 2：英文の並べ替えによる指導
【テキスト】

　"The tofu road" that started in China does not end in Japan or in Asia. Tofu has become popular around the world beause it is not only rich in protein but also low in fat. It is thought of as an ideal health food.

　The United States is now one of the tofu-loving countries. The first Americans who took a great interest in tofu were the hippies in the 1960s. Many of them did not eat meat. They preferred natural, healthy food. Tofu was the perfect answer. They ate tofu, however, without any sauce. People came to think of tasteless tofu as one symbol of their unusual lifestyle.

　In 1975, *The Book of Tofu* was published. In those days, more and more people were beginning to worry about health problems caused by eating too much fat. The book changed people's minds about tofu. A traditional food of the past become "a food of the future."

 Gradually tofu was put on the shelves of supermarkets across America.

Unicorn English course I（文英堂）, 62-63

【タスク】段落の構造 - 時間に注目
①下線を引いた動詞の時制を過去形，現在完了形，現在形の三つに色分けしなさい。
②現在完了は，過去と現在を橋渡しする役割を持っていると言われています。それに従って，テキストの英文を並べ替えると

【第1段落】
The tofu road _____ in China
【第2段落】
took an interest in _____ _____ _____ _____
_____ _____
【第3段落】
_____ _____ _____ _____

⇩
The tofu _____ popular around the world
⇩

【第1段落】
The tofu road does not end on Japan or in Aisa.
(∵)
　　　because it _____ not only rich in protein but also low in fat.
　　　　　　It _____ as an ideal health food
【第2段落】
The United States _____ now one of the tofu-loving countries.

---

③以上の流れを踏まえて，このセクションをまとめると，

> アメリカの豆腐人気は，2波に分かれて作られた。
> 第1段階は，＿＿＿＿＿＿年代で，ヒッピーにとって豆腐は，彼らのライフスタイルを＿＿＿＿＿＿していた。
> 第2段階は，＿＿＿＿＿＿ブームを背景として，1975年に出版された本が引き金となった。

　このレッスンはテキストの種類から分類すると，物語文というよりも説明文に近い。読み手の読解活動は，物語文とそうでない文では異なる以上，指導もその違いを反映させて，説明文にふさわしい読解指導を行うべきかも知れない。しかし，実際の教科書には二つの要素が混在しており，ジャンルにこだわることなく，その英文の特徴に応じて指導方法や指導のポイントを変えていかなければいけない。今回の取り組みでは，話が時系列に沿って展開していないので，時系列に沿った内容理解をはかることが，読解力を高めると判断した。原文のテキストは，過去形・現在完了・現在形の英文が混在している。その英文を時系列に沿って並べ替えるのがタスク②の課題である。生徒は，この課題をこなすことによって，段落の枠を超えて英文の時間関係や因果関係を一目でわかるようになる。すなわち，上の枠では豆腐が欧米で人気を博したこれまでの経過（過去形）が示され，下の枠内は豆腐人気の現状に関する記述（現在形）で，その両者を現在完了形の文が橋渡ししている。そのように整理したうえで，タスク③で全体の概要を把握させるのが授業の意図である。このように時制という情報に注目させて，時間の流れに沿って英文を並べ替えると，因果関係が明確になり，局所的な意味関係を構築する支援になる。

(3) 内容要約

　要約とは「原文の趣旨を変えずに，より少ない分量で表現する言語行為」とされる（佐久間 1994）。要約には「文章理解」と「文章産出」の二つの側面を含む。すなわち，文章の内容を十分に理解したうえで，その理解を簡潔に表現することが要求される（伊東 2004）。理解段階における要約の過程には，重要な部分とそうでない部分を識別し，文と文や段落間の意味的関連を探索しながら，文章の趣旨や著者の主張を抽出する活動が含まれている。そうした活動を通して，全体の意味や話の流れに焦点を当てたグローバルな読

解が促進される。要約文作成に向けた精緻な指導は「3.2 サマリーライティング」を参照してもらうとして，ここでは，初学者を対象にした，要約文作成の簡易な指導と，要約の準備段階としての重要部分とそうでない部分の識別に関する指導の2点を紹介してみたい。

①繰り返し使われる表現に着目して，要約文を作成する
● Example 3：初学者を対象にした要約の指導
【テキスト】
　The human cost of the loss of plants would be even more terrible. Plants provide food, fuel, and building materials. Plants are the source of a great many medicines. Already, 25 percent of our medicines come from plants . . .
　. . . They can be used in scientific research to find new ways in which plants benefit society such as in medicine, agriculture, or industry.
Crown English series II（三省堂），106-8

【タスク1】このセクションではどんな単語が頻繁に使われているだろうか？その単語を抜き出そう。
【タスク2】本文を読んで，次の単語が使われている回数を書こう。

単語	回数	単語	回数	単語	回数
plant		lost = loss = extict		seed	
seed bank		conserve		benefit	
society		medicine			

【タスク3】タスク2の表現をつなげて，このセクションをまとめてみよう

　タスク1はペアまたはグループで行ってもよい。単語や表現を生徒から聞き出し，それも含めた使用頻度の高い単語の登場回数を数えさせるのがタスク2の活動である。それを用いて要約文を作成させるのが，タスク3である。作者は自分の言いたいことを読者に伝えるために，重要な事柄やメインアイデアを表す言葉を繰り返し使うことが多い。この取り組みの意図は使用頻度の高い表現に着目させて，それらを通して要点や作者の主張を把握しようとすることである。
　伊東（2004, 47）によれば，文章の内容を十分に理解し，その理解を簡潔に表現する処理ではなく，文章の主要な事項を切り貼りしたような要約で

も，文章内容の理解は高まったとされる。本実践において，キーワード（＝要約に重要な表現）を使った要約文の作成も，重要なトピックに着目してそれらを連結する処理を行っている。その意味で，この取り組みにおいても，伊東の結果と同様に，内容の理解は促進されたと考えられる。ただし，要約文に用いる重要な語彙や表現は，生徒自身で見つけるのみならず，指導者から与えられる。与えられた分だけ，重要な部分とそうでない部分の識別の作業を通した理解の高まりは緩和されるかもしれない。

②要約に必要な部分とそうでない部分を分ける
●Example 4：日本語での要約作成から始める指導
【タスク1】このセクションで，著者は何が言いたいのでしょうか？部分の意味にとらわれることなく，全体として何を言わんとしているのかにも気を配りながら，次の問いに答えよう。

①英語の母国語話者は中国語の母国語話者より多い。	YES	NO
②英語の母国語話者は2億5千万人である。	YES	NO
・・・・・・・・・・・・・・・・・・・・・・・・・	・・・	・・・
⑨標準英語は多言語国家にとって大切である。	YES	NO
⑩英語は国際ビジネスに必須である。	YES	NO

【タスク2】部分にこだわりすぎると全体が見えてきません。長文を読む際にも同じことが言えます。タスク1をやり終えて，著者の言いたいことは分かりましたか？ タスク1の問①〜⑩をつなげて，このセクションの要約文を完成しよう。
【タスク3】フレーズ訳を読んで，もう一度このセクションの要約を書いてみよう。
【タスク4】タスク2の要約文とタスク3の要約文を比較してみよう。
【タスク5】タスク3の要約文に該当する英文の箇所をマーキングしよう。

　Throughout the world/there are more native speakers of Chinese/than there are of English,//but English is by far the world's most dominant second language.// ...
　... English is the language/of the Internet,/of movies and misic,/of airplanes and ships at sea.//It is needed for international business.//
Crown English series Ⅱ（三省堂），86-88

【タスク6】タスク5で，要約文に含まれる英文と含まれない英文があることが分かりました。要約文に含まれる英文は重要な英文で，含まれないのは重要でない英文です。どのような文が重要で，どのような文が重要でないでしょうか？

タスク1の質疑応答は，内容理解の確認を兼ねている。生徒の習熟度によっては英語で行うことも可能である。応答は口頭でやるバリエーションも考えられる。タスク2で，タスク1の①〜⑩の設問文を単純につなげるだけでなく，要約作業に関わらせるには，要約の手順を指導する必要がある。著者は邑本（2001）や秋田（2002）を参考にして，次のような要約方法を生徒に紹介している。

 a. 修飾語などの無駄な表現を省く
 b. 二つの文をつなぎ言葉（そして・しかし・例えば・つまり・なぜなら）でつなぐ
 c. 同じ上位概念をもつ複数の文を上位概念に置き換えてまとめる
 d. 複数の文で言い表されていることを一文で表現する

ここでは日本語で要約を書かせることで，英語で要約文をいきなり書かせるよりも認知的負荷は低い。習熟度の低い高校1年生あたりで要約文作成のタスクを課すに際しては，こうした足場掛け（scaffolding）を行うことも必要であると考える。タスク3は推敲の段階。タスク5で，初めて日本語の要約文に該当する英文に意識を向ける。タスク6で，要約文に含まれる部分と含まれない部分の違いから，要約に必要な部分の特徴を生徒に認識させることを狙っている。

《基礎知識4》リーディングにおける意味の理解とは？
A　リーディングとは何か？

　書き手はメッセージを持っており，そのメッセージを伝えたいと思って，文に書いて表現をする。リーディングとは，読み手が書き手の意図したそのメッセージの意味を推論し，交渉し，評価していくという相互作用の過程である。メッセージは事実や情報であるかもしれないし，書き手の考えや意見，気持ちであるかもしれない。それは書き手が表現した文の文字通りの意味を伝えるかもしれないし，その文脈においてのみ，書き手が表現したい言外の意味を伝えるかもしれない。Widdowson（1978, 10-12）は文字どおりの意味を「原義（signification）」，文脈に合致する意味を「真義（value）」と呼び，原義をつかむ力を「理解力（comprehending）」，真義をつかむ力を「解釈力（interpreting）」（Widdowson 1978, 63-64）と呼んでいる。

指導要領に「英語を読んで，情報や書き手の意向などを理解する能力を更に伸ばすとともに…」とあるのは，この「原義」と「真義」を踏まえてのことであろう。リーディング指導に携わるものは，リーディングにおいて意味とは何かを十分理解し，学生の解釈力まで十分伸ばせるように努力したい。Nuttall (2006, 20-22) は，次の例文（A）（B）によって，概念的意味，命題的意味，文脈的意味，語用論的意味の４種類の意味を挙げて解説している。前の二つは「原義」に，後の二つは「真義」に当たる。

(A) Aren't you cold?　　　　　　　　　　　　　　(Nuttall 2006, 22)
(B) His mother said, "You should not expel my son just because he has failed. Examination results can be misleading." The principal replied, "How true!"　　　　　　　　　　　　　　(Nuttall 2006, 20-22)

B　４種類の意味

a. 概念的意味（conceptual meaning）とは？

　概念的意味とは文中の各単語が持つ意味のことである。簡単な概念（例えば，son）から，抽象名詞のような複雑な概念（例えば，misleading, should）まである。このような単語の概念的な意味が集まって一つの命題的な意味を持った文が形成されることになる。

b. 命題的意味（propositional meaning）とは？

　節や文が文脈の中で使われていない時，その文や節が持つ意味が命題的意味である。(A) の "Aren't you cold?" という文は，どのような文脈に使われても，「寒くないか」という字義通りの意味は全て同じである。(B) の中の "Examination results can be misleading." という文は，「試験の結果は判断を誤らせる事がありうる」という文字通りの意味が命題的意味である。

c. 文脈的意味（contextual meaning）とは？

　同じ命題的意味でも用いる場面や文脈が異なればその意味も変わってくる。(A) の "Aren't you cold?" という文が使われる文脈を考えてみよう。例えば，母親が自分の息子にこのように言ったとすれば，この表現は自分の息子の健康に関する気遣いの表現と考えられる。季節に不釣合いの薄着姿の人が "Aren't you cold?" と言われたとすると，この表現は驚きと解釈出来

る。窓が開けられたので寒いと感じた人が窓を開けた人に"Aren't you cold?"と言えば，この表現は不平と解釈出来る。このように，"Aren't you cold?"という表現は，文脈によって，気遣い，驚き，不平という異なる機能的意味を表している。この言外の意味を推論して初めて「真義」がつかめる。

（B）の例でいえば，"Examination results can be misleading."という表現を使うことによって，その命題的意味とは異なり，母親は放校が間違っているという主張を正当化し・説明しようとしていると解釈出来る。このように解釈された意味が文脈的意味である。

d. 語用論的意味（pragmatic meaning）とは？

語用論的意味とは，文脈的意味と類似しているが，書き手の感情，態度など，また，読み手はこれらを理解すべきだという意図を反映する意味をいう。つまり，その意味には，当該の発話が読み手に与える効果が含まれる。

（B）の例をとって考えてみる。学校を辞めさせようとしている校長に対して，その息子の母親が"You should not expel my son just because has failed. Examination results can be misleading."と言ったとき，校長は"Examination results can be misleading."という表現の命題の論理的意味にのみ反応して"How true!"と応えている。母親の言葉には，学校をやめさせないでほしいという嘆願，またはやめさせるのは不当であるという抗議の意図があるのは明らかであるが，校長はそれに一切応えていない。校長は，母親の文脈的な意味に答えなくて"Examination results can be misleading."という表現の命題的な意味に"How true!"と反応したのである。通常の会話では，校長はこの問題を侮辱的で皮肉的な言い方で，議論するのを拒んだと解釈出来る。このように，書き手は読み手に，読んだ結果として感じ，考え，行動することを期待している。これが語用論的意味の解釈である。語用論的意味は会話での意味のやり取り（相互作用）の中で，最もはっきりとみられるが，同じように，意味をめぐる相互作用の過程であるリーディングでもみられる。

ここで行方が分からなくなった車を探す刑事の次の記事について考えてみよう。彼はどこに隠されているのかを考えている。

1 It is very difficult indeed to hide a car at all efficiently in the country.　2 The number of disused quarries, flooded gravel pits, deep pools in rivers, etc. is strictly limited.　3 You have to know about them, meaning you must know the countryside really well, and you will almost always leave tracks.　4 It is much easier to hide a leaf in a forest.　5 In the city.　6 It won't stay hidden very long, but long enough for you to vanish.　（Nuttall 2006, 102）

　4の文は，（車を木の葉にたとえる）比喩，（動詞が現在形，leaf の前の不定冠詞の使用が示唆する）一般化，（森に木の葉を隠す方が何よりも easier なのかを示す）比較，（犯人はどうするか，どこに隠すかということについて刑事の行う）推論，（他に同じような種類のものがある場所の方が隠しやすいという）仮説などのいくつかの概念や機能が同時に働いていると考えられる。「この発話の真義（value）は何か」という問いに答えるのは容易ではないが，次の5の文で，仮説として特定化され，刑事の時宜の行動を裏付けていると解釈出来る。

　文脈的意味であれ，語用論的意味であれ，リーディング指導において大切なことは，談話という文脈の中で，書き手と読み手の相互作用の中で，「文字通りでない」言葉の使い方があることを教え，そこに「真義」を読み取れる「解釈力」を養うことである。

《基礎知識5》テキスト表象の構築
A　リーディングにはどのような処理段階があるのか？

　リーディングのプロセスは非常に複雑であるため，多くの研究者はボトム・アップかトップ・ダウンのどちらかに比重を置いて説明をしてきた。Kintsch (1988, 1998) の construction-integration model（構築―統合モデル；C-I モデル）は，「構築」の第一段階と，「統合」の第二段階からリーディングのプロセスを説明するモデルである。第一段階においては，テキスト構成素から直接的に引き出される命題，すなわち「テキストベース（text base）」が形成される。この段階では不必要な情報が含まれていることもあり，必ずしも一貫したストーリーが展開出来る状態ではない。続く第二段階において，不適切なものを除外し，必要に応じて背景知識を利用しながら推論を生成し，一貫して意味が通るように「状況モデル」を形成する。文脈の影響を仮定せず，第一段階においては厳格なボトム・アップのプロセスを仮

定している点，コネクショニストの立場を利用し，語の活性化に関するシミュレーションを組み込んでいる点に，このC-Iモデルの特徴がある。

状況モデルとは，明示的に書かれていたり背景知識によって補ったりして得られる，物語に登場する人物や設定，行動や出来事に関する心的表象である（Graesser, Singer, and Trabasso 1994）。例えば"The policeman held up his hand and stopped the car."（Sanford and Garrod 1981, 7）の文では，「手を挙げる」と，「車を止めた」の関係は明記されていない。そこで「警察官が手を挙げると，運転手は車を止める」という暗示的な情報を補って適切な心的現象を構築することが必要なのである。

C-Iモデルの基盤となったKintsch and van Dijk（1978）によると，談話の意味構造は局所的な命題レベルである「ミクロ構造」と，より大局的な性質の「マクロ構造」によって表される。そしてミクロ構造とマクロ構造は，命題統合規則である「マクロルール」によって関連づけられている。マクロルールには，「削除」「一般化」「構成」の三つの下位規則があるが「削除」とは，一連の命題群のうち，あとに続く命題を解釈するための前提条件とならない命題は除く，というものである。また「一般化」とは，一連の命題群はミクロ命題群の直接の上位概念で表される命題に置換される，というものであり，「構成」は，一連の命題群はそれらが含まれるマクロ命題によって置き換えられることを示す規則である。一般化の例は，「彼はバスケットボールが好きである。彼はホッケーが好きである。彼は水泳が好きである。」という三文から「彼はスポーツが好きである。」という命題にまとめることであり，構成の例は「彼は振込用紙に記入した。彼は窓口に近づいていった。彼は受領書を受け取った。」という一連の命題群から「彼は現金を振り込んだ。」というマクロ命題を生成することである。（例はいずれも邑本［1998］より）ただし，これらが実際に読み手の形成する状況モデルと常に一致するとは限らない。

B 推論とはどのようにして生成されるのか？

読み手が状況モデルを構築するために，推論の生成が重要になる。読解中の推論の生成過程を説明する主要な理論に「ミニマリスト仮説」（McKoon and Ratcliff 1992）と「コンストラクショニスト理論」（Graesser, Singer, and Trabasso 1994）がある。

McKoon and Ratcliff（1992）は，読解中の自動的な推論は最低限しか生

成されないと考え，読み手はテキストに記述された状況を充分に表すような推論を自動的には生成しない，と主張した。ミニマリストの立場が提唱する二種類の推論は，現在読んでいるテキストの一部分に関して局所的に一貫性のある表象を構築するものと，迅速かつ容易に使用することが可能な情報に基づくものである。

　一方のコンストラクショニスト理論は，知識に基づく推論が読解中に生成されることを主張する。ミニマリスト仮説と比較すると種類の豊富な推論を認めており，局所的な推論も全体的な推論も枠組に包含しているところに特徴がある。Graesser, Singer, and Trabasso (1994) は，推論を (1) referential (指示詞が言及している内容を特定するもの), (2) case structure role assignment (ある明示的な名詞句が, agent, recipient, object, location, time など特定の格役割に付与されるもの), (3) causal antecedent (現在読み進めているところの行動，出来事，状態をそれまでに読んだ内容と因果的に関連づけるもの), (4) superordinate goal (動作主の意図的な行動を動機づけるもの・目的), (5) thematic (テキスト全体の主要な点に関するもの), (6) character emotional reaction (登場人物の感情や，ある出来事や行動によって引き起こされるもの), (7) causal consequence ((6) の感情的なものを除く，因果的連鎖), (8) instantiation of noun category (明示的な名詞や暗示的な格役割を例示するもの。(例：朝食→ベーコン，卵)), (9) instrument (動作主が意図的な行動を遂行した際の，対象，体の一部分，情報源), (10) subordinate goal-action (どのようにして動作主の行為が達成されたのかを特定するようなゴールや計画，行動に関するもの), (11) state (動作主の修正，知識，信条をも含む，継続する状態), (12) emotional of reader (読み手がテキストを読む際に経験するもの), (13) author's intent (書き手の態度に関するもの) の13種類に区分している。これらの中で (1) (2) (3) は局所的な一貫性の構築に必要であり，(4) (5) (6) は全体的な一貫性の構築に重要な役割を果たす。

　推論には読解中に生成されるもの（オンライン推論）と，読解後のタスク遂行時に生成されるもの（オフライン推論）があるが，どのような推論がオンラインで生成されるのかは，ミニマリストとコンストラクショニストの間で最も活発に議論されてきた事項である。例えば "Three turtles rested on a floating log, and a fish swam beneath them" という文に対して，コンストラクショニスト理論では「魚が丸太の下を泳いだ」という推論は自動的に生成

されると考えるのに対し，ミニマリスト仮説は，この推論は局所的一貫性に到達するのに必要な事柄ではないため，自動的に生成されたとは考えない（McKoon and Ratcliff 1992）。

また Graesser, Singer, and Trabasso（1994）によると，(1)(2)(3)(4)(5)(6) はオンライン推論であり，(7)(8)(9)(10)(11) は，読み手がこれらの推論を生成する目的を持って読んでいる場合や複数の情報からこれらの推論が予測可能である場合を除き，オフライン推論である。(12)(13) は読み手の感情に影響を受けるため，オンラインとオフラインの明確な区別は行わない。全体的な推論がオンラインで生成されることを明確に予測するコンストラクショニストに対して，ミニマリストは全体的な推論は局所的な一貫性や因果的一貫性が破綻された場合にのみ生成されると仮定している点に違いがある。

McKoon and Ratcliff（1992）が提唱したミニマリスト仮説はボトム・アップに重点を置いており，Graesser, Singer, and Trabasso（1994）が提唱したコンストラクション理論はトップ・ダウンに重点を置いている。しかし現在ではボトム・アップとトップ・ダウンのどちらがより重要かではなく，二つの見解の収斂が必要だという傾向が強い（e.g., Cook and Guéraud 2005；Guéraud, Harmon, and Peracchi 2005; Guéraud and O'Brien 2005; Kintsch 2005; Singer and Richards 2005）。

C 代名詞はどのように処理されるのか？

テキストを理解するためには，文章中の指示詞と先行詞を関連づけることが必要である。その主な方法として前方照合（anaphora）と後方照合（cataphora）がある。前方照合は，テキストで既に触れられたものを特定するために必要な操作である。先行詞と指示詞の結合頻度が低い場合，結合頻度が高い場合よりも読解時間が長くなることから，結合頻度の効果はマッピングの操作についての有益な指標を提供出来るとされている（Sanford and Garrod 1981）。"When John got home, he made a sandwich." のように，指示詞 he が既出の先行詞 John を指す「前方照応」の場合，代名詞解決に要する処理時間は，(a) 性情報など，先行詞の意味役割（e.g., Arnold et al. 2000），(b) 代名詞の明確さ，(c) 心的表象における先行詞の受容可能性（e.g., Arnold et al. 2000），(d) 代名詞と先行詞との距離（e.g., Garnham 1999; Kintsch 1998; Yuill and Oakhill 1988），(e) 暗示的因果関係（Long and de

Ley 2000), (f) 読み手の熟達度（e.g., Ehrlich 1999; Ehrlich and Rémond 1997; Oakhill and Yuill 1986; Yuill and Oakhill 1988）などの要因に影響を受ける。

"When he got home, John made a sandwich." の例のような後方照応の場合，主節が現れるまで代名詞解決は完了しない。したがって文頭の語から順に処理を完了するという説明では，代名詞が指すものを特定することは出来ない。このことは眼球運動を用いた Filik and Sanford (2008) により裏づけられている。

"They're digging up the road again." のように，先行詞を特定しない照応解決もある。この例文の場合，they が道路工事者本人であるか，地方行政局であるか，ということは問題ではない。Sanford et al. (2007) によって Institutional *They* と名づけられた，このタイプの they は，眼球運動の測定により，明確な先行詞がなくても処理する上での困難は起こらないことが明らかになった（Sanford et al. 2007）。この結果は，読み手が場合によっては先行詞と指示詞を結び付けず，心的表象を不完全なままにしておくというリーディングのプロセスとも関連している。この不完全な処理については，次節で詳述する。

D　リーディングの処理は常に完全か？

簡便性や知識の不足により，語彙，統語，意味，談話のいずれかの段階における処理が不完全になることがある（Sanford and Graesser 2006）。この不完全性に着目して理解プロセスをモデル化する理論が shallow processing (good-enough processing) である。Kintsch の C-I モデルが第一段階において文脈からは独立した厳格なボトム・アップを仮定するのに対し，shallow processing の観点では，リーディングが文脈依存である点や，厳格な incremental processing では説明が出来ない点を主張している点に特徴がある（cf. Ferreira, Bailey, and Ferraro 2002; Sanford and Sturt 2002）。

聖書に，洪水が来ることを予言されたノアという人物が巨大な箱舟を作り，一対ずつの動物を避難させて難を逃れた「ノアの箱舟」という話がある。ここで "How many animals of each kind did Moses take on the Ark?" という質問を投げかけると，「箱舟に動物を連れていったのは，モーゼではなく，ノア」という事実を本当は知っているにもかかわらず，たいていの読み手が "two" と回答する。このように意味的逸脱を検出出来ずに文を読み

進める現象はErickson and Mattson (1981) によってMoses Illusionと名づけられた。Erickson and MattsonはMoses Illusionが音読であっても黙読であっても起こることや，逸脱している語（上記の例ではMoses）が意味的に関連する場合に検出の失敗が多く見られることを示した。読み手が意味的な逸脱の検出に失敗するのは，聖書に関する題材に限るわけではない。また，単文レベルに限定して見られるものではなく，文脈を伴った場合にも同じ結果が確認されている。これらの結果は，リーディングが厳格なボトム・アップのプロセスではないことを示唆している (e.g., Barton and Sanford 1993)。

　不完全な処理を引き起こす要因として，分裂文など文構造を通した「焦点化」(Baker and Wagner 1987; Bredart and Modolo 1988; Bredart and Docquier 1989; Sturt et al. 2004)，斜字体を用いた「焦点化」(Sanford et al. 2006)，文脈との整合性 (Barton and Sanford 1993)，長期記憶にアクセスする能力やワーキングメモリ容量などの個人差 (Hannon and Daneman 2001)，タスク (Büttner 2007)，意味的関連性 (van Oostendorp and de Mul 1990; van Oostendorp and Kok 1990)，などが挙げられている。

　今後のリーディングのモデルは，このような処理の不完全性についても考慮し，包含していく必要があるだろう。

E　L2読解へのつながり

　L1の読解モデルを直接L2の読みに転用することには慎重になるべきであろう。特にL2の読み手の場合，語彙や統語の処理に困難を抱え，適切な推論の生成が出来ないことも多々あるだろう。また処理が不完全になる原因も，L1とL2では異なる可能性がある。

　しかし，L1とL2の違いはあれ，どのようなプロセスを経て読み手の心的表象が形成されるのかを知ることは，なぜL2学習者が読解後にテキストを理解していないのかを知るために役だつと考えられる。そのため，母語話者の読解モデルを十分に検討した上で，L2へ応用することが重要であろう。

第3章　教科書を用いたリーディング指導(3)
—post-reading活動—

3.1　はじめに

　本章では，pre-reading, while-readingの活動に続いて行われるpost-readingの指導法を紹介する。ここでは，学習された語彙や文法知識を更に定着・内在化させ，また学習内容をスピーキングやライティングなどの他の言語技能に応用させることが重要視される。つまり，post-readingは，定着した知識を他技能に応用するといった技能間のインターフェイスとしての役割を担う。

　ここでは，特にライティングというアウトプット活動を前提とした読みの指導に焦点をあてる。情報を得るという一方向的なリーディング活動にアウトプットという観点が加われば，テキストをより詳細に分析する機会が増え，目的に応じたテキスト情報を抽出するなど，読みの活動に変化をもたせることが出来る。ここではその意義に基づいて，リーディング活動からアウトプットへといかに効率よく授業を展開させるのか，その方法を解説する。

　まずライティングを前提とした指導法として，サマリーライティングを目的とした指導を紹介する。要約文の作成は，文章の要旨と詳細を識別することが要求されるので，パラグラフ内に情報がどのように整理され，文がどのような論理構造に従って構成されているかなど，生徒の注意をパラグラフの構造に向けさせることが可能となる。次に質問作成の課題やパラグラフモデルの模倣練習を紹介する。質問作成では，生徒が本文を隅々まで読み返すようになり，より深い読みを行うことになる。またこのアウトプットの作業により，本文の単語や表現が繰り返し認識される。更にパラフレーズも作成するので語句や文法項目の定着が一層期待出来る。学習者に手本となる英文を模倣させる訓練では，モデル文のアウトラインを書くことから，それを模倣して独自で英文を作成する指導を行う。生徒は，読みに必要となるパラグラフという概念についての理解を深めることが出来る。

　本章では，リーディングとライティングを効果的に結び付ける指導法を紹

介しているが，post-reading では，スピーキングなどの音声指導へとつなげていくことも当然忘れてはならない。例えば，オーラルイントロダクションでは，テキストの内容を自分の英語に置き換えて理解していく高度なテキスト理解が要求される。また音読・シャドーイング指導を行うことで知識の内在化や定着も望める。

3.2 サマリーライティング
3.2.1 サマリーを前提とした読解

post-reading の役割は，読みをライティングやスピーキングなどのほかの運用スキルと統合させることであり，そうすることで読みの活動自体が活性化される。そのようなタスクを前提とした読みをさせることで，読みの質が単なる内容理解ではなく，目的に応じたより精緻なテキスト分析や読解の各スキルのインタラクティブな使用を促すことが望める。つまり，より現実の英語使用状況に近いコミュニカティブな読みの作業となるのである。サマリーを前提とした場合も同様に読みの質をより高度なものにする機会を与えることになる。

テキスト理解のタイプには，local comprehension（局所的な理解）と global comprehension（大局的な理解）に分けて説明されるが，要約のための読みは後者に属すると捉えられがちである。しかし，要約を行うためにテキストを精査することは，テキスト全体のフレームを再構築するといったマクロレベルでのテキスト表象を構築するだけではなく，各情報の関連性を分析するなど，テキスト構造のミクロな命題間の関連性も即座に分析しながら，テキスト全体の縮図を作成する必要がある。そこには，読解に必須となる精緻な文構造の分析と意味の簡略化に加えて，より高次なレトリック構造の構築など，すべての読みの技術を統合的に操作することが求められる。高度な要約が出来るということは，洗練された読みの能力を備えることに等しい。

Taylor（1982）では，センテンス間の階層性を分析する要約文の作成（hierarchical summary procedure）（各段落の main idea と details の分類とその主題などのアウトラインを作成し要約させるなど）を行った学生は，テキストの理解力が高まったと報告している。また Geva（1983）は，flowcharts などの図式化によってテキストの論理性を明示化する訓練によって，学習者は命題間の関連性に敏感になり，説明文の読み方がより精緻になると提案している。つまり，サマリーの構築を前提として分析的に読解させ

ることは，精緻な分析をともなった読み方とテキストの構成概念の習得を育成する指導となる。

　サマリーは理解の確認方法として多く使用されるが，ただ単にその方法を教えずに書かせている場合が多いのではないだろうか。単にサマリーを書かせるだけでは，上記のような精緻な読みの習慣を養うことや，テキスト構造に敏感になる機会を与えることにならないだろう。テキストの典型的な構成はどのようなもので，つなぎ語はどのような論理性を明示し，理想的なサマリーとはどのように書くのかという前段階の指導を十分に行わなくては，読みの全般にわたる能力を活性化させるサマリー活動にはならないだろう。この節では，テキスト分析が更に精緻なものになり，読解の質が向上するようなサマリーライティング活動を紹介する。

3.2.2　サマリーを書くにあたって必要となる知識の提供

　サマリーライティングの活動を効果的に行うには，その導入時期を間違えない事が成功の鍵となる。Koda (2005, 260) は，マクロレベルでのテキストの情報統合は，ある程度，下位技能が安定するまで行わない方がよいと提案している。ディコーディング処理が自動化していないなどボトムアップスキルに支障をきたす生徒に，テキストのマクロ構造レベルに関わる情報統合を要求することは，当然ながら学習負荷が増大し，嫌悪感と自信喪失という学習結果を招きかねないのである。つまり，標準的な英語パラグラフについての概念と cause and effect や comparison and contrast など特徴ある論理展開法について生徒にある程度の慣れが見られる段階で，この活動を導入することが望ましいであろう。生徒がディコーディング力と当該学年で必須とされる語彙力をある程度備え，また速読力の向上も見られ，センテンス間及び段落間の論理的な関係性について注意を向ける余裕が出てきた（訳読による確認ではなくパッセージの主題が読み取れ，大局的な情報と局所的な情報が分類出来る）と確認した上で導入されるべきである。このような対象となる生徒のレベルの確認はもちろんのこと，サマリーライティング活動のスムーズな運営のためには，更に以下の項目を前もって指導し，マクロレベルでのテキスト理解にある程度慣れさせる必要がある。

(1) パラグラフとは何か？
　英文サマリーは「箇条書きでよい」「段落は複数でよい」など文章の要約

の方法は一様ではない。英文サマリーの活動を読みの能力の向上，そしてライティングという産出能力に結びつける活動の一環と捉えるならば，結束性が満たされた単一の段落に収めること，つまりテキストから重要な情報のみを抽出し一段落（one paragraph）に集約させる練習をさせたい。それによりテキスト情報の階層性（広義と狭義の関係）の理解と情報間の論理関係，ひいては「読みやすい文章とは何か」ということへの敏感さと論理的な談話を構築する能力も高めることになる。そして，サマリーライティングの活動を"one paragraph"に読み取った情報をまとめるという活動に限定するならば，パラグラフとは何かということを前もって理解させることが必須となる。

　パラグラフの説明の際に注意したい点は，「それは日本語での段落のことです」と言及するだけでは十分な理解は得られない点である。生徒の段落の捉え方が様々であることから，まず指導で強調すべき点は，「英文パラグラフとは一つの主旨（メインアイデア）のみを伝達するために，それを説明する文が集まったまとまり」という捉え方を徹底して理解させることである。この点を生徒が国語で理解出来ていると過信し，口頭で説明するだけで足りると考えれば，失敗を招くことになる。ここは，分かりやすく日本語での例と視覚イメージで訴えることで，生徒の印象に残るように工夫したい。

　例えば図1のような絵を黒板に描くか提示し，これがどのような事を説明している絵なのか生徒同士で説明しあい，パラグラフには主旨（main idea）は一つのみという点を十分認識させたい。

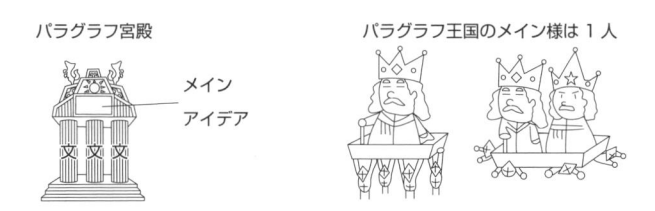

図1　パラグラフの説明に使う板書例

注：左は，屋根が3本の柱で支えられているように，一つのメインアイデアをいくつかの説明文で支えているというイメージ。右は，メインアイデアが二つになると支えきれないことの例え。

　また図2のように（本来，下線はないが）日本語で書かれた正しいパラグラフの例と，主旨を示す文が複数含まれた良くない例を提示し，どちらが理想的なパラグラフか，主旨を示す文はどれか，良くない例で不要な文はどこ

かを指摘させることで，パラグラフの概念を捉えやすくさせる。英文で提示する場合，難易度の高い英文パラグラフを使うと，パラグラフの概念の理解に意識が集中しないので，難易度の低い英文で例証するべきである。

> ○○高校には生徒を魅了するよい点がいくつかあります。まず教師が皆親切で丁寧な指導をしてくれます。例えば時間外でも質問をすれば教えてくれます。そして，コンピューターなどの設備も整い，最新機器を使って英語が勉強出来ます。英検やTOEIC対策のDVD教材も自由に閲覧出来て，いつでも自習出来ます。何よりもよいのは，中庭が広く友達と集うには最適な点です。夏は噴水の近くで涼み，秋は紅葉を見て弁当を食べます。あなたも是非，この高校を受験してください。きっとよいことがあります。

> ○○高校には生徒を魅了するよい点がいくつかあります。まず教師が皆親切で丁寧な指導をしてくれます。例えば時間外でも質問をすれば教えてくれます。そして，コンピューターなどの設備も整い，最新機器を使って英語が勉強出来ます。英検やTOEIC対策のDVD教材も自由に閲覧出来て，いつでも自習出来ます。本校のDVD教材で効果を出すには並行してシャドーイングするといいと言われています。何よりもよいのは，中庭が広く友達と集うには最適な点です。夏は噴水の近くで涼み，秋は紅葉を見て弁当を食べます。あなたも是非，この高校を受験してください。きっとよいことがあります。

図2 日本語のパラグラフの正しい構成（左）と悪い構成（右）の例

次にパラグラフの標準的なレトリック構造とそのバリエーションについて説明する必要がある。これは本来，ある程度時間をかけてパラグラフライティングの指導で育成されるが，対象となるテキストのレトリックのタイプに応じたサマリーを作成させるには，前もって指摘しておきたい。ここでも図3のような図を提示しながら，典型的な主題文（topic sentence）と支持文（supporting details）の論理展開と，それらの関係に特徴がある場合（下の例ではcause and effect）について説明する。

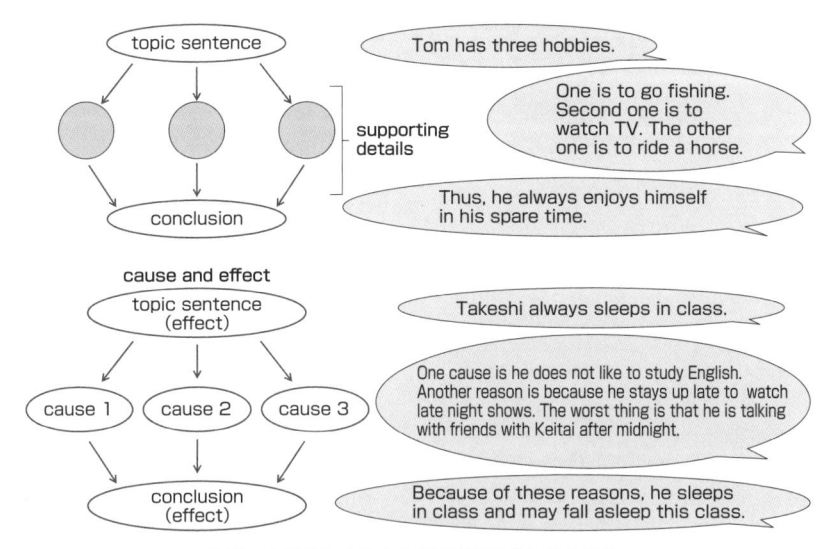

```
          topic sentence          ──  Tom has three hobbies.
         ╱      │      ╲
        ○       ○       ○    ⎤           One is to go fishing.
         ╲      │      ╱     ⎬ supporting Second one is to
          conclusion          ⎦  details  watch TV. The other
                                          one is to ride a horse.

                                   Thus, he always enjoys himself
                                   in his spare time.

          cause and effect
          topic sentence          ──  Takeshi always sleeps in class.
            (effect)
         ╱      │      ╲
     cause 1  cause 2  cause 3       One cause is he does not like to study English.
         ╲      │      ╱              Another reason is because he stays up late to watch
          conclusion                  late night shows. The worst thing is that he is talking
            (effect)                  with friends with Keitai after midnight.

                                      Because of these reasons, he sleeps
                                      in class and may fall asleep this class.
```

図3 主題文と支持文の論理展開構成とその特徴

ある程度並行してライティング指導を行っている場合は，図のパターンに基づいてグループ単位で英文を作成させることが可能である。またクラス全体で理解させる場合は，教師が上の図を提示しながら，簡単な主題文を担当グループに作成させてから発表してもらい，それに続く支持文を別の担当グループが，そして結論をまた異なる担当グループが作成し発表していくことで，クラス全体で一つ一つの構造を確認しながら，生徒のレトリックに対する感覚を養う活動が行える。まだライティング指導が進んでいない段階や，英文で作成することを生徒がためらう場合，日本語の文で作成させることには問題なく，それでも十分にレトリックの違いに意識は向けられるだろう。

更に異なるレトリック構造の英文パラグラフを教師が実際に提示し，生徒にパラグラフのタイプ（例えば comparison and contrast か cause and effect か）の違いを指摘させ，またパラグラフの情報を分解するために主題文と支持文を抽出させるなどもよく行われる練習である。その際，パラグラフの種類については，門田・氏木・伊藤（2005）や Reid（1994）が参考になる。

パラグラフとは何かを理解する活動に続いて，パラグラフの中の主題文と支持文の間の広義と狭義の関係についても理解させる必要がある。誰にでも分かりそうなことだが，生徒の中にはこの種の論理関係についての理解が困

難な場合があるので，それなりの対策を講じることが妥当である。例えばここでも以下のようなイラストを使い，主題と支持文の大小関係についてのイメージの喚起とともに理解を促したい。ここでもイラストがどのようにパラグラフの主題と支持文の関係を例えているのか議論させると効果的であろう。

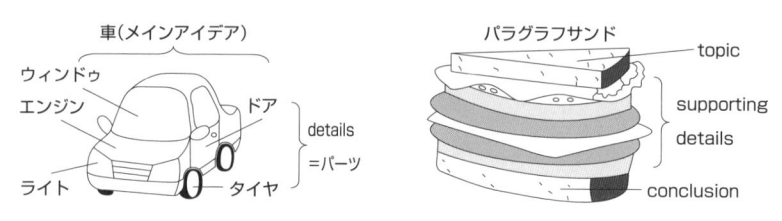

図4　主題と支持文の大小関係を示した例

その後，main idea と details の広義と狭義の関係について更に理解させるために，以下のような練習も続けて行うとよいだろう。

```
details（狭義の意味）      ⟹      main idea（topic）（広義の意味）
鹿  馬  猫  犬         ⟶  ?  ⟶     4本足の動物
車  自転車  ボート  馬  ⟶  ?  ⟶     レースで乗るもの
```

(2) 主題 (main idea) の抽出について

　サマリーを作成する際に各パラグラフの主題を抽出する必要があるが，skimming の活動でも要求されるように，主題がどこに位置するのか，そのパターンを知ることが効果的に主題を抽出することに役だつ。その主題の抽出について次の留意すべき点がある。これは，サマリーライティングをさせる前に無視すべきではない点である。多くの英文パラグラフでは，主題が主題文に含まれて，それがパラグラフの文頭に位置する頻度が高いが，必ずしも［主題文⟹支持文⟹結論］という流れになっているとは限らない。場合によっては主題文が結論の部分に位置する場合や，それが明示されていない場合もある。特に後者のような非明示型の主題を抽出する場合は，以下の例のように，生徒が全体の支持文に共通して含蓄される広義な情報を自ら構築し主題文を作成しなければならない。この点を予め理解させておく必要がある。パラグラフの主題抽出の練習として，明示型と非明示型の両方を使いこ

の点を認識させておくべきである。

● Example 1：主題が非明示型のパラグラフ

The number of AIDS patients has been steadily increasing across Africa. Because of that, many children are losing their parents and have been AIDS orphans. Some countries there are facing severe drought and failing to produce enough crops to save people there from poverty. Some areas in Africa have stepped back into wars again, making the conditions worse rather than fighting against AIDS and poverty.

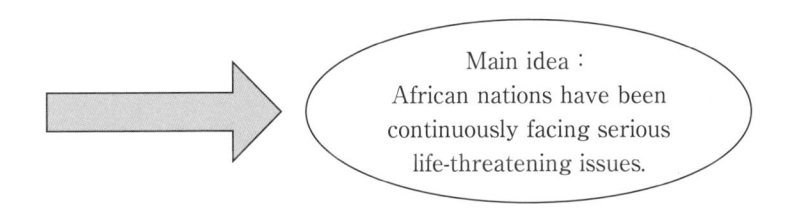

⇒ Main idea：
African nations have been continuously facing serious life-threatening issues.

(3) サマリーを書く手順の指導

　ここで推薦するサマリー作成法は，次のステップを取る。①テキストの各段落から主題を抜き出しパラフレーズする。②それらを並べて正しいパラグラフの様式に従いまとめる。③各文間の論理的関連性を考え，もとのテキストの関連性を明示するために，必要があればつなぎ語や文を加えて論理的な流れを持たせる。これらの手順を以下の図を提示しながら説明し，簡単な英文で教師が同様の手順を実演することが望ましい。

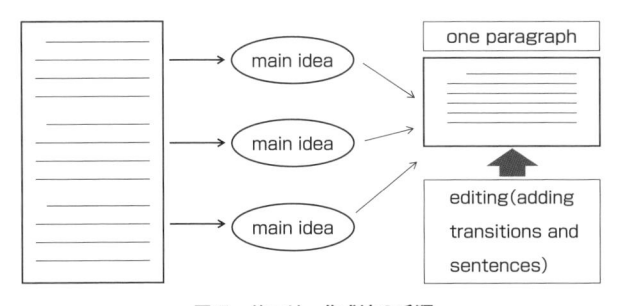

図5　サマリー作成法の手順

(4) サマリーのための英文パラフレーズ手法

　実際にサマリーを書かせると，本文からそのまま英文を抜き出すだけの要約をする生徒が多い。英文をパラフレーズする能力は，上級になるまで期待出来ないのが実情であろう。しかし，初期段階でも各パラグラフから抜き出した主題を何とか自分の英語に置き換えようと努力させたいものである。以下のパラフレーズの方法を提示すれば，その橋渡しとなるであろう。靜(2003, 115-17) は英語による表現の置き換えの手法に関して，いくつかの概念をあげて分類している。靜(2003) を基に以下のパラフレーズの方略を筆者の考えを付け足し（以下の⑤と⑥など）まとめた。

　①Paraphrasing：同意語への変換，品詞の変換，統語的変換
　　People there use various types of languages for cross-cultural communication. ⇒ A diversity of languages has been spoken there for intercultural communication.
　②Simplifying：簡略化；語の削除により key word だけをまとめる。
　　According to scientists in Britain, amnesia, which has been considered to bring a loss of memory, also causes a loss of imagination. ⇒ Scientists say that amnesia also brings a loss of imagination.
　③Decomposing：複雑な文を二つの文に分割する。
　　The phenomenon is devastating economy in this country, which could cause the large drop of employment rate. ⇒ The phenomenon devastated the economy, and the country faces the drop of employment rate.
　④Elaborating：精緻化；含蓄された意味など補足的なアイデアを足す。
　　Japanese students in American classrooms often hesitate to ask questions to teachers in the middle of class. ⇒ Japanese students, when they study in American classrooms, do not ask questions when they are taking classes since they are so shy.
　⑤Generalizing：一般化；一般的な広義の statement に変える。
　　AIDS has been devastating many areas of Africa and creating a large number of AIDS orphans. ⇒ AIDS is a serious issue in Africa; especially for children.
　⑥Compounding：複合化；二文を一文にまとめる。
　　One of the social problems here is the youth suicide rate. This reflects the quality of education in the country. ⇒ The youth suicide rate is high because of the declining quality of education.

以上述べてきたような要約作成のための準備は、日本語による文章構造の概念が高学年では備わっているので、敢えて行う必要がないという意見もあるかと思う。著者の大学生への指導経験から考えても、「サマリーを書きなさい」という指示だけでは、何をすればよいのか分からないという学生が殆どで、また説明をした場合でも期待通りのサマリーを書いてくれる学生は僅かであったという苦い経験がある。サマリーとは何かということについて十分理解させる指導があって初めて、サマリーライティングのタスクをさせる意味が増大すると強調したい。

3.2.3 具体的な指導：グループ活動でのサマリー作成の指導

ここでは著者が実践しているリーディングとサマリーライティングを統合した、グループベースで行う活動例を紹介したい。サマリーを個人課題として書かせて提出する場合、添削するのみのインタラクションとなる。グループ活動でサマリーを作成させることにより、効率良く生徒全員に書き方の指導を行える。また peer learning として生徒同士が学びあう利点も利用出来る。以下の英文を例に活動の手順を示す。

● Example 2：教材

¶1) Information technology has been developing rapidly and it has been very influential in bringing about changes in our society. Using the Internet, email, and mobile phones, we usually think that these are not harmful to our daily lives. Some people, however, think that although such technologies have been beneficial to our lives in various ways, sometimes it could be threatening to our society.

¶2) The Internet has allowed us to obtain information immediately even from the nations far away from our own places, but this is also bringing us a large amount of information at a time. This rapidness and massiveness of information deprives us of chances to evaluate it carefully to decide which pieces are useful and beneficial to our daily activities. It can be said that we are, thus, consuming and accepting any information unconsciously and unexpectedly.

¶3) One serious social phenomenon generated from this reasonless acceptance of information is called "stereotyping" in which our mindsets have been totally controlled by untrue information from the media. For example, when the media broadcasts one shocking incident such as gun shooting murdering ignorant people in one place and it adds very strong visual impacts or sound effects, it makes audience grow strong negative images of the area or country. The image would not disappear forever from their mindsets, and the accumulated feeling of this kind may cause strong prejudice or discrimination.

¶4) "Infodemics" is also a serious phenomenon from the spread of untrue information throughout the world. The word was made from the mixture of the meaning of "information" and that of "pandemics" since wrong or sometimes harmful information spreads throughout the world as if a pandemic flue spreads out to many people. When certain piece of untrue information is associated with fear, people are prone to be trapped in the fear unnecessarily. As the information spreads out as infodemics, the fear associated with it also spreads, and eventually the fear reaches at the national or global level. This can devastate the world economy.

(1) pre-reading activity (group-reading)

　ここでは効率良くグループでパッセージ全体の内容を把握していく。まず全員が5分程度でパッセージ全体を黙読する。その後，4人グループになり，各パラグラフ（1～4）の担当者を決めて，再度3～5分程度で各自が担当するパラグラフのみを教師の合図で一斉に読み始める。その際，自分が重要だと思う情報を心に留めるように指示する。読み終えたらグループ内でパラグラフ1を担当する生徒から順に主要な内容を日本語或いは英語で説明していく。クラスの人数が少ない場合や，あるパラグラフを一人で担当することに不安を感じる生徒が多い場合は，グループ毎に各パラグラフを担当させて，一斉に読ませた後，教師主導で，各パラグラフの主な内容を簡潔に述べさせていく。

(2) main-idea extraction

　再度，5分程度与えて，生徒が各自担当するパラグラフについて以下のように main idea と details を分類するよう指示する。

　　Paragraph 3：
　　Main idea _____
　　Details 1) _____
　　　　　 2) _____

主旨の抽出が困難な場合は，教師が質問をヒントとして出し，主旨がわかるように誘導する。例えば Paragraph 3) の場合，"What is the name of the phenomenon? Why is it a problem?" などの質問をする。この段階で本文の内容を可能な限りパラフレーズするように促す。

(3) confirmation of main ideas through oral interaction
　(2) の作業が終わったら各グループ内で英語により各自が抽出した main idea と details を説明する。その際，使う英語のフレーズを板書し使うように指示する。例えば，"The main idea of paragraph 1 is ... and there are three details. One is ... second one is ..." などの英文を与える。巡回して主旨が取れていない場合や，困難なグループがある場合は，クラス全体で出来ているグループに発表させ，よい例を板書する。1の段階で各グループに異なる段落を担当させた場合は，クラス全体で担当グループの代表が発表していく。ここでは教師は発話の訂正をしないように注意したい。

(4) analysis of the relations
　(3) で各グループが各パラグラフの要旨を作成したら，各 main idea 間の論理的関連性について議論させる。まずクラス全体でテキスト全体の論理展開について典型的な流れがあるかを話し合う。ここで扱っている英文は，情

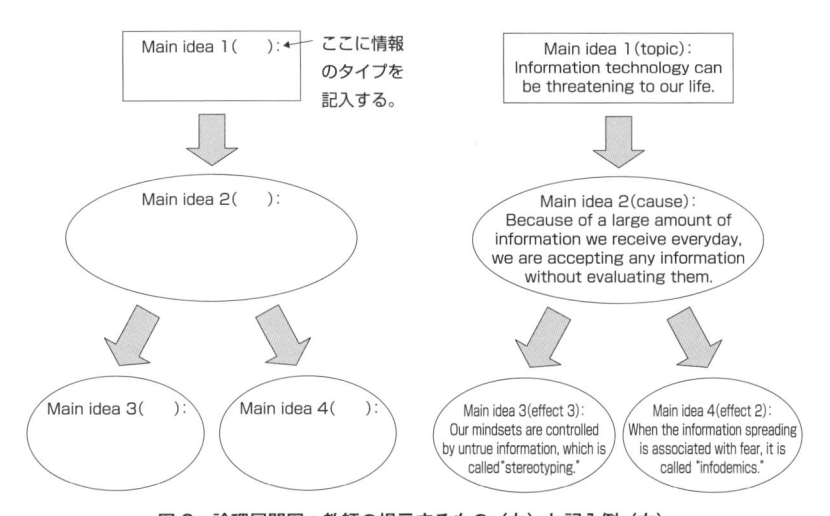

図6　論理展開図：教師の提示するもの（左）と記入例（右）

報社会が stereotyping や infodemics という問題を引き起こす原因と結果（cause and effect）を示すパッセージということを認識させる。その後、各アイデアの関連性を図式化するように指示する。生徒が自ら図式を作成出来ない場合は、教師が図6（左）のような空白の図式を提供して、そこに概念を記入させる。代表として2グループほどあて、作成した図式を前で描いてもらう。

(5) composing an one-paragraph summary

　図式に従い抽出した主旨を示す英文をグループで one paragraph に集約しまとめる。この際に段落の開始の indent、途中で改行はしない、両端に余白を設けるなどの paragraph writing の形式を理解させる。ノートに手書きする場合も同じようなルールを遵守して作成させる。

　生徒がなかなかパラグラフを書き出せない場合は、ヒントとして、英文を書き出す文を提示し、その続きの文を書くように指示する。例えば、"It can be said that information technology …" "Because of a large amount of information …"

```
Indent
▼Information technology can be threatening to our life. Because of a large
amount of information we receive everyday, we are accepting any information
without evaluating them. Our mindsets are controlled by untrue information,
which is called "stereotyping." When the information spreading is associated
with fear, it is called "infodemics."

余白                                                                    改行しない
```

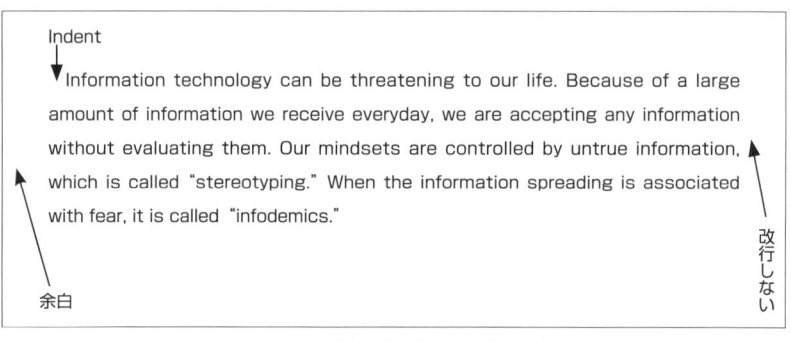

図7　パラグラフライティングの形式

(6) editing (selecting transitions to make the summary cohesive)

　(5) の段階では、ただ単に英文を並べている場合が多い。そこで並べた文の関連性をより明示し、論理的な流れを与えるために編集の段階として適切な箇所につなぎ語（transitions：thus, therefore, for example, however など）を加えたり、説明を補足する文（図8の下線部）を加えるように指示する。必要であれば、選択するつなぎ語を板書するかリストを与える。

> Information technology can be threatening to our life. Because of a large amount of information we receive everyday, we are accepting any information without evaluating them. (Thus), our mindsets are (often) controlled by untrue information, which is called "stereotypig." (Moreover), when the information spreading is associated with fear, it is called "infodemics," <u>which might cause an economic crisis.</u>

図8　編集後の図7

(7) presentation

　よい例となるグループがサマリーを読み上げる。または各グループの代表が発表してクラスで一番よい要約を決める。また各グループの発表者に内容についての意見など簡単なコメントを求めたり，教師がよい例を板書することも可能である。

(8) evaluation

　各グループの完成されたサマリーを回収して評価するが，教師が評価してもよいが，グループ同士で互いに評価をすることも理解を深める。サマリーは以下の基準で評価される。

　①主旨となる情報が各段落から得られているか
　　　1 point ×　うまく書けた主旨の数
　　　＊余分な文が入っている場合はマイナス1 point
　②英文はパラフレーズされているか
　　　1 point × paraphrase されている回数
　③文章に論理的な流れがあるか（つなぎ語の使用や補足説明は適切か）
　　　1 point ×　適切な使用の箇所
　④パラグラフのフォーマットに関するルールは守られているか
　　　indents, margin, 改行などが守られていない場合はマイナス1 point

(9) variations

上記の方法では難易度が高い場合は，以下のような方法も可能である。

①段落ごと一斉に皆が読み main idea と details を抜き出す。
②教師が質問しながら main idea を抜き出すヒントを与え，何人かに答えてもらい，よい英文（うまくパラフレーズされた文）が出た時点で板書しておく。出ない場合は教師が例を出す。
③次の段落も同じように繰り返す。
④全ての段落が終了した時点で，各文間の関係をクラス全体で話し合いながら，連結詞，接続詞などを補い，教師が黒板に生徒とインタラクションをとりながらサマリーをクラス全体で仕上げて編集していく。

サマリーライティングにある程度なれた時点で，ゲーム形式で進めることも可能だろう。

①pre-reading activity を行わず，英文パッセージを予告なしで配り，第一パラグラフから教師のスタートという合図と同時に各グループが競って main idea を探す。素早く main idea を見つけてパラフレーズした英文を書いたグループの代表が前に来てそれを板書する（CALL 教室ならタイプさせる）。教師がその文を採用と決めたら，そのグループに１ポイントが与えられ，パラグラフ２に進む。
②もしあるグループが書いたパラグラフ１の main idea がうまくパラフレーズされていない場合は，他のグループに修正するチャンスが移り，パラフレーズ出来るグループが黒板の答えを修正し，よければ１ポイントが得られる。
③２番目のパラグラフでも同様に進め，出来たグループが前にきて，先ほどのパラグラフ１の main idea の続きに２の main idea を書く。
④そうして，全パラグラフを終えた後，つなぎ語などを加える必要があると思うかどうか教師が皆に尋ね，前に来て黒板のサマリーにつなぎ語を適切に加えることが出来たグループにも１ポイントが与えられる。

このようにサマリーの理解を各生徒に任せず，クラス全体でインタラクションを通して理解を深めていくアクティブなサマリーライティング活動に

より，サマリーをうまく書くことへの意識が高まるであろう．

3.3 リーディングとライティングとの統合

　リーディングの授業にライティング活動を取り入れることは，リーディングの内容理解を深め，語句や文法項目の定着を測るのに効果的である．また実際のコミュニケーションでは，読んだ内容に関することを自分の言葉でアウトプットするという発信的な言語能力が求められる．ライティング活動を統合することにより，リーディングを「読む」という一方向的な活動にとどめるのではなく，テキストに対する生徒のリアクションを引き出したり，生徒間でのインタラクションを行わせたりすることが出来る．具体例として，リーディングを深めながらライティング活動を取り入れる方法を以下に紹介する．

3.3.1 生徒同士の発問活動による内容理解の促進とセンテンスライティング

　中学や高校のリーディング教科書には，本文の内容理解を促進するための発問が，あらかじめ用意されていることが多い．また，生徒の理解度をチェックするため，教師が授業の冒頭で前回の内容について質問し，復習させるというのも通常行われる活動である．ここでは，センテンスライティングの練習も合わせて，生徒自らが本文の内容や言語材料についての発問を用意し，生徒同士で理解度をチェックしあうという学習者中心型の授業形態を提案する．

　問題を作成するには，まず本文を隅々まで忠実に読み返す必要があるため，生徒自らが問題を作る過程で読みを深めることが出来る．次に，問題文を書くにあたって，本文の単語や表現を繰り返したりパラフレーズしたりして使うため，語句や文法項目の定着を測ることが出来る．同じ内容を問う問題でも，生徒によって表現の仕方が異なるため，問い方の違いを比べることで言語経験を増やすことにも繋がる．内容理解問題には様々な出題形式があるため，これらのパターンを熟知することは，生徒にとってよいテスト対策にもなるであろう．生徒同士でペアを組み，お互いが書いた問題を解いて答え合わせをするという一連の活動は，教科書や教師からの一方向的な発問に比べ，本文を繰り返して読む回数を増やすことに繋がる．以下に高校の教科書の1課を例に取り，指導の具体的な方法と流れを説明する．

(1) 指導の方法と流れ

　ライティングを取り入れたpost-reading活動として，生徒自身に内容理解や語句に関する問題文を書かせるには，まず生徒に発問内容と発問形式の例を提示すると取り組ませやすい。TOEIC，英検，センター試験などの出題形式を参考にするとよいが，発問に答える生徒にもライティングによるアウトプットをさせるためには，選択問題やTrue or False問題ばかりでなく，Open-Endedな自由記述問題を作らせるよう気をつけたい。清水（2005）がまとめた質問タイプを参考に，6種類の発問内容（パラフレーズ質問，語彙質問，テーマ質問，指示質問，推論質問，文章構造質問）と3種類の発問形式（Yes/No形式，5W1H形式，A or B形式）の例を以下のとおり生徒に提示する。

● Example 1：教材

Eye Contact

　Eye contact is important because too much or too little eye contact can create communication barriers. In relationships, it serves to show intimacy, attention, and influence. There are no specific rules for eye behavior in the United States, except that it is considered rude to stare, especially at strangers. In parts of the United States, however, such as on the West Coast and in the South, it is quite common to take a quick look at strangers when passing them.

　On the West Coast it is usual for two strangers walking toward each other to make eye contact, smile, and perhaps even say, "Hi," before immediately looking away. This kind of contact doesn't mean much; it is simply a way of being polite. In general, Americans make less eye contact with strangers in big cities than in small towns.

Pro-vision English reading（桐原書店），102

(2) 発問内容と発問形式の紹介

①パラフレーズ質問

　本文に書かれている事実を問う問題です。文章中のキーワードを使いながら，本文の内容を言い換えて質問します。YesかNoかで答えられる質問文を作ってみましょう。

　Yes/No形式の例：

　Q. Do Americans make more eye contact with strangers in big cities?

②語彙質問

語句の意味について聞く質問です。YesかNoかで答えられる質問文を作ってみましょう。

Yes/No 形式の例：

Q. Does "Intimacy" refer to a state of having a distant personal relationship with somebody?

③テーマ質問

パラグラフや，文章全体の主題について聞く問題です。A or B の二者択一問題を作ってみましょう。

A or B 形式の例：

Q. This passage is mainly about
　A) how to make eye contact with strangers.
　B) the importance of eye contact in relationships.

④指示質問

代名詞や指示表現が何を指しているかを問う問題です。A or B の二者択一問題を作ってみましょう。

A or B 形式の例：

Q. What does "it" refer to? (Line 9, "it is simply a way of being polite.")
　A) eye contact
　B) this kind of contact

⑤推論質問

行間を読んで適切に推論出来ているかを問う問題です。When, Where, What, Which, Why, How (5W1H) を使って質問文を考えてみましょう。

5W1H 形式の例：

Q. What do people on the East Coast of the United States most unlikely do when passing by strangers?

⑥文章構造質問

比較・対照や時間順など，文章構造について聞く質問です。When, Where, What, Which, Why, How (5W1H) を使って質問文を考えてみましょう。

5W1H 形式の例：

Q. What is considered rude and what is considered polite in making eye contact in different parts of the United States?

　発問内容と発問形式について指導を行った後，生徒に宿題として各自３問～５問程度オリジナルの問題とその答えを書いてくるよう指示する。宿題を出す際に，6種類の発問内容と3種類の発問形式のうち，どれか一つに偏らないよう注意させたい。よく出来る生徒には，A or B 形式の代わりに，多肢選択形式に取り組ませるのもよい。授業では，ペアまたはグループで，宿題として書いてきた問題を交換し，お互いが作った問題に答える。解答記入後，答えあわせを行う。授業後，教師は生徒が書いてきた問題を全て回収し，その中からよく出来ている問題をいくつか選択して，プリントにまとめる。翌週，そのプリントをクラス全員に発問リストとして配布する。生徒は宿題としてそれらの発問に対する答えを書き，次回また生徒同士でチェックしあうという流れである。

①教師が発問内容と発問形式について指導する。
②生徒が宿題として発問を考え，紙に書いてくる。
③生徒同士で問題を交換し解答を書く。
④問題文を見比べながら生徒同士で答えあわせをする。
⑤教師が問題を回収し，よい問題を抜粋してクラス全員に発問リストとして配布する。
⑥生徒は宿題として発問リストにある問題の答えを書いてくる。
⑦問題の答えあわせを生徒同士で行う。

　グループごとに問題を作り，他のグループが作った問題をいかに速く正確に解くことが出来るかを競う，グループ対抗ゲームを行うのもよい。
　このようにして生徒自身に問題文を書かせることにより，本文の繰り返し読みを促すことが出来る。上記の指導の流れでは，①と⑤を除く五つの段階において本文の読み返しを促している。また，問題を作るにも問題に答えるにも，本文の語句や文法に倣って正しい文を書く必要があるため，同じ言語材料を何度も使っているうちに目標項目を定着させることが出来る。

3.3.2 表現と文章構造の模倣練習

　外国語に限らず，何を学習するにあたっても，手本を真似て「型」が身につくまで繰り返し練習することは，習得の基本である。英文法の学習も型の習得であるが，文法ルールだけを使って単語を組み合わせていたのでは，表現の型から外れた不自然な言語産出になるだろう。英文ライティングにおいても，手本を与えずにただ学習者に好きに英文を書かせるのでは上達は見込めない。英語の文章がもつ構造的な型や，文と文をつなぐ接続表現によって示される展開パターンから逸脱しては，読み手にとって非常にわかりづらい文章になってしまう。ライティングを上達させるためには，まず学習者に手本となる英文を提示し，文章の基本的な構造パターンと，話の展開を促す表現のパターンについて，認識させる必要がある。この認識訓練には，リーディング活動として読んだ内容のアウトラインを書かせるのが効果的である。手本となる英文のアウトラインを書く練習を行わせた後，そのアウトラインと接続表現を模倣して，似たテーマで英文を書かせる訓練を行う。英文を書く前には必ずアウトラインを書かせるように指導する。リーディングにおいてもライティングにおいても，アウトラインを意識することにより，読む際には予測的に読むことが出来るようになり，書く際には読み手が頭の中でアウトラインを再構築しやすいように書くことが出来るようになる。具体的な指導例を以下に示す。

(1) 指導の流れ：imitative writing

　初学者にはまず，手本となるテキストの単語だけを変えて文を作るimitative writing の練習をさせるとよい。以下の例は，アメリカとイギリスの朝食を比較した文章である。テーマは同じままで，比較対象を別の国にすることによって，文章構造をそのまま利用して練習することが出来る。

● Example 2：教材

　In some ways the English breakfast is very similar to the American breakfast . In both countries people usually eat large breakfasts . English and American breakfasts both include several dishes . In both places, meat may also be a part of the breakfast . However, there are also some differences between them. In England , people usually drink tea in the morning . However, most Americans prefer coffee . *Pro-vision*

English reading（桐原書店）

(2) 指導の流れ：paragraph writing

　imitative writing で，手本の文章と同じテーマの下で模倣練習を行わせた後，別のテーマを使った比較・対象の文章を書かせる練習を行う。別テーマの paragraph writing には，以下のステップで指導を行う。

①手本となるテキストを生徒に各自読ませる。読みながら比較・対照を表す表現に下線を引かせ，比較の例としてあげられているキーワードを四角で囲ませる。

● Example 3：教材
　In some ways the English breakfast is very similar to the American breakfast. In both countries people usually eat 　large breakfasts　. English and American breakfasts both include 　several dishes　. In both places, 　meat　 may also be a part of the breakfast. However, there are also some differences between them. In England, people usually drink 　tea　 in the morning. However, most Americans prefer 　coffee　.

②四角で囲ったキーワードをもとに，本文のアウトラインを書かせる。また，比較に使われていた表現を，使われていた箇所に書かせる。書いたアウトラインを生徒同士でチェックさせる。

● Example 4：テキストのアウトライン
主題：アメリカとイギリスの朝食（is very similar）
類似点：
　1. 朝食の量（In both countries）
　　　＊複数の料理（both）
　　　＊肉料理（In both places）
相違点：（However / some differences）
　1. 飲み物
　　　イギリス：紅茶（In England, ...）
　　　アメリカ：コーヒー（However, most Americans ...）

③テキストを手本に，別テーマで比較・対照のエッセーを書く準備を行う。まず，題材となるテーマを選ばせるため，あらかじめいくつかの案を与える。例えば，「一軒家とマンション暮らし」「国公立大学と私立大学」「バスと地下鉄」「都会暮らしと田舎暮らし」などである。その後，グループで話し合いをさせ，面白そうな主題について意見を出させる。

④各自テーマが決まったら，類似点や相違点，利点や欠点などをブレーンストーミングし，思いつくままに書き出す作業をさせる。

● Example 5：ブレーンストーミング

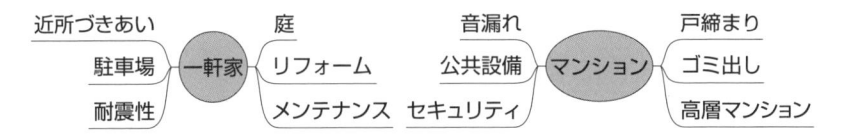

```
近所づきあい        庭              音漏れ              戸締まり
駐車場  一軒家  リフォーム    公共設備  マンション  ゴミ出し
耐震性          メンテナンス  セキュリティ          高層マンション
```

⑤ブレーンストーミングで書く内容を考えた後，手本のアウトラインを参考に，エッセーのアウトラインを計画させる。

● Example 6：アウトラインの案
主題：一軒家とマンション暮らしの比較
類似点：
　1．騒音
　　　＊窓を開けたままの楽器練習
　　　マンション：上下左右の部屋への配慮
　　　一軒家：密集した住宅地での配慮
　2．近所づきあい
　　　＊自治会，役員，当番
相違点：
　1．ガーデニング
　2．眺望

⑥以下に示すような，比較・対照を表す表現の種類を教える。その後，手本のテキストを模倣しながら，アウトラインを基にエッセーを書かせる。

類似点：both X and Y, X is similar to Y, one similarity between X and Y is

also, likewise, similarly, like ..., the same 〜 as, as 〜 as

相違点：there are some differences between X and Y, but, whereas, however, in contrast, on the other hand, while, unlike, on the contrary

⑦書いたエッセーをパートナーと交換して互いに読む。①で行ったように，パートナーが書いたエッセーに下線と四角を書き入れる。

⑧②で行ったように，パートナーが書いたエッセイの構造を分析して，アウトラインを書く。また，エッセーの構造，表現，内容についてコメントを書く。書いたアウトラインとコメントをパートナーにわたす。

⑨パートナーが書いたアウトラインと，自分の計画したアウトラインを見比べ，意図した構造がうまく読み手に伝わるようにエッセーが書けていたかどうかを確認する。自分の計画した構造と読み手の解釈がずれる箇所があれば，エッセーを修正し，完成させる。

　文章構成のパターンを知っているのと知らないのとでは，読み方も書き方も大きく変わってくる。パターンを知っていれば，読む際には予測的に読めるようになり，大事な部分だけを拾い読みすることも出来る。また，書く際には，読み手に伝わりやすいような構造を意識して，分かりやすく書くことが出来る。文章構成のパターンを身につけるには，まず手本となるテキストを読んで構造を分析してみることである。分析するとは，指導の流れで説明したように，文章構造のアウトラインを自分で書いて整理してみるということである。話の展開に使われるつなぎ表現が，どこでどのように使われているかもアウトラインの中にメモしておくとよい。こうしてリーディングを通して文章構造と展開表現を分析しておいてから，ライティングの中で模倣練習する。こうした訓練は一人で行うよりも，グループワークやペアワークで自分が書いた文章を他者に分析してもらい，フィードバックをもらった方が上達するだろう。読み手と書き手に共通する文章構成パターンを身につけることは，書き言葉によるコミュニケーションを円滑にする上で重要である。

《基礎知識6》ライティングの心的プロセス

A　はじめに

　ライティングのプロセス研究には，どのような手順やストラテジーを用いて書くかなど，実際の書く行動に焦点を当てた作文プロセスの研究と，頭の中でどのような言語産出メカニズムが働いて思考が文章化されていくのかといった，心的プロセスの研究がある（小室2001）。本節では，ライティングの心的プロセス研究の最近の動向を報告し，リーディング，リスニング，スピーキングにおける心的プロセス研究で明らかにされている事との比較を行う。

B　書き言葉の産出モデル：Chenoweth and Hayes のモデル

　Chenoweth and Hayes（2001）は図9のような書き言葉の産出モデルを提示し，外国語と母語の言語産出が流暢さの点においてどのように異なるのかを説明している。このモデルは，資源レベル（resource level），処理レベル（process level），制御レベル（control level）の三つから成り立っている。資源レベルは，他の二つのレベルでの処理において参照される情報や知識を蓄えている。一般的に，言語産出は処理レベルにおける命題生成装置（proposer）で思考を生成するところから始まり，言語化装置（translator）で言語化され，修正装置（reviser）によって容認されれば，筆記装置

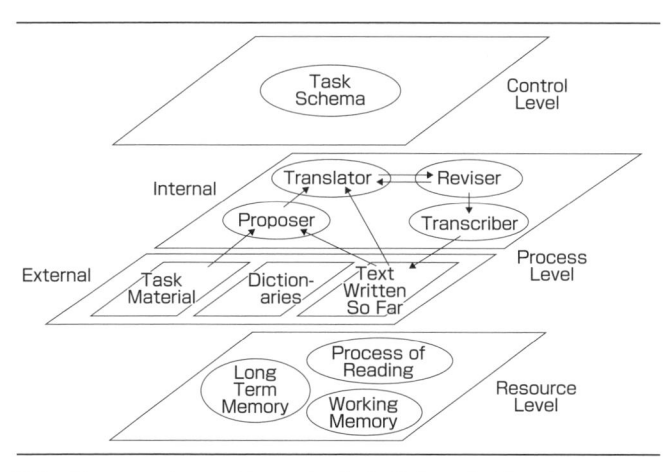

図9　Chenoweth and Hayesによる書きことばの産出モデル
(Chenoweth and Hayes 2001, 84)

(transcriber)が文字として書き出す，という流れを踏む．熟練した書き手は，この一連の流れを滞りなく処理することが出来る．一方，外国語学習者や作文経験の乏しい書き手は，言語化装置が思考を言語化する過程や，修正装置による評価において認知的負荷がかかりすぎ，停滞してしまう．

　制御レベルには，タスクの目標などタスクに関わる計画（task schema）があり，各処理間の相互作用を統制する．図9の処理レベルにおける矢印は，タスク計画によって活性化されうる典型的な相互作用を示している．このような処理間の相互作用は，書き手やタスクによって異なる．例えば，フリーライティングでは修正処理を行わないかもしれないが，研究論文を書くときは頻繁に行うかもしれない．また，不得意な外国語で文を書く時は，辞書や母語で書かれた資料を多用したり，命題を変えてしまったりもするであろう．

　Chenoweth and Hayes（2001）は，言語経験の豊富さの違いが，書き言葉の産出における流暢さに影響するかどうかを実験している．言語経験が増えるにつれ，言語化装置が円滑に機能し，修正装置の出番が少なくなれば，ポーズや修正無しで一気に言語化される単位（average burst length）が大きくなるはずである．そこで，13人の被験者に母語（英語）と外国語（フランス語またはドイツ語）の両方で作文をさせ，書き始めからポーズや修正

表1　ポーズや修正が入るまで一気に言語化された産出単位（母語）（Chenoweth and Hayes 2001, 89）

Segment Number	Burst Type	Segment Content	Number of New Words
1	R	Many people think, or	3
2	R	many people find uh	1
3	P	many people see music and sports as opposite	6
4	P	opposite ends	1
5	P	as opposite ends of the spectrum uh	3
6	P	which has been good	4
7	P	which has been good for my sister and I	5
8		which has been good for my sister and I uhm	
9	P	because we've been exposed	4
10	P	been exposed to both	2
11	R	to both worlds	1
12	P	to both disciplines yah	1

が入るまでの連続した産出単位の特定を行った（表1）。実験手法としては，作文を書きながら考えたことを同時に口述させる発話思考法（think aloud protocol）が用いられた。

　表1では，太字にアンダーラインが引かれた部分が，筆記装置によって実際に文字化された発話である。太字になっていないアンダーラインは，言語化装置によって言語化され口述されたものの，まだ文字化されていない発話である。イタリックはすでに書いたテキストを繰り返して読んでいる部分である。表中のPは，2秒以上のポーズにより発話が途切れたデータであり，Rは，修正により発話が途切れたデータである。実験の結果，P-burst（2秒以上のポーズが入るまでの産出単位）の平均的な長さは母語では3.7語，外国語では2.4語であり，母語の方が産出単位が大きいことがわかった。また，全ての産出単位におけるR-burst（修正が入るまでの産出単位）の割合は，母語では13%，外国語では26%であった。このことから，外国語で作文をするほうが修正装置への負担がより大きいことが示唆された。

　以上の結果から，言語経験の豊富な母語では，言語化装置が構文形式や語彙の検索を円滑に行い，修正装置の働きが少なく，流暢な言語産出を行うことが出来ていると考えられる。Chenoweth and Hayes（2001）の研究は，ライティングにおけるポーズの特定により産出単位を分析した数少ない研究であるが，考慮すべき点がいくつかある。第一に実験手法である。発話思考法は，作文と口述の二重タスク（dual task）であるため，命題生成装置から筆記装置に至るまでの純粋な情報の受け渡しを妨げる可能性がある。これは，処理の流暢さを調べるという目的においては問題である。第二に，ポーズを一律に2秒以上と設定している点である。産出速度に個人差がある以上，ポーズの時間設定にもなんらかの理由を与えるべきである。第三に，異なる言語（母語と外国語）における産出単位の大きさを，単語の数で直接比較している点である。同じ概念を言語化するのに必要な語数は言語によって異なるため，産出単位の大きさを単純に語数で比較するべきではない。

C　作文記録システムを利用した産出単位の研究

　ライティング・プロセスの研究はこれまで（1）発話思考法，（2）直接観察，（3）書き手の追観，（4）書かれた作文の分析，（5）ビデオ・モニタリング，のいずれか，或いは複数の方法を組み合わせてデータ収集を行ってきた。しかしながらこれらの手法は，(a) 二重課題や実験的環境により，書き

手に心的負荷を与える，(b) 自然な産出過程が記録出来ない，(c) データの取りこぼしや主観的判断により正確な記録が出来ない，などの問題を抱えている。

村尾ほか（2006）と松野ほか（2007）の研究では，上記（a）〜（c）の問題を改善すべく，コンピュータ・プログラムを利用して産出過程の記録を行っている。実験に利用された「リアルタイム作文記録システム」は，書き手がキーボードで文字をタイプしたり削除したりするたびに，そのキーボード操作と，操作が行われた時間を逐次的にミリ秒単位で記録するシステムである（図10）。

実験は英語母語話者30人と日本人英語学習者30人（TOEIC700点以上）に，リアルタイム作文記録システムを使って英作文を書かせることによって行われた。何秒以上の停止をポーズとするかについては，各個人のタイピング速度に基づいて相対的に特定している。ポーズからポーズまでの連続した産出単位を抽出して分析したところ，二つの研究から主に以下の4点が明らかとなった。

(1) 母語話者は学習者に比べ，ポーズからポーズまでの産出単位が大きい。

記録時間	産出にかかった時間（ミリ秒）	産出過程	産出した文字
1128401271796		w	w
1128401271906	110	we	e
1128401272406	500	we	スペース
1128401273359	953	we s	s
1128401273687	328	we sh	h
1128401273843	156	we sho	o
1128401273984	141	we shou	u
1128401274359	375	we shoul	l
1128401274640	281	we should	d
1128401275062	422	we should	スペース
1128401275437	375	we should b	b
1128401275546	109	we should be	e
1128401275718	172	we should be	スペース
1128401277921	2203	we should be r	r
1128401278046	125	we should be re	e
1128401278281	235	we should be res	s

図10　リアルタイム作文記録システムによる産出過程の記録

(2) 母語話者は句単位，節単位，文単位で産出している割合が高いのに対し，学習者は単語単位で産出している割合が高い。
(3) 4語以上から成る大きい産出単位は，定型表現を含んでいる傾向が強い。
(4) 母語話者も学習者も，統語的に不自然な切れ目でのポーズが，自然な切れ目でのポーズを上回った（統語的不一致は母語話者で57.5%，学習者で59.4%）。

リーディングにおける英文読解単位の調査（門田・吉田・吉田 1999）とリスニングにおける聴解単位の調査（Kohno 1993）では，日本人英語学習者は単語単位ではなく，句よりも大きい単位で言葉を処理していることが示唆されている。また，スピーキングにおける発話単位の調査（Kadota 1986）でも，日本人英語学習者は単語より大きい文法構成単位で発話生成しており，文法的な切れ目のポーズがそうでない切れ目のポーズを大きく上回っている。一方，ライティングでは単語単位での処理や，非文法的な切れ目でのポーズが多いことから，他の3技能とは処理過程や処理の質が異なるのではないかと考えられる。ライティングはスピーキングのようなリアルタイムの時間的制約を受けない，オフライン・モードでの産出であるため，書いた文の読み返しや，これから書く文のプランニングや，文途中での修正が頻繁に行われる。ライティングは単に思考を言語化する作業ではなく，レトリックを意識しながら修正を繰り返し，文章構成を行うという特殊な技能を要する言語活動である。従って，他の3技能に比べると処理単位が小さく，処理途中での中断も見られるが，概して言語経験の多い母語話者の方が一度に処理する単位が大きいという結果は，Chenoweth and Hayes（2001），村尾ほか（2006），松野ほか（2007）で共通している。また，語彙フレーズ（lexical phrases）などの定型表現が処理単位を大きくするという傾向は，Towell et al.（1996）のスピーキングの研究と同様である。

D まとめ

多くの先行研究で，コロケーションや定型表現のような単語よりも大きい単位の語彙項目を検索し，チャンクとして処理することが流暢さにつながると指摘されている（Ellis 1996; Pawley and Syder 1983; Schmitt, Grandage, and Adolphs 2004; Wray and Perkins 2000）。ライティングにおける定型表

現の分析は，コーパスを利用した研究が多いが（Granger 1998），Schmitt, Grandage, and Adolphs (2004) はコーパスに出現する高頻度表現（recurrent clusters）は必ずしも心的に実在し，一つの単位として処理されているわけではないと述べている。「出来上がった作文」の集合体であるコーパスを利用した分析では，ライティングの過程において実際に高頻度表現が一つの単位として産出されているかどうかは分からない。この点で，先に述べた村尾ほか（2006）と松野ほか（2007）は，リアルタイム作文記録システムを利用することで，「作文が出来上がるまでの過程」をミリ秒単位のデータとして収集することに成功しており，このデータを「動的コーパス」と呼んでいる。

学習者コーパスを利用した研究では，学習者は母語話者に比べ定型表現の知識が少ないことが報告されている（村尾・杉浦 2004）。ライティングにおける処理の負担を軽くするには，言語化装置が思考を言語化する過程で，規則に基づいた処理ばかりを行うのではなく，事例に基づいた処理が出来るよう定型表現のストックを増やすことが重要であろう。

第4章　リーディング指導の具体的な流れ

4.1 はじめに

本章では，前章までに紹介された pre-while-post という枠組みでの読みの活動を統合した1時間のリーディング授業の流れについて具体的に紹介する。従来の訳読式の授業からいかに脱却するかという課題は，これまで日本の英語教育の問題点として常に議論されてきた。その意味も込めて，ここでは訳すことが最終目標とならないことを念頭に実践された主な授業展開を提案していく。特に (1) 和訳の扱い　(2) 繰り返しの重要性　(3) 直読直解といった議論を軸に模範となる授業展開を各々例示していく。そして (4) 談話レベルの読みへの橋渡し　といった情報も加えて，60分の授業展開が幅広い観点から理解出来るだろう。

まず和訳の扱いという観点から，「和訳先渡し」「和訳中渡し」といった二つの異なる授業展開を紹介する。和訳先渡し授業では「英文和訳をする時間の削減」の意義と和訳活動に代わるインプット・アウトプットを中心としたタスクの具体例が提示される。また代替案として行われるタスク中心の授業が抱える問題点，例えば「意味と英文の結びつきに対する理解が曖昧で終わる」などの問題を指摘し，その効果と限界について考えていく。他方，和訳中渡しは，先渡しの欠点を補う点でより期待される方法として提案される。ここでは，読みへの動機づけから始まり，サイトラなどを利用して意味の認識を活動のなかで上手く盛り込んでいくような授業展開例が紹介される。実践後の生徒の評価記録に基づき「中渡し」の可能性についての考察も行われる。

「繰り返し」を重視した授業展開法も従来の訳読に終始した授業の問題を打破する画期的な方法である。ここでは，多様な方法を用いて一つの材料を消化していくことから学習効果が得られるとする「ラウンド制授業」について，その心得と具体例が紹介される。更に「繰り返し読み」も同じ教材を何度も繰り返し読ませることで，単語認知処理の自動化を促すことが期待される。ここでは，①音読を中心に繰り返す従来の繰り返し読みの方法，②目的

に応じて読み方を変える繰り返し読み，③音声入力を基に異なるタスクを繰り返す方法について提案する。訳読から離れる授業とは，直読直解という観点を強調することでもある。直読直解の節では，返り読みをさせないチャンク読みの活動，速読の利用からパラグラフリーディングへと展開させる方法について具体的に示す。

　また本章の後半では，これらの代表的な指導例に加えて，読みの能力についての特定のポイントを強調した授業展開例が提示される。すなわち，文レベルでの意味理解に終始せず，パラグラフの構造に生徒の意識がより向けられるような「談話レベルでの活動」を含む授業が紹介される。

　本章を通して様々な観点から授業展開例に触れることで，訳読に終始しない授業が工夫すれば簡単に行えることが分かり，また活気ある読みの授業を実施するヒントが多く得られることになるだろう。

4.2　和訳先渡しリーディング指導法
4.2.1　和訳をめぐる論議

　「文法訳読式」の指導は，いまだに根強く日本の英語教育界で大きな位置を占めている（金谷1995）。平成13年の「英語指導方法等改善の推進に関する懇談会　報告」においても，中高の英語教育について文法訳読式の授業が主になっていると指摘されている。

　これまでの和訳をめぐる議論において「英文和訳」をよしとしない論調が常に主流を占めて，英文和訳に代わるべき指導方法が模索されてきた。斎藤（1996）は英文和訳式授業から段階的に直読直解へといたる指導方法の数々を紹介している。卯城（2003）は訳読式の授業に変わるリーディング指導実践にスキーマ理論から考察を加えている。和訳を必要としない理解可能なレベルの英文を大量に読む多読も，英文を理解する際に日本語の介在を極力排除しようとする動きの一環と言えよう。

　英文和訳の弊害は以下の4点にまとめることが出来る。

①読解以外の作業に時間を取られるために，インプット量が少なくなる
②理解していなくても訳せる，理解していても訳せない。
③英文和訳は理解したものを表現するといった一種の二重課題で学習者への負荷が高くなる。
④英文和訳することで日本語が残り，英語が取り込まれにくい。

4.2.2 和訳先渡し方式と和訳

　2001年の「全英連高知大会」で全国に発信された「和訳先渡し授業」は和訳を活用する点で和訳を廃する立場とは異なる。和訳を非とするのでなく，和訳を最終目標とする授業展開をよしとしない。インテイクやアウトプット活動を通して英語を取り込む時間を確保するために，「読解作業」に「和訳先渡し」という足場を掛けようとするパラダイムを提示した。

　「和訳先渡し方式」の最大の特徴は，英文和訳による英文理解の時間を短縮して捻出された余剰時間を利用して，様々な言語活動を行うことによって英文の取り込み（インテイク）を促進させる点である。その余剰時間の活用方法には文法訳読式の授業からディベートやディスカッションまで広範囲な活動が含まれている。金谷ほか（2004）は「和訳先渡し方式」の授業は指導方法の一つの選択肢として位置づけるように求めている。

4.2.3 和訳先渡し方式の授業の流れとタスク

　一般的に和訳先渡し方式のタスクは次の三つの範疇に分類される。

(1) 語彙・概要把握のための活動（インプット）
(2) 表現取り込みのための活動（インテイク）
(3) 取り込んだ表現を再生するための活動（アウトプット）

それぞれの活動範疇に属するタスクとその流れを示すと以下のようになる（図1）。

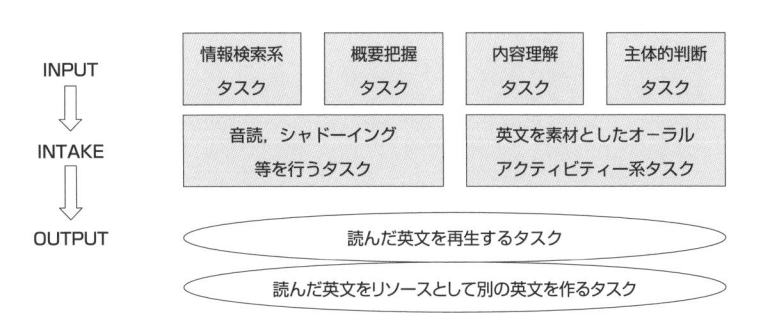

INPUT	情報検索系タスク	概要把握タスク	内容理解タスク	主体的判断タスク
INTAKE	音読，シャドーイング等を行うタスク		英文を素材としたオーラルアクティビティー系タスク	
OUTPUT	読んだ英文を再生するタスク			
	読んだ英文をリソースとして別の英文を作るタスク			

図1　和訳先渡し授業のタスク類型（金谷ほか 2004, 68）

4.2.4　代表的タスク例

●Example 1：情報検索系から概要把握へとつなぐタスク

【タスク1】各段落の最初の英文を抜き出そう。

【タスク2】タスク1で抜き出した英文に含まれる次の単語の数を数えよう。

　　language　　＿個　　　thinker ＜ thought ＜ think ＜ thinking　＿個
　　hypothesis　＿個　　　English　＿個
　　Japanese　　＿個

【タスク3】このレッスンの概要をタスク2の単語やタスク1の英文に含まれる表現を使って書こう。

【タスクのねらい】
　各段落の最初の文はトピックセンテンスが含まれることが多い。各段落の1番目の文を抜き出すことにより，文章全体を大まかに読み（タスク1），そこに含まれるキーワードを検索しながら（タスク2）概要をつかませる（タスク3）。

●Example 2：内容理解を確認するタスク

【タスク】文章を読んで人類がたどった"Great Journey"の足跡を，下の地図上に実線で表示しよう。

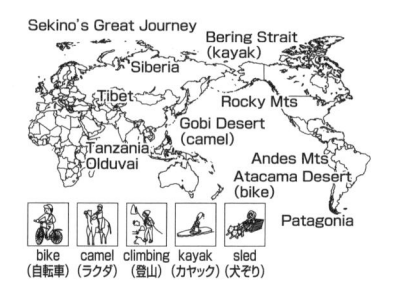

Unicorn English course I（文英堂），73

●Example 3：主体的な判断を求めるタスク

【タスク1】次の語句が使われている回数を数えよう

語句	回数	語句	回数	語句	回数
difference(s)		male		female	

【タスク2】タスク1の difference に注目しよう。何と何の違いがこのレッスンのトピックだっただろうか？

【タスク3】その「違い」は何に起因しているだろうか？二つの原因が対比されているが，何と何だろう？

【タスク4】次の表現は男女差の原因として，考えられる二つの要因（生まれつき・育ち）のどちらに分類出来るだろうか？

    physiological   environmental
    ・・・・・・・・・・・・・・・・・・・・・・・・・・・・・
    society's expectations   cultural values

nature（生まれつき）	nurture（育ち）

【タスク5】タスク4から判断すると著者の男女差に関する考えは，「生まれつき派」「育ち派」のどちらだろう？

【タスクのねらい】
　くり返し使われている語句に着目し（タスク1），扱われているトピック（＝男女差）をつかみ（タスク2），その男女の差が生まれつきなのか育ちなのか，著者の立場を使われている語数から判断する（タスク4・5）

● Example 4：読んだ英文を使ってオーラルアクティビィティーを行わせるタスク

【タスク1】ペアになって，一人は Ken 役にもう一人は Dr. Adams に扮してください。裏面のワード・リストを見ながら，アダムス博士の人は Ken のインタビューに答えてください。Ken 役の人は下線部に相手が答えたその答えを書き込もう。

Ken：Dr. Adams, thank you very much for taking time for this interview. You have written a number of books on how to be creative. What exactly do you mean by being "creative"?

Dr. Adams：By "creative" I simply mean ＿＿＿＿＿＿＿＿＿＿＿＿＿

Crown English series II（三省堂），47

【タスク2】タスク1で書いた英文とテキストの英文を比べて，表にまとめてみよう。

質問	貴方の考え	アダムス博士の考え
「創造的」とは？		

【タスクのねらい】
　ペアのそれぞれがレッスンの登場人物になりきって，既習の表現を使って自分だったらどう答えるかを発表させる。

● Example 5：読んだ英文を再生させるタスク

【タスク】このレッスンで「進化の過程」は具体的にどんな過程だろうか？　テキストを読んで，次の空所に適語を入れて，「進化の過程」を完成しよう。

	第1段階		第2段階		第3段階
動物名		→		→	素早く動く能力を持つ動物
特性	何かに付着し，（　）で動けない		（　）動く		目と（　）が前についている
対象性	（　）対称		（　）対称		（　）の違いが生じる

【タスクのねらい】
　一種のインフォメーション・トランスファーで，読んだ本文の概要を表にまとめる。

● Example 6：読んだ英文をリソースとして，別の英文を作るタスク

【タスク1】スーパーマンに励ましの手紙を送ろう
　　以下の様な趣旨で，クリストファー・リーブに励ましの手紙（50語程度）を送ろう。
　　「僕はベトナムの男の子。5歳のときにポリオにかかって歩けないんだ。今はニュージーランドに来てるんだけど何とか歩けるようになりたいなあ。スーパーマンの映画見たよ。歩けるようになってね。」

Dear Mr. Reeve,

．．
．．．

　　　　　　　　　　　　　　　　　　　　　　　　　Your friend,

【タスク2】Peer Assessment
　　ペアの人と手紙を交換して，相手の英文で気に入った文を二つ抜き出そう。
　1　．．
　2　．．

【タスクのねらい】
　一種のなりきり英作文である。教科書中の表現を使いながら，クリストファー・リーブに励ましの手紙を送る。

4.2.5　和訳先渡しは万能薬か

　和訳に費す時間を排して，余剰時間を様々な言語活動の時間にあて，言語の習得を促進しようとする「和訳先渡し」式授業は，英文和訳を極力排除しようとしてきた立場からすると，ある意味逆転の発想であるかもしれない。しかし，タスクを繰り返しながら英文に触れるインプット量が増えれば，自然発生的に内容理解が達成されるという仮説に対しては，意見が分かれるところである。

　「和訳先渡し方式」では英文とその意味を結びつける活動は非常に簡単に済ませている。そこには文法知識を駆使して，英文の意味を構築する学習過程はない。金谷（2004, 26）は高校教育の限られた時間の中で理解と定着の両方に時間をかけることは出来ないために，理解の部分を端折ったと説明している。プリントの裏に印刷した和訳を必要に応じて見ながら，理解可能な英文を使って各種の言語活動を行う中で自然に日本語の介在を排除する能力が高まることが前提とされている。

　その前提に対する反対意見も見られる。山岡（2005）は，英文を理解する能力が辞書で分からない単語の意味を引きながら一文一文を訳すことによってしか身につかないと考えるのは指導者の単なる思い込みと断じている。英文和訳を必要悪とみなす一般的な風潮は，指導者が固定概念の束縛から自由になっていないことと，使用教科書の英文のレベルが生徒の実態から大きく乖離して難しすぎることの２点をその要因として指摘している。訳読一辺倒の授業に批判的な山岡（2005）も，和訳先渡し方式授業はリーディングの授業として欠けるものがあるとみなしている。すなわち授業が「教師主導型」で，指導者のペースでタスクが消化されているに過ぎない印象を持っている。そこには「じっくりと英文と独力で向き合う機会」が見られないとしている。授業での内容理解は，「文構造を解析して意味を把握出来るスキルを育てる」べきで，学習者がもっと「主体的」に読みに関わるべきだと主張している。

　松井（2005）は「ボトムアップのプロセスを改善しない限り，和訳を先に渡しても根本的な読みの改善にはならない」と考える。中級から上級の学習

者に対しては，定着のための活動に移行する前に，文レベルや文を超えたレベルの読みとりを十分に指導すべきと主張する。「英訳先渡しライティング」をアナロジーとして出し，「和訳先渡し」授業に疑問を呈している。松井は細部にこだわるあまりに全体がつかめないのではなく，こだわっている細部すら正しく理解出来ていないことが全体を分からなくさせている要因であると考え，ローカルな意味処理をもっと重視することを提唱している。

また，「和訳先渡し授業」では生徒は必要に応じて全文訳を参照にしながら，様々なタスクを消化する。熟達度（proficiency）の高い生徒の場合，そうしたやりかたで英文の意味理解が出来るが，熟達度の低い生徒は必ずしも出来ない場合があるとの指摘もある。また，タスクを進めるに際して，和訳があるとそれに頼りすぎるあまりに，英語の取り込み（インテイク）が促進されないのではという危惧も懸念されている。

このように，「和訳先渡し方式」における読解の扱いに関しては否定的な見解もある。和訳先渡しの授業の意義は，和訳を渡してしまうことによって生み出された余剰時間で何をしたかも含めて，包括的な評価を行わないとその真価を問うことは出来ないと言われる。「和訳先渡し方式」授業の効果を論ずる際に，読解過程を端折って出来上がった意味表象でその真価を評価することは出来ないのであろうか。ボトムアップの読解過程により多くの時間を費やした授業方式と比べて，その表象にどのような違いがあるのか。そして，どちらがより高い読解力と結びつくのか。そのような比較考察的な視点で和訳先渡し方式の意義を論じていくべきであろう。

4.3　和訳中渡しリーディング指導法
4.3.1　和訳中渡し授業とは

一般に「和訳中渡し授業」は，大まかな文の流れの理解の後に訳を渡し，より語彙や英文表現そのものに着目したタスク活動を伴う授業展開を意味する（金谷ほか 2004）。英文和訳にかける時間を短縮し，その結果生み出された余剰時間を言語活動に費やし，英語の取り込み（intake）を促進する点で，和訳先渡し方式との共通点をもつ。しかし，「和訳先渡し」に抵抗感を感じる教師は多く，金谷はそうした教師に対して「和訳中渡し授業」を提唱している。

本節では金谷が言うように，ある程度の内容理解の後に訳を渡す「和訳中渡し」方式を紹介する。その「和訳中渡し」方式にはこれといった定型はな

いし,「中渡し」方式として満たすべき要件も特に規定がされていない。本節では,産みだされた余剰時間を言語活動だけでなく生徒の内発的動機を高める活動にも費やした実践（中川 2008）を基に,「和訳中渡し授業」の一つの形式を紹介したい。

余剰時間を動機を高める活動にも費やした結果として,1レッスンを 12 時間くらいかけて終了させている。標準配当時間の倍近くの時間を費やした事になる。和訳の時間を端折って,インプット量を増やすという「和訳先渡し」の一つの目的は達成されていない。しかしながら,訳を渡して浮いた時間で定着をはかる活動を行う目的（金谷ほか 2004）は達成されている。インプット量は動機を高める活動を入れない場合よりも少なくなるかもしれないが,インテイク量は変わらない,或いは増えたものと期待している。

そうした意味で,本実践は「和訳中渡し授業」のもう一つの方向性を提示したものと考えられる。すなわち,インプット量が単純に多いよりも,より内発的な動機づけに裏打ちされた授業のほうが,たとえインプット量は少なくとも生徒のインテイク量は増えるのではないかというのが,本実践の仮説とも言える。十分な動機づけによってインプット量の少なさが補われ,変わらないインテイクが生起することを意図した実践とみなすことが出来よう。

4.3.2　動機をたかめる仕掛け

(1) セクションに入る前

本課のセクション 1 には,主人公の Craig が反児童労働運動にかかわるきっかけとなった,パキスタン人の Iqbal という 12 歳の少年の死亡記事が掲載されている。そのセクションに入る前に 1 授業時間を動機づけに当てている。児童労働に携わっている図 2 のような写真を数枚見

図 2　本課の動機づけに利用した写真

せた後で,ILO が作成した児童労働に関する DVD を見せた。生徒は,DVD を見ながら,重要な情報が欠けたワークシート（図 3）の空所を埋めていく作業を行う。次に,四人でグループになってインフォメーション・ギャップを利用した,リーディングとリスニングとスピーキングが統合された活動を

行う。すなわち，四人の児童労働者について書かれたプリントを渡し，その人物のプロフィール情報を収集しながら（リーディング）その要点をワークシートの裏面にまとめる。一定の時間が経過した時点で，自分が収集した情報をその人物になりきってペアの相手に伝える（スピーキング）。それを聞いた（リスニング）相手は，その情報を自分のワークシート（図4）にまとめる。そのまとめた情報をもとに，グループ内の第三者に聞き取ったプロフィールを伝える（スピーキング）。以上のように動機を高めておいて，Iqbalの死亡記事にショックを受けたCraigが反児童労働運動にかかわるきっかけを扱うセクション1に入っていく。

```
CHILD LABOR
OF ALL THE CHILDREN IN THE WORLD TODAY…
More than (　) million are child laborers.
                        ～状況に置かれている              形 態
More than 100 million are trapped in the worst forms.
And millions will never go to school.
```

図3　DVD用シート

```
            SELF-INTRODUCTION
[TASK 1] キーワードをもとにパートナーに自己紹介をしよう。

                    NOTES
[TASK 2] パートナーの自己紹介を聞いてメモをとろう。それをもとに他己紹介しよう。
```

図4　インフォメーション・ギャップ

(2)　次のセクションへ移行する前

　セクション2からセクション3に移行する段階でもう一度動機を高める時間を設定している。ここでは，児童労働の苛酷な現実を知らせるとともに，児童労働が自分たちとは関係のない世界で展開されている状況ではなく，自分たちも加害者の一部であるかもしれない可能性を生徒に突きつける。自己関連性を高めて本文を真剣に読み取る姿勢を高揚することを意図している。

　具体的には，教室に2種類のチョコレート——　一般のチョコ（児童労働

第4章　リーディング指導の具体的な流れ　145

> DVD『世界が100人の村だったら』を見ての感想
> ＊DVDを見た感想を英語で書いてみよう。表現が難しい部分は日本語でも構いません。

図5　感想文用シート

による安価なチョコ）と fair trade のチョコ（児童労働によらない高価なチョコ）──を実際に教室に持ち込み，どちらのチョコを選択するかを生徒に尋ねる。そして安価なチョコレートを購入することは，児童労働を間接的に肯定することになりかねないことを理解させて，児童労働の問題が決して他人事ではなく，自分の日常生活に深く関わっている問題であることを認識させる。

　それに引き続いて『世界が100人の村だったら』と題するDVDを鑑賞する。同DVDはチョコレートを知らず，学齢期に達しても学校に通うこともままならず，苛酷な条件の中でカカオ農場で働く兄弟に焦点を当てた作品。我々が当たり前に享受している教育を受ける権利などが剥奪されている現実を生徒たちに考えさせる。その後で，DVDを見た感想と，自分たちに出来ることを英文で綴らせた（図5）。この活動の意図は，一種のプレリーディング活動として，教科書の主人公である Craig が児童労働にどのように対峙しているかを生徒に考えさせて，セクション3の読解に必要な背景知識の活性化をはかることである。

4.3.3　インプットからインテイクの活動

　以上の動機づけに続いて，インプット活動やインテイク活動が行われる。ここで紹介するタスクの多くは，すでに紹介されたものが多い。新しいレッスンに入るに際して，到達目標を明示してインテイクからインプットの一連の活動の意義を理解させている。今回のレッスンでは，以下の目標を can-do list 形式で達成すべき目標として掲げている。

【目標】
・児童労働について学んだことをもとに，英語の手紙を書くことが出来る
・児童労働について自分の思いを英語で30秒程度語ることが出来る

児童労働という日本では考えられない苛酷な現実がある。本課はCraig Kielburgerというトロント大学の大学院生が12歳の時に読んだ新聞記事をきっかけとして，反児童労働団体"Free the Children"を立ち上げてからの彼の取り組みが取り上げられている。児童労働は異国の問題ではなく，自分たちも深く関わっている問題であることを生徒たちに認識させることを動機づけとして，そこで扱われている言語材料や表現を取り込み，自分の思いを二つのモード（書く・話す）で表出させることを最終の目標に設定した。

(1) インタラクティブ・オーラルイントロダクション

本文の概要をつかませる目的で，本文の内容を簡単な英語を用いてオーラルイントロダクションによって導入する。但し，漠然と聞くのではなくリスニングポイントを事前に示しておいて，必要な情報を聞くような工夫が施されている。生徒は教師の話す本文の概要を聞いて，時折織り込まれる質問に答えながら，リスニングポイント・シート（図6）で選択肢を選んだりシートの空所に書き込んでいく。

> ♪　TASK 2　以下の質問に日本語で答えられるようメモをとりながら
> 　　　　　英語を聞こう
> 　Craigはどこへ行った？　　　　　　アジア　アフリカ
> 　Craigは何故そこへ行ったのか？　　児童労働者が多いから
> 　　　　　　　　　　　　　　　　　行ったことがなかったから

図6　リスニング・ポイント・シート

(2) クイック・リスポンス

流暢な読みには語彙認知の自動化は必要不可欠である。ここでは通訳養成の手法を利用した語彙検索能力を高める活動（クイック・リスポンス）が用意されている。生徒はペアになり，専用のシート（次頁図7）を用いながら，英→日・日→英の順で英単語の意味を言い合ったり，日本語に相当する英語表現を言う。

(3) 内容理解

本文の内容に関する質問の答えを含む英文に下線を引かせる。質問の内容

第4章　リーディング指導の具体的な流れ　147

1.	…を求める	ask for …	☐	☐	☐	☐
2.	…の全体	whole …	☐	☐	☐	☐
3.	経済	economy	☐	☐	☐	☐
4.	先進国	developed country	☐	☐	☐	☐
5.	発展途上国	developing country	☐	☐	☐	☐
6.	…から解放される	be freed from …	☐	☐	☐	☐

図7　クイック・リスポンス・シート

は主に事実に関する質問に限定される。第一回目の内容確認なので，ローカルな情報処理ですむものに限り，よりグローバルな情報を処理しなければならない質問は後の「深い読み」に回される。

(4) スラッシング&サイトラ（サイト・トランスレーション）

　この段階で始めて「和訳」を渡して，それを利用した活動に入る。ここでの活動には二つの作業が含まれる。一つは，本文の意味の切れ目と思われる箇所に切れ目を入れさせて，それをサイトラシート（図8）で確認させる（スラッシング）。サイトラシートには英文とその対訳がフレーズ単位で一行毎に書き込まれてある。スラッシングが終わったら，ペアになってそのサイトラシートを用いて，日→英，英→日の2方向でフレーズ毎に英文または和文を見たら瞬時にその対訳を言うサイト・トランスレイション（サイトラ）に移行する。

In December that year I left on a 7-week trip to visit Bangladesh, Thailand, India, Nepal, and Pakistan.	その年の12月, 僕は, 7週間の旅に出ました. バングラデシュ, タイ, インド, ネパール, パキスタンを訪問する

図8　サイトラシート

(5) 深い読み

　ここでは，(3) の内容理解よりもう一歩踏み込んだ問いがなされる。情報

を統合したり，推論を要するような問い，或いはクリティカルな読みが要求される。
　(1) マザー・テレサの言葉で一番印象深いのは？
　(2) この Lesson で Craig が一番いいたいことを含む文はどれだろう

(6) 置換モード
　靜 (1999) に紹介された活動で，英文のところどころが日本語に置き換えられたテキストを，日本語を英語に変えながら音読する活動である。日本語に置き換える場所によっては，熟語の習得を目指すものであったり，重要表現であったり，新出語であったりと，そのターゲットを変えることが出来る（図9）。

> In December that year I left on a 7 週 間 の trip to visit Bangladesh, Thailand, India, Nepal, and Pakistan. During the trip I talked with a lot of 働く子供たち. I met Iqbal's mother, too. I also デモに参加した against child labor and a 強制捜査 on a carpet factory to 開放する the children held there.

図9　置換モード

(7) ペア・シャドウ
　ペアになり，一人が音読する傍らで，もう一人がその音声をもとにシャドウイングを行う。

4.3.4　アウトプットの活動
　このレッスンを通しての到達目標として，以下の2点が設けられていた。

①児童労働について学んだことをもとに，英語の手紙を書ける。
②児童労働について自分の思いを英語で30秒程度語ることが出来る。

　ライティングとスピーキングといったモードの異なる二つのアウトプットを最終ゴールとして設定して，本課の10授業時から12授業時の3時間をこのための時間に用意してある。それまでのタスクは，その二つのアウトプッ

トのためにインテイクの時間として位置づけられている。もちろん，その間にも例えば本文の内容に関する質問に英語で答える，DVDを見た感想文を書く，物語の続きを書くなどライティングの時間は設けられているので，この最後の3時間はそれらの集大成とみなすことも出来る。

　ただ，それらとの違いはここでの活動がよりauthenticな内容である点であろう。すなわちCraigという実在の人物に宛てて手紙を書く点がこれまでの活動とはその質が大きく異なっている。自分たちが学習した内容やCraigを通して学んだこと，自分の児童労働への思いなどを綴らせることによって自己表現活動を行う。ここまでの活動は，この自己表現に必要な表現を習得させるとともに，自己関与を高める目的がある。全ての活動はこの最後のアウトプット活動に収斂されている。学期末に行った生徒のアンケートでは，この手紙を書く活動は，DVDを見て感想文を書く活動に次いで2番目に人気の高かった活動であった。ここでは，手紙文としての優秀作を1点紹介しておきたい。

● Example 1：手紙文の優秀作品

　I sometimes feel depressed because I must get up and go to school to study every day. One day I was watching TV at home. The program showed child laborers around the world ... Being able to go to school is a privilege ... I want to do something like you did. You gave me courage. I may not be able to do a large scale project like yours, but I can at least do something small.

4．3．5　和訳中渡し方式はどのような生徒に適しているか：満足度と関係のある要因

　「和訳中渡し授業」がどのような生徒に適しているかを，授業に対する満足度で探ってみた。アンケートの対象者は著者が勤務する高校に在籍する232名の高校2年生で，全員がこの和訳中渡し方式の授業を受講している。読みの力・内容理解・授業評価と満足度との関係を5件法の質問紙を用いて，探索的に調査してみた結果を以下で見てみたい。

(1) 読みの力と満足度の関連

表1　読解観と満足度　**$p < .05$

	訳	構造	音読
満足度	.186**	.246**	.338**

　英語を読む力をつけるために役だつ力として，①日本語に訳す力　②英文の構造を理解する力　③音読する力について5件法で答えさせ，満足度との相関をスピアマンの相関係数で求めた。表1が示すように，音読との相関が一番高く，訳との相関が一番低い結果となった。授業中に訳はフレーズ訳を行わせる程度で，しかも自力で行うのではなくサイトラシートに書いてある訳を見ながら行ってよいために，日本語に訳す力が英文読解に役だつと考える生徒は満足につながらない。一方で，授業中にくり返し音読を行うので，音読が読解力を構成すると考える生徒は，先の生徒に比べて満足しやすい。

(2) 内容理解と満足度

表2　内容理解と満足度　**$p < .05$

	正確な訳	大まかな理解
満足度	0.068	.305**

　同様に，英文理解の捉え方と満足度との関連を探ってみた。英文の内容理解を「正確な日本語に訳す」と捉えるか，或いは「大まかな意味を理解する」と捉えるか，その捉え方の違いによって授業の満足度との相関に違いがないかを調査した結果が表2である。大まかな理解を英文の内容理解と考える生徒のみ満足度との相関が見られるが，正確な訳＝内容理解と考える生徒の場合は，相関がみられない。

(3) 授業評価と満足度

表3は「和訳中渡し授業」に対する評価を示している。評価は「授業が楽か・きついか」と「授業は効果があるか・ないか」という二つの軸に沿って行われた。75％の生徒は授業は効果があると認めており，効果がないと判断する生徒は四分の一に過ぎない。次に，評価別に満足度を集計した表4が示すように満足度は，授業が楽であるかきついか，或いは効果があると思っているか思っていないかは，単独では満足度に影響を及ぼしていない。

さらに，その授業評価の判断の理由をクロス集計表（表5）で見ると，授業の効果がないと判断する要因には英語の量は関係が薄いように思われる。この表から授業が効果がないと判断する根拠として，「授業の進度が遅い」「英文の細かい部分が理解出来ない」「英文の深い理解が出来ない」が理由として浮かび上がってくる。しかしながら，ペースは遅いものの，「英文に触れる量が少ない」ことが授業の効果がないと判断する理由にはなっていない。一つのレッスンを終わるのに，標準配当時間の2倍近くの12時間をかけても，生徒はそれによって触れる英語の量は少ないとは感じていない。様々なタスクを通してくり返し英文に触れていることから，インプット量が少ないとは判断してないのではなかろうか。

表3 授業に対する評価

	回答件数	％
楽だが効果がある	116	55
楽だが効果がない	49	23
きついが効果がある	42	20
きついし効果がない	4	2

表4 授業の評価と満足度

	満足度
楽だが効果がある	3.75
楽だが効果がない	3.73
きついが効果がある	3.71
きついし効果がない	2.5

表5 授業の評価とその理由

	楽		きつい		合計
	効果あり	効果なし	効果あり	効果なし	
予習が不要	61	22	3	0	86
和訳が不要	60	17	3	0	80
ノートが不要	77	20	6	0	103
多様なタスク	55	2	18	1	76
タスクが難しい	5	6	14	0	25
進度が遅い	3	12	1	0	16

表5 授業の評価とその理由（続き）

	楽		きつい		合計
	効果あり	効果なし	効果あり	効果なし	
英語量が少ない	3	4	0	0	7
細部の未理解	2	14	5	3	24
深い理解ができない	1	13	4	1	19
合計	267	110	54	5	465

　また，きついと判断する理由としてはやはりタスクのレベルがその生徒に合っていないことが見て取れる。しかしながら注目すべきは，難しいと感じながらも，多様なタスクに触れることよって授業の効果があると判断している点である。その割合は，タスクが楽と答えている生徒をはるかに上回っている。タスクはきついかもしれないが，それによって英語の力が伸びていると達成感を味わっているからではないだろうか。

4．3．6　成績との相関について

　今回の取り組みに関して，成績との相関を示すデータはない。この中渡し方式の成果を数量的に把握することは出来ていない。しかしながら，著者は前任校で「中渡し方式」を2年以上の長期間にわたって実践し，模試のデータで従来の「和訳方式」で行った年度の生徒との比較を行った。すると，マーク式の模試結果については，なんら遜色がないどころか，1年生の8月の時点では過去3年間で最低だった学年全体の成績が2年の1月には過去最高の数値になった。その結果に照らすと，「中渡し方式」は「訳読方式」と，多肢選択式のテスト結果に関しては，遜色がないと言えるであろう。

4．4　ラウンド制リーディング指導法
4．4．1　問題のある読解授業の展開法

　いまだに少なからぬ高校では，読解の授業で，和訳と文法・語彙の説明に終始して，いわゆる知識注入型で，まさに時代遅れの授業が一生懸命行われているというのが偽らざる現実ではないかと思われる。このような現実から脱却するためには，実行が容易でない徹底した授業改革よりも，ほんの少しやり方を変えるだけで随分改善が期待出来る授業の進め方を推進する方が，大いに意味があるだろう。そのような方法の一つに「ラウンド制」がある。

この方法を採用すれば，たとえ教師に高度な英語力がなくても，また生徒が一斉授業にのってこない状況でも，授業改善が期待出来る。「ラウンド制」の指導法とは，「多様な方法を用いて，いろいろな角度から一つの教材を学習させる指導法」である。この指導法は，文法・語彙の内在化と言語処理能力の向上により，リーディングとその他の技能を統合して，コミュニケーション能力を伸ばすとともに，大学入試にも対応出来る英語力を養成することをめざしている。

「ラウンド制」のリーディング指導を紹介する前に，これまでの授業の問題点を今一度整理しておこう。

(1) 和訳することに時間を取られすぎていること。
(2) 英文を読む回数が極めて少ないこと。
(3) 様々の情報が混ぜこぜに提示されること。
(4) 教師中心の一方通行の授業になっていること。
(5) その結果，生徒は受け身的になっていること。

主な問題点として以上5点を指摘しておきたい。

4. 4. 2 改善策としての「ラウンド制」リーディング指導法

上の五つの問題点を解決するためにはどのようにすればよいのかを考えてみよう。

(1) 和訳にとらわれず，他の方法での意味確認を増やす。
(2) 飽きさせることなく英文を読ませる回数を増やす。
(3) 情報の提示方法について "one thing at a time" の原則に基づくようにする。
(4) 教師の説明する時間を短縮し，生徒が活動する時間を増やす。
(5) 生徒が能動的に学ぶような仕組みを作る。

以上の5点をさらに具体化していこう。

①様々な角度からタスクを与えて読ませる。タスクに答えているうちに，内容理解が行われ，和訳に時間をかける必要がなくなる。

②タスクを与えるたびに，英文を読ませることになるので，生徒はタスクの数だけ英文を読むことになり，1時間の授業で英文を読む回数が大幅に増える。
③タスクに従って授業が進行していくので，同時にいくつものことを教えようとして生徒を混乱させたり，授業の流れが悪くなったりする心配はなくなる。
④タスクに答えていくという，生徒自身が活動する形態の授業展開であり，生徒が活動する時間を多くとることができ，学習者中心の授業が実現出来る。
⑤教師の説明を聞くことが中心ではなく，生徒自身がタスクを解きながら能動的に学ぶことが授業の中心になる。

筆者は，授業が思うように展開出来ないで悩んでいるときに，ラウンド制の指導法を自分の授業に取り入れてみた結果，それまでの悩みから脱却することができたという経験を持っている。

では，実際の教科書本文を用いて，筆者の行っている「ラウンド制」の授業の実例を示してみよう。

4.4.3 授業展開例

● Example 1 : 教材

The deep ocean is home to some of the earth's strangest creatures. They have special bodies that can survive the ocean pressures 5,000 feet down. Some of them have body parts that can give off light in the dark. That is how they attract other creatures to eat.

In the even deeper places, researchers have found strange-looking tube worms as long as eight inches, and clams that are the size of dinner plates. They live in the very hot waters near openings in the ocean floor. Seawater flows into the earth's crust through these openings and then shoots back up. Since the temperatures can reach 750°F, it is surprising that anything lives there.

The openings also shoot out minerals like copper and nickel. In places, the floor of the Pacific Ocean is covered with very large pieces of these minerals. Some companies are interested in bringing them up from the deep ocean floor. *Revised Polestar English course* I （数研出版），58: 原典は Time, "Into the deep," *Time for kids*, April 26, 1996.

上の英文を用いて，1時間の授業展開を示すと次のようになる。なお，(1)～(3) はいろいろな方法が考えられるので，ここでは省略し，各ラウンドのタスクの内容を紹介することにする。

● Example 2：授業展開
  (0) Greeting & Roll Call　1分
  (1) Review（前時の復習）　5分
  (2) Introduction（本時の導入）　5分
  (3) Vocabulary Input（語彙の導入）　5分
  (4) 【1st Round】Listen to part 2 and answer the following question. 4分
    ＊ここで"Listen"と言う言葉を使っているが，実際はモデルの音声をペースメーカーとして聞きながら，教科書の本文を黙読すると言う意味で用いている。（以下も同じ。）
    Q. このパートの内容を表すものとして最も適切なものを，下の三つの中から選びなさい。
      ア）What the deep ocean is like
      イ）Living things in the deep ocean
      ウ）The development of the deep ocean　＜ Answer：イ ＞
  (5) 【2nd Round】Listen to part 2 and answer the following true or false questions.　4分
    ① Some creatures living in the deep sea look strange.（T）
    ② There is almost no creature near openings in the ocean floor.（F）
    ③ We find minerals in the floor of the Pacific Ocean.（T）
  (6) 【3rd Round】Listen to part 2 and answer the following questions in English.　5分
    ① Why do some of the creatures living in the deep sea have body parts that can give off light in the dark?
    ② What creatures have researchers found in the even deeper places?
    ③ What minerals do the openings shoot out for example?
  (7) 【4th Round】Listen to part 2 and answer the following questions in English.　5分
    ① What kind of bodies do creatures living in the deep ocean have?
    ② What happens to seawater that flows into the earth's crust through the openings?
    ③ Why are some companies interested in the deep sea?

(8) 【5th Round】Listen to part 2 and think about the following questions. Discuss with your partner.　3分
　　① 5000フィートの海底の水圧はどのくらいですか。その圧力に耐えるために生物はどのような形をしていると思いますか。
　　② 750°Fは摂氏いくらですか。そのような高温で生きることの出来る生物はどのような体をしていると思いますか。
(9) 【6th Round】日本語での補足説明（文法，構文，表現，語彙などに関して）5分
(10) 【7th Round】Parallel Reading　2分
(11) 【8th Round】Key Words を空所にしたワークシートを用いた音読　2分
(12) 【9th Round】Shadowing　2分
(13) Consolidation　3分

　以上のような流れとなる。大まかな内容をつかませてから，細部の情報を理解させた後で，再度全体の見通しをさせるようにしている。即ち全体理解と部分理解を繰り返すことが大切である。最後の consolidation には，本文の内容を要約させたり，retelling の活動（key words だけを示して，あとは自分の英語で，読んだ内容を語らせる活動）をさせたり，予め用意した要約文の完成などの全体をもう一度見直す活動を入れている。もちろん，1時間の授業で全て行えない場合は，次の時間に続きをすることになる。なお，要約文がマニュアルに用意されている場合は，それを利用すれば自作する必要はない。また，本文を聞かす際，ポーズなしのナチュラルスピードのものを聞かせるだけでなく，チャンクごとにポーズを入れたものを聞かせると確実に理解が進む。

　いずれにせよ，このやり方をするには，さまざまなワークシートを作成する必要がある。しかし，各ラウンドで用いる質問は，教科書の各ページの下に掲載されている質問や，マニュアルに用意されている質問を用いれば比較的簡単に作れる。そして，いったんワークシートを用意すれば，授業をスムーズに展開することができ，生徒も集中するようになる。また，ワークシートを回収してチェックするようにすると，生徒は一層熱心に取り組むようになるし，教師にとっては生徒の学習状況の把握に用いることが出来る。

　上の授業展開例では，英文和訳を全くしていないが，細部の理解の必要上，英文和訳をさせた方がよいと思われる場合は，宿題などで英文和訳をさ

せてから，その部分を用いて徹底的に音読活動させるとよい。また，「空所のある和訳の完成」をラウンドの一つに組み込んでもよい。

　以上見てきたように，「ラウンド制」を取り入れることによって，英文全体を見て，次第に細部の理解へと進み，再び全体を見るというように，森も木も見るような指導がスムーズに出来るようになる。

4.4.4　ラウンド制指導法の留意点

　最後に，ラウンド制指導法を成功させるために，これまで述べていないことで，鈴木（2007）が指摘している留意点を紹介しておこう。

(1) ラウンドの数は教材内容によって変わる。
(2) ラウンドの組み方は「理解から発表へ」が原則である。
(3) 生徒自身が言語情報処理を行って教材内容を理解出来るように工夫する。
　①英文の内容に関する設問をいくつも用意する，その質問は，(a) 書かれている事実を問うもの，(b) 推測を要するもの，(c) 生徒各自の意見を求めるもの，の三つの観点から作成する。
　②語彙指導を組み込む。
　③リーディング以外の技能も各ラウンドに組み込む。
　④十分な input から output へ移って行く。
　⑤内容把握から推論や意見の発表へ。
　⑥内容だけでなく，英語表現にも注意を向けるようなタスクも組み込む。
　⑦教材提示単位は生徒の学力に応じて，本文全体またはパートごと，或いは1〜2パラグラフごとのように弾力的に決めてよいが，なるべく提示単位は少しずつ大きくしていく。

　「ラウンド制」リーディング指導法は，上でも述べたように，教師であれば誰にでも出来る敷居の低い指導法であり，それによりリーディングを中心に他の三つの技能も伸ばし，コミュニケーション能力と大学入試に対応出来る英語力の養成に効果的であるので，今後一層実践者が増えることを願っている。

4.5 繰り返し読みの指導
4.5.1 第一言語における「繰り返し読み」

「繰り返し読み」(repeated reading) とは初級の読み手の単語認知能力を発達させるため，同じテキストを2度以上繰り返して読むことである（野呂 2001a）。すなわち，「繰り返し読み」の目的は，単語認知の自動化を促進することによって，読みの流暢さ，すなわち読む速さ・読む正確さを高め読解力を向上させることである。普通，「繰り返し読み」は音読のスピードが遅い子ども，音読が困難な子どもに使われる。なぜなら，文字を正確に，速く音声に変換出来れば，既に聞いて理解出来る力を身に付けているので，本を読めることになるからである。

(1) 繰り返し読みの方法

音声の支援がある方法と音声の支援がない方法があるが，音声の支援のない方法（Samuels 1985）を紹介する。音声の支援がある方法は本書の［2.2 聞きながら読む］を参照して欲しい。

①<u>一人で行う方法</u>：学習者は1分間音読し，読んだ単語数を数える。この数字を学習者の記録用紙に記入する。読む速さが基準（Samuels [1979] によると 85 wpm）に達すると，次の節に移る。

②<u>ペアで行う方法</u>：ほぼ同じ読解力を持った二人の学習者がペアになり，読み役と聞き役とを交代して練習する。聞き役の役割は読み手の読む時間を測り，読みの誤りの数を数え，記録用紙に記入することである。図10は「五つの教材の繰り返し読みをした時の読み誤りと読む速さ」を示すものである。教材が変わるごとに誤りなく読めるようになる繰り返しの回数が減り，1回目の読みから2回目の読みと回を追うごとに音読速度が向上していることがわかる。

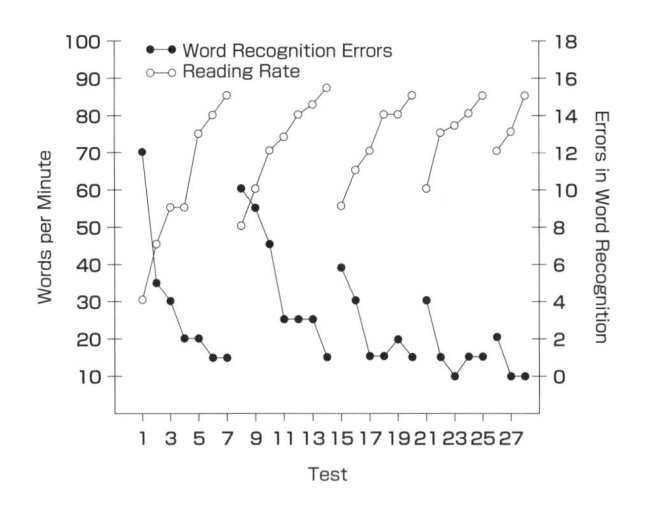

図10 五つの教材の繰り返し読みをした時の読み誤りと読解速さの向上
注：Samuel S（1985, 224）にもとづき，一部改変

　Samuels（1979）は単語認知力の発達段階を単語認知が（a）正確でない段階，（b）正確な段階，（c）自動化された段階に分けている。（b）の正確な段階は，正確に音読出来るけれど，遅く・たどたどしく・表現力が乏しい段階である。「繰り返し読み」が必要なのは（a）と（b）の段階である。

4.5.2　第二言語における「繰り返し読み」

　第一言語の読み手の場合には文字を音声に変換出来れば既に聞いて理解する力を持っているので，テキストを理解出来る。第二言語の読み手の場合は，ディコーディングの力だけでなく，語彙力，文法力，背景的知識の全てにおいて，第一言語の読み手に比べ劣っているので，「繰り返し読み」はテキストの理解を深め，全ての第二言語の読解力を構成する技能や知識を向上させるものでなくてはならない。多くの精読の授業ではpre-reading活動でテキストに1回目を通し，while-readingの際に内容把握と文法説明に1回，post-readingで音読に1回と，合計3回テキストに目を通すに過ぎない。もっと多くの活動でテキストに何度も触れる機会を与えてテキスト理解を深め，言語材料を内在化することが必要である。本書の4.4ラウンド制リーディング指導法は1時間の授業の流れの中で，手を変え，品を変え同じテキストに

取り組めるよう，体系的に構成された優れた方法である。

(1) 同じテキストを繰り返し音読する方法
　①<u>対象者</u>：正しく音読出来ない学生や，英語力の低い学生である。英語力の低い学生の英語嫌いの最大の原因の一つが正しく音読出来ないことにある。授業外の特別支援学習に使いたい。
　<u>目的</u>：正確で，速いディコーディング力を身につける。
　<u>方法</u>：対象学習者に学習しているテキストをまず音読させる。それを教師や正確に音読出来る学生が聞いて，読み誤った語をチェックし，音読時間を測定する。それを第一言語の場合と同じように（図10参照），表に記入する。学習者は誤りと指摘された語に注意を払いながら，音声テープを聞きながら一人で音読練習をする。読めるようになったと思ったら再度聞いてもらう。70〜80 wpm で読めるようになるまで繰り返して読む。単調な活動であるので，指導者の励ましが必要である。
　②<u>対象者</u>：テキストの内容を理解した学習者。
　<u>目的</u>：理解した内容を適切なアクセント，リズム，イントネーションで音声表現する。単語・語句・表現を内在化する。
　<u>方法</u>：読んでいる表現の意味を絶えず考えながら音読する。語句の解釈が深ければ，その理解は音声表現に表れる。意味を意識していないと，空読みになり，効果的な音声表現にならないし，表現も内在化しない。
　　(a) アクセントやリズムが身につきにくい時は，音声モデルと一緒に音読させる（パラレル・リーディング）と効果がある。モデル文を聞いた後読ませると，アクセントやリズムを忘れてしまう
　　(b) 母語話者の音読スピードに近い速さで読ませる練習をするとリスニングにも効果がある。
　　(c) 空読みにならによいようにするには，内容推測等の設問を事前に与えておくとよい。新しいテキストを音読しながら，内容を理解させるのは第二言語学習者には難しい。注意資源が意味と音読の両方に分散されてしまうからである。

(2) 目的と方法を変えて，同じテキストを繰り返し黙読する方法

　ここでは，テキストを同じ方法で繰り返すのではなく，異なる活動目的に応じて異なる方法でテキストを黙読することによって，テキストに触れる機会を増やすのが目的である。

　①活動時：精読の時間の pre-reading 活動（本書の「2.2 聞きながら読む」を参照）。
　　目的：大きな情報，概要をつかむ。
　　方法：読む前に学習者には scanning や skimming に関する設問がなされる。音声テープ（チャンク毎にポーズがおかれている）を聞きながら，チャンクごとにスラッシュの入れられたハンドアウトを読み，情報を探したり，概要をつかんだりする。
　②活動時：精読の時間の while-reading 活動。
　　目的：細部の意味を正確に理解させる。表現の解釈をさせる。
　　方法：テキスト全体の内容や概要だけではテキストを理解したことにはならない。Aren't you cold? と誰かが言ったとき，気づきの気持ちの表現であるとか，暖房をつけようかという，文脈における意味を読み取ることも正確な意味の理解である。
　③活動時：精読の時間の while-reading 活動。
　　目的：読解に支障をきたす統語構造や文法事項を理解させる。
　　方法：指示表現や代用表現（do so, contrary to this）の示す内容を明らかにしたり，省略（They came although they were not to ▲.）されている語句を補わせる（本書の 2.8 結束表現の認識と解釈による読解チェックを参照のこと。）He was almost drowned. のような文では，「彼はおぼれ死んだのか，死ななかったのか」質問してみると almost の理解がわかる。He should not have made a phone call to her. のような文で彼は電話をしたのかどうか質問してみると，should have 〜 -ed の用法が分かっているか確かめることが出来る。

(3) 同じテキストを繰り返し音声で提示し作業をさせる方法

　この節では学習者が繰り返しテキストを音読や黙読をする活動に焦点を当てているが，同じテキストを文字で提示するのではなく，音声で繰り返し提示し，学習者はそれを聞いて作業をする。

①活動時：精読の時間の pre-reading 活動。
　目的：全体の内容を捉えさせる。
　方法：チャンク毎にポーズがおかれた音声テープを聞きながら，テキスト全体の内容を把握させる。
②活動時：精読の時間の post-reading 活動。
　目的：復唱能力を向上させ，言語教材を内在化させる。
　方法：音声テープを聞きながら，少し遅れて口頭で繰り返すシャドーイングをさせる。
③活動時：精読の時間の post-reading 活動。
　目的：言語教材を内在化させる。
　方法：単語，熟語，コロケーションなど覚えて欲しい表現の一部を空所にしたプリントを準備し，音声を聞きながら空所を補充する方法（リスニング・クローズ）や重要表現を含んだ一節を教師が読んで，ディクテーションを行う方法が考えられる。

　最後の (3) は繰り返し読みではなく，繰り返し音声を聞く指導法である。何度もテキストを繰り返して聞いたり・読んだりして，理解を深め，言語材料を内在化することが大切である。さらに望まれることはこの後に学習した内容をもとに会話をさせたり，ディスカッションさせたりするなどの発表タスクを課して，表現出来る力を養うことが大切であろう。

4.6　直読直解をめざす指導法
4.6.1　はじめに

「直読直解を心がけて読みなさい」と言うだけで，具体的な指導法がなければ，直読直解が出来るようになる生徒はほとんどいないであろう。ところで，ここで言う「直読直解」とは，「日本語を介さないで英語のまま直接理解する」という意味ではなく，「日本語は使うが，翻訳するのではなく，英語の語順のまま意味を取っていく」という意味である。

では，どのようなステップを踏めば，学習者を直読直解の方向に踏み出させることが出来るのであろうか。ここでは，実際の教科書本文を使って，具体的な指導法を様々な切り口から紹介してみよう。

● Example 1：教材

　Ono Yoko has always been a pioneer in the world of art. What gives her work its originality? To answer this question, we must take a look at her life.

　She was born into a rich banking family in 1933 in Tokyo. Her father headed the bank's San Francisco branch office, so she spent her early years there. While she was back in Japan to go to elementary school, war broke out between Japan and the U. S.

　When she was twelve, the American bombing was becoming so intense that her mother took the family to a country village in Nagano for safety. In their most difficult time, Yoko never lost hope. She cheered up her hungry brother by having him imagine a "dream menu." She looks back:

　I told him to think of the dinner he wanted to eat. He started slowly saying, "I want ice cream." "But that's a dessert. We should start with soup, of course."

　We created an elaborate meal in the air. My brother's face started to light up. Finally, he gave me the sweet chuckle I loved so much.

　Her war experience inspired in her a deep love of peace. It also taught her how important the ability to imagine is for human beings. Without this ability, people would have no dreams for the future.

Revised Polestar English course I（数研出版），90-91

4．6．2　直読直解をめざす様々な指導法の紹介
（1）和訳を活用した直読直解の指導

　和訳を活用した直読直解の指導と言っても，いろいろな方法がある。斎藤（1996）によると，次のような四つの方式が紹介され，それぞれの方式の長所と短所が挙げられている。

　　①訳を与えてしまう方式
　　②穴埋め方式
　　③和訳順序並べ替え方式
　　④穴埋め順序並べ替え方式

　①については，英文和訳を授業の中心からはずすことができ，大幅な時間

短縮が可能になる反面，学習者が内容を読みとったかどうかの保証が全くないことが最大の欠点であると指摘されている。また，この方式が現実に役に立つのは，授業の最後で与えるやり方だとしている。つまり，それまでにoral introduction や questions and answers などの学習活動を行って，おおよその内容理解をすませてから，訳を与えることによって最終確認をさせるのがよいという意味である。

筆者は，和訳を授業の最後の確認に使うのではなく，学習活動の中で活用するやり方を紹介したい。基本的な授業の手順例は次のようになっている。( ) 内に時間の目安を示している。

● Example 2 : Procedure ①
　(1) Oral Introduction（3分）
　(2) Vocabulary Input（5分）
　(3) Listen to Model Reading（2分）
　(4) Read the Text Silently（5分）
　(5) Read the Japanese Translation（10分）
　(6) Explanation（10分）
　(7) Read the Text in Chorus.＜ Listen & Repeat ＞（5分）
　(8) Parallel Reading（5分）
　(9) Consolidation（5分）

(1)で主に内容に関するスキーマを与え，次に重要語句の導入を行う。それから一度モデル音読を聞かせる。そこまで全体で活動し，以降は個人活動に移る。内容を考えさせながら本文を黙読させ，次に和訳を読みながら，内容理解の確認をさせる。この間机間指導を行い，質問に答えたり，個人指導を行ったりする。再び全体活動に移る。その後，和訳と関連させながら内容や文法事項，語彙などの補足説明を行ってから，本文の音読に進む。だいたいこのような進め方である。

この手順では，和訳を主に内容理解の確認に活用している。学習者自らが和訳を読んで，細部まで確認するので，教師中心型ではなく，学習者の能動的な学習活動が期待出来る。和訳を「教師の独占物」から「学習者がいつでも参照出来るもの」に変えることによって，時間短縮はもちろん，学習者を英語学習に対して能動的な態度で取り組ませることが可能になる。

斎藤（1996）が紹介している②〜④については，「訳を与えてしまう方式」

の欠点を取り除く方法である。筆者は「チャンクごとの対訳シート」(phrase reading sheet と呼んでいる) をペアワークに用いる授業を行っているが，その最後のステップ（上の Procedure ①では（9）Consolidation）に②〜④を活用している。

では筆者の行っている「チャンクごとの対訳シート」をペアワークに用いる授業を紹介しよう。これは次のような手順である。（これはもちろん手順の典型例であり，実際はこれにヴァリエーションをつけて行っている。）

● Example 3：Procedure ②
  (1) Oral Introduction（3分）
  (2) Vocabulary Input（10分）< First in Class, then in Pairs >
  (3) Listen to Model Reading（2分）
  (4) True or False Questions（5分）
  (5) Listen to Model Reading（2分）
  (6) Answer Questions Either in English or in Japanese（5分）
  (7) Chorus Reading（5分）
  (8) Simultaneous Interpretation（in Pairs）（10分）
  (9) Consolidation（8分）

上の（8）は，ペアで行う「同時通訳練習」である。といっても厳密な意味での同時通訳ではなく，一方の学習者が1行，即ち1チャンクを音読（実際には Read & Look-up）し，それ聴いて他方の学習者が出来る限り間髪を入れずに和訳する練習である。この練習で用いるワークシート（phrase reading sheet）を紹介しよう。

● Example 4：練習で用いるワークシート（phrase reading sheet）

Ono Yoko has always been a pioneer	オノ・ヨーコは常に開拓者だった
in the world of art.	芸術世界の。
What gives her work its originality?	彼女の作品に独創性を与えるものは何なのか。
To answer this question,	この問いに答えるには，
we must take a look at her life.	私たちは彼女の人生に目を向けねばならない。
She was born into a rich banking family	彼女は裕福な銀行家の家庭に生まれた
in 1933 in Tokyo.	1933年に東京で。
Her father headed	彼女の父親は統括していた

the bank's San Francisco branch office,	銀行のサンフランシスコ支店を。
so she spent her early years there.	それで，彼女はそこで幼少期を過ごした。
While she was back in Japan	日本に戻っていたとき，彼女が
to go to elementary school,	小学校に行くために
war broke out	戦争が勃発した
between Japan and the U. S.	日米の間で。

　このようなチャンクに切って配列した英日対照のワークシートを用いることによって，後ろから戻って訳す習慣から脱却させ，フレーズリーディングに慣れさせ，直読直解へ方向づけることが出来る。初めは，一方の学習者がRead & Look-upしたチャンクを，もう一方の学習者が聴いて，ワークシートを見ないで，その部分を日本語に直していくのは結構難しいかもしれない。そこで，1度目は和訳を読みながらペアで練習し，2度目は原則和訳を見ないで行い，どうしても訳せない場合のみシートを見てもよいことにして練習させるとスムーズに練習出来る。学習の最終段階では，一方が和訳を言い，他方がシートを見ないでそれを英語に直す練習を行ってもよい。この場合も，全く英語が出てこない時は，相手がヒントを出し，それでも出来ない時は，ワークシートをちらっと見てもよいことにしておく。このように和訳を，チャンクごとに切って利用することは，直読直解の妨げになるどころか，むしろ直読直解への方向に進ませることになると思われる。
　最後の(9)のConsolidationでは，上の②穴埋め方式③和訳順序並べ替え方式④穴埋め順序並べ替え方式のいずれかを用いて，再度その時間に読んだ英文全体を再確認させている。

(2) 速読から直読直解を進める指導
　速く読むことを意識させることによって，細部に拘らず概要をつかみながら読んでいく読み方へとシフトさせることが出来る。具体的には，ストップウォッチを使いながら速読させ，wpmを記録させる。この練習を繰り返すとwpmの伸びが励みになって，生徒の速く読むことに対する動機が好循環的に高まってくることが多い。この練習に用いるワークシートの例を示してみよう。

● Example 5：練習に用いるワークシート（速読練習シート）

　Ono Yoko has always been a pioneer in the world of art. What gives her work its originality? To answer this question, we must take a look at her life.
　She was born into a rich banking family in 1933 in Tokyo. Her father headed the bank's San Francisco branch office, so she spent her early years there. While she was back in Japan to go to elementary school, war broke out between Japan and the U. S.
　When she was twelve, the American bombing was becoming so intense that her mother took the family to a country village in Nagano for safety. In their most difficult time, Yoko never lost hope. She cheered up her hungry brother by having him imagine a "dream menu." She looks back：
　I told him to think of the dinner he wanted to eat. He started slowly saying, "I want ice cream." "But that's a dessert. We should start with soup, of course."
　We created an elaborate meal in the air. My brother's face started to light up. Finally, he gave me the sweet chuckle I loved so much.
　Her war experience inspired in her a deep love of peace. It also taught her how important the ability to imagine is for human beings. Without this ability, people would have no dreams for the future.（220 語）

☆上の英文を出来るだけ速く読んでみよう。読み終えたら黒板を見て，何分かかったかを下の式の［　］内に記録し，後の設問に答えよう。

$$\text{wpm} = \frac{220}{[\quad]} \times \frac{\text{正答数}}{3} = [\quad]$$

True or False：
　（　）1. Ono Yoko was in U. S. A when she was in elementary school.
　（　）2. While she was in Nagano, she had no hope.
　（　）3. She learned the importance of the ability to imagine through her war experience.

☆答え合わせがすんだら正答数を記入して wpm を計算し［　］に記入しよう。

　上のようなワークシートを作成し，レッスンごと（またはパートごと）に速読練習を行い記録させておくと，練習回数が増えるに従って，wpm が伸

びていき，その結果，直読直解に近づいていくことが出来る。

(3) パラグラフに注目させる直読直解の指導

多くの学習者は，文には文法があることは知っているが，パラグラフにも「パラグラフ文法」とでも呼ぶことの出来る決まりに則って，英文が書かれていることを知らない場合が多い。このことが「木を見て，森をみない」読み方に陥ってしまう原因の一つだと思われる。

まず，英語の「パラグラフ」を日本語の「段落」と比較しながら，どのような構造的特徴があるかを指導することが大切である。そのような「パラグラフ」の基礎知識を英文の読解に活用させながら読ませる指導の実際を，Example 5 の速読練習シートの本文を教材にして紹介する。

● Example 6：Procedure ③
　(1) Oral Introduction （3分）
　(2) Vocabulary Input （10分）
　(3) Listen to Model Reading （2分）
　(4) Paragraph Reading Questions （10分）
　(5) More Questions （5分）
　(6) Listen & Repeat （5分）
　(7) Parallel Reading （5分）
　(8) Shadowing （5分）
　(9) Consolidation （5分）

まずオーラルイントロダクションで概要をつかませ，語彙の導入を行った後，本文を聞かせて，いよいよパラグラフに注目した質問に入る。上の (4) Paragraph Reading Questions の例を示そう。

● Example 7：Paragraph Reading Questions （その1）

質問1：
　この英文は，回想の場面（I told him ～ I loved so much.）を第3パラグラフに含めると，四つのパラグラフから構成されています。それぞれのパラグラフの主な内容は次の (a)～(d) のどれが適切ですか。パラグラフと内容を結びつけなさい。
　　第1パラグラフ・　　・オノ・ヨーコは戦争中どんなに苦しい時でも希

第2パラグラフ・	望を失わなかった。 ・戦争中, オノ・ヨーコは平和への深い愛や想像力の大切さを学んだ。
第3パラグラフ・	・オノ・ヨーコの小学生時代に日米が戦争を始めた。
第4パラグラフ・	・オノ・ヨーコの作品に独創性を与えているものは何か。

　上の質問1の答えを確認しながら, 四つのパラグラフの関係について次のように説明する。
　第1パラグラフで, "What gives her work its originality?" と問題提起を行い, それを受けて, "We must take a look at her life." とあるが, それをしているのが, 第2と第3パラグラフであること, 第3パラグラフの "by having him imagine a "dream menu" の具体的な内容が She looks back: に続く二つのパラグラフであること, そして最後のパラグラフで, 第1パラグラフの問題提起に答えていることを押さえる。

● Example 8：Paragraph Reading Questions（その2）

質問2：
　第2と第3パラグラフは,「時間的順序」のパラグラフの展開法に則って書かれています。その点に注意してもう一度二つのパラグラフを黙読してから, 教科書を閉じて次の質問に答えなさい。
Question 1：Rearrange the following sentences.
　（ア）When she was twelve, she moved to Nagano for safety.
　（イ）She spent her early years in San Francisco.
　（ウ）She started to go to elementary school in Japan.
　（エ）She was born in Tokyo in 1933.
　（オ）War broke out between Japan and the U. S.
　（カ）She cheered up her hungry brother.

Question 2：Rearrange the following sentences.
　（ア）He started slowly saying, "I want ice cream."
　（イ）They created an elaborate meal in the air.
　（ウ）She told her brother to think of the dinner he wanted to eat.

(エ) Finally, he gave me the sweet chuckle.
(オ) She said, "That's a dessert. We should start with soup."
(カ) Her brother's face started to light up.

以上でパラグラフを踏まえて，概要をつかませること（森を見ること）が出来たので，次の（5）More Questions では，細部の理解を確認する（木を見る）ための質問をする。質問はもちろん英語で行ってもよい。

● Example 9：More Questions

More Questions：
(1) オノ・ヨーコはなぜ幼年期をサンフランシスコで過ごしたのか。
(2) 彼女が12歳の時，彼女の母が家族を長野県に疎開させたのはなぜか。
(3) "dream menu" を想像するとはどういうことか。具体的に説明せよ。
(4) オノ・ヨーコが，想像力が大切だと考えている理由は何か。

これらの質問を確認してから，(6)〜(8) の音読活動に入る。

(4) さまざまな質問から直読直解させる指導
 1時間の授業の内，意味解釈に当てる時間の大半を，さまざまな質問をすることに使う指導法も，直読直解への方向に進み出させる方法と言えるだろう。このような指導法の手順の例を示そう。

● Example 10：指導の手順
 (1) Oral Introduction（3分）
 (2) Vocabulary Input（10分）
 (3) Listen to Model Reading（2分）
 (4) True or False Questions（5分）
 (5) Listen to Model Reading（2分）
 (6) Answer Questions ①＜ either in English or in Japanese ＞（3分）
 (7) Listen to Model Reading（2分）
 (8) Answer Questions ②＜ either in English or in Japanese ＞（3分）
 (9) Chorus Reading（5分）
 (10) Answer Questions ③＜ either in English or in Japanese ＞（3分）

(11) Parallel Reading（5分）
(12) Answer Questions ④（7分）

　上の手順例では，Answer Questions が4種類用意されている。その例を示そう。

● Example 11：4種類の Answer Questions

Answer Questions ①：
　この英文は何について書かれていますか。最も適切なものを選びなさい。
　（ア）オノ・ヨーコと弟
　（イ）小学生時代のオノ・ヨーコ
　（ウ）太平洋戦争とオノ・ヨーコ
　（エ）オノ・ヨーコの作品の独創性の源

Answer Questions ②：
下の空所に適語を入れなさい。
　①オノ・ヨーコは（　　　）年に（　　　）で生まれた。
　②彼女は小学校に入学するまで（　　　）に住んでいた。
　③小学生時代に（　　　）が起こった。
　④長野に引っ越したのは（　　　）のためである。
　⑤空腹の弟を元気づけるために，彼女は弟に（　　　）を想像させた。

Answer Questions ③：
　次の問いの答えとなる部分を本文から抜き出しなさい。（2文で答えること。）
　"What gives her work its originality?"

Answer Questions ④：
　Close your textbook and fill each blank with a suitable word.
　Ono Yoko has always been a pioneer in the world of art. What gives her work its (o　　　)? To answer this question, we must take a look at her life.
　She was born into a (r　　　) banking family in 1933 in Tokyo. Her father (h　　　) the bank's San Francisco branch office, so she spent her early years there. While she was back in Japan to go to (e　　　) school, war broke out between Japan and the U.S.
　When she was twelve, the American (b　　　) was becoming so intense that her mother took the family to a country village in Nagano for (s　　　). In their most difficult time, Yoko never lost (h　　　). She

cheered up her hungry brother by having him (i   ) a "dream menu." She looks back ...

　上の例では，質問は日本語で行っているが，教材内容や学習者の状況に合わせて英語で行うか日本語で行うかを選択すればよい。このような手順を踏むことによって，和訳にかかわることなく，直読直解の方向に向かわせることが出来る。

4.7 談話構造を意識した指導法
4.7.1 文章の読解と談話構造

　文章とは，単なる文の羅列ではない。そこには，ある意味のまとまりがある。文章の読解は，1文1文を理解するだけでなく，そのまとまりを理解するために文を「つなぐ」ことが必要とされる（秋田2002）。Koda（2005）はその「つなぐ」行為を大きく二つのケースに分けている。一つは，つながりが文中ではっきりと示されない場合で，推論によって文と文をつなぐことになる。これについては，既に「3.3　リーディングとライティングの統合」で触れたので，そちらを参照してもらいたい。もう一つは，つながりをはっきりと示す手がかりが文章中にある場合である。その手がかりの代表例は，接続詞や指示詞であり，段落の構成やトピックセンテンスの位置などもここに含まれるとされる。

　阿部ほか（1994, 200）は談話を「文を超えたまとまりのある言語表現の集合」と定義し，談話（discourse）とテキスト（text）を同義と解釈している。Koda（2005, 123）もその両者をほぼ同じものと見なしているので，本節では談話構造をテキスト構造と同義と考えたい。Koda（2005, 147）によれば，文内および文間にあるような局所的な（local）論理的関係を見つける能力と談話における全体的な一貫性（coherence）を理解する力とは異なる。そこで，本節では，テキスト構造に関する知識を文法的・語彙的な連鎖によって導かれる局所的な意味関係（結束性［cohesion］）とテキスト全体の意味的一貫性（coherence）に関する知識の二つのレベルで捉えてみたい（表6）。

表6　テキスト構造に関する知識の2レベル

	定義と効果
結束性	接続詞などによる文と文のつながりや語彙的な連鎖による文を超えた意味のつながり。そのようなつながりを明らかにすることが正しい読解につながる。
一貫性	段落内や段落間の修辞構造に具現されている首尾一貫した意味的つながり。「次はおそらく～のようなことが書いてあるはずだ」の予測・推論が出来るようになる。

4.7.2　談話構造に対する気づきを高める指導例

文章を理解するときに談話構造を意識することを「気づき」とすると、そうした談話構造への意識を高めることによって、文章の理解度が高まったとされる（岸2004）。表7にレベルごとに談話構造に対する気づきを高める主な指導例をまとめてみた。以下では、その概要をいくつか紹介してみたい。なお、ここで紹介されない活動例については、「4.7.3　1時間の授業展開例」のところで取り上げたので、そちらを参照されたい。

表7　談話構造に対する気づきを高める指導例

レベル	指導例
結束性	①照応・言い換え・代用・接続・省略などの理解 ②接続詞の機能（順接・逆説・理由・結論・追加など）の理解 ③上位語と下位語に着目した文と文の関係の理解
一貫性	④短い文章を配列 ⑤トピックセンテンスを指摘 ⑥くり返し使われる単語（キーワード）に着目して、メインアイデア（主題）を理解 ⑦インフォメーション・トランスファー ⑧段落間の関係を理解

● Example 1：表7の指導例②と③と⑤；接続詞の機能の理解、上位語と下位語に着目した文と文の関係の理解、トピックセンテンスを指摘

① Many animals find safety in blending in with their environment. ② In birds, for example, it is quite common for adult males to be brightly colored and easy to notice, while adult females and young birds are light brown or sand colored in order to blend into their background and escape the sharp eyes of an enemy. ③ Many mammals have also come to be able to be the same color as their surroundings over the years. ④ A zebra is almost impossible to see among the branches and stripes of sunlight in its native Africa, and a lion is very hard to see when it is sleeping on the brown sand of the plains. ⑤ Most fish are darker on top than on the bottom; from above, they look like the land under the water, and from below, they look like the water's surface. ⑥ The safety that these animal's colors provide has helped them survive over the ages.

Vivid reading（第一学習社），16

【タスク1】下の二つの上位語に含まれる下位語を文中から抜き出して，枠の中に入れよう

上位語（総称的なことば）	下位語（限定的なことば）
Animal	＿＿＿＿　＿＿＿＿　＿＿＿＿
Mammal	＿＿＿＿

【タスク2】上位語と下位語のセットを同じ色に塗ろう。
【タスク3】上位語と下位語はどんな順番に出てくるのか考えよう。
【タスク4】段落の始めと終わりは，上位語が占めていますか？それとも下位語ですか？
【タスク5】一般に著者の主張や結論は抽象度の高い言葉を用います。では，この段落で主張や結論を表す文は何番目の文でしょうか？
【タスク6】主張や結論は段落のどの位置に来ていますか？
【タスク7】この段落で著者が言いたいことは何ですか？
【タスク8】この文章のつなぎの言葉を抜き出し，その働きを考えよう。また，どの文とどの文をつなげているか考えよう。

つなぎのことば	働き
for example	
	追加
	因果関係

【タスクのねらい】
　上位語と下位語に着目させるとともに，接続詞の働きも理解させて，文と文のつながりと段落の構造を理解させることを意図している。③の文に含まれる「つなぎの言葉」の also により，mammal と⑤の fish がともに，①文の例として用いられていることが理解しやすいようにタスク設計が行われている。さらに，上位語の位置から，段落の結語文の位置も併せて理解出来るように配慮がなされている。

● Example 2：表7の指導例⑥；くり返し使われる単語（キーワード）に着目して，メインアイデア（主題）を理解

　Evelyn hears some sounds that are clear and distinct. For example, she hears a phone ringing as a kind of crackling sound, but she knows that the crackling sound is a phone ringing. She can hear someone speaking, but cannot distinguish words, so she reads lips to get the meaning.

　With such limited hearing ability, how is Evelyn able to perform such fascinating music?

　"The sense of hearing and the sense of touch are more similar than we realize," explains Evelyn. "Sound is vibrating air that the ear picks up and changes into electrical signals. These signals are then interpreted by the brain. Hearing is not the only sense that can pick up sound, touch can do this too. In other words, we can also 'feel' sound.

　"If you are standing by the road and a large bus goes by, do you hear the sound or feel the vibration? The answer is both. Hearing a sound and feeling a vibration are basically the same thing," she says. "If we can all feel low vibrations, why can't we feel higher vibrations? It is my belief that we can. When a particular sound is made, you can truly feel that in certain parts of your body."

Unicorn English course Ⅱ（文英堂），9-10；原典は http://www.pbs.org/newshour/bb/entertainment/jan-june99/drummer_6-14.html

【タスク1】このセクションで繰り返し使われている単語を抜き出して，その回数を数えよう。

hear	7回		touch		
	Signal			feel	

【タスク2】第三段落を読んで，音が耳に伝わるメカニズムと肌に伝わるメカニズムを本文に即して上の単語（キーワード）を使って絵で分かりやすく説明しよう。

【タスク3】上のタスクで描いた絵を踏まえて，この段落を英語でまとめよう。

【タスクのねらい】
　著者は自分が読者に伝えたいこと（メイン・アイデア）をキーワードを用いて表現する。キーワードは自ずと繰り返し使われる頻度が高いので，そのキーワードに着目すれば，メイン・アイデアはつかめやすいのではないだろうか。そこで，この一連のタスクでは，繰り返し使われる単語に着目させ

て，そのキーワードを使って，段落の内容理解を行わせ，その表象を図示するとともに，アウトプット活動として要約文を書かせて，理解をさらに高めることを意図している。

　このように，テキスト構造に対する気づきを高めることで文章理解が高まることは期待出来るであろう。しかしその指導の限界も同時に認識しておくべきである。Koda（2005）は構造についての練習効果は内容の親密度によって異なったり，構造を熟知している学習者には効果のないことを指摘している。また，談話構造指導が効果を上げるのは，テキストが典型的なパターンのときのみであることも明らかにされている。津田塾（1992）でも，段落構造に関する知識の指導の効果は，パラグラフの題を選んだり，文章をパラグラフに分ける課題には効果がなかったことが報告されている。

4.7.3　1時間の授業展開例

　4.7.2においては，指導例を二つ紹介した。ここでは，談話構造を意識した指導を1時間の授業に落とし込んだ展開例を紹介したい。

●Example 3：談話構造を意識した指導の授業展開（1時間）

本日の学習目標
1. 地球温暖化という社会問題に関心を持つ 2. 大意をつかむにはどんな読み方をすればよいのかを理解する

【テキスト】
　① Global warming means the rise in the temperature of the earth. ② This has a physical impact on the very shape of the earth. ③ For example, the glacier lakes of the Himalayas are filling as the glaciers melt under the impact of global warming. ④ One lake in Bhutan was 1.6 kms long, 0.96 kms wide, and 80 meters deep in 1986. ⑤ Nine years later, it was 1.94 kms long, 1.13 kms wide, and 27 meters deeper. ⑥ Scientists say, "24 glacier lakes in Bhutan and 20 in Nepal have become very dangerous. ⑦ They may flood and destroy villages downstream.
Exceed English reading（三省堂），103

【タスク1】地球温暖化に関して，次のことをグループで話し合おう。
　　　　　①地球温暖化って何？
　　　　　②どんな影響が出ている？

【タスク2】ペアになって，次の表現をクイック・リスポンスで覚えよう

1	global warming	地球温暖化			
2	the rise in the temperature	気温の上昇			
19	make safe nests	安全なすみかを作る			
20	polar bear	北極熊			

【タスク3】これからそれぞれの段落の概要を説明します。それを聞いて，各段落の主題文に下線を引こう。

【タスク4】文中には同じことを指し示す言葉が繰り返し使われています。次の二つの事柄を表す表現に指定したカラーマーカーでマーキングしよう。
　ア．地球温暖化　赤色
　イ．氷河湖　　　水色

【タスク5】スクリーン上に，答えを表示しますので，答え合わせをしよう。

【タスク6】タスク4のアの「地球温暖化」とイの「氷河湖」を表す表現が文中でどのように変わっていくのか追跡しよう。
　ア．地球温暖化　① global warming →② 　→③ global warming
　イ．氷河湖　　　③ the glacier lakes of the Himalayas →④ →
　　　　　　　　　⑤ →⑥ →⑦ They

【タスク7】タスク6から文と文が何によって，どのようにつながっていることがわかりますか？

【タスク8】英文を読んで，そのアウトラインを表す構造図を完成しよう。

〔導入〕地球温暖化とは　＝　（　）の上昇 ……………………………①

〔主題文〕地球温暖化が（　）の形状そのものに（　）を及ぼしている…②

〔支持文〕
　例示　ヒマラヤの（　）が増水 ……………………………………③

		例示　ブータンの氷河湖 ………………………④⑤

結果 ⬇		長さ	幅	深さ
	1986年	1.6　kms	(　) kms	(　) m
	1995年	(　) kms	1.13 ms	(　) m

研究者によれば，(　)な状態 ………………………………⑥
　　　　　＝(　)を破壊する恐れ…………………………⑦

【タスク9】まとめ
　①段落の構成
　　主題文（段落の中心的なこと）と支持文（主題を展開，説明，論証したりする）から主に構成される
　　主題文の位置はパラグラフの始めや終わりに来ることが多い
　②段落の展開方法
　　（ア）一般→具体
　　　　　the glacier lakes of the Himalayas　→　One lake in Bhutan
　　（イ）抽象→具象
　　（ウ）a　名詞　→　the 名詞　→　代名詞
　　　　　Global warming　→　This
　　　　　24 glacier　lakes in Bhutan and 20 in Nepal → They
　　（エ）つなぎの言葉
　　　　　for example（例示）
　　（オ）時間の流れ
　　　　　Nine years later

(1) 指導のねらい

　指導案全体のタスクの流れは，ボトムアップ処理（部分から全体へ）→トップダウン処理（全体から部分へ）の順番でタスクが並べられてある。文章を読み取るには，文章の各文を正確に読み取る力（低次の力）と，文章構造に関する知識を使って文の意味をつなげる力（高次の力）の両方を必要とするが，習熟度の低い第二言語者学習者の場合，低次の力の不足を補うことにより言語処理の自動化を進めた後に，注意を高次の力に向けさせやすいように配慮したからである。それぞれのタスクのねらいを以下に示す。

　①タスク1：ブレーンストーミング

地球温暖化に関する知識を日本語で自由に話し，背景知識やスキーマの活性化をはかる。
②タスク2
単語認知を自動化することにより注意を大意把握に向けさせやすくする。
③タスク3
一種のスキミングの作業に相当する。答えあわせの前に，スクリーン上に「タスク9．まとめ」の「①段落の構成」を提示して，主題文の一般的な位置に関する知識を与える足場かけを行うと，生徒の作業がよりスムーズに進む。表7の⑤に相当する。
④タスク4，6
同じ事物を示す表現の変遷を追跡させて，その変遷にルールがないかを考えさせる。答え合わせの時には，「タスク9．まとめ」の②をスクリーンに示す。表7の①に相当する。
⑤タスク7
指示詞や接続詞が文をつなげる働きがあることを明示的に教えて，文章構造を意識させる。表7の①や②に相当する。
⑥タスク8
内容理解の確認をかねて，生徒の理解を流れ図で表示させる。文と文の関係がよりはっきりとわかるとともに，段落構成に関する一般的な知識も与えられる。表7の⑦に相当する。

《基礎知識7》語彙力と読解力の関係
A　語彙知識と読解の関係についての仮説

　Anderson and Freebody（1983）は，「語彙テストで高得点を取る人は低い点を取る人より自分が読むテキストに出てくる単語を良く知っている」という道具主義者仮説，「語彙テストで高得点を取る人は低い点を取る人より，その言語の文化的背景について，より深く広い知識を持っている」という知識仮説，「語彙テストで高得点を取る人は俊敏な知的能力を持ち，低い点を取る人よりもテキストの理解が優れている」という適性仮説を紹介している。また，Mezynsky（1983）は「単語の速く・効率的な処理が読解に強く影響する」というアクセス仮説を加えている。各仮説は，語彙知識の異なる要素に焦点を当てているだけで，読解においては，語彙知識に関わる各要

素が相互に作用し，補完的な働きをすると考えられる。

B　語彙知識の広さと読解

　語彙知識の広さ（breadth）とは語彙サイズのことで，どれだけ多くの単語を知っているかという語彙の総量のことである。たまたま聞かれた単語の意味を知っていれば，一語知っていると数えられる。

　語彙数の数え方には，①出現する単語の数を全て数える延べ語数（tokens），②異なる語だけを数える異語数（types），③基本形，屈折形，短縮形をまとめて一語と数える見出し語（lemmas），④見出し語に派生系を含めて一語と数えるワードファミリー（word families）がある。習得語数を数えるときは見出し語かワードファミリーが使われる。

　語彙サイズを測定するのに Nation（2001）や Schmitt（2000）に載っている A Vocabulary Levels Test（VLT）が今まで使われてきたが，新しい A Vocabulary Size Test（VST）が発表された（Nation and Beglar 2007）。神本（2008）が指摘するように，VLT と VST にはいくつか違いがある。VLT は組み合わせ形式の診断テストであり，VST は文字通りサイズを測定する多肢選択形式のテストである。VLT は 5 レベルに分かれ，各レベル 30 語の項目数があり，VST は 14 レベルに分かれ，各レベル 30 語の項目数がある。VST も，VLT と同様，word family lists を使っている。また，VST には，BNC の話し言葉コーパスが使われているので，日本人の新密度の感覚からすると低いと思われる語が低いレベルに出てくるのが問題点であろう。VLT は各レベル間でテスト語の重みが異なることから（神本 2008），今後語彙サイズを必要とする研究には VST が使われるようになるだろう。日本人向けの語彙テストは望月の開発した語彙サイズテスト（望月 1998; 望月・相澤・投野 2003）がよく使われてきた。最近従来の語彙力診断テストに自信度評定を加えたコンピューターテストも開発されている。

　読解と語彙サイズの関係について，Laufer（1992）の研究では，VLT と読解の間には .5（$p<.0001$）の相関があり，ユーロセンター語彙サイズテスト（Eurocentres Vocabulary Size Test: EVST［Meara and Jones 1990］）と読解の間には .75（$p<.0001$）の高い相関があった。Laufer（1996）でも，VLT と読解の間の相関は .71（$p<.01$）と高い。Koda（1989）の日本語を学ぶ大学生を被験者にした実験でも，語彙テストとクローズテストの間の相関は .69（$p<.0002$），語彙テストと読解テストとの間では .74（$p<.0001$）と高

い相関を示した。日本人学習者を対象にした実験を見てみると，Noro (2002) では，読解テストと VLT の間の相関は .738（$p<.01$）であったし，島本 (1998) では，TOEFL の読解スコアと語彙サイズテストとの間の相関は .70（$p<.01$）であった。どの研究でも読解と語彙サイズの間には高い相関が見られる。

C 語彙知識の深さと読解

語彙知識の深さ（DVK）とは一つの単語をどれほど良く知っているかという知識の質を表している。この語彙知識の「深さ」の定義自体曖昧である。どのような知識を含むと考えればよいのであろうか。語彙知識の「深さ」について論じる前に，単語を知っているとは何か，語彙知識を構成する要素は何かを知っておく必要がある。

Richards (1976) は語彙知識を，①使用頻度，②言語使用域，③統語的特徴，④派生，⑤連想，⑥意味的特徴，⑦多義性を含むものと見なしている。Qian (1999) は語彙知識を①発音，スペリング，②語形成上の特徴，③統語的特徴（連語関係も含む），④意味（明示的意味と暗示的意味，多義性・同義性・反意性，他），⑤言語使用域・談話的特徴，⑥使用頻度の観点から捉えている。Nation (2001) は 18 の構成要素を語形，意味，使用の三つの範疇に分け，更に，それぞれを三つに下位区分している。即ち，語形は音声，綴り，語の形成要素，意味は　語形と意味，概念と指示物，連想，使用は文法的機能，連語，使用時の制約（使用域や頻度）に分けられる。その九つの下位区分それぞれを受容面と発表面に分けている。

語彙知識の「深さ」について，Read (2004) は少なくとも三つの視点，ⓐ意味の正確さ（precision of meaning），ⓑ包括的な単語知識（comprehensive word knowledge），ⓒ（心内辞書内の）語彙ネットワーク（network knowledge）から捉えている。この三つの分野はかなり重複しており，ⓐとⓒはⓑに含まれるとも考えられる。この三つの視点は上記の語彙知識の構成要素の中に全て含まれるが，Read は測定の観点から区別した。ⓐについてであるが，高頻度の語や多義語には多くの意味素が含まれ，文脈がないと意味が曖昧である。またある語は普通に使う場合と専門用語として使う場合では意味が異なったりする。文脈のない状況で，単語の定義が出来るのに高い評価を与えるべきかどうかも問題になる。また，見たことも聞いたこともない単語，見たことがある単語だが意味が分からない単語，意味は

分からないが，ある事に関係しているとわかる単語，意味もわかる単語など，知識のレベルをどのように敏感に測定出来るのかも問題になる。ⓑについては，全ての構成要素を測定するテストを開発するのは難しいし，時間もかなりかかるので，要素を限定したテストになってしまう。ⓒについては，語彙連想課題のことであり，下記に例を示すように，意味（系列的関係[paradigmatic relations]）と連語（連辞的関係[syntagmatic relations]）とを扱っている。

　Read (1993) は，意味（同義性と多義性）とコロケーションを測定することによって，受容的な語彙知識の深さを知ろうとする語彙連想テスト（Word Association Test）を開発した。下記のように，各項目は，形容詞の刺激語があり，4語からなりボックスが二つある。左側のボックスには，刺激語の一部または全部の意味と同義の語が1語から3語含まれている。右側のボックスには，刺激語と連語を成す語が1語から3語含まれている。このテストには40の刺激語が提示されており，各項目4語の正答が含まれているので，正答1語に1点与えられると，最大正答数は160点になる。

broad

| full | moving | quiet | ***wide*** |

| night | ***river*** | ***shoulders*** | ***smile*** |

※イタリック体で太字の語が正答

　Qian (1999) は，TOEFL の読解テスト（RC：reading comprehension），Nation の語彙サイズテスト（VS：vocabulary size），Read の開発した語彙知識の深さを測る単語連想テスト（DVK：depth of vocabulary knowledge）と自分で開発した接辞に関する形態素テスト（MK：morphological knowledge）を実施した。結果は下記の表8の通りである。読解はどのような単語の知識とも高い相関があった。重回帰分析の結果，DVK は VS よりも読解力の予測力があり，VS と DVK を組み合わせて使えば，一層予測する力が大きくなることがわかる。

表8　RC, VS, DVK, MK のスコア間のピアソンの相関

変数	読解（RC）	語彙サイズ（VS）	語彙知識の深さ（DVK）
語彙サイズ（VS）	.78*		
語彙知識の深さ（DVK）	.82*	.82*	
形態素の知識（MK）	.64*	.69*	.63*

注：*$p < .05$

Noro（2002）は Qian（1999）の追実験をしている。Qian 同様，各変数間の相関は高かった（.638～.738）。異なる点は語彙サイズの方が語彙知識の深さよりも読解（RC）との相関が高く，3000 語の語彙習得という観点で，被験者を上位群と下位群に分けた場合，上位群では語彙知識の深さの方が語彙サイズよりも相関が高くなった。Noro の被験者は Qian の被験者よりも語彙力が低く，重回帰分析をしたところ，語彙サイズの方が読解の説明力が高かった。3000 語よりも低い学習者の場合，語彙サイズの方が語彙知識の深さよりも読解力に影響力があることを示唆しているようである。これは語彙力が高い学習者は語彙サイズを増やしながら，同時に既に習得した語彙に多様な文脈で出会うことで，深さの知識を一層強化したからであろう。

D　語彙知識は読解力を予測出来るか。

　Laufer and Sim（1985）は L2 読解に必要な要素を重要と思われるものから，(1) 語彙知識，(2) トピックに関する知識，(3) 統語知識，の順に並べている。読解力を構成する構成技能の中で語彙知識の働きを，読解構成技能アプローチ（component skills approach; Carr and Levy 1990）に基づく実証研究から検討する。Nassaji（1998）は，読解力と諸構成要素（音韻処理技能，正書法処理技能，統語処理技能，意味処理技能［単語と文］，ワーキングメモリー，音読スピード［naming test］）の処理技能力を測定し，相関関係と重回帰分析を実施している。語彙処理と統語処理との関係に焦点を当ててみると，読解と単語の意味処理能力との相関は .59，読解と文の意味処理能力との相関は .53，読解と統語処理能力との相関は .44 であった。回帰分析による予測変数である語彙処理の説明率は 35％，統語処理の説明率は 26％であった。Brisbois（1995）や Yamashita（1999）の研究においても同様に，語彙知識の方が統語知識よりもリーディングとの相関が高いことを示している。それに反し，Shiotsu and Weir（2007）は，日本人学生を被験者とした実験2と実験3で読解に対する統語知識と語彙知識の関係を共分散構造分析で分析し，統語知識は語彙知識よりも強力な予測子であることを示した。今後，更なる研究が必要である。

　Henriksen, Albrechtsen, and Haastrup（2004）の研究では，オランダの10年生と大学生の被験者として，読解と語彙知識の関係を調べた。相関は .85（10年生）と .79（大学生）であった。語彙テストで 70 点以下の 15 人全員

が読解テストで平均点未満であった。また，語彙テストで90点以上の23人全員が読解テストで平均点を超えていた。語彙テストで70〜90点を取った22人は語彙テストと読解テストが逆転するグレーゾーンに属している。この研究に関する限りでは，約25%は語彙知識で読解力を正確に予測出来ないことになる。

　これらの研究から，読解力の予測には，語彙知識は主要な役割を果たすが，語彙知識以外のいくつかの要因，特に統語知識も，語彙知識と同程度，またはそれ以上に重要な役割を果たすと言えるであろう。

5 第5章　多読・速読指導

5.1　はじめに

　本章では，多読と速読の授業方法を紹介する。多読授業は日本の英語教育が抱える「インプットの欠如」という問題を解消するものとして近年注目を集めている。また訳読に代わるものとして速読指導は長い間実践されてきた。ここでは，多読という新たな視点に加えて流暢さを高める速読指導の実例も紹介する。

　まず「楽しく易しい内容を読む」などの多読指導の留意点，そして教材の選定について知っておくべき点が解説される。続いて中学校，高校で実践されている10分間読みの方法とその可能性について解説する。多読の本来の目的はインプットの量を増やすということであるが，基礎知識では，多読の効果というものが従来のインプットの理論からどのように特定出来るのか議論していく。また多読指導の原則として重要視されている一つに，読むことへの動機づけという要因がある。ここでは，多読と動機に関するこれまでの研究を踏まえ，多読を促進する動機要因を「有能さ」「自律性」「関係性」という3点から解説していく。

　更に発展的な多読の活動として現在実践されている方法がいくつか紹介される。「読み聞かせ発表」や「ブックレビュー」など多読から他技能へと展開させる方法から「多読ライブラリー」や「リーディング・マラソン」など授業外での多読活動まで様々な取り組みが提案される。このような多読指導の効果を追求するため基礎知識では，100万語多読に関して言語習得理論の観点から検証する。100万語多読の実際の効果に言及した理論的な考察に触れることで，リーディング・スキルのどういった部分に多読の効果があるのかが理解出来るだろう。更に多読も音声利用の読みの指導と同様に「流暢さ（fluency）の向上」という類似した目的に基づくことから，シャドーイングや音読などの音声処理の観点から多読について考察する。以上の議論から，多読はいかなる可能性を秘めた指導であるのかが分かり，どのように日々の

授業に多読を組み込んでいけばよいか，ヒントが得られるだろう。また生徒の力で英語を読み進めていくことが困難な場合，多読に代わって行うインプットを多く与える活動として，絵本を用いた読み聞かせの指導例が紹介される。

速読については，生徒はどれほどの速さで読めることを目指せばよいのかといった点や timed reading などの従来の指導法の実施方法が詳しく解説される。またより速読に対する理解を深めるために基礎知識では，速読術と英語教育における速読の捉え方を分別し，正しい速読指導とは何かを考える。

5.2 多読の方法と教材
5.2.1 中学校・高等学校での多読の必要性

多読への関心が高まっているとはいえ，中学校と高等学校では，英語を重視する私立学校や，SELHi，英語科を設置している学校では多読は実施されているが，普通の公立の中学や高校でほとんど実施されていないのが現状であろう。では，なぜ多読指導が必要か，その理由を，インプット量，スキル，動機づけの観点から考える。

(1) 多読はインプット量を増やす

中学校の教科書を見てみると，リスニングとスピーキング活動が中心で，リーディングのパートはそれほど多くない。2006年版の *New horizon* の1年生用から3年生用までの3冊の延べ語数が 6,148 語（長谷川・中條・西垣 2008）なので，インプット量が非常に少ない。高等学校の普通課程においても，易しい教材を読んでも大学入試に役に立たないという理由で敬遠されている。2006年版の 34 冊の教科書で使われている語彙の平均の延べ語数が，英語 I，英語 II，リーディング合わせて，16,950 語，進学校で使われている *Unicorn* を取り上げてみると3冊の総延べ語数は 33,984 語で平均の約2倍の延べ語数（中條ほか 2007）である。進学校では多くのリーディング教材が読まれているので，実際にはもっと多くのインプットがなされていると思われるが，多くは短い，細切れの教材が多いであろう。「読むことによって，読めるようになる（Smith 1985）」が，Stanovich (1986) は旧約聖書のマタイ伝の1節「お金持ちはますますお金持ちになり，貧乏人はますます貧乏になる」を引用して，「たくさん読めば読むほど読めるようになる」ことを指摘した。第一言語にしろ，第二言語にしろ，読解力を伸ばすには多量のイン

プットが必要である

(2) 多読は読みの流暢さを高める

　教科書の読み方は精読で，テキストは学生の英語力よりずっと難しく，正確に意味をつかむため，ゆっくりと読まれる。精読では，英文の読み方や読みの方略を身につけ，言語材料を習得することが目的である。それに反し，多読の場合は，易しいテキストを速く，沢山読み，概略を掴む読み方である。易しい英文なので，よく分かり，楽しんで・速く読めるので，英文を読む自信がつき，更に読もうという気持ちになる。これが Nuttall（1996）がいう，優れた読み手の読みのよい循環である（図1）。多読の効果について，リーディング力や動機づけ以外にリスニング力，ライティング力や語彙力などの向上についての報告もあるが，中学・高校の多くの英語学習者にとって最も必要なことは，易しい英文に出来る限り多く触れることによって，単語認知力や統語解析力の自動化を促進し，正確さだけでなく，読みの速さや効率を高めることである。すなわち，読みの流暢さを身につけることが多読の主なる目的である。

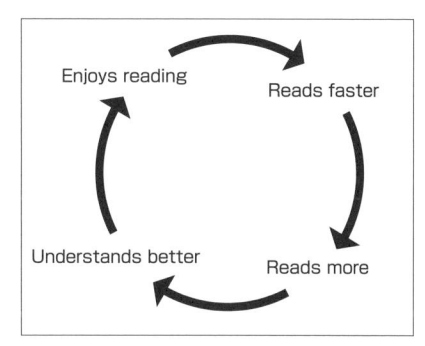

図1　読みのよい循環（Nuttall 1996）

(3) 多読は英語を読もうという動機を高める

　文法訳読式の授業に慣れた学習者は，最初は長い物語を読んでわかるか不安があるが，多読が進めばそのような気持ちはなくなり，徐々に自信をもって読めるようになる。沢山読めばリーディング力がついてくるように思うようになる。また，入試に必要だからとか，友達が読むから読むという外発的動機から，内容がわかるので楽しいから読むという内発的動機への変化が見られるようになる。そうすると，もっと読もうという気持ちになる。

5.2.2　多読の教材

　Nuttall（1996）は，英語を読む習慣をつけるためには，教材は楽しんで

読めるもの，読みやすいもの，内容が適切なものが必要であることを指摘し，多読教材を選ぶ指針としてSAVE（short, appealing, varied, easy）という頭字語を挙げている。多読を始めた学習者にとってあまり長いテキスト・厚い本は避けるべきである。本の装丁も本の選択に影響する。当然，内容も読んで面白く，学生の心に訴えるものでなくてはならない。学習者の興味は多様で好みは異なるから，恋愛小説，スリラー，旅行記，伝記と種々のジャンルの読本をそろえる必要がある。難しい教材は読む気がしないので，語彙や統語構造の面からみて易しい読本をそろえることが大切である。語彙や統語構造を制限して書かれた教材は段階別読本（グレイデッドリーダー）と呼ばれるものである。

「易しい教材」とは，Krashen（1985）の唱えたインプット仮説では，「$i+1$」の教材，すなわち，学習者の中間言語より少し難しい教材である。この「$i+1$」という表現は曖昧である。テキスト中の未知語の割合で考えてみると，多読教材としてふさわしい未知語の数は，Nuttall（1996）では1%，Nation（2001）では2～3%である。しかし，Day and Bamford（1998）は「$i-1$」の教材でもよいと主張する。実際，「100万語多読」を目標とする古川・伊藤（2005）や酒井・神田（2005）らは，大学生でも，高校生でも，絵やイラストが多く入った非常に易しい本から始めることを薦めている。この考え方の背景には，まず絵が多く入っている「$i-3$」や「$i-2$」の段階別読本から読み始めることによって，読んでわかるという自信をつけさせ，楽しいという経験をさせること多量に読むことによって，単語認知の自動化，統語処理の自動化を促進し，読みの流暢さを身につけさせることが最大の目的であろう。10万語，50万語と読む量が増え，英語を読むのに慣れてくれば，「$i-1$」，「i」，「$i+1$」へとテキストのレベルを徐々に上げていけばよい。

多読教材の代表的なものは，Oxford University Press, Macmillan, Penguin, Cambridge University Pressの出版するグレイデッドリーダーである。これらのシリーズでは，絵やイラストの多いさらに易しい本が不足しているので，Oxford Reading Tree, Cambridge Storybook, Longman Literary Land Story Street, Scholastic社のOne Hundred EnglishやScholastic Readerなどの絵本を加えるとよい。『英語多読完全ブックガイド（改訂第3版）(2010)』はほとんど全ての教材を掲載しており，読みやすさのレベルや語数も記載されていて，多読を実施する教師にとっては非常に貴重な本である。

教科書の副教材として与えられる副読本は教師の考え方によって多種多様であるので，一般化していうのは難しい。進学校で与えられる副読本の多くは語彙も統語形式も統制されておらず，「$i+1$」よりも難しいことが多く，多読教材とは言い難い場合が多い。

SRA（Science Research Associates）のリーディング・ラボラトリーは，幼児から大学生までの幅広いレベルの英語母語話者のみならず世界中の学習者に使われていて，教材はレベルが1，2，3に分かれていて，それぞれのレベルも，Lab 1a，1b，1c; Lab 2a，2b，2c; Lab 3a，3b に分かれている。1枚のリーディング・カードに英文と設問が印刷されていて，読み終わると自分で解答カードを使って答え合わせをすることが出来る。レベル1は全体を12レベルに分けた Power Builders（英語の基礎力養成をねらった教材）144題のリーディング・カードからなるもので，日本では中学生から基礎力のない高校生に使われるであろう。レベル2は全体が10レベルに分かれ，Power Builders と Rate Builders（速読力養成をねらった教材）それぞれに150題ずつのリーディング・カードからなり，日本では高校生以上に適している。レベル3は，文学の読解に焦点を絞った教材で，大学レベルの授業のノートの取り方等も含みアカデミックな英語力を養成することをねらっている。

多読の観点からすると，易しいレベルでも日本人学習者にとって，かなり未知語が出現する。様々な話題の内容が書かれており，面白いものが多いが，設問が付いているので，英語力の低い学生には，読もうという動機がなくなることがある。リーディング力をつけたいという動機の強い学習者にとっては，自分の読みの正確さや速さを知ることができ，読解力の向上が自分でわかるので励みになる。多読のように個人個人でレベルに合わせてカードを選んで読む個人ベースの学習なので，リーディング力や語彙力を伸ばしたい意欲のある学習者には優れた教材であり，精読と多読の中間をいく教材と考えるのが妥当と思われる。

5．2．3　授業内多読の指導法とその留意点

多読が読みの流暢さを高め，読みの動機づけに効果があるという考えが受け入れられつつあるが，普通の公立学校ではほとんど実施されていないのが現状であろう。中学校では，今まで週3時間の授業で教科書を終えるのに精いっぱいであった。新しい指導要領ではまた週4時間に戻るので，少し読み

のインプットを増やしてはどうか。高校の進学校では，多読は受験には役立たないと考える教師が多い。果たして本当なのか。野呂（2008）によれば，週1回10分の読みで，10週実施したところ確実に読解速度は速くなった。さらに，読みの正確さを加えた読解効率も伸びることも示唆している。それでは何分ぐらいなら通常の授業に影響を与えずに，多読を取り入れることが出来るだろうか。

(1) 10分間読みのすすめ

　Krashen（1993）は，*The power of reading* の中で，授業中に短時間の間自分たちが読みたい本を読む読み方である「持続的黙読」（SSR：sustained silent reading）を取り上げ，「持続的黙読では，学生も教師もただ自由に短い時間（5分から15分ぐらい）読む（p. 2）」と述べている。Day and Bamford（1998）は，「各人が読みたいものを読む持続的黙読には授業中一定の時間，少なくとも15分ぐらいが必要である（p. 7）」と言う。「5分から15分ぐらい」と「少なくとも15分ぐらい」では少し違いがあるが，普通の学生の集中力は15分から20分と言われるから，このような時間が設定されるのは妥当であろう。一方で，長文を読む自信がない学生や英語嫌いや英語アレルギーの学生にとっては10分でも長いかもしれない。しかし英語が苦手で英語を読む習慣のない学生でもクラスの雰囲気につられて読み，集中力を持続させることが出来る。英語が得意な学生や集中力の高い学生には10分は十分ではないであろう。従来からの英語指導にマイナスの影響を及ぼさないこと，学習者の読書習慣を涵養すること，学習者の集中力の持続時間を考慮して10分間の読みから始めることを提案する。効果があると確信が持てたり，時間的に余裕があれば，週1回を週2回にしたり，10分間を15分間にしたり，また週1回50分の多読授業を行うことも可能になる。希望する学生に授業外で読む機会を与えればインプット量は増え，一層効果が上がるものと思われる。

　10分間多読の指導の要領は下記の通りである。

①週一回授業の初めの10分間段階別教材の読みに充てる。
②授業の前の休憩時間に本を選んでおき，授業開始とともに黙読し始める。
③多読の三原則（①辞書は引かない，②分からないところは飛ばす，③読

み進めるのがつらくなったらやめる）に従う。
　④読了後，読書カード記入以外，テストも課題も行わない。
　⑤中学生も高校生も絵の多い初級の本から読み始める。

　10分間多読の具体的な取り組みについては，本書の「5.3 中学校での10分間読み」，本書の「5.4 高校での10分間読み」を参照して欲しい。

(2) 10分間読みは多読か
　多読と聞くと巷で「100万語多読」という言葉をよく耳にするので，多量に読むことをイメージするようで，10分間読むだけで多読と言えるのかという質問がよく出される。野呂（2008）の報告によれば，国公立大学に100人以上合格する進学校の2クラスで授業中に週1回10分間で10週，すなわち合計100分間に読んだ易しい多読教材の平均読語数は8,856語で，当該校で使っている教科書の英語Ⅰ（2006年度版）の延べ語数6,916語（中條ほか2007）より約2,000語多い。中学校（付属中）では，半期で平均8回の10分間多読で読んだ平均の語数は5,972語で，2006年版の *New Horizon* の1年用から3年用までの3冊の延べ語数が6,148語（長谷川・中條・西垣2008）なので，ほぼ教科書3学年分読んだことになる。この週1回，10回ほどの10分間読みでも，読書量・読語数は，多読授業や授業外の多読に比べれば少ないかもしれないが，かなりのインプット量になるものである。
　10分間読みによる読語数は，多読授業や自発的多読に比べ少ないが，多読の特徴や条件を備えておれば多読と考えてよいであろう。そこでDay and Bamford（1998, 7-8）が指摘する多読の特徴について考えてみる。10の特徴のうち，代表的なものは下記の通りである。

　①教室の内外で，出来るだけ多くの英文を読む。
　②学習者は自由に読みたい書物を選ぶことができ，読んでいる途中で面白くなければ，やめることが出来る。
　③読書の目的は，個人の楽しみ，特定の情報，一般知識と関係している。
　④読書後，内容に関する問題など，読書に関連した課題は与えない。
　⑤読解教材における語彙や文法は，学習者の能力に応じたものである。
　⑥教室内での読書は黙読で，学習者個人のペースで行う。
　⑦易しい教材を読むので，読解速度は速い。

(3) 多読指導の留意点

多読が効果的に行われるには (1) で示した多読の三原則や多読の性質に従うことであるが，いくつか留意点として取り上げてみたい。

まず，絵やイラストのある大変易しい教材から読み始めるのが肝要である。そうすれば，辞書を引く必要もないし，分らないから飛ばすということも少なくなる。徐々に一文毎に和訳することも少なくなる。何度も出現した単語で意味が分からなくて気になる単語があれば，読み終えてから辞書を引くのを認めてもよいだろう。レベルを上げていくと難しいとか，速く読めないと思うことがある。このような時，より易しい読本を読ませて自信を回復させるとよい。多読三原則は文法訳読式に慣れた学生にとって最初は受け入れがたい方略であるが，多読に慣れてくれば自然に身につくようである。

次に自分の英語力と興味に応じて読む本を選択出来るのは，学習者の自律性を高めるものであるが，どのレベルの教材を選べばよいのか，どの本が面白いのかを知ることは，学習者にとって難しいことである。教師もロール・モデルとしてグレイデッドリーダーを読んでみたり，学習者が推薦する本のアンケートを取るなどして，人気のある，面白い多読本の情報を集め，教師が多読本の選択に助言出来ることが大切になる。読むことに興味を示さない学習者を励まして前向きに取り組ませるのも教師の大切な支援である。

また，読後のタスクは，読むことが主であるから与えないのが普通である。読後記録のようなタスクは学習者にとって負担はないであろう。読んだ後で毎回読解問題が与えられるのは毎回テストを受けているようで考えものである。むしろ読んだ本の中で最も面白い話を口頭で発表させるなど，他のスキル，他の授業（オーラルコミュニケーション）と統合活動をさせてみれば，自分の読み方が十分であったかがよくわかるであろう。また慣れてくれば，負担にならない程度に簡単な読後レポートを英語で書かせてもよい。

最後に，「多読指導では教師は何もしないのか」とよく聞かれることがある。教師は読みのロール・モデルであるから，教師自身が英書を読む姿を見せ，読むことによって得るものが大きいことを示すことである。授業中読んでいるとき机間巡視してアドバイスをする以外は，自分も読むとよい。また時間を見つけて学生たちが読む全ての教材に目を通しておくと，面白い教材を学生たちに薦めやすい。自分が読んでいると学習者の好みに応じて本を薦めることが出来る。適切な教材を薦めたり，励ましたり，よく読めるようになったねと褒めたりすることは，もっと読みたいという動機づけにも影響す

5.2.4 授業外の多読指導とその留意点

中学校，高校で実施される多読指導は授業外で行われることが多い。授業外ということは希望者に自主的に読ませることが多い。リーディングマラソン（薬袋 1993a）やペーパーバック・クラブ（鈴木 1994）というプログラム名称で実施されたものがそれにあたる。具体的な授業外の多読指導の取り組みに関しては，本書の「5.5 授業外の自律的な多読」を参照して欲しい。

指導上の留意点を三つほどあげる。(1) リーディング・ライブラリーのための教材を購入する予算がない場合は，希望者に 1 冊か 2 冊購入してもらい，読んだ後，ライブラリーに寄付してもらって，少しずつライブラリーを充実させていくのも一方法である。(2) 2，3 回でも授業中に多読指導を 10 分間ほど実施しておいてから，授業外で自主的に読ませる方が，スムーズに多読に入っていけるであろうし，参加者も増えるだろう。(3) 億劫だと感じない程度の「読書記録（ページ数，読んだ語数，難易度・楽しさの判断，1 ～2 行の感想・印象）」を書かせると努力の結果がよく分かり励みになる。教師の助言や励ましの言葉をつけて返してやると多読に対する動機づけとなる。

《基礎知識8》インプットの役割：なぜインプットの質を高める必要があるのか
A　質の高いインプットとは

Krashen (1985) の第二言語習得理論は，理解可能なインプット（comprehensible input）を多く与える必要性を論じている。その理論は沈黙期間（silent period; 母語の場合，子どもはインプットを与えればある一定期間が過ぎれば自動的に発話し始めるという考え方）を論拠の一つとしていることから推測されるように，学習者がインプットに対して非常に受動的な存在に留まるものである。つまり，分かり易いインプットさえ与えていれば，それで第二言語の習得が促進されるという単純な発想に結び付く点も否定出来ない。効果的なインプット（input）とは何かという問題については，「どれだけ与えればよいか」という量的観点だけではなく，「どのように処理させればよいか」といった質的観点も重要であろう。第二言語が話されている環境での英語指導（ESL）とは異なり，教室での学習が主となるインプットが限られた指導環境（EFL）では，短期間でいかに効果的なインプットを与えら

れるかが，習得の成否を分ける。それゆえに学習者がどのようにインプットと関われば，効果的であるかを示唆した，学習項目の定着に向けた心的過程について言及した理論が有用とされる。

　その一つにSwain（1985, 1995）のアウトプット（output［言語産出］）仮説がある。アウトプット仮説は，産出活動に伴う意識（モニタリング）の効果について言及し，自己生成する文の形式と模範との差異にある程度「気づき（noticing）」がないと習得は促進されないとしている。つまり，産出することで自己の発話をモニターすることになり，形式への「気づき」が促進されるという。例えば，Swain（1985）によると，インプットでは理解が中心となるので語彙と意味的な処理が中心となるが，アウトプット（特に発話など）では，正しい文法形式で文を組み立てることが要求される場合が多いので，形式に対する処理のほうにより意識が向けられると言える（Gass and Selinker 1994, 213）。また発話に伴いインタラクションが増えるので，フィードバックを多く受ける可能性が高くなり，生成した言語形式が修正される機会も増えると考えている。

　Gass and Selinker（1994, 297）は，これらのインプットとアウトプットの捉え方を包括した習得モデルを提案している。このモデルでは，第二言語学習は，学習者が言語情報を中間言語体系（限りなく完全な第二言語形式に近づいていく体系）に取り込むこととされ，複数の段階を経て項目が習得される中で中間言語体系が発達していくことを想定している。重要な点は，intake（インプットの取り込み，内在化）での処理のからくりを示している点である。図2はGass and Selinker（1994）のモデルの主な項目のみを含み簡略化した図である。

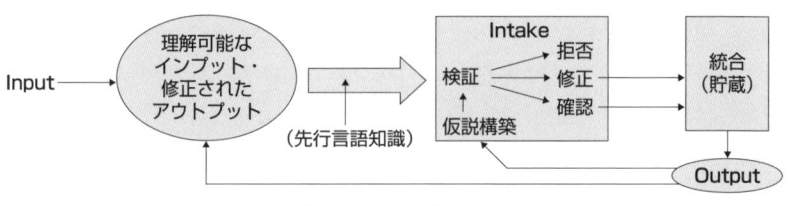

図2　インプットとアウトプットの習得モデル

図の概要を以下に示す。

(1) 全ての input が中間言語体系に取り込まれる対象となるのではなく，理解可能な形式の input が intake の対象となる。
(2) 先行した言語知識（普遍原理，母語，既知の第二言語知識）に基づいて理解された特定の形式と機能が更なる分析の対象として中間言語体系に取り込まれる（intake）。
(3) そして仮説検証で修正と確認を受けた言語情報は既存の知識と統合（または再構築）され習得される。
(4) アウトプットの役割は仮説検証（例：発話して通じるかを確認するなど）を促進するだけではなく，発話により形式が修正（例：母語話者とのインタラクションから修正）される機会が増える点にもある。

Gass and Selinker のモデルは，理解可能なインプットとアウトプットの繰り返しで入力された言語情報が段階を経てより精査され習得に至ることがわかる。このように質の高いインプットとは，intake に取り込まれる過程を伴うものであり，それが理解可能なインプットを与えるだけで実現されるというより，intake での仮説検証の機会を増加させるために，学習者が入力情報に対して能動的に働きかけることによるものと言えるだろう。

VanPatten によるインプット処理理論（input processing）は，この input から intake への移行の段階に焦点をあてた理論である（VanPatten and Cadierno 1993）。この理論は，以下の (1) の過程に限定して言及するものである。

input －(1)→ intake －(2)→ developing system －(3)→ output
（VanPatten and Cadierno（1993, 46）に基づく）

input processing の主な特徴として VanPatten（2007, 125）と VanPatten and Cadierno（1993, 46）から以下のようにまとめられる。

(1) input processing とは"form-meaning connection"（形式と意味の関連づけ）が中心概念である。つまり，文法形式（-ed -s -ing）にどのような意味が符号化されているのかを理解することなど，個別の言語

形式と意味の結合を伴うものである。intake に転換され内在化されるインプットは「意味を符号化した言語 "language that encodes meaning"」に限定される。
(2) 単に意味と形式の関わりに気づくだけではなく，意味と機能を言語の形式的な特性に結びつける (mapping) 処理をすることが要求される。「形式と意味を関連づけること」がない適切に処理されないインプットは，内在化された言語知識の変化をもたらす習得につながるものとならない。
(3) 処理中は名詞と動詞の関係，主語の認識などの文法解析が行われる。
(4) 第二言語の理解（comprehension）は，認知負荷がかかる。

VanPatten (2007) は，学習者がどのように文理解を進めているか，文の意味処理に影響する法則をいくつかあげている。また上記の (4) のように読解中は処理資源が限られているので以下のように選択的な処理となる。

(1) 文理解の際は，内容に意識を向けてインプットの意味を処理しているので，内容語から先に処理する傾向がある。その際，以下のように機能語の意味を意識しなくても内容語からその機能が補えればその機能語は処理されない（余剰性のある "redundant" な文法項目）。
（例）I called my mother yesterday.
-ed の機能は内容語と重なるのでその機能は無視し yesterday で文が過去を示していると認識する。
(2) 機能語でも内容語と重ならない形式（-ing）は処理されるので，(-ed = yesterday) など内容語で意味が補える形式より先に処理されやすい。that など意味を持たない形式はより処理が後回しになる。
(3) 普遍原理として文の最初の名詞を主語として処理するが，その解析結果から得た意味に問題がありそうな場合は，語彙や文脈の意味から修正している。
（例）The fence was kicked by the horse.
最初にくる名詞が主語と捉えると「フェンスが馬を蹴った」になる。しかし，フェンスが蹴るわけがないので「馬がフェンスを蹴る」と修正する。つまり，文法知識を使わずに修正している。
（例）ジョンは病院にいる。彼を叩いたのはメリーだ。

（VanPatten の著書では，スペイン語の例が出ている。この例は日本語の例に意図的に著者が変えている。）

　　始めの名詞を主語と捉える普遍原理に基づくと「彼がメリーを叩いた」と理解することになり，これでは前の文脈の意味に合わないと気付き「メリーが彼を叩いた（OVS）」ではないかと修正出来る。

　VanPatten and Cadierno（1993）は，これらの法則に基づき「形式と意味を関連づける処理」を行わせる指導（processing instruction）が必要だと指摘する。明示的な説明と共に形式と意味が正確に関連づけられるようにインプット処理（文の意味構築）を何度も行わせる指導が不可欠で，それにより文法の習得が促進され，内在化された知識に基づき正確にアウトプット出来るようになるという。いくら形式の特徴への「気づき」を喚起しても，このような形式と意味を関連づける処理の経験を経ないアウトプットの練習では，形式の内在化に至らないと指摘する。つまり，質の高いインプットが与えられたと言える情況とは，「気づき」の機会が与えられるだけでは不十分であり，学習者が正確な「形式と意味」の関連（ある形式はそれを含む文の意味の構築にどのような機能を果したり意味を与えているのか）について認識出来て，それを含む文の意味を構築する意味処理の経験が与えられたときだと解釈出来る。

B　多読などインプットの量だけで新たな文法項目が学習出来るのか？
　学習は明示的か非明示的か，意図的か偶発的かという分類があるが，多読によって文法項目を学習する場合は，非明示的で偶発的な学習という分類になる。つまり，言語形式に意図的に注意を向けさせないで読んだ結果，偶発的に項目が学習されるという効果である。多読などインプットを与えているだけで，このような偶発的な文法学習が可能であろうか。
　VanPatten の理論は，理解可能なインプットに形式と意味の関連づけを正確に行わせる処理が伴えば，アウトプットなしでも習得が出来ることを示唆している。多読を通して理解可能なインプットが多く与えられ，形式と意味を関連づける処理の機会が増えれば，それも可能と思われる。しかし，言語習得には「気づき（noticing）」が不可欠であるという立場からは，多読で理解可能なインプットの量を増やせたとしてもかなりの量を読まない限り文法項目に対する習得効果がすぐには得られないと思える。

まず読解中は語彙の意味を優先的に処理する傾向が強いとすれば，読解中に形式と機能の関連に気づく機会は少ないのではないだろうか。VanPattenの提案する上記 (1), (2) の法則を考えると，文処理の際は「文で何が言われているか」ということに意識が向いているので，個々の言語形式 (-edthat など) に機能が符号化されていることに気づかなくとも，語彙の意味処理だけで文の理解が可能となるのではないだろうか。また (3) の法則のように文の構造の詳細にまで意識を向けなくても，文脈情報から文の意味構築が出来るだろう。(3) で挙げた例のように，格助詞の機能に頼らずに文の意味理解が修正出来るのではないだろうか。つまり，これはある文法形式に対する知識がなくても文の意味を修正出来ることを示唆する。そう考えると，ある文法項目に対するインプットの頻度を高めても，学習者は文の構造に注意を向けるとは限らず，個々の形式が文の意味構築に果たす役割や機能が認識されずに文章を読み終える可能性がある。この場合内容を理解 (comprehension) することが言語形式の習得に必ずしも結び付くものではないと言える。

　また多読で内容を追いながらテキストの意味を構築しているときは，初級の学習者の場合は注意がほぼ単語の意味の理解に向けられているので，新たに得られた形式と機能に関する情報を記憶に留めるほどの「気づき」が起こる余裕はないように思える。そのような状況下では，自分なりに文の意味を理解した時点で，形式にはそれほど注意を払わずに次々と読み進めると思われる。実際，VanPatten and Cadierno (1993) の実証研究で効果があったと提案された処理を伴う指導でも，アウトプットは伴わないが，明示的な説明は伴っている。やはり形式の特徴について意図的に「気づき」を起こさせることが不可欠ではないかと思える。そうなると input と同時に各形式がどのような機能を示すのかについての「気づき」を何らかの形で起こさせたい。多読の指導に加えて，そのような機会を与えることが多読の効果を高めるのではないだろうか。

　文法習得に結びつくインプットは，量に限らず知識の内在化をもたらすよう工夫されたものであろう。VanPatten のいうように，「形式と意味の関連」についての記憶を強化するために，何度も繰り返し処理させる側面もインプットの質を高めることにおいて不可欠である。明示的学習で，ある形式が文の意味構築のためにどのような機能をはたすのか理解させ，アウトプット活動で形式と意味の関連づけに充分な「気づき」を起こさせてから，その知

識の手続きがスムーズになる（解析が自動化する）ように，その形式を含んだ文の意味処理の経験を何度も繰り返させる必要がある。既に理解した文法形式を多読によって何度も意味処理する経験を増やすことが出来れば，この点において非常に有効なことである。多読だけでは効果的に新項目を習得することは簡単ではないが，明示的指導やアウトプットのみでもそれは容易なことではない。インプットの量と質の両面を満たすために明示的指導，アウトプット，多読の全てを統合することで効果的な文法項目の習得も可能となるのではないだろうか。

5.3 中学校での10分間読み

この本の中でも多くの節で述べられているが，リーディング能力を高めるためには，出来る限り多くの理解可能なインプット（comprehensible input）を与えることが効果的である。しかし，現在の中学生用の文部科学省検定教科書のみでは，十分な言語インプットが得られるとは言い難いように思われる。さらに，現在の教科書には，対話の能力を高めるための対話文が多く掲載されており，リーディング能力を高めることを目的とする説明文，物語文，論説文などは，残念ながらそれほど多く掲載されていない。

こういった背景で，注目を浴びてきた言語活動が多読である。ここでは，これまでに行われてきた多読実践について概観した後，中学校の授業の中でも無理なく行うことの出来る多読実践の方法及び現在示唆されているその効果について見ていくことにする。

5.3.1 これまでに行われてきた多読実践

多読には様々な定義があるが，精読と比較することでその特徴を明らかにすることが出来る。*Longman dictionary of language teaching and applied linguistics*（1992）には，言語教授においてリーディングは多読と精読に分類されるとし，以下のように説明されている。

Extensive reading means reading quantity and in order to gain a general understanding of what is read. It is intended to develop good reading habits, to build up knowledge of vocabulary and structure, and to encourage a linking for reading. Intensive reading is generally at a slower speed, and requires a higher degree of understanding than extensive reading. *Longman dictionary of language teaching and applied linguistics, 2nd revised ed.*（Pearson Education），133

　『英語教育用語辞典 改訂版』（白畑ほか 2009）にも同様の定義がなされている。そこで，細かい文法事項や語彙項目などに焦点を当てることを避け，書かれていることの内容や大意をすばやくつかむことを重視して，大量に読むことを，多読と考えてよいようである。
　このような幅広い考え方のもと，学校教育の中ではこれまでに多くの多読実践が行われてきた。その実践方法は様々であるが，実践形態，使用教材，実践期間の面から簡単にまとめてみると，以下のようになる。

【実践形態】
　・通常の授業の数時間を多読の時間とし，生徒全員を対象に実施。
　・通常の授業時間の一部を多読の時間とし，生徒全員を対象に実施。
　・選択授業を多読の時間とし，興味のある生徒を対象に実施。
　・放課後に「多読クラブ」を開設し，興味のある生徒を対象に実施。
　・本を貸し出し，家庭で読ませる活動を，生徒全員または興味のある生徒を対象に実施。

【使用教材】
　・教科書（版の古いもの，他社から出版されたもの）
　・副読本（教科書会社や学習問題集を作成する出版社による出版物）
　・英字新聞（日本で出版されている子ども用英字新聞）
　・海外の低学年・子ども用ニュース（*Time for kids* などの internet site）
　・Graded Readers（英語学習者用の段階別読み物；以後 GR）や Leveled Readers（英語を母語とする児童向けの学習絵本；以後 LR）
　・英語の絵本や小説

【実践期間】
　・2週間〜1カ月
　・半年
　・1年またはそれ以上

　それぞれの実践において，生徒が英語のリーディングに興味をもったとい

う情意面に関する成果が報告されている。また，読解力が高まり，リーディングの速度が速くなったという成果や，語彙が身に付いたという報告が数多くなされている。松井（2008）は，中学校の実証結果を報告しているが，それによると，中学校における英語授業において，週1回10分間，GRやLR，英語の絵本を生徒全員に対して読ませることによって，3カ月でリーディングの速度が速まり，英語を読むことに対する不安感が軽減したとのことであった。

5.3.2　易しい英書の10分間読み：デザイン

週1回10分間であれば，授業のwarm-up活動として継続的に取り組むことが出来る。ここでは，週1回10分間の多読実践のデザインを見ていく。

松井（2008）で報告されたデザインについてまとめると以下のようになる。

(1) 実践形態：週1回，授業の始めの10分間で，生徒全員を対象に
(2) 使用教材：GRやLR，および英語の絵本
(3) 実践期間：3カ月

(1) 実践形態

多読とは，長期にわたって取り組むことにより効果が出る活動である。そのためには，継続的に取り組むことの出来る時間の設定を行うとよい。そこで，週1回の授業の，始めの10分間を読書時間として確保する。休憩時間中に準備を済ませることが出来れば，生徒が本を読む時間がさらに増えることも期待出来る。

多読を行う場所は学校の設備によって左右される。毎時間図書室や英語科専用の教室が使用可能ならば，そこに使用教材を設置し，そこで活動を行うことが最も簡単である。しかし，松井（2008）のように学級の教室で行う場合は，使用図書を箱に入れておき，生徒に教室まで持って行かせるようにするか，滑車付きのラックに使用図書を乗せ，教師が教室まで運んでいくようにするとよい（図3参照）。

図3　本を運搬するラック

(2) 使用教材

　教室にいる生徒全員が多読を継続的に行うためには，易しい英語で書かれており，生徒が内容に興味を示し，続けて読みたいと思わせる教材が必要である。この使用教材選びが，多読を継続的に行うための最も大切なポイントとなる。

　この条件を満たす教材としては，GR や LR，英語の絵本が考えられる。これらは子どもでも読み進められるように飽きのこない内容となっていたり，英語の難易度が詳細に分けられていたりする。また，GR や LR の簡単なものは絵本であることが多く，使用語数もわずか数語から 1000 語程度までと幅が広い。多少難しい単語が登場しても，絵や前後の話から意味を簡単に推測することが出来る。GR や LR は出版社によって難易度の設定が異なるが，SSS 英語学習法研究会の読みやすさレベル（以後 YL と表す）や EPER　LEVEL などを参考にすることで，出版社を越えて共通した難易度分けをすることも出来る。

　ただし，これらの本を揃えるには予算の問題がかかわってくるであろう。この点については，「5.4.1 グレイデッドリーダーの購入」を参照されたい。

　松井（2008）では，SSS 英語学習法研究会の YL を参考に，YL0.1 から 2.2 までの GR や LR，英語の絵本およそ 300 冊を，独自に四つのレベルに分けて使用した（表1）。

表1　使用教材のレベル，冊数

レベル	レベル分け(SSS の YL)	主なジャンル(SSS 書評システム)	冊数
Yellow	0.0-0.3	幼児向け，古典，動物	47
Green	0.4-0.5	幼児向け，古典，ほのぼの，動物，フィクション，自然科学，喜劇，実話	80
Blue	0.6-0.9	幼児向け，古典，人間もの，推理もの，フィクション犯罪もの，学園青春物	89
Red	1.0-2.2	ほのぼの，喜劇・風刺，推理もの，恋愛，人間もの，犯罪もの，伝記もの	89

　また，松井（2008）では，使用教材の分類・管理のために，GR や LR，英語の絵本をレベル別でかごに収納した。また，それらの本には通し番号を付け，図書用の分類シール（各レベルにより色分けがされたもの）を貼った。分類シール（図4）は3段になっており，上から「通し番号」「ジャンル」

「その本で使用されている総語数」を書いた。さらに，貸出用の図書カードを裏面内側に添付した。

5.3.3 易しい英書の10分間読み：実践手順

10分間読みの具体的な手順は以下の通りである。

図4 分類シール

①休憩時間中に，教材用の本を教師が教室へ運搬する。
②教室の教卓の上に，本が収納された箱を並べる。
③生徒は，休憩時間中に本を1冊選び，座席に戻って読書を始める。
④生徒は，設定時間内に1冊読み終えた場合，貸出用図書カードに名前を，感想用紙に読後の感想を記入し，本を返却する。
⑤④で本を返却した生徒は，次に読む本を選び，座席に戻る
（以降④と⑤の繰り返し）。
⑥始業後10分経過した段階で，教師が読書終了の合図を出す。
⑦生徒は貸出用図書カードと感想用紙に必要事項を記入する。時間内に一冊読み終えられなかった生徒は，読んでいた本のページ数を記録し，次回，続きから読むことが出来るようにする。
⑧読書終了5分後，生徒に本をもたせたまま，授業を開始する。
⑨終業後，生徒は図書を返却する。

生徒に本のリスト（図5）を配布し，どのような蔵書があるかを示しておくと，生徒の関心を高めたり，③や⑤で本を選ぶ際の時間を短縮したりすることが出来る。また，読んだ本のNo.に印を付けさせていくと，③や⑤で本を選ぶ際，以前読んだ本を間違って選択しなくてすむようになる。

④や⑦では，感想用紙に本のタイトル，生徒自身が感じた本の難易度，読んだ語数，本の感想を書かせるとよい。あまり多くのことを書かせると，感想自体が負担となってしまい，10分間読みに対する興味を失わせかねない。書かせることは，最低限にとどめておくとよい。

読んだ語数は多読の達成感につながっていく。生徒は，多読活動を続けていく中で，自分が読んだ語数が増えていくことを楽しく感じ，さらに読もうとする意欲を高めていく。また，感想を書くことで本を読み飛ばそうとはしなくなる。感想には1〜2行程度の簡単なものを書かせる程度でよい。

Yellow Level (Level 1)

No.	Title	Series	Genere	YL	総語数	Comment	冊数
1	Hide and Seek	ORT1+	EA	0.1-0.1	35	かくれんぼ，最初に見つかったのは誰	1
2	Look at Me	ORT1+	EA	0.1-0.1	36	みてみてママ，こんなことも出来るよ	1
3	Go Away, Floppy	ORT1+	EA	0.1-0.1	27	Floppy，あっちへいって！	1
4	Reds and Blues	ORT1+	EA	0.1-0.1	33	赤と青に分かれてサッカーだ！	1
5	Big Feet	ORT1+	EA	0.1-0.1	41	雪の朝，庭に巨大な足跡が，怪物？	1
6	Kipper's Diary	ORT1+	EA	0.1-0.1	35	Kipperの絵日記一週間	1
7	What Dogs Like	ORT1+A	EA	0.1-0.1	34	犬が好きなことは？	1
8	Presents for Dad	ORT1+A	EA	0.1-0.1	49	骨折入院中のパパに最適なプレゼント	1
9	Top Dog	ORT1+A	EA	0.1-0.1	42	コンクールで優勝したのは，どの犬？	1

図5 本のリスト（一部抜粋；SSS英語学習法研究会の書評を参考にして作成）

```
Extensive Reading Note # _____
              Class :    No. :   Name :

Date  | Title                              | Words
 /    |                                    | Page         Finish
総語数 | Easy 1 2 3 4 5 Difficult | Boring 1 2 3 4 5 Interesting
      | Comment

Date  | Title                              | Words
 /    |                                    | Page         Finish
総語数 | Easy 1 2 3 4 5 Difficult | Boring 1 2 3 4 5 Interesting
      | Comment
```

図6 感想用紙

感想用紙（図6）は月に一度回収をし，生徒の取り組みの様子を把握する手段として用いる。そして，難しいと感じる本ばかりを読んでいる生徒には，簡単に読み進めることが出来るような本を薦め，退屈と感じる本ばかり読んでいる生徒には，人気のある本を薦めるようにする（人気のある本は，貸出用図書カードから判断することが出来る）。

5.3.4 多読指導による生徒の変容

松井（2008）では，上記の手順による実践を行い，読解力と動機づけの観点から，その効果を検証している。ただし，統制群を組むことが出来なかったため，得られた成果は，多読の影響を示唆するものであるとは必ずしも断言できない。

被験者は中学3年生52名，実践期間は11月から2月までの3カ月であった。

読解力を検証するために，多読実践の前後でEPER（Edinburgh Project on Extensive Reading）テストのLEVEL G（headwords 300, average length 700 words）を用いた（プレにVersion 2，ポストにVersion 1を使用）。このとき，大型タイマーを設置し，英文の読みにかかった時間を生徒に各自計測，記録させ，その時間とEPERテストの総語数とからwpmを算出した。さらに，読解効率をwpm×試験の正答率という式を用いて算出した。

動機づけの変化を検証するために，「英語で読むことに関するアンケート」という題の36項目からなる5件法のアンケートを作成し，プレ，ポストともEPERテストの直後に記入させた。このアンケートは，Takase（2007）で使用された第二言語学習や教育心理学に関する項目に，10分間読みに対する評価に関する項目を加えて作り替えられた。

それぞれの結果は表2の通りであった。

表2 松井（2008）の実証結果

読解力	有意差なし（$p = 0.45$）
wpm	有意差あり（プレ平均：92.7語　ポスト平均：100.0語　$p = .029$）
読解効率	有意差あり（プレ平均：75.7　ポスト平均：82.5　$p = .015$）
動機づけ	因子分析結果：10分間読みに対する評価が相対的に向上
	平均値変化：L2リーディングに対する不安感が軽減

読解力に関しては有意差が出なかった。これは EPER テストの難易度が被験者に適したものではなく，天井効果が見られてしまったことが大きな原因であった。先行研究の中には多読の効果は6カ月（中学生の場合は8カ月）の潜伏期間があると述べたものもある（金谷ほか 1992, 1994, 1995）。被験者の読解力に応じたテストを用い，より長期の実践を経た後の検証が必要であろう。

しかし，wpm と読解効率には，有意な差が見られた。特に，多くの語数を読んだ生徒の wpm と読解効率が向上した結果が得られた。

動機づけに関しては，因子分析の結果から生徒が10分間読みの活動を肯定的に受け止めていることが分かった。また，英語の読書を楽しむようになった様子も見られた。

アンケート項目ごとの平均値の変化を見てみると，多くの語数を読んだ生徒では「知らない単語が出てくると，すぐに辞書を引きたくなる」と「英文を読む前に，読んでも分からないのではないかと不安になる」という項目が，あまり多くない語数を読んだ生徒では「難しい単語がある英語の本は読みたくない」と「英文を読むときは速読よりも精読のほうが好きだ」という項目が，それぞれマイナスに大きく変化していた。

週1回の易しい英書の10分間読みは，教科書を扱う授業に大きな影響を与えることもなく，また，3カ月間でもその効果が示唆された。実践開始から1カ月も経った頃には，多くの生徒が，休憩時間が終わる前に英語の本を手に取り，読み始めるようになった。GR や LR，英語の絵本を揃えることは確かに大変であるが，10分間読みが英語のリーディングを楽しみながらインプット量を増やすことが出来る理想的な活動であることを最後にもう一度強調しておきたい。

5.4 高校での10分間読み

学習者の英語力を向上させるためには，出来るだけ多量の理解可能なインプット（comprehensible input）を与えることが効果的である（Krashen 1993, 1997）。英語のインプットを増やす教室実践として多読授業が近年注目を浴びている（酒井・神田 2005）。

高校での多読実践の結果では，模試の成績の伸長，読解力や読解速度の向上，リーディングへの動機の高まりなど，多読によるおおむね肯定的な効果が実証されてきている（鈴木 1996；橋本ほか 1997；横森 2000；Iwahori

2008)。また，大学生の実践からは，実際の読書の時間は，授業内にたとえ10分でも設定することで継続的に確保する必要があることも指摘されている（高瀬 2007）。

　ここでは，高校での日常の授業の中に，段階別読み物（グレイデッドリーダー）を用いた多読の時間を週1回10分間設定する取り組みについて紹介したい。週1回10分間の読みなら，通常の授業の進度にそれほど気をつかうことなく，誰でも取り組むことが可能である。具体的には，グレイデッドリーダーの購入，本の分類と管理，学習者へのオリエンテーション，授業中の実施，読書記録（reading record）の書き方，多読の評価（evaluation for extensive reading）などについて考えてみたい。

5.4.1　グレイデッドリーダーの購入

　本の購入にあたっての最大のポイントは，いかにして予算を確保するかということである。英語科の学習指導計画として多読指導を位置づけ，学校の予算を確保してもらうよう働きかけることが大切である。また，生徒に副教材としてグレードリーダーを購入してもらい，プログラム終了後，了承が得られる者には本を寄付してもらうなどの方法も併用するとよい。本の選定にあたっては，絵本のような極めて易しいものを多く揃えておくようにしたい。

5.4.2　本の分類と管理

　本の分類については，最低でも難易度と総語数の表示が必要となる。難易度は総語数によって色分けしたシールを貼るのがわかりやすい。総語数は，読書ガイドなどの参考書が充実しているので，これらを利用して調べると便利である。本のジャンルについての分類があるとさらに親切であろう。本の管理については，ローラー付きのワゴン棚に乗せて教室へ移動出来るように陳列するのがよい。

5.4.3　学習者へのオリエンテーション

　学習者へのオリエンテーションで最も大切なことは，「多読は楽しい」ということを強調することである。そのためには，いわゆる多読三原則「辞書は引かない，わからないところは飛ばす，進まなくなったら途中でやめる」（酒井 2004）を紹介するのも効果的である。また，楽しみながら確実に英語

力がつくことを説明してやることが大切である。さらに，生徒たちにそれぞれの読破語数や冊数などの目標を持たせることも重要なポイントである。

5. 4. 4 授業中の実施

授業中の10分間多読の活動手順としては，①休み時間に教室のワゴン本棚より読む本を選んでおくこと，②チャイムと同時に読み始めること，③途中でつまらなくなったら静かに取り換えに行ってもよいこと，④読み終わったら読書記録に読んだ本の情報を書くことなどが要点となる。実施中の教師の役割としては，机間指導によって，生徒の読みの状況を観察したり，アドバイスしたりする。また，教師自らが読書をすることによってロール・モデルとなることも一つの方法であろう (Day and Bamford 1998)。時には，「多読通信」を発行して，お勧め本やクラスメイトのブックレビューを紹介することも出来る。要するに，「多読は楽しくためになる」ことを様々な方法で生徒たちに投げかける工夫が不可欠である。

5. 4. 5 読書記録

授業開始時に記録カードを配付し，1冊本を読み終わるごと，および10分間の終わりに記入させるようにする。必要な情報は，本のタイトル，難易度，読んだ語数，内容の感想などである。10分の途中で終わった本の読語数は，読んだページ数の割合から概数で記入させれば十分であろう。記録をつけることが負担になり，読書そのものへの興味がなくならないように配慮することがポイントである。図7に，読書記録カードの例を紹介する。

日付	レベル色		タイトル				
	Extensive Reading Record No. (　　　) Grade:　　Class:　　No.:　　Name:							
5/16	レベル色	ピンク	タイトル	A NEW DOG			
	読んだページ数	6	今日読んだ語数を書く		55	通算語数	2359
	難易度判定：易しい1-2-3-4-5難しい		楽しさ判定：つまらない1-2-3-4-5おもしろい					
	感想・印象	これなら読めそう。新しい犬がかわいい。					
／	レベル色		タイトル				
	読んだページ数		今日読んだ語数を書く			通算語数	
	難易度判定：易しい1-2-3-4-5難しい		楽しさ判定：つまらない1-2-3-4-5おもしろい					
	感想・印象							

図7 読書記録カードの例

5.4.6 多読の評価

　多読の評価は難しいと言われているが，少なくとも読解力のテストやアンケート調査によって多読授業の効果を測定しておく必要がある。読解力テストは，EPER による Extensive reading tests を参考に作成するのがよい。このテストは，多読力それ自体を測定する唯一の標準テスト（山下 2007）であると言われている。また，アンケートでは，多読授業の感想や読書習慣などについてたずねておくことが大切ではないかと思われる。Fujita and Noro（2009）によるプロジェクトでは，職業学科の高校 1 年生で 10 分間読みの取り組みを行った。開始後 6 カ月の初期の段階で，読解速度に向上が見られ，リーディングへの動機も高まったことが明らかになった。また，多読の初期段階では教師による介入的な指導が必要であることも判明した。10 分間読みの実践をしながら，多読の評価を行うことにより，多読授業をモニターし続け，必要があれば改善していくことが取り組みを長続きさせるためには不可欠である。

《基礎知識9》多読と動機づけ

A　多読と動機づけ

　多読が動機づけに与える影響を考察した研究は内外で数多く報告されている。Waring（2000）はそれらの研究を概観して，多読が読む意欲と第二言語の読みに対する積極的な態度を涵養すると述べている。近年は，多変量解析を駆使して多読に影響を及ぼす因子が突き止められつつある。本節ではそれらの因子について言及し，その動機づけの因子をどうしたら高められるかについて，自己決定理論を参考にして考察を加えてみたい。

B　多読に影響を及ぼす因子

　ここでは，多読が動機づけに与える影響に関する実証研究の中から Mori（2002），Yamashita（2004），Takase（2007）の3点の研究を基に多読を動機づける因子について考察する。

　Mori（2002）によれば，動機づけモデルの中で，期待・価値理論のみがリーディングの動機づけを扱っている。同理論では，動機づけを期待（成功に対する見通し）と価値（課題をやり遂げることに与える価値）との積で捉える（上淵 2004）。期待は課題の難易度に対する評価と「やれば出来る」という有能感を下位構成要素に持つ。価値は内発的価値，利用価値，獲得価値とコ

ストから構成される。内発的価値とは，課題そのものが楽しいと感じる価値観である。利用価値は課題が職業・学業・日常生活などの実践に役だつときに認識される。獲得価値とは，課題が望ましい自己像（例えば，「課題（多読）を行えばスラスラ読める読解力を身につけた将来の自分」）につながり，課題を通して自分の成長が図れる価値と言える（伊田 2003）。コストとは一つの課題を選ぶことにより他の課題に従事出来なくなる制約である。

　Mori（2002）は質問紙調査によって，四つの因子（内発的価値・利用価値・獲得価値・有能感）を抽出している。当初，Mori（2002）はリーディングの領域に固有の（domain specific）の因子が抽出されることを予想していたが，期待価値理論で想定する五つの因子（期待・内発的価値・利用価値・獲得価値・コスト）のうちコスト以外の四つの因子が特定され，期待・価値理論の汎用性の高さを証明する結果となった。

　Yamashita（2004）は質問紙を用いて母語と第二言語の読みに対する態度が多読に及ぼす影響を情意面と認知面から調査している。母語・第二言語ともに二つの面でそれぞれ二つの因子を抽出，情意面を「安心」と「不安」，認知面を「価値」と「自己認知」と命名している。安心因子とは内発的価値，不安因子はコスト，価値は利用価値・獲得価値に，自己認知は有能感に近い概念である。

　さらに，4因子と多読量との相関を考察したところ，安心因子（「読むのが楽しい」）が多読量に影響を及ぼすものの，不安因子は及ぼしていなかった。自己認知因子（「易しい英語であれば，読めるとか読んで理解出来る」気持ち）と多読量の間には有意な相関が見られたが価値因子では見られなかった。この多読量との相関は，母語・第二言語に関係なく見られた。

　以上の結果から，Yamashita（2004, 13）は多読プログラムを推進するにあたって，次の二点に留意すべきであると述べている。一つは，第二言語の習熟度に関係なく，母語におけるリーディングに対するプラスの態度の重要性である。第二言語のリーディングに対する態度は母語のそれに規定されるところがあるので，母語に対する態度次第ではリーディングを通して第二言語の習熟度を伸ばすことが阻害される可能性がある。次に，利用価値・獲得価値が学習者を多読に向かわせる効果は薄く，リーディングを通して「読む喜び」を味わうことによって有能感が高められるので，「楽しみとしての読書」習慣を形成していくことが肝要となる。

　Takase（2007）は，高校生を対象に多読に影響を及ぼす要因に分析を試

み，第二言語リーディングを構成する因子として，6因子（母語リーディングに対する内発的動機，第二言語リーディングに対する内発的動機，親のリーディングに対する態度，入試，書き物への好み，多読への嫌悪と道具的動機）を抽出している。第一・第二因子は Mori（2002）や Yamashita（2004）にも見られるので EFL 環境下では比較的普遍性の高い因子と言えよう。第三因子と第四因子は期待・価値理論のいう利用価値に該当する。第五因子の「書き物への好み」とは，興味が無いものでも読んだり，情報源として映像よりも新聞などを好む姿勢である。第六因子の「多読への嫌悪」の質問項目には「多読より精読を好む」「英文を読む際には辞書を引きたい」「リーディングよりリスニングを好む」といったものが含まれている。もう一つの第六因子である「道具的動機」とは，インターネットなどを利用して英語を道具として学ぼうとする態度を意味する。

　Takase（2007）はさらに6因子を独立変数，多読量を従属変数として回帰分析を行った結果，有意水準5%で2因子を選出した。第二言語と母語に対する内発的動機が多読量をもっともよく説明する因子であった。

　以上 Mori（2002），Yamashita（2004），Takase（2007）の三つの研究に共通して見出された因子は内発的価値と利用価値であり，有能感は2点の研究で抽出されている。

C　多読を促進する動機づけとは？

　前節で，多読に影響を及ぼす因子が分かった。しかし，教育の現場では，そうして抽出された動機づけの因子をどうやって高めるかが実践的な課題である。

　自己決定理論とは廣森（2006）によれば，人間は生得的に三つの基本的欲求（有能感・自律性・関係性）をもち，それらが満たされると，内発的に動機づけられ，自分で判断して行動するという考えである。有能感とは「出来た」「やれば出来る」といった学習の達成感や充実感を意味する。自律性は自ら選択する機会が与えられ，自分で自分の行動を決定したいと願う気持ちである。関係性とは，他人との感情的な結びつきや愛着をいう。それは，まわりの社会との一体感と，自分が価値ある存在であることを経験したい気持ちからなっている（上淵 2004）。

D 自己決定理論からみた多読指導と学習者支援

　Day and Bamford (1998) は多読クラスにおいて学生の読みたいという気持ち＜動機づけ＞を高め，支援するのが指導者としての勤めであるとする。ここでは，多読指導における支援活動を三つとりあげ，自己決定理論の想定する生得的欲求（有能感・自律性・関係性）がどう満たされているか概観する。

(1) 有能感支援

　上淵 (2004) によると，有能さは，自分が設定した「読む」課題がどれほど達成されたかを示す「課題基準」，今の自分と過去の自分を比較してどの程度読みの速度や理解度が向上したかを意味する「過去基準」，人よりたくさん読めたり早く読めた時に感じる有能さである「他者基準」の三つのタイプに分けることが出来る。さらに，この本なら読めそうだという認知の「効力期待」とこう読めば早く読めるといった方略への認知の「結果期待」から構成される。

　Day and Bamford (1998) は第二言語リーディングの動機づけに最も大きな影響を与えるのは教材とリーディングに対する態度と考える。教材を構成する下位構成要素に「言語レベル」が含まれる。教材の選定に当たっては，生徒の実態に即した幅広いレベルの教材を用意する必要がある。また，生徒が自分の読みたい教材を選ぶ段階で，選定を全く生徒任せにするのは有能感支援の観点から望ましくない。Schmidt (2004) が言うように，まずグレイデッドリーダーなどの抜粋を利用して，レベルごとの wpm や未知語の割合を調べ，その結果に照らして，その生徒のスタート地点を提示することが望まれる。読み手の習熟度に関する客観的な情報を提供した上で，i-1 の読み物を選ばせる支援を施せば，後に生徒は自らが選択した「読む」という課題を達成出来たという有能感（課題基準）を感じやすいであろう。

　多読指導においてポストリーディングの活動は一切強制すべきでないとされる (Day and Bamford 1998)。しかし，タイトル・語彙数・所要時間・1行程度の感想など，数分で記入が済む簡易な読書記録を残すことは，有能感の向上に資する。その記録は，振り返りを促し，過去の自分の能力を基準とした能力の向上を通して，過去基準の有能感を認知することが出来る。赤松 (2006) も本の内容に関する理解度の確認と成績への反映は目標が明確になり，目標の実現に向けた努力や達成時の自信へとつながると考えており，本

の内容に関する理解度は確認すべきでないという通説に問題を提起している。

　多読も回数を重ねてくると，生徒はなかなか思うように力が伸びずあせりや苛立ちを覚えるようになる。伸び悩みを感じている生徒には，SSSの100万語多読サイトで紹介されているパンダ読み（今読んでいるレベルより下のレベルのものも混ぜて読む読み方）を薦めている。そのサイトで古川は，パンダ読みは二つの効果があるとする。①レベルがあがってきて，快適に読めなくなったときに快適なペースを思い出す。②かつて苦労したレベルをさらっと読んで，気分が良くなる。つまり過去基準での有能感が満たされることになる。さらに，そうやって読む意欲が回復すると，「自分でも読めそうだ」という効力期待にもつながる。

　多読の三原則（①分からないところは飛ばし，辞書を利用しない②日本語に訳さない③いやになったら読み終わっていなくても本を替えられる）は，平素の授業でのリーディングとは異なる点が多いために，生徒に事前にオリエンテーションが必要となる。それを通して，生徒はそうした原則が「楽しく読める」という結果をもたらす方略であることを認知することが出来る（結果期待）。

(2) 自律性支援

　自律性支援とは選択を与え，感情を理解し，個人の目標や価値を実現する行動を支援することを意味する（上淵2004）。多読指導の大原則である「自分で読む図書を選ぶ」は，まさに自律性を高めることになる。その前提として，生徒の興味・関心を満たす図書を揃えていないと，生徒に自ら選択したという認識を生まないことになる。そうした意味で，幅広いジャンルの図書の充実は成功の鍵を握ることになる。多読プログラム始動後も，前述した生徒の「読書記録」に記載されたジャンルをモニターしたり，アンケート調査を随時行ったりして，生徒の興味や関心を把握することが望まれる。教材の買い足し時には，それまでに集めた生徒からの情報をもとに購入図書の選定を進めれば，生徒のニーズを反映することができ，自己決定感を高めるであろう。

　赤松（2006）はある一定の習熟度に達していない学習者の場合，読むべき書物の選定に対して学習者支援が不可欠であると結論づけている。読むべき図書が多すぎ，情報過多の状態で学習者は図書の選択に困る。そうした場

合，往々にして学習者間の口コミによる情報で図書の決定が行われている。選択の自由が完全に行使されることなく，結果として読まれる図書に偏りが生じる。そのために，適正な選択を下すのに必要な情報を提供し，個人の目標や価値を実現する自律性支援が必要となる。

(3) 関係性支援

　関係性とは，他人との感情的な結びつきや愛着をいう。それは，まわりの社会との一体感と，自分が価値ある存在であることを経験したい気持ちからなっている（上淵2004）。Day and Bamford (1998) の「読者コミュニティー」構築はまさしく関係性支援そのものと言えよう。

　「書評」と「口頭レポート」は，図書の内容に関する読後の感想をまとめたものである。両者は書くと話すのモードの違いはあるものの，読み手や聞き手といった他者との関係を意識した点では共通している。いずれの目的も，それに触れた生徒の関心を引き，その本を読みたいと思わせることである。

　「人気本コーナー」は，読まれる頻度の高い図書を教室などの一角に集めて展示したものである。Day and Bamford (1998) によれば，自分の好きな本とクラス全体の好きな本を比べることで，自分が他の人たちと同じ考えを共有しているのがわかる。考えの共有の確認を通して，まわりの生徒との一体感を感じたり，感情的な結びつきが促進される。

　筆者は，上述した「読書記録」を回収し，それにコメントや助言をつけて返却している。「読書記録」を書かせることは，書くのが億劫だという気持ちを学生に起こさせる反面（制御的側面），それにコメントや助言をつけて返してもらうので（情報的側面），両者のバランスにより動機づけに差が生じる。コメントや助言は言語的報酬と呼ばれ，情報的側面が強いために一般に動機づけを下げる効果（アンダーマイニング効果）が少ないとされる（上淵2004）。当人にとって意味のある情報が提示されたり，時間をかけてコメントを書いてもらったり助言を貰うことで，学生は自分にどれだけ関心が向けられ，時間が割かれているかに気づくものである。指導にどれだけ時間が費やされているかを示す行為が関係性を支援する行為であるので，コメントや助言を付けること（言語的フィードバック）は動機の高まりにつながることが見込まれる。

5.5 授業外の自主的な多読
5.5.1 多読ライブラリー

　多読指導を始めるのに先ず必要になるのが多読ライブラリーである。生徒がいつでも気軽に多読本を借りに来ることの出来る多読ライブラリーを，生徒が入って来ても差し支えのない場所，例えば英語の準備室の棚などに設置する。図書室とタイアップして，図書室の一角に多読本コーナーを設置してもよいだろう。どこの学校にも出版社から送られてきた見本用の多読本が多数眠っているはずである。それらをベースにして，毎年少しずつ購入しながら，充実させていきたい。多読本を揃える際注意したいことをまとめておこう。

- （ア）中・上級本よりも初級本を出来るだけたくさん揃えたい。難しすぎると多読は出来ないし，むしろ易しいぐらいの本が多読には適している。
- （イ）多読本はグレードで大まかに分類し，番号ラベルを貼って書棚に並べる。
- （ウ）ブックリストを作成し，本のグレード（初級・中級・上級），ページ数，面白さ度，難易度等を記載しておくとよい。ブックリストはライブラリーの横に置いておき，借りに来た生徒が参照出来るようにしておく。また，ホームルーム教室にも置いてもらうようにするとよい。
- （エ）イ）やウ）の作業は手間がかかるので，英語科全員で一気に作業するのがよいだろう。
- （オ）多読本の更新を毎年少しずつ行うこと。年数を経て汚れた本がいつも同じように並んでいる棚はそれだけで生徒の注意を引かなくなるものである。

　なお，多読本を揃える際のガイドとして，『英語多読完全ブックガイド』は，leveled readers（英語圏の子ども用）とグレイデッドリーダー（英語学習者用）の両方を多数紹介しており大いに役に立つ。

5.5.2 「ペーパーバック・クラブ」と「リーディング・マラソン」

　「ペーパーバック・クラブ」方式による課外の多読指導の実際について，

鈴木（1992）の実践を紹介してみよう。鈴木は担任していたクラスで希望者を募り，1年間試行した後，正式に同好会を発足させている。「本来の読書の姿である情報収集や娯楽のための読書を英語ででも経験させ，その楽しさを経験させたい」「受験が済んでも，英語との付き合いを続けられるようにしてやりたい」というのが設立の動機である。会の蔵書は，過去に評判の良かったものや会員から希望のあったものを，会費（卒業までで1,000円）で購入したものと，送られてくる採用見本とから成り，本に登録番号を書いたラベルをはり，語彙レベルと長さを考慮して，初級（語彙レベル1,000語以下）・中級（1,000～2,000語レベル）・上級（2,000語レベル以上）に分けて，1冊ずつ簡単に内容紹介文を書いて会員に配布する。会員は職員室の鈴木の棚から好きな本を借りて読み，読破ページ数を競う「リーディング・マラソン」に参加する。「リーディング・マラソン」の形式をとると，目標や達成度が明確になるとともに，いい意味での競争意識が生徒間で芽生えるので，生徒の多読に対する興味関心を一層長く持続させることが可能になる。1冊読むと「リーディング・レポート」（氏名・本の登録番号・ページ数・難易度と内容の興味深さを5段階で評価するだけのもの）を会員の生徒は提出する。以上が実際の運営方法である。

　鈴木は，「ペーパーバック・クラブ」の会員生徒の聴解力・読解速度・定期考査と校内模試の成績で多読の効果を調べている。その研究によって次の点を明らかにしている。（なお，ここでは，データは省略し，結論のみを挙げる。）

　①多読によって，英語学習に対して好ましい態度を養うことが出来る。②英文を読むスピードが向上し，日常の授業でリスニングの指導も十分に行えば，相乗効果でリスニングの力も伸びる。③多読の効果が現れるのは，個人差はあるが，300ページ前後を読破したあたりであろう。④多読は有効な受験対策にもなる。⑤多読は少なくとも高校1年から始めることが出来る。⑥多読の材料には，生徒にとって興味関心のあるものを選ぶべきである。

　この研究がきっかけとなって多くの学校で多読指導が行われるようになった。

5.5.3　多読プログラム

　鈴木の実践を参考にして，筆者の勤務校でも「多読プログラム」と名づけた多読指導に取り組むことにした。本校の多読指導の特徴は，(1) 生徒全員

を対象とし，(2) 授業内，授業外両方で，(3) 高校3年間にわたって，(4) タスクを課すことなく，(5) 自主的に読ませる，ことである。先ず多読ライブラリーを設置し，ブックリストを作成し，貸出・返却システムを確立してから「多読プログラム」を開始した。開始当初は生徒の関心が高く，貸出人数が多かったが，その後徐々に減少した。タスクを課さず強制もしないで，いかにして自主的に読む態度を育てるかに関して，二つの方策を考え実行した。一つは，Example 1のような「多読通信」を発行して，推薦図書や新規購入図書の紹介，貸出冊数ベストテンの生徒や本の紹介，「返却カード」(「生徒記入カード」の下半分；Example 2) に記入された推薦文の紹介などを掲載して読書意欲の喚起に努めた。

● Example 1:「多読通信」

```
                                    △月□日発行
    多読通信    第3号
                                  ○○高校　英語科
```

　今年も，残すところ2週間になりました。期末テストが終わり，ほっと一息というところですね。
　さて，英語教官室の多読ライブラリーから本を借りている人は，冬休みに入る前に一旦今借りている本を返却して下さい。もう後少しで読み終える人は，読み終えてからで構いません。もし，途中で読むのを止めて，机の上や本棚で眠っている多読本があれば，一度必ず返却してください。長く借りているからと言ってペナルティーを課したりしませんので，安心して返しに来てください。多読本は読みたいと思った時に一気に読むのがコツです。借りた本を何週間も読まずに置いておくと，結局読めないままで終わってしまいがちです。そんな本は，あっさり返却して新しくおもしろそうな本を借り直しましょう。
冬休み中も，夏休みと同様に，英語教官室の多読ライブラリーから一人5冊まで借りられますので，大いに利用して下さい。
　今回も，多読本を読んだ人が書いてくれた推薦文の中からいくつか紹介してみましょう。(2学期の後半に提出された「返却カード」から転載しました。なお，1号，2号で紹介した本は省きました。)

　本の番号　1268　書名　*The Young King and Other Stories*

「文字がつまっていて初めは読み気がしなかったけれど，特に"The Star Child"とかの物語は，読みかけると早く続きが読みたくなりました。昔読んだことのあるような物語もありました。(The Happy Prince) 英語の表現がいろいろとおもしろかったです。」

　　本の番号　1260　書名　ハーンの怪談
「知っている話が多いのでむずかしい英文のところでもだいたいの意味がわかるので，辞書などで意味を調べやすい。」

　　　　　　　　　　・・・・中略・・・・

　　本の番号　8003　書名　*The Spotty Pig*
「絵本ですごく短いけれど，一生懸命自分のまだら模様を消そうとするピーターが健気でかわいい！」

　　お願い：英語教官室の多読本以外で，家にある洋書や図書館の洋書などを読んだ場合でも英語教官室にある「返却カード」に記入して，箱に入れてください。

> お薦めの一冊：岩波ジュニア新書246　『新しい英文読解法』（天満美智子著）
> 　一文一文の意味はわかるのに長い英文になると全体として何が書いてあるのかわからないという悩みを持っている人はいませんか。津田塾大学の学長，天満先生が英文を読んで大意を把握する方法を伝授してくださいます。少々厳しいかもしれませんが，しっかりついていけば，きっと道が開けるはずです。多読する際にも必ず役に立つでしょう。

　また，プログラム開始1年後に，その1年間に読んだ多読本の記録（「個人カード」）を作成して，生徒全員に配布した。もう一つは，英語の授業の一部を用いて行った計6回の「リーディング・スキル」の指導，即ち「授業内読書指導」である。
　多読指導の効果を見るために，3回調査研究（1996年度，1997年度，2000年度）を行ったが，それらの研究から明らかになったことを紹介しよう。（データは省略して結論のみを示す。）
　①多読によって読破ページが増加するにつれて，英文を読む速度と理解度が高まり，読解力が向上する。②多読によって英文を読むのが苦にならなくなり，むしろ楽しいと感じるようになる。③多読によって辞書に頼らず英文が読めるようになり，和訳せずに英文が読めるようになったと感じるように

● Example 2：生徒記入カード

```
──本を借りる時に提出すること──
学年（　）　組（　）　番号（　）　名前（　　　　）

本の番号（　）：貸出日　／　：返却予定日　／

これから英語で読んでみたい本があれば，書いてください。

──────────────切り取り──────────────
──本を返却する時に提出すること──
学年（　）　組（　）　番号（　）　名前（　　　　）

本の番号（　　　）：読むのにかかった日数　　　日

本文のページ数

自分が感じた「おもしろさ度」（○をつける）
　　つまらない　←（1　2　3　4　5）→　おもしろい

自分にとっても「難易度」（○をつける）
　　やさしい　←（1　2　3　4　5）→　むずかしい

これからこの本を読もうとしている人への推薦文
```

なる。④多読によって読書の習慣が身につき，英語が好きになる傾向がある。⑤成績上位群・下位群ともに，読破ページ数が 200 ページを越えたあたりから辞書への依存度が減って，直読直解の習慣が身に付いたと感じるようになる。さらに，1996 年度には，読破ページと模擬試験の成績の推移も調べたが，読破ページと模試の成績の伸びには明確な相関が見られることがわかった。2000 年度の調査研究では，成績上位群においてよりも成績下位群において，英語学習に対する態度や意識が好ましい方向に変容することが一層顕著であることがわかった。

5.5.4　授業外の多読指導を成功させるための留意点

　多読指導は fluency を伸ばすための指導であり，既にもっている知識を学習者に繰り返し使わせること，そのためには英語のシャワーを大量に浴びさせることがポイントである。多読をしながら英語のシャワーを浴びることが

楽しいと学習者が感じられるようになるまで，即ち，多読の習慣が形成されるまで，どのような指導を行うかが，成功のカギを握っている。

最も大切なことは，学習者に易しいものをたくさん読ませることである。学習者に易しいものをたくさん読むことの重要性を繰り返しアドバイスすることが必要である。最初から学習者に本の選択を完全に任せてしまうと，難しいものを選びがちである。その結果，多読にならないか，途中で挫折してしまうことになる。授業外の多読指導が軌道に乗ってくるまで，本の選択の面での指導者によるコントロールが大切であると言える。その意味で，習慣が形成されるまで，授業内に10分間多読の時間を設けて，本の選択や読書スピードなどを管理している学校もあるが，よい方法だろう。

多読本の中には，注の付いているものもあるが，多読にはむしろ注のないものを選ぶべきである。注が要るということは，学習者にとって難しすぎることを意味する。もし，学習者が注のある本を選んだ場合は，注を無視して読むように指導するとよい。また，章ごとに内容理解の確認のための質問がついているものもあるが，多読を評価やテストから解放して，純粋に楽しみのために行うようにするためには，そのような質問のないものの方がよいし，付いているものの場合はあえて無視するように指導する。

最近の多読本にはCDが付属しているものもあるが，CDを聞きながら読むのではなく，自分のペースで一冊多読した後で，CDを聞くことを勧めたい。このようにすれば，リスニング力の強化にも効果があるだろう。

5.5.5 多読本のシリーズの紹介

主立ったシリーズを以下に示す。多読本のシリーズは下記以外にも多数出版されている。詳しくは『英語多読完全ブックガイド』などを参照されたい。

(1) Oxford Reading Tree：イギリスの小学校の85％で教科書及び副読本として使用されている英語圏の子ども用のシリーズ。Stage1～9までの9段階に分かれている。多くのタイトルにCDが用意されている。
(2) Penguin Readers：英語学習者用の世界最大規模のグレイデッドリーダーで，Easystarts～Level 6まで7段階に分けられている。
(3) Oxford Bookworms Library：英語学習者用のグレイデッドリーダーで，startersからStage 6まで7段階に分けられている。
(4) Cambridge English Readers：英語学習者用のグレイデッドリーダー

で，全てオリジナル作品である。starter から Level 6 まで7段階に分けられている。
(5) Macmillan Readers：英語学習者用のグレイデッドリーダーで，starter から upper-intermediate まで7段階に分けられている。

また，ウェブサイトを通じた多読の相談や本の紹介を行っている研究会に「SSS 英語学習法研究会」(http://www.seg.co.jp/sss/) があり，日本多読学会と共同で，多読の普及活動を行っている。

このように，多読指導をすることで得られる効果は非常に大きく，また以前に比べて多読指導を始める環境が整ってきたので，さらに多くの学校で授業外の多読指導の取り組みが行われることが望まれる。

《基礎知識10》100万語多読
A 第二言語の学習と教育に関わる課題

私たち日本人の英語力は，世界的に見ても，またほかの東アジアの国々と比べてみても，非常に低いレベルにあることが指摘されている。松香 (2007) によれば，Internet-based TOEFL のスコアでは，日本の受験者は143位中143位という憂えるべき状況であるという。まさにこんな状況でよいのかという声が聞こえてきそうである。

このような状況を少しでも改善すべく，わが国における英語教育については，これまでもさまざまな立場から，実に数多くの理論，データ，見解，さらには憶測などが表明され，論議されている。比較的最近話題になったトピックとして，小学校への英語教育の導入の問題がある。これはすでに導入が決まって決着済みであるが，それが提案された背景には，国際的にみた私たち日本人の英語力の低さが，やはりその理由の一つに挙げられるのではないかと思われる。

出来るだけシンプルに，英語など第二言語の学習や教育に関わる基本的な問題をまとめると，次の二つの解決すべき課題に集約出来るのではないかと思われる（表3参照）。

まず，表3の課題 (2) の学習システムとは，学習者の言語獲得装置 (language acquisition device) である。これは私たちの誰もが脳内に備えているものである。この言葉の学習システムは，学習対象言語の発音・語彙・文法などの言語情報を，メッセージの意味内容とともに，知覚

表3　第二言語の学習・教育における解決すべき検討課題（門田 2007a, 251）

課題（1）	言語インプット（language inputs）の量と質をいかにして確保するか
課題（2）	心内の学習システム（learning system）をいかにして効果的に機能させるか

（perception）・理解（comprehension）し，記憶（memorization）し，さらに内在化（internalization）して知識化するための下位システム（subsystem）を含んでいると考えられる。この学習システムを活性化させ，効率的に働かせるにはどのような練習（学習タスク）があるのかについて大いに検討する必要がある。近年では，シャドーイング（shadowing）や音読（oral reading）が，上記の学習システムを効果的に機能させるすぐれた方法であるというデータが，認知心理学や脳科学などの隣接分野，および実際の教室での教育実践にもとづく研究から得られている。

　しかし，心内のこの学習システムさえあれば，どの外国語でも苦もなく簡単に習得出来るのであろうか。答えはもちろん"No"で，上記の学習システムは，そのためのインプットが保証されてはじめて作動する。同じく表3にある課題（1）の言語インプットの量と質とは，学習システムに「入力される」言語資料をどうするかという，いわば「教材」の質と量に関する問題である。これが，言葉の学習システムを作動させるための大前提で，学習者の「レベルにあった」ものを「大量に」インプットする必要がある（Krashen 1985 など）。

　先に触れたが，近年，特に英語の教育・学習に関連して，さかんに取り沙汰されている学習法に「多読（extensive reading）」がある。この学習法は，100万語程度のインプットが，その言語の文法を操り，文の理解や生成が出来るようになるための大前提だと述べている（古川・伊藤 2005 など）。つまり，レベルにあった大量のインプットを私たちの言語学習システムに提供することが，言語運用能力の獲得，特に認知的リソース（cognitive resources）の消費を最小限に抑えた状態で言語処理が可能な自動化した（automatic）運用能力獲得のための絶対条件であるという考え方に立脚している。「多読」はこのように，新たな語彙や文法知識の習得にも関係するものの，それよりもむしろその主たる意義は，既存のこういった知識へのアクセスや運用の自動性（automaticity）や流暢性（fluency）の獲得にあると考えている（門田 2008）。

B 100万語多読の方法とその効果

一般に「多読」とは，学習者にとって易しめの教材を大量に読むことを指す。上記の Krashen（1985）の比喩で言えば，「$i+1$」ではなく，「$i-2$」や「$i-5$」などの教材を，多く読むということになる。さらに，多く読むためには，細かい内容にとらわれるのではなく概要をつかみ，英文のストーリーの中身を楽しむことが必要である。このような多読の達成のためには，易しく書き直された段階別読み物（グレイデッドリーダー）が使用されることになる。また楽しみのための時間の確保から，教室内だけでなく，教室外で多く読むことになる。また，多読は，内容の理解の程度よりも，読むこと自体に意義があるので，読んだ後，多肢選択等の読解問題を課すことは避けることが多い。そして，読後ブックレポート（「この本を友達に読むのを勧めますか？」「何故ですか，何故そうではないのですか？」など）といった，本当に読んだかどうかチェックする課題を与えるだけにとどめるのが普通である（野呂 2001b）。

この多読を，積極的に英語学習に活用しようとする運動を展開しているのが 100 万語多読である（酒井・神田 2005; 古川・伊藤 2005 など）。100 万語多読では，多読学習の方法をかなりの程度明確に規定し，次のような多読 3 原則を標榜している。

原則 1：辞書は引かない
原則 2：分からないところは飛ばす
原則 3：つまらなくなったらやめる

この 3 原則は，全て，あまり努力しなくても，躊躇することなく，十分な内容の理解を達成出来るような「流暢な読み手（fluent reader）」を育成するためのものである。このような能力は，$i-2$ や $i-5$ といった簡単なテキストを，大量に読むことで初めて可能になる（Day and Bamford 1998）。知らない語の意味を辞書で調べないと読めない，また本文中のあちらこちらに意味内容がわからない部分がある，読んでいておもしろくないといった状況では，まったく楽しめない。学習とは，従来，苦行を繰り返して初めて達成されると考えがちであり，辞書も引かずに楽々と読めるなどというのは勉強とはほど遠いという認識が，教師側にもまた学習者側にもあった。この呪縛から解放しようとするのが多読 3 原則である。「こんなことで勉強になる

のか」という意識から学習者を解放することが大事で，そのためのモットーであるといえよう。

　神田（2007）によると，具体的には，授業時に，非常に易しい本を多数含んだOxford Reading Tree（総語数350語）やLongman Literacy Land（総語数200語）など読みやすさレベル0の多読用図書をブックカートで数多く持ち込み，机の上に平積みし，おすすめ本は表紙が見えるようにたてることからスタートする。そして各学習者自身に選択させ，読んだ瞬間に意味がすぐわかることを体感させることが必須で，これが最初の動機づけとなるという。なお，具体的な多読用のグレイデッドリーダーについては，古川・伊藤（2005）に詳しく紹介されている。10段階の読みやすさレベル（YL）を設定し，そのうち多読の対象となるYL0（必要語彙レベル200-300語）からYL6（必要語彙レベル5000語）のそれぞれに適した教材例を挙げている。

　Day（2006）は，読み手依存仮説（reader dependence hypothesis: RDH）を提唱している。すなわち，学習者がどのような読み手になるかは，その学習者が通った道筋（path）によるというのである。そして，①努力なしに自信を持って流暢に読めること，②方略的に読めること，③一生涯読めること，④楽しんで読めること，を達成するには，多読指導が最も効果があるという。氏が日本で実施した比較実験では，多読により①語彙力が伸び，②リスニング，スピーキング，ライティング力が伸びるが，文法訳読法では，①〜④のいずれも達成しないという。

　また，Furukawa（2007）は，中学校から英語多読プログラムを開始することの効果を検証している。英語多読群を，①中学校入学後英語学習を始めたグループと，②小学校から開始したグループに分け，さらに③英語多読をしていない通常の高校生1年生との間で，BACE（basic assessment of communicative English）という高校1年生用の英語テストの試験結果を比較した。なお，①②群とは，中学校1年の1月（多読開始10カ月時点）および中学校2年の8月（多読開始18カ月時点）に受験した2回分の成績を示したものである（表4参照）。

　表4の結果は，(1) 多読クラス群②はもとより，多読クラス群①でも，多読開始後10カ月の時点で，文法・語彙では及ばないものの，リスニング，リーディングにおいては，既に③高校1年生に優るとも劣らないこと，(2) また，多読クラス群①は，多読開始後18カ月の中学2年生の時点では，リ

表 4　多読開始 10 カ月・18 カ月時点の BACE テスト結果：高校 1 年生との比較

	多読クラス群 ①中学 1 年生	多読クラス群 ②中学 1 年生	多読クラス群 ①中学 2 年生	多読クラス群 ②中学 2 年生	通常クラス群 ③高校 1 年生
リスニング (100 点満点)	61	69	74	84	52
文法・語彙 (100 点満点)	42	51	59	75	51
リーディング (100 点満点)	51	63	68	88	45
合計 (300 点満点)	154	184	201	247	148

スニング，リーディング，文法語彙のいずれでも，大きく③通常クラス群を上回っていることを明らかにしている。ただ，これらの結果の背景には，多読プログラムに参加することによる学習時間の増大や，英語学習に対する動機づけの違いなど，さまざまな要因が関係していることは明らかで，その意味でいくらか割り引いて解釈する必要があるデータであるが，同時に多読プログラムの効果および限界を示唆しており興味深い。特に，当初の 10 カ月時点では，語彙力や文法力に直接効果が現れるものではないことが示され，その後さらにトレーニングを続けることで，英語力の各方面に効果がわたることが示唆されているのである。

また，すでに述べたように，多読の効果には限界があるという研究成果も多い。白畑・若林・須田（2004, 42-49）は，「辞書を引くことなく，書物をいくらたくさん読んでも，読むスピードは向上するだろうが，語彙力が増加したり，文法能力が高まったり，発音能力が良くなったりはしない」と，内外の研究成果をもとに，結論づけている。白畑・若林・須田が述べているように，先行研究の多くが「実験手法などに不備が多い」(ibid., 49) 点を考慮しつつ，今後のさらなる実証研究が不可欠である。現時点では，先に指摘したように，その主たる意義は，新たな知識を獲得して，accuracy を向上させるというよりは，既存の知識の運用力を高める fluency の獲得にあると考えられる。

C　多読とシャドーイング・音読の関係

多読は一体何のためにやるのであろうか。中には，英語のリーディング力

を身につけるため，速く読めるようになるためといった目的を持つ場合もあろう。しかし多くの場合は，英語の総合力をつけるため，とりわけ英語でコミュニケーションを行えるようになるためである。すなわち，英語のコミュニケーション能力育成のための基礎作りとしての多読（さらには多聴[extensive listening]）という考え方である。

そうすると，シャドーイングや音読と関係づけることが必要ではないかと思われる。このシャドーイング・音読は，まず第1に，音声言語や文字言語をもとにした「音声・音韻表象の形成」という，知覚やディコーディングに関わるボトムアップ過程の自動化を目的とするものである（門田2007a）。そして，このボトムアップ過程の自動化を達成することにより，意味内容の理解という高次レベルの処理に主たる注意資源を廻すことが出来るようになり，その結果，流暢なリーディング，さらにはリスニングが可能になると指摘した。

門田（2008）は，以上の成果を受けて，多読（さらには多聴）と，シャドーイング・音読は，ともにこの「ボトムアップ過程の自動化」をめざすものではないかと仮定した。多読（多聴）は，一種の「留学効果」と同様の効果を持ち，新たな言語知識の獲得という面も否定は出来ないが，それよりもむしろ既有の言語知識に対する，数多く繰り返すことの効果（repetition effect）により，心内に蓄えた知識へのアクセスが高速化され，それがリーディング（リスニング）の「ボトムアップ過程の自動化」につながるのではないかというのである。多読（多聴）トレーニングを実践する中で，気に入った箇所を選んで，「(a) パラレル・リーディング→ (b) シャドーイング→ (c) 音読」の練習を取り入れていくことで，元来は別々のトレーニングが有機的に繋がっていくと考えられる。なお，上記 (a) (b) (c) 三つのトレーニングをこの順で繋ぐ根拠については，門田・髙田・溝畑（2007）などを参照されたい。要は，「accuracyからfluencyの獲得へ」という近年の言語学習の要ともいうべきコンセプトに，多読（多聴）も，シャドーイング・音読も，ともに合致した学習法であると言える。

5.6　中学校における絵本を用いた読み聞かせの指導

リーディング能力を高めるためには，言語インプットの量を多くすることが大切である。そのための活動として，中学校現場でも多読が注目を集めているが，英語を学び始めたばかりの学習者が自分の力のみで英語を読み進め

ていくことは非常に困難である。

　母語の場合であってもリーディングは難しい活動であるため，リーディングに先立つものとして，絵本などの読み聞かせがよく行われる。ここでは，英語学習で絵本を用いて読み聞かせを行う意義を簡単に確認した後，中学1年生に対する，絵本を用いた読み聞かせの指導例を紹介する。

5.6.1　絵本を用いて外国語学習で読み聞かせを行うことの意義

　読み聞かせとは，『国語教育指導用語辞典』（田近・井上 2006）の中で「本の内容を読んで聞かせること」と定義されている。このような幅の広い解釈を行うことの出来る読み聞かせは，学校教育や地域の図書館での指導など，様々な場所で，様々な方法によって行われており，これといって決まった指導方法をもつものではない。

　読むこととは，語や文法の知識，書かれている内容の知識，文章構造の知識など読み手がもっている知識と，接続詞や図など文中に埋め込まれた手がかりを利用しながら書かれた内容に知識を織り込んでつなぎ，一つの意味のまとまりを頭の中につくり出していくことであるとされる（秋田 2002）。そして，母語であっても外国語であっても，個人でこういった読みがまだ出来ない子どもに対して，主題，思想・価値観，登場人物の性格，文体・表現，文と絵（イラスト）の視点・視角や様式を明らかにして与えることが，読み聞かせのポイントであるとされる（向井 2005; Ellis and Brewster 2002）。

　Ellis and Brewster（2002）では，絵本を用いて外国語学習を行う利点として，身近で覚えやすい文脈（context）の中で言語を導入することを挙げている。また，絵本のストーリーや，読み聞かせでの指導の仕方によって，ストラテジー能力（語の意味の推測など）を高めたり，概念（色，大きさ，形，原因と結果など）を強化したり，公民の概念（文化的意識や寛容の精神など）をもたせたりすることが出来ると述べている。しかし，外国語の表現が難しすぎると内容が理解出来なくなるため，表現の適度な簡略化をすることも薦めている。

　英語で書かれた絵本を用意し，生徒たちが理解可能な英語を用いることで，大量の言語インプットを与えることができ，さらに，読み聞かせのポイントを押さえた指導を行うことで，Ellis and Brewster（2002）の述べる教育効果を得ることも可能である。

5. 6. 2　読み聞かせの実践例

　ここでは，Penguin Young Readers に収められている *Town Mouse and Country Mouse*（ピアソン・ロングマン）を使用した読み聞かせの例を示していく。

● Example 1：*Town Mouse and Country Mouse* の本文（一部）と表紙

Here are Town Mouse and Country Mouse. The two mice are good friends.
"Please come to the country for lunch."
"Thank you," Town Mouse answers.
"What's this?" Town Mouse asks.
"It's a cow," Country Mouse answers.
"What's this?" Town Mouse asks.
"It's an apple tree," Country Mouse answers.
・・・・・・・・・・・・・・・・・・・
Town Mouse likes the town. Country Mouse likes the country. But they are good friends.

A. Wong, *Town Mouse and Country Mouse*（Pearson Education Limited, 2002）

(1) 導入

　ここでは，絵本のタイトルを示し，新出単語のいくつかを確認する。このとき，オーラルインタラクションを通して町が好きか田舎が好きかを尋ねることにより，ストーリーの中で Mouse が感じる気持ちを理解するためのレディネスを築いておく。また，出来る限り多くのインプットを与えることが出来るように，教師の発話を工夫する。

● Example 2：Example 1 の導入

　　　　　　　　　（図8のような器材を用いて表紙を映し）
　　　　　　　　T：This is today's book. The title is *Town Mouse and Country Mouse*.
　　　　　　　　　 Do you know the word "town"?
　　　　　　　　　 Do you know the word "country"?
　　　　　　　　（図9を見せながら）
　　　　　　　　T：Look at this picture. Is this a town or a country?
　　　　　　　　S：A town.

図8　絵本を映し出す実物投影機

T：Yes, it's a town.
（ビルを指さしながら）
T：What's this?
S：A ...
T：It's a building. You can see many buildings in this picture.
　Now, what can we do in the town?
S：Shopping.
T：Oh, yes! We can buy many things at the store.
（図10を見せながら）
T：Next. Look at this picture. Is this a town or a country?
S：A country.
T：Yes, it's a country.
（図11の牛を指しながら）
T：What's this?
S：A ...
T：It's a cow. Milk is from the cow. Cheese is from the cow, too. Now, what can we eat in the country?
S：Fruits and ... 野菜？
T：Right. We can eat fresh fruits, for example, apples and grapes. We can also eat fresh vegetables.
T：Now, everyone. We can go shopping in the town, but no cows, no trees. We can eat fresh fruits in the country, but no buildings, no buses. Do you like the town? Do you like the country?
　OK. Please listen to the story.

図9　Town (p.10)

図10　Country (p. 4)

図11　Cow (p. 3)

(2) 読み聞かせ

　ここでは，図8の実物投影機を用いて黒板に絵を映し出し，時折ジェスチャーを交えながらストーリーを読んでいく。このとき，読みながら指で絵を指し示すようにすると，生徒の理解が高まっていく。また，疑問文を読んだ後には少し間をとり，生徒に考える時間を与えるようにする。すると，実際に答える生徒が登場し，読み聞かせにインタラクションが生まれることがある。

● Example 3：間をとった生徒とのやりとり

> T：（交互にネズミを指さしながら）Town Mouse and Country Mouse.
> ・・・・・・・・・・・・・・・・・・・・・・・・・・・・・・・・・・
> T：（図4）What's this?（しばらく間をとり，生徒を見渡す）
> S：A cow!
> T：Yes. "'It's a cow,' Country Mouse answers."

　ストーリーを読み終えた後には，生徒に簡単な感想を書かせ，ストーリーの内容を想起させるとよい。

5．6．3　読み聞かせから音読指導へ：parallel reading への発展

　一通り読み聞かせを終えた段階で活動を終了することは出来る。しかし，実物投影機のような器材を使い，絵本を大きく映し出すことが出来る環境が整っているならば，parallel reading を行わせることも可能である。

　ここでの parallel reading は，音韻符号化をはかる活動として取り組ませる。モデルとなる教師の朗読と同時に，黒板に映し出されたテキストを見ながら，ストレス，リズム，イントネーションをそのまま再現させるようにする。文字を見て音声化させるのではなく，聞こえる音をしっかりとまねるように強く指導する。小学校低学年の児童ならば，こういった指導をしなくとも素直に音を繰り返すことであろう。しかし，中学生になると，これまでの学習経験が影響するためか，文字による情報を得なければ不安を感じるようである。文字は音を補うために見るだけであるという意識を強くもたせておかなければ，結局文字を読んでしまい，正しいプロソディーを身に付けることが出来なくなってしまう。

　parallel reading を繰り返していくと，多くの文字を見ながら単語の発音や，英語のストレス，リズム，イントネーションに何度もふれることが出来る。生徒は Phonics や SPS 法（「6.2　リーディング能力の基礎となるスペリング能力とそれを伸ばす指導」参照）を通して学んだ，文字と音の連関規則を，読み聞かせの場でもたくさん確認することが出来る。そして，リーディング能力の基礎となる音読力を高めていくことが出来る。ぜひとも取り組んでいきたい活動である。

5.7　多読と他技能の統合

多読によって英語のインプット量を増やすことが，英語力を高める要因となることは確かである。また，たくさん読むことによって言語処理の量を増やすことと同時に，読後の活動を工夫することによって，質的に深い言語処理を促すことも大切だと言われている。そのためには，多読指導の中に，文字と音声，理解と産出を融合させた活動を組み込む必要がある（村野井 2004）。

本節では，多読での英語のインプットを，アウトプット（output）を含む他技能に発展させる指導を紹介したい。具体的には，読み聞かせ発表（reading aloud），ストーリー・リテリング（story retelling），ブックレビュー（book review）のとりくみについて考える。あくまで，活動の参考例なので，生徒の状況に応じてバリエーションを考えることも可能であろう。

5.7.1　読み聞かせ発表（reading aloud）

この活動は，自分の読んだ絵本をクラスに読み聞かせ発表を行うことにより，本の内容をより深く理解するとともに，プレゼンテーションによる発信力を高めることを目標としている。実施の手順は以下の通りである。

(1) 自分の気に入った絵本を選ばせる。
(2) オーディオブックのCDなどがあれば利用し，なければALTなどに表現読みを録音してもらい，リスニングやシャドーイングで練習させる。
(3) ストーリーの概要を示すイラストを画用紙に描く，プレゼンテーションソフトにイラストを取り込むなどして，大きな絵本を製作させる。時間がなければ本のイラストのいくつかを拡大コピーして提示することも考えられる。
(4) 毎時間の最初に一人ずつ読み聞かせ発表を行わせる。発表の際には，「声の大きさ」「表現読み」「アイコンタクト」など大切にしたいポイントをあらかじめ明示しておくとよい。
(5) 聞き手は，発表時は集中して聞き，発表が終わったら，図12の例のような評価カードに記入し，生徒の相互評価を行う。さらに教師による評価を加えることも出来る。

読み聞かせ発表評価カード	採点者（　　　　　　　　　　）	
発表者（　　　　　　　）	観点別評価	
感想：	声の大きさ	A・B・C
	表現読み	A・B・C
	アイコンタクト	A・B・C

図12　読み聞かせ相互評価カードの例

5.7.2　ストーリー・リテリング活動（story retelling）

　ストーリー・リテリングでは，自分の読んだ物語のあらすじを他の人に口頭で伝えることが中心となる。自分が読んでおもしろかった本を友だちに紹介することを目標とする。活動形態はペア，グループ，クラス全体の様々な規模で行うことが出来る。手順は次のようにする。

(1) 友だちに紹介したい，気に入った物語の本を選ばせる。
(2) 図13のようなストーリーマップを作成させる。登場人物による問題解決型のストーリーをチャートにまとめさせる。話の内容に応じて自分独自のマッピングに修正させたり，メモ書きの工夫をさせてもよい。
(3) ペアを作って，ストーリーマップやメモを見ながら本の内容を紹介する。
(4) パートナーは，メモをとりながら相手の話を聞く。
(5) 話が終わったら，パートナーは，メモを見ながら話の内容を復元し，話し手に確認する。
(6) 役割を交代してもう一度行う。
(7) グループやクラス全体での発表に規模を拡大することも可能である。

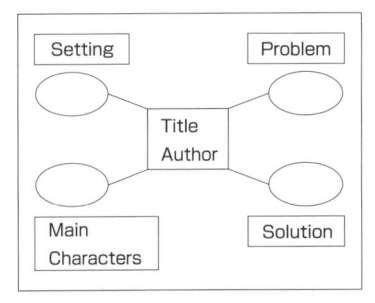

図13　ストーリーマップの例（O'Malley & Pierce 1996）

(3) ブックレビュー（book review）

　ブックレビューは，自分の読んだ本の書評を書く活動である。生徒に書かせたブックレビューは綴じて読書案内の冊子にしたり，「多読通信」に掲載

したり，掲示板に貼り付けたりすることにより，校内やクラスで交流することが出来る。ただし，書くことが負担になりすぎて，本来の多読への興味がなくならないように配慮する必要がある。そのためには，課題として書かせるのではなく「みんなに紹介したいお勧めの一冊」などのキャンペーンとして行う，本の気に入った場面のイラストと説明文を書かせる，日本語での紹介も認めるなどの工夫があってもよい。図14にブックレビューの参考書式を紹介しておく。

```
みんなに紹介したいお勧めの一冊     Class(  )No.(  )Name(      )
Tile：_____
Author：_____
Level：_____    【Review and Comments】
Picture
```

図14　ブックレビューの例

5.8　速読指導

5.8.1　速読指導，読解効率（速度と理解度），テキストの難度

　速読指導とは「易しい文を速く読む指導」であると言われている（安藤1989）。谷口（1992, 200）によれば，速読とは「幾分易しい教材に焦点をあて，理解度を保ち速く読み取る読書術」であると定義づけている。従って，速読指導において問題となるのは，目標とする速度・理解度の設定，テキストの難度という点に集約出来る。これらの点について順に考えてみたい。

　まず，どの程度の速度で読むことを目標とすべきであろうか。一般に読解速度は1分間に読んだ語数 wpm（words per minute）で表すことが多い。Carver（1990）は，英語母語話者の研究であるが，読みのプロセスと読解速度の関係を以下の表5のようにまとめている。

表5 英語母語話者の大学生の5つの読みのプロセスと平均読解速度 (Carver 1990)

読解プロセス	大学生の平均読解速度		中心的処理内容	ギア
	wpm	msec/word		
scanning	600	100	語彙アクセス	5
skimming	450	133	意味把握	4
rauding	300	200	文と文の統合	3
learning	200	300	概念記憶	2
memorizing	138	433	事実精緻化	1

　ここでは，読解速度は車のギアにたとえられている。道路状況はテキストの難度，検知すべき景色は読みの目的である。つまり，読解速度は，テキストの難度や読みの目的によって変化するものである。母語話者の大学生による平均的な数値によると，一般的な内容理解のための読み（rauding）では300wpm，概略読み（skimming）では450wpm，検索読み（scanning）では600wpmにも達する。逆に，学習のための読みでは200wpmに，記憶のための読みでは138wpmに速度が落ちる。従って，母語での速読指導の場合は，一般的な内容理解の読み，すなわちraudingより速く読む必要があり，その場合およそ75％の正確さが必要とされている（Carver 1990, 467）。

　日本における英語の速読指導は，どの程度の読解速度を目標に行うべきであろうか。安藤（1979）では，日本人大学生への速読指導に基づいて，図15のように速度がまとめられている。

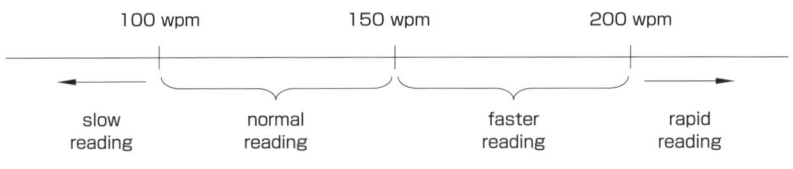

図15 「速読(rapid reading)」の定義（安藤1979）

　大学生での速読指導の経験から，ここでは，厳密に言えば音読の速度を超えた200wpm以上が「速読（rapid reading）」であるとしながらも，100wpmから200wpmまで（normal readingからfaster readingまで）の練習過程が「速読」であると広義に定義している。そして，この場合の理解度については70％程度をめざすべきであることが指摘されている。

　他の研究では，BBCのアナウンサーなら180wpmで話していることが参

考となることから，日本人高校生なら100〜150wpmをめざせるように練習するのがよいという指摘もある（卯城2000; 谷口1992; 望月・相澤・投野2003）。高梨・高橋（1987）では，中学100wpm，高校150wpm，大学200wpm前後という数値を出している。また，谷口（1992）によれば，日本人高校生の場合には，50〜60％の理解度を目標とするのが妥当であると述べている。

　以上のように研究によって多少の違いはあるものの，日本の高校での英文の速読指導においては，およそ150wpmを読解速度の目標として，理解度は60〜70％程度をめざすべきではないかと考えられる。そして，中学や大学では，この基準を調整して対応するのが現実的であろう。

　テキストや教材の選定は，どのようにすればよいであろうか。「易しい文」の基準はどのように考えるべきであろうか。安藤（1989）では，（1）未知の語が40語につき1語以下であること，（2）構文が複雑でなく未知の文法事項を含まないこと，（3）ある程度の予備知識がある親しみの持てる内容であること，（4）教科書の目安としては1〜2学年下のものを使用すること，などのガイドラインが提案されている。藤田（2007b）によれば，高校入学時の速読指導前に，職業学科の生徒に英検4級程度の英文を読ませたところ，75〜80wpm程度の読解速度が平均となったことを報告している。確かに，学年1〜2年下のレベルの教科書や英検の問題などがテキスト選定のおおよその目安としての参考となるかもしれない。速読指導は，既に出来ることでもスピードを上げて出来るようになること，すなわち熟達訓練（fluency building）に基づく指導であるという視点が，テキスト選定においても重要である（島宗2004）。

5.8.2　読みの速さをあげる指導法：timed reading

　本項では，教室での読みの速さをあげる指導法として，読解速度計測読み（timed reading）について紹介したいと思う。

　教室での読解速度の測定では，様々な問題点を考慮する必要がある。山本（2000）では，問題点として，（1）wpmの数値が大きくても内容が理解出来ていない場合があること，（2）wpmに内容理解の多肢選択テストの正答率を掛けて「読解効率」とする方法もあるが，これとはテストの信頼性と妥当性に注意する必要があること，（3）読解速度の測定は，単なる機械的な訓練となり読む喜びを失わせる危険があること，などが指摘されている。以上の

ような問題点を認識した上で,「読解速度」と「読解効率」を測定する際の実施手順と読み方の注意事項を以下のように整理したい（藤田 2007a; 山本 2000; 藤田一部改訂）。

(1) 実施手順
　①テキストは，易しめのもので，親しみの持てる内容であるものを選定する。内容理解テストは，あらすじの概略を問うものとする。
　②表にテキスト，裏に内容理解の多肢選択テストの書いてあるテスト用紙を使う。
　③特定の目的で読むのでははく，一般的な内容理解の速度の測定なので，テキストを読み終わるまで設問は見ない。
　④テキストを読み終わったら，時間を記録し，用紙を裏返して，内容理解テストに取り組む。テキストを読み返してテストに解答することは出来ない。
　⑤あらかじめ教師は，黒板に 10 秒きざみで図 16 のように数字をかいておき，ストップウォッチで計測しながら消していく。または，大型スポーツタイマーやタイマーアプリなどで時間を提示する方法もある。

2'00"	3'00"	4'00"	5'00"	6'00"
2'10"	3'10"	4'10"	5'10"	6'10"
2'20"	3'20"	4'20"	5'20"	6'20"
2'30"	3'30"	4'30"	5'30"	6'30"
2'40"	3'40"	4'40"	5'40"	6'40"
2'50"	3'50"	4'50"	5'50"	6'50"

図 16　タイムの板書例

　⑥文章の語数，計測時間，正答率から「読解速度（wpm）」と「読解効率＝読解速度（wpm）×正答率（%）」計算して記録させる。

(2) 読み方の注意
　①音読したり唇を動かしたりして読んではいけない。黙読とする。
　②目の動きは基本的に左から右で，大きく後戻りしないで読み進める。
　③読後にあらすじの概略についての設問に答えるので，とばし読みせず，文字通りの内容を理解しながら読み進める。

　上記の方法は紙による読解速度の測定である。紙による読解速度の測定をコンピュータソフト化したものとして，米国 StepWare 社の AceReader などがあるが，藤田（2007b）では，紙による測定とコンピュータによる測定

では差がないことを検証している。また，専用のソフトでなくても，ワープロソフトとストップウォッチのソフトを使えば誰でも簡単に測定出来る。コンピュータによる測定も試してみる価値がある。

Deno and Marston (2006) によれば，母語での読解の流暢さを育て読解力を高める継続的指導として，社会や理科などの教科目の文章を1分間だけ音読させ，正しく読めた語数を wpm で測定し，グラフ化することが効果的であると指摘されている。これは，CBM (curriculum-based measurement) と呼ばれるもので，読みの流暢さの育成のために利用されている。日本でも，授業中に，速読指導を継続的に行い，グラフ化して，発達を把握する試みが増えてきている。ただし，実施にあたっては，テキストの難易度や読みの目的によって読解速度は変化するものであるから，あまり記録紙のグラフの波にこだわりすぎない方がよいことにも留意する必要がある（高橋 2007）。要するに，大まかな読解速度の発達を把握しながら長期にわたって，速読指導を行うことが大切である。

次項では，読みの目的を意識した速読指導について紹介したい。

5.8.3 読みの目的に応じた指導法

日常生活では様々な目的で文章を読む。必要な情報を得るために新聞を読んだり，資格試験のために内容を覚える目的で読んだりすることもある。読む目的に応じて読解速度も変化することが明らかになっている（Carver 1990）。従って，教室での指導では，読解速度を数値的に高めるだけでなく，目的に応じた読みの結果として，読解速度が速くなることを意識させることが大切である（卯城 2000）。また，文法訳読法による精読が中心となりがちな授業に新しい読み方を導入するという意味でも，読みの目的に応じた指導の意義がある（渡邉 1996）。本項では，目的に応じた読みの指導として，skimming（概略読み）と scanning（検索読み）について紹介したいと思う。どちらも，文章の概略や特定の情報を把握するために読むことであるが，両者の区別は必ずしも厳密ではないとも言われている（Nuttall 1996）。

(1) skimming の指導法

skimming は短時間で文章の要点を「すくう (skim)」ように把握する読み方である。新聞や雑誌の記事の概要を把握したり，文章のトピックやパラグラフの概要を拾い読みしたり，文章の結論を把握するためだけに読んだり

することなどの場合がこれにあたる（高梨・高橋 1987）。
　ここでは，教科書を用いた skimming のためのタスクについて考えてみたいと思う。

● Example 1：教科書を用いた skimming
　問：文章をざっと読んで内容をつかんでみよう。著者は fast food を食べることに肯定的ですか，それとも否定的ですか。

　　Fast food changed people's eating habits. It is very convenient when you are busy. When you order your food, it arrives at once. You can also take fast food home.
　　However, there are also problems. Some people like only the tastes of fast food. They cannot enjoy the complex tastes of other food. Eating too much fast food is not healthy because most of it has a lot of fat. Moreover, now many people spend less time enjoying and making their meals.
　　Modern society needs convenience and speed, but why not sometimes enjoy meals slowly with family and friends?
　　　　　　　　　　　　　　Big Dipper English course I（数研出版），22

　skimming の指導を行うことによって，辞書を使わず，わからない単語があっても概略を把握しながら，速く読むことが出来るようになっていくという効果が期待出来るのである。

(2) scanning の指導法
　scanning は，テキストの中から必要な情報だけを検索することを目的として読む方法である。例えば，プロ野球のスポーツ欄で，昨日の試合である選手が成し遂げた新記録を知るとか，ツアーの広告を見て，旅行の値段を把握したりすることが scanning に相当する。
　scanning の具体的な指導としては，教科書の題材で，手紙文，e-mail，新聞記事，ホームページなどを扱ったレッスンを利用して情報を検索させるタスクが考えられる。資格試験などのリーディング問題には，日常生活でのオーセンティックなテキストが使用されることが多いので，こうしたテキストを使用して，いくつかの情報を探させることも可能であろう。また，教科書の普段のレッスンに scanning の指導を組み込む場合には，プレリーディ

ング活動として行うのが効果的である。この場合にはレッスンの各パートの中心的内容にかかわる語句や数字を拾い出させるタスクとすることが考えられる。

教科書を用いた scanning の指導例を以下に紹介したい。

● Example 2：教科書を用いた scanning
　問：文章の中から次の情報をみつけよう。
　　　1日25本タバコを喫っていた人が1年間禁煙すると
　　　　①健康への変化は？
　　　　②お金はいくら節約出来る？

Quit Smoking, Save Money

　The CANADIAN CANCER SOCIETY's online smoking calculator (www.cancer.ca/files/cw/calculator/cw_popup.html) shows you how much a smoker gains ― both physically and financially ― by giving up smoking.

　For example, if you smoke 25 cigarettes a day (say, at $7 a pack), after two weeks of quitting, your circulation improves and you save $98. After one year, your risk of heart attack is reduced by half, and you're $2,555 richer.

　And after five years, you have a lower risk of heart attack, stroke and lung cancer, and you can spend your newfound wealth of $12,775 on, say, those long overdue home renovations.

Powwow English reading（文英堂），64

　情報化社会では，様々なテキストを，読解速度を変えながら，目的に応じて読み分ける技能がますます重要になるものと思われる。普段の授業でも，目的に応じた読みの指導を行うようにしたい。

《基礎知識11》読みの処理速度を高める訓練としての速読と速読術の違い

　速読と言えば，様々な捉え方があるだろう。「この人は速読が出来る」と言った場合，その解釈は一つではない。金谷（1995, 14）では，速読とは母語では普通の速さを超える意味があるが，外国語学習のコンテクストではネイティブスピーカーが読む通常の速さを目指すという意味合いが強いとしている。母語の場合では，大抵の人は平均的なスピードで読めるので，速読と

はページを一目しただけで素早く内容が取れるような速読術の意味合いが強いだろう。しかし，第二言語での読みの場合，ネイティブと同じ速さで読むこと自体が，学習者にとり非常に速い読み方であり，不可能に近いという印象があるため，速読術だけではなく母語話者と同じぐらいの速さで英文が読めるという意味もある。しかし，速読術と普通に速く読み進めるという二つの読み方は，質的に異なるものである。特に第二言語で速読を指導する場合，教室で育成すべき速読力と速読指導の目的について理解しておく必要がある。そのためには，速読指導は速読術とはニュアンスが異なることを明確にしておく必要があるだろう。

A　通常の速読指導とは
(1) どれぐらい速く読ませるのか？

　速読の指標は，wpm（words per minute）で示されるが，英語母語話者は通常300 wpmとされている（Nuttall 2005, 56）。英語の速読指導は出来るだけ通常の母語話者の流暢な読みに近づけることが目的なので，このwpmを測定する指導が主となる。実際可能な速さは日本人の場合は，「100 wpm（slow），100〜150 wpm（normal），150〜200 wpm（faster），200 wpm（rapid）」という報告がある（金谷［1995, 102］を参照）。テキストの70％程度の理解では，高校生で150 wpm程度であり，大学生では200 wpmが妥当とされている（金谷 1995, 103）。最近の速読研究では，初級のESL，EFLの読み手（大学生）は83〜127 wpmで，上級の場合は135〜206 wpmであり（McQuillan and Krashen［2008, 106］を参照），これらの数字を見ると300 wpmはほぼ不可能であり200 wpm程度が目標となるだろう。

(2) 速さの概念は何か？

　いくら母語話者の読みの流暢さに近づけることが目的といっても，これらの速さの概念は単にスピードを示すものであってはならない。通常の読みは理解のために読んでいるのであり，速く読み終えるために読んでいるのではない。母語話者が読む平均的な速さという指標は，速く読もうと意識しないで，内容を理解しながら読み終えるといった通常の速さを示すものである。母語話者の流暢さに近づけることを目指す速読指導でも，理解を満たすことを前提に理想の速さを達成しなければならない。つまり，150 wpmで理解が完全ならそれが速度となるのだが，理解度が完全ではない場合にはそれだけ

の単語数を全て読み切ったと言えないだろう。wpm は速さのみなら「wpm ＝総単語数÷読みの時間（秒）× 60」で測定されるが，理解という要因を伴わせるには，5.8.2 で紹介したように wpm に「理解率＝正解数÷問題数」を掛ける公式が適当である。

（総単語数÷読みの時間× 60）×（正解数÷問題数）

目安としては 70％の理解で 200 wpm で十分とされている（Nuttall 2005, 58）。流暢な読みでは母語話者でも完全に理解出来るかどうか分からないことを考えてこれが妥当な数値だと思える。

(3) 何のために速読練習をするのか？

速読は生徒が内容を理解をしているかどうかが分からないので，妥当な指導なのか不安になる。また生徒が多くの語を飛ばして読む習慣を生み効果的ではないと考えてしまう。そのため速読訓練を取り入れることに躊躇してしまう。しかし，速読練習を繰り返すことがなぜ意義があるのかを正確に理解すれば，その大切さがわかる。

Just and Carpenter（1987, 37-39）は，眼球の研究で熟達した読み手（母語話者の大学生）でさえ通常の読みの場合（240 wpm）にテキスト（*Newsweek* や *Time*）の 80％の内容語と 40％の機能語を凝視し殆ど読み飛ばすことがないことを示した。非常に簡単な内容を読む場合は 2 語ごとに凝視し，また通常の 2 倍か 3 倍の速さですくい読み（skimming）をした場合は 2 個以上の単語を飛ばしていたと報告している。優れた読み手の定義は，一語一語を処理しながらより高次な情報統合処理も同時に行っていることになり，これはディコーディング処理（一語一語の意味検索処理）が自動的になることで実現されている。このことは，速読練習の意義を示唆している。つまり，速読は語彙を習得して統語的な理解を高めるなどテキストの意味理解に焦点をあてたものではない。それはシャドーイングや多読と同様に読みの効率という側面を重視した訓練の一つである。効率といっても速度そのものを速めることが本来の目的ではなく，速さを上げることを目指す過程で，生徒のディコーディング力の自動化と読み全体の流暢さを高めることが，本来の目的となる。wpm は読解処理の流暢さの一つの指標として使われているのであり，過度に速く読むことを強調してはいけない。

通常の速読指導で大切な点が，母語話者に近い読みのパフォーマンスが出来るようになることであるなら，不要な返り読みはよしとされない。また skimming などで飛ばすように指示することは妥当ではないことがわかる。Just and Carpenter の研究からわかるように，そのような指示は母語話者の場合でも不自然な読み方を強いていることになる。つまり，平均的な速度を超えることは不自然である他ない。それよりも文字の認識処理や文法の解析処理の速度の向上のために，一語一語の処理速度を向上させていくことを目標とすべきである。大幅な速度の向上があるとするなら，それがすくい読みなどの飛ばし読みによるものであってはならない。つまり，一語一語から一句一句と 1 回の固視でどれだけの範囲の文字を読めるのかといったカバー率が広がったことが，その原因となることが理想なのであり，1 度で処理するチャンク単位を広げることによる速度の向上が，理想とする速読指導の目標なのである。

B　速読術による読み

現在，多くの速読術があると思うが，その一つをあげるとフォトリーディングというものがある（Scheele [1999] を参照）。Scheele は，この読み方は neuro-linguistic programing の原理に基づいた独特の方法でテキストの内容を脳裏にコピーするものであり（"mentally photograph"），それを訓練すれば 25,000 wpm が可能と記している。詳しくは訓練を受けないと分からないが，本で紹介されている内容は読む目的を浮かべたり，タイトルや印象に残るキーワードを探したりといった pre-reading 的な活動の後に，脳裏に文字をコピーしていくような photo-reading を実行した後，記憶に残る内容を再活性させたり，キーとなる概念のマインドマップを作成するなどの活動を行うようである。これらの記述からはトップダウン的な読みという印象を受ける。実際に訓練で可能となるのは事実であるだろうが，多くの速読法はトップダウン的なものではないかと思う。

Just and Carpenter（1987, 426-52）は通常の読み手の眼球運動と更に速く読める speed reader の眼球の動きを比較し，以下のように報告している。

(1) 速読技術では，2,000 から 10,000 wpm が可能であることが過去に報告されている。
(2) しかし理解においては，通常の読みよりかなり落ち，馴染みのある内

容のテキストにしか効果がないようである。
(3) 主に概要しか残らないが，詳細な理解は劣る。
(4) 機能語より内容語を凝視するが，特に長い単語を凝視し読み進めている。
(5) 通常の読みは80％だが速読技術ではその半分以下の30〜40％の語を凝視していた。
(6) これらの特徴は，スキミング，スキャニング，キーワードの利用などで，推論とスキーマを使いながら読むトップダウン的読みと特徴づけられる。

つまり，これらは，特別な技術として理解するべきであり，外国語の速読指導が目指すものではなく，理解という面においてはあまり期待出来ない読みと考えられるだろう。

速読術というものは，①母語で行われている（つまりディコーディングの処理に問題がない人の読み）ということ，②また平均的な速度を超えて更に速く読もうとしていること，③またそうするためには通常の読みの眼球の動きでは達成されないことから，検索読み（scanning; 時刻表を見るような読みで必要な語句やフレーズ，情報だけを捜す）やすくい読み（skimming; 重要な情報だけを抜き出し，全体の概要がだいたいつかめる）のような形式スキーマ（どこに重要な情報が潜んでいるかを論理展開の構造から探る方法）を主に頼りながら読まざるを得なくなること，などの特徴があげられよう。問題はこのような読みが，ディコーディングが未熟な第二言語学習者に適切かどうかということである。Koda（2005, 260）は，ディコーディングの処理が自動化していない段階で，スキミングなどの背景知識を効率よく使う読みをさせても学習者の負担となるだけで，どのレベルでも導入出来るものではないと指摘している。

C 速読と速読術の区別

速読術は，目的に応じた賢い読み方の方略という位置づけであり，それは通常の読みが完成された場合にプラスアルファとして行われるものである。Kodaの指摘通り通常の下位処理が安定しているからこそ，術として活かせる読み方だと思える。通常の読みは一語一語の処理を伴うものであり，それにはディコーディングの自動化が不可欠であり，自動化に伴い内容理解の質

が向上していく。そうなるとスキミングやスキャングで効率よく情報を抽出するという方法は，その基礎的なディコーディングが完成してからではないと効果が得られにくいことは想像が付く。繰り返すと，私達が英語の授業で行う速読指導は，速く読む技能を養うためにあるのではなく，速く読む練習によってディコーディングの自動化を高めて，通常の読みの流暢さ（fluency）を向上させるために行うものである。決して特別な技の習得ではないということである。一語一語を見て目を左から右に移動させる動きを速くさせながら，理解させ，それによりチャンクごとの意味を統合していく処理に慣れさせていく。またこの過程を経験させ，読む速度を生徒自身に測定させることで，その成果を自分でモニターさせる。そのようにしてディコーディングの大切さを理解させることに速読指導の意義があるのである。

第6章 リーディング指導の諸相

6.1 はじめに

　本章では、リーディング指導について、これまでの1章から5章では取り上げることの出来なかったテーマ、すなわち (1) 読みと、スペリング、文法などとの関係、(2) ストラテジー指導やタスクを設定したリーディングの効果、(3) リーディング素材（テキスト）の選定、(4) 読解力の測定、といった諸問題について扱っている。

　リーディング指導というと、ただ英文テキストを読んで理解することだと考える人が多い。しかし、スペリング力、文法力などは、リーディング力を構成する重要な処理技能である。リーディングの指導とともに、それらの技能の定着をはかるにはどのようにするとよいか、そのノウハウについてまず解説する。

　次に、特定の方略を利用した読解ストラテジーの指導や、設定したタスクの解決を求めるタスクリーディングの方法について取り扱う。これらはともに、目的を持って自分で英語を読むことの楽しさとその効果を生徒に感じさせ、自律した学習者を育成しようとするものである。

　また、読みの素材（テキスト）を選択する際に必要な視点とは、どのようなものであろうか。精読、速読、多読といった目的によっても異なるが、テキストを選定する際に考慮すべき指針について検討する。その中でも、未知語の本文中に占める割合は、重要な要因である。さらに効率的な読みを可能にしてくれる語彙知識の閾値がどの程度かについても考察する。そして、易しいテキスト・教科書を利用することの重要性について提案する。かねてより、特に高等学校では、なぜか学習者のレベルを超えた難しい素材を重宝するという考え方が今でも依然として残っている。その結果、生徒の学力よりはるかに難解な教材が使用されたり、教師の独り相撲のような授業に陥ってしまう傾向があったのではないか。学習者のレベルを著しく超えた「$i+10$」ではなく、「$i+1$」や「$i-1$」「$i-5$」の素材を目的に応じて選択する

必要がある。

　本章の最後では，読解力の測定（リーディングテスト）について取り上げる。定期テストのような達成度テスト（progress test）や，到達度テスト（achievement test）はどうあるべきかについて論じつつ，より総括的なクローズテスト，サマリーテストなどについて解説している。

6.2　リーディング能力の基礎となるスペリング能力とそれを伸ばす指導

　リーディング能力と言われる能力は，いくつもの下位レベルの処理技能から構成されると考えられている。音韻処理技能を伴う音読力もリーディング能力の下位レベルを構成する技能の一つである。音読とは，文字を音に変換する作業を通してなされるものである。

　文字と音の対応に着目してみると，音読とは逆の操作をする作業として，スペリングが浮かび上がってくる。そして，音読力とスペリング能力との関係には深い相関があることが分かっている。ここでは，スペリング能力と音読力との関係の重要性について解説する。そして，スペリング能力を高める指導法の中から，文字と音との対応の指導方法を一つ紹介する。

6.2.1　スペリング能力と音読力との関係

　初見の英文を，英語らしく音読することの出来る生徒と出来ない生徒がいる。別の場面でディクテーションを行うと，英語らしく音読することの出来る生徒は，出来ない生徒よりも正しい綴りで単語を書くことが出来ている。

　これらは，ディコーディング（decoding）やスペリング能力による結果であるが，この二つの能力は，文字と音の対応する規則を通して互いに補完し合うことが知られている。つまり，phonics などの指導法を通して文字と音の連関規則を学習した後，スペリングの練習をすることによって，文字と音の関係がより明示的に理解されるようになる（Cataldo and Ellis 1988）。

　ディコーディングによる音韻処理技能はリーディング力に影響を与えるということを実証した研究は多い（門田・野呂 2001）。さらに，森（2007）においては，文字と音の連関規則は，スペリングとリーディングの両方と有意な相関があると述べられている。また，森（2007）では，文字列を音韻化する能力は，スペリングのみならず語彙習得の側面にも関わっており，さらにはリーディングのスピード面にも影響を及ぼす可能性があると述べられている。

しかし，中学校の教育現場では，「音と綴りの不規則なルールを教えることは効果がない」「学習時間が足りない」などといった理由により，phonicsなどの指導法はなかなか採用されてこなかった。そのため，自分で文字と音の対応する規則を見つけ出すことが出来ない生徒は，音読やスペリングが苦手となってしまっていた。

森（2007）で紹介されているFrith（1985）によると，文字と音の連関規則を身に付けさせるには入門期が望ましいと考えられている。中学校に入学した当初に文字と音の連関規則を身に付けさせることは大切であると考えられる。

6.2.2 スペリング能力を高める指導

森（2007）では，入門期段階において文字と音の連関規則を身に付けさせる指導法として，phonicsとSPS（simultaneous phonic spelling）法が紹介されている。ここでは，SPS法について紹介する。

山田ほか（1988）によると，SPS法とは，単語を文字または文字群に分け，その文字や文字群と音の連関規則を学習させる，山田ら独自の指導法である。SPS法では，小学校で学習しているローマ字との整合性を重視し，通常の分節法（camera → cam-er-a）とは異なる箇所で区切る（camera → ca-me-ra）ことが特徴である。もちろん，山田らも徐々に分節方法を標準型に修正していくことを条件としているが，スペリング指導としては以下のように簡単なものであり，入門期に取り組みやすい指導法になっている。

● Example 1：SPS法（"pencil" の指導の仕方［山田ほか 1988，155-56］）

①peと書きながら /pe/ とゆっくり発音し，つぎにnと書き，/n/ と発音する。同様に，続けてciに対して /si/ と発音し，lに対して /lə/ と発音する。
②語を綴り終えると，/pensil/ と普通の速さで教師が発音する。
③書かれたpencilのpeに下線を引き，もう1度，教師が /pe/ と言う。続いて生徒も /pe/ と発音する。以下，同じようにlまで進む。
④同じ方法で，今度はpencilを各生徒に書かせる。

この方法の利点は，応用の幅が広く，授業の中のどの場面でも行うことが

出来ることである。教師は，黒板に単語を書く際，常にこのSPS法の①を用いるとよい。生徒は教師の板書を見ながら，視覚を通して文字と音の連関規則に気を配るようになる。

　このSPS法を用いて単語を書く練習を繰り返すと，生徒は文字と音の連関規則を覚えていく。そして，その規則の応用が容易に出来るようになる。例えば，*New horizon English course* 1 の p.4 で"car"，"watch"を学習すると，ar, ch を読んだり書いたりする際に応用出来る単語が，Unit5 までに10語登場する。

guitar（p.4）　lunch（p.7）　March（p.9）　market（p.22）　bar（p.23）　teacher（p.28）　hard（p.39）　art（p.39）　much（p.42）　change（p.44）

　限られた授業時間の中で phonics の指導と SPS 法による指導を適宜使いながら，生徒のスペリング能力を高める工夫をしていきたいものである。

6.3　リーディングにおける文法指導
6.3.1　内容理解と言語理解

　文章を読んで，その内容を理解する能力（読解力）を構成するものとしては，個々の文の理解力に加えて，文と文のつながり具合，文章全体の構成，読むことで新たに入手する情報（新情報）と既に知っている情報（旧情報）とを照合する能力などがある。そして，こういった一般的な読解力（general comprehension ability）は，個々の言語に固有のものというよりもむしろ，言語間に共通したものであるという考え方（言語相互依存仮説［linguistic interdependent hypothesis］）がある。つまり，第一言語における読解力は第二言語にも転移（transfer）するものであり，結果，第一言語の読解力と第二言語の読解力の間には相関関係があるとする考えである。一方，言語閾値仮説（language threshold hypothesis）によると，第一言語における読解力が第二言語での読解場面に転移するためには，十分な第二言語の知識（a sufficient amount of L2 knowledge）が必要とされる（Alderson 2000）。この二つの仮説は一見相反しているように見えるが，ともに第一言語から第二言語への読解力の転移における第二言語の言語知識の重要性を物語るものである。リーディング指導における文法指導の重要性の所以がここにある。

6. 3. 2　具体的な教材を用いたリーディング指導における文法指導の例

　次のようなリーディング教材を用いて文法の指導を行う場合，具体的にどういった方法が考えられるだろうか。

●Example 1：リーディング教材を用いた文法指導

　Methane hydrate can also be called "ice that burns." It looks just like ordinary ice. You would be surprised to see it burning for a while and then leave only water. That mysterious ice is called methane hydrate.

　Methane hydrate is a solid made of methane. Each is surrounded by a cube of water molecules. One cubic meter of methane hydrate includes about 170 cubic meters of methane and 0.8 cubic meters of water. Methane hydrate needs high pressure and low temperature to be stable, and is found deep under the ground in cold regions. It is also possible for it to exist under the deep sea. Scientists believe huge amounts of it are to be found all over the world.

　These days, methane in methane hydrate is considered to be a good possibility for a future alternative energy resource. Japan depends on other countries for most of its natural resources. Japan is now one of the leaders in the field of developing methane hydrate.

Element English couse Ⅱ（啓林館），69

(1) 指導すべき文法項目

　これは2年生用の教材であるので，この英文に出てくる大半の文法事項や構文は生徒にとって既習事項のはずである。ただ，既習事項だからといって，生徒がそれら全てを理解し，定着しているわけではない。また，仮に知識として身についていたとしても，英文を読むにあたってそれらの知識がスムーズに記憶から取り出され，効率よく処理されるとも限らない。とりあえず上の英文より，復習も兼ねて以下に下線を引いた文法項目，構文を指導の対象とする。なお，二重下線部は，教科書に示されているこの課の指導のターゲット構文である。

●Example 2：文法項目，構文の指導対象

　Methane hydrate ア<u>can also be called</u> "ice that burns." It イ<u>looks just like</u> ordinary ice. ウ<u>You would be surprised to</u> エ<u>see it burning</u> for a while and then leave only water. That mysterious ice is called methane hydrate.

Methane hydrate is ₊a solid made of methane. Each ヵis surrounded by a cube of water molecules. One cubic meter of methane hydrate includes about 170 cubic meters of methane and 0.8 cubic meters of water. Methane hydrate ₊needs high pressure and low temperature to be stable, and is found deep under the ground in cold regions. ヶIt is also possible for it to exist under the deep sea. Scientists believe huge amounts of it ヶare to be found all over the world.

These days, methane in methane hydrate ₃is considered to be a good possibility for a future alternative energy resource. Japan ₊depends on other countries for most of its natural resources. Japan is now one of the leaders ₅in the field of developing methane hydrate.

ア．SVOC 構文の受け身形＋助動詞 can	キ．need ＋ 目的を表す副詞用法の不定詞
イ．熟語	ク．意味上の主語をともなう形式主語構文 It is ... for ... to.
ウ．仮定法過去（to 不定詞による条件の提示）	ケ．be ＋ to 構文
エ．知覚動詞 O＋C（...-ing）	コ．consider ... to ... の受け身形
オ．前置詞句による後置修飾	サ．depend on ... for ...
カ．受け身形	シ．in the field of ... -ing

(2) 演繹的指導法と帰納的指導法

　演繹的指導法とは，始めに一般的な規則を明示的に示す指導法である。文法指導においても，まず始めに文法規則を提示，説明し，そののちそれを理解させ，定着させるために練習問題をさせるといった指導法である。一方，帰納的指導法とは，具体的な例を挙げることで，学習者に対して一般的な規則を見いださせる指導法である。これを文法指導に当てはめると，ある特定の文法事項や構文を含んだいくつかの例文を提示し，それらの共通項を考えさせることで一般的に当てはまる文法規則を生徒自身に導き出させるといったことになる。

　では具体的に，これら二つの指導法で上記のウ（If を伴わない仮定法過去構文）を指導する場合を考えてみよう。

● Example 3：If を伴わない仮定法過去構文の演繹的指導

教師：えーそれでは，You would be surprised to see . . . という文を考えてみましょう。would があることからもわかるように，これは仮定法過去の文です。ですので，「もしあなたが〜を見たとしたら驚くでしょう。」という意味になります。でもこの文をよく見てください。「もし〜なら」を表す If がどこにも使われていませんね。その代わりに to 不定詞が用いられています。このように，仮定法の文中に使われる to 不定詞は，if に代わって「もし〜したら」という仮定の意味を表すことが出来るんですね。つまりこの文は，You would be surprised if you saw...と同じ意味を持つわけです。

　では次の練習問題をやってみましょう。（　　　）に英語を書き込んで仮定法の文を完成させてください。

1. I would be very angry to (　　　　　　　　　　　　).
2. You would be very disappointed to (　　　　　　　　　　　　).

● Example 4：If を伴わない仮定法過去構文の帰納的指導

教師：えーそれでは，You would be surprised to see . . . という文を考えてみましょう。皆さん，この文はどういう意味だと思いますか。would があることからもわかるように，仮定法過去の文のようですが，どこを見ても If が見あたりませんね。他にも次のような例があります。

1. I would be very angry to see anyone throwing garbage on the street.
2. Mother, you would be very disappointed to see my test. It was very difficult and I didn't do so well.

上の二つの文にはともに to 不定詞が入っていますね。この to 不定詞はどんな意味を表すと思いますか。

生徒：「もし〜」ですか。

教師：その通りです。実は仮定法の文中で使われる to 不定詞には，If と同じ「もし〜だったら」という意味が含まれているんですね。言い換えれば，この to see とは if I saw または if you saw ということなんですね。では，次の文の意味を考えてみましょう。

3. To hear him speak, you would think he was Japanese.

さて皆さん，この文から，彼が日本人かどうか分かりますか。
・・・・・・・・・・・・・・・・・・・・・・・・・・・・・・

6.3.2 文法指導のタイミング

　先にも書いたように，リーディング指導を含めて，4技能の指導において文法指導の果たす役割は大きい。一方，文法指導がこれまでの英語教育において批判の対象となりやすかったこともまた事実である。それはなぜか。それは，文法がこれまで，4技能全ての土台にあるものという形よりもむしろ，4技能と乖離した形で指導されてきたからではないか。いわゆる，「文法のための文法」指導に終始してきたということである。指導する側としては，何のための文法（指導）かということを常に念頭におき，4技能と結びつけた形で文法を指導することが肝要である。ここでは特に，リーディング指導における文法指導のタイミングを考えたい。

　例えば高校の英語の授業において，リーディングの指導であるはずが，気がついたら文法の授業に変わってしまっていたという失敗はないだろうか。英文を読んでいく中で難しい文法事項が出てきたとたん，それを説明するために次から次へと例文を紹介し，文法説明が始まってしまう。気がついたら，さっきまで読んでいたストーリーがどこかに行ってしまっていたという状況である。もちろん内容を理解するためには文法指導は欠かせないが，指導する側はあくまでもリーディングの授業であることを忘れてはならない。読解のために必要な文法指導を行いつつも，最終的には教材の内容をしっかりと読ませ，理解させ，それについて生徒に考えさせるような読解指導を目指すべきである。そのためには，文法指導をリーディング授業のメインストリームから切り離す工夫が必要であると考える。

　文法指導をリーディング授業のメインストリームから切り離す工夫の一つが文法項目の事前指導である。Example 2を例にとれば，例えば生徒にとって比較的難しく，また，もし理解出来ていなければ読解に大きく支障をきたすと思われる以下の4項目を選び，本文の読解作業に入る前にそれらを集中的に指導するのである。そうすることで，本文の読解に入った際にも，それほど「脱線」することなく読解作業を進めていくことが可能となる。

　　ア（SVOC 構文の受け身形＋助動詞 can）
　　ウ（仮定法過去（to 不定詞による条件の提示））

ク（意味上の主語を伴う形式主語構文 It is ... for ... to）
ケ（be + to 構文）

　例えば，アの文法項目の指導を事前に行う場合を考えてみよう。次のような指導が考えられる。

●Example 5：Example 2のアの文法指導
教師：それでは以下の英文を考えてみましょう。
　　　　We can call methane hydrate "ice that burns."
　　　皆さん，この構文を覚えていますか。call は確か，call A B という形をとって，「A を B と呼ぶ」という意味でしたね。上の文では，methane hydrate が A，ちょっと長いですが ice that burns が B となっています。つまり，
　　　　We can call ₐmethane hydrate "₈ice that burns." ですね。
　　　ではこの文はどういう意味でしょうか。はい，A 君。
生徒：えーっと。「私たちはメタンハイドレイトを燃える氷と呼ぶことが出来る」ですか。
教師：はい，いいですね。ではこの構文の受け身形を考えてみましょう。call A B を受け身にするとどうなったでしょうか。覚えていますか。簡単な例で言うと，I call my dog Pochi. です。これを受け身にして下さい。
生徒：My dog is called Pochi by me.
教師：とてもいいですね。call A B の受け身形は A is called B でした。ただし，上の例文では，これに can がついています。この場合は A can be called B となります。
　　　それでは誰か，一番最初の英文を受け身形に書き換えられますか。
　　　　We can call methane hydrate "ice that burns." という文です。
生徒：Methane hydrate can be called "ice that burns by us." ですか。
教師：なかなかいいですね。ただし，こういった場合，普通は文末の by us は不要ですね。My dog is called Pochi by me. の最後の by me も同様です。この話はまた次の時間にしましょう。また，何故ここで受け身の文が使われているのか，これもあとで考えましょう。
　　　今出来上がった Methane hydrate can be called "ice that burns." という文がこれから読むレッスンの中に出てきます。ちょっと気をつけて見ておいて下さい。では本文を読んでいきましょう。

　もう一つのやり方として，上に描いたような文法項目の理解と定着のため

の集中指導を読解後に行うことも考えられる。この場合，読解作業中はあくまでも意味内容をとることを優先し，文法的な説明は最低限にとどめておく。そうすることで，途切れることなく英文の内容を理解させることが出来るからである。この場合（詳しい文法説明は後まわしにして内容の理解を優先させる場合），一つの方法として，以下のようにもとの文をパラフレーズし，複雑な文法事項や構文をいったん回避することで内容をスムーズに理解させることも考えられる。

● Example 6：Example 2 のア，ウ，ク，ケのパラフレーズ
 ア．Methane hydrate <u>can also be called</u> "ice that burns."
  = <u>We can also call</u> methane hydrate "ice that burns."
 ウ．<u>You would be surprised to</u> see it burning...
  = <u>You would be surprised if you saw</u> it burning...
 ク．<u>It is also possible for it to exist</u> under the deep sea.
  = <u>It can also exist</u> under the deep sea.
 ケ．Scientists believe huge amounts of it <u>are to be found</u> all over the world.
  = Scientists believe huge amounts of it <u>can be found</u> all over the world.

6.3.3　指導すべき文法項目の選別

どういった文法項目を指導すべきかを決めるのは難しい。一つの方法として，教師がポイントを得た発問をすることで生徒の理解度を確認し，返ってくる反応によって読み違えの原因となっている文法項目をピンポイント的に指導することが考えられる。その具体例を考えてみよう。

● Example 7：文法項目のピンポイント的指導
教師：では本文の最初の段落を見て下さい。この文の中では，誰かが実際にメタンハイドレイトが燃えるところを見て，その結果，燃えたあとに水しか残らないのを見て驚いたのでしょうか。
生徒：would というふうに「過去形」が使われているので，誰かが実際に見て，それで「驚いた」のだと思います。
教師：なるほど。今，「過去形」といいましたが，では何故 You were

surprised ... となっていないんでしょうかねぇ。誰かわかる人。
生徒：・・・（沈黙）。
教師：皆さん，こんな文を覚えていますか。
If I were you, I would not do such a thing. ここにも would が使われていますが，これは過去を表す文だったでしょうか。
生徒：仮定法？
教師：その通りです。この文の意味を誰か言えますか。
生徒：えーっと。「もし私があなただったらそんなことはしないだろう」？
教師：いいですね。実際にはないことを仮定するのが仮定法でした。後半に使われている would というのは仮定法の印なんですね。だから，本文にある You would be surprised ... も，「あなたは驚いた」というよりも，「（もし～したら）驚くだろう」という意味になるわけです。だから，私から皆さんへの最初の質問，「誰かが実際にメタンハイドレイトが燃えるところを見て驚いたのか」に対する答えは「ノー」となるわけです。分かりましたか。
生徒：は～い。
教師：ではここで，もう少しだけ仮定法の復習をしておきましょう。

・・・・・・・・・・・・・・・・・・・・・・・・・・・・・・・・・・

6.3.4　下位レベル処理とその自動化

　第一言語の場合とは異なり，統語解析（syntactic parsing）等の下位レベル処理（lower-level processing）をある程度意識的に行うことは，英語が外国語である以上避けることが出来ない。一方，人が一度に処理することの出来る情報量には限度がある。上記のような下位レベル処理に限られた認知資源（cognitive resources）をあまり多く費やしてしまうと，冒頭に述べたような，文と文のつながり具合，文章全体の構成，読むことで新たに入手する情報（新情報）と既に知っている情報（旧情報）とを照合する能力などといった一般的な読解力（general comprehension ability）（＝上位レベル処理[higher-level processing]）に費やすことの出来る認知資源が不足してしまう。その結果，スムーズな読解が行われなくなってしまう。従って，読解作業を少しでもスムーズに行うためには，下位レベル処理のプロセスを自動化することが重要になってくる。そうすることで，下位レベル処理に消費される認知資源が節約でき，余剰分を上位レベル処理に回すことが出来るからである。

　日本人学習者にとって英語が第二言語である以上，リーディング指導にお

いても文法知識やその指導が重要な役割を果たすことは先に述べたとおりである。ただ，それを単なる知識（宣言的知識）として持っているだけでは十分ではなく，それを無意識のうちに使うことの出来る知識（手続き的知識）へと変えていくことが重要となる。それによって，リーディングの際の下位レベル処理が自動化され，限られた認知資源の有効利用に繋がるからである。

前項の Example 1 を教材としてリーディング指導をする際，まず以下のような文法項目を生徒が理解しているかどうかをしっかりと押さえておくことは重要である。

● Example 2：文法項目，構文の指導対象（再掲）

　Methane hydrate ア<u>can also be called "ice that burns."</u> It イ<u>looks just like</u> ordinary ice. ウ<u>You would be surprised to</u> エ<u>see it burning</u> for a while and then leave only water. That mysterious ice is called methane hydrate.

　Methane hydrate is オ<u>a solid made of methane</u>. Each カ<u>is surrounded by</u> a cube of water molecules. One cubic meter of methane hydrate includes about 170 cubic meters of methane and 0.8 cubic meters of water. Methane hydrate キ<u>needs high pressure and low temperature to be stable</u>, and is found deep under the ground in cold regions. ク<u>It is also possible for it to exist</u> under the deep sea. Scientists believe huge amounts of it ケ<u>are to be found</u> all over the world.

　These days, methane in methane hydrate コ<u>is considered to be</u> a good possibility for a future alternative energy resource. Japan サ<u>depends on other countries for</u> most of its natural resources. Japan is now one of the leaders シ<u>in the field of developing</u> methane hydrate.

しかし，以上のような点について生徒の理解が確認出来たら，次のステップは，文法上のポイントではなく，以下の下線部のような内容理解上での重要なポイントに注目した読み方の指導でなければならない。

● Example 8：内容理解上での重要なポイントに注目した読み方

　<u>Methane hydrate can also be called "ice that burns."</u> It looks just like ordinary ice. You would be surprised to see it burning for a while and

then leave only water. That mysterious ice is called methane hydrate.

　Methane hydrate is a solid made of methane. Each is surrounded by a cube of water molecules. One cubic meter of methane hydrate includes about 170 cubic meters of methane and 0.8 cubic meters of water. Methane hydrate needs high pressure and low temperature to be stable, and is found deep under the ground in cold regions. It is also possible for it to exist under the deep sea. Scientists believe huge amounts of are to be found all over the world.

　These days, methane in methane hydrate is considered to be a good possibility for a future alternative energy resource. Japan depends o other countries for most of its natural resources. Japan is now one of the leaders in the field of developing methane hydrate.

　以上のような点に注目した読み方をすることで初めて，以下のような内容理解上のポイントを押さえることが出来るようになるのである。

・メタンハイドレイトは「燃える氷」である
・メタンハイドレイトが燃えたあとは水しか残らない（環境によい）
・メタンハイドレイトはメタンと水から構成されている
・メタンハイドレイトは世界中の地中深くや海底深くにある
・メタンハイドレイトは将来の代替エネルギーとして有力である
・メタンハイドレイトの利用に関しては日本が進んでいる

　Example 8に示したようなポイントに注目した読み方が出来るようになるためには，Example 2の下線部に示したような箇所（文法的に重要な箇所）の処理をある程度自動化することが必要となってくる。そうすることで，注意（attention）を文法・構文上のポイントから内容理解上のポイントへとシフトすることが可能となるからである。そして，そのための指導法・訓練法としては，音読やシャドーイングといった音声を利用した指導の効果が実証されている（門田 2007a）。また多読指導やくり返し読み（repeated reading）もリーディングにおける下位レベル処理の自動化を促進するという点で注目されている。

6.4 読解ストラテジーを利用した指導
6.4.1 strategic readers/independent readers を育てる指導

　読解ストラテジー(reading strategies：RS)の研究はこれまで多くの研究者によってなされてきている。個々の読み手が，様々なジャンルのテキストにどのように関わり，語彙や文の意味を構築し，全体の内容を理解し，解釈し判断するのかといった認知的処理や，テキストに対してどのような思いや感想を持つのかといったテキストとの対話などの読みの過程に焦点を当て，その過程で優れた読み手はどのようなストラテジーを用いるのかに注目し，読みとRSの関係を解明し，ストラテジーの指導をすることが求められている。また，読みがスムーズに進むのみならず，様々な読み方が出来ることも重要であり，その結果どのような力を習得するのかにも注目したい。最終的に，学習者自らが，初めて出会う英語のテキストをストラテジーを駆使して早く正確に読めるようになる。つまり一人でも英文を読めるようになるといった自律した読み手(independent/autonomous readers)の育成を目指したいものである。読解スキルとストラテジーは本質的に異なっている。読解ストラテジーは必要なときに必要なストラテジーをタイミングよく用い，自ら考えながら，選択して意識的に用い，読解効果を高めるものである。例えば，note-takingといったスキルを持っていたとしてもそれをいつどのタイミングで，効果的にメモを取るかとったことを考え意識的にストラテジーとして使用することが必要であり，自ら適切な量を適切な時期に使えるように訓練する必要がある。

　また，ストラテジーはL1からL2に転移するので特に指導を要しないと主張する研究者もいるが，ストラテジー使用は学習者個人の特性や認知・発達段階，言語能力などによっても異なり，特に難解なストラテジーは何度も使えるようになるまで繰り返し指導することが重要である。

6.4.2 ストラテジー指導

　パッセージの内容をよりよく理解するために指導すべき主なストラテジーには次のようなものがある。

・文を区切り，概要を把握する。
・文脈から知らない単語を推測する。

- トピックセンテンスを見つけたり概要を把握する。
- 読みながらメモを取る。
- タイトルや後についている質問の内容や語彙などを活用する。
- 自分の持っている背景知識（スキーマ）を活用し，場面や登場人物，内容をイメージしながら読む。
- 視覚補助教材（図表・イラストなど）を活用する。
- 談話標識（therefore, however, while, then, first, for example など）に注意を払う。
- 読んだ後，内容を要約する。

そのような様々な読解ストラテジーを，どのように教えるのがよいのか，指導の手順を挙げてみよう。

● Example 1：ストラテジー指導手順
① ストラテジーを用いた読み方の提示（presentation）：
指導者が実際にストラテジーを用いたテキストの効果的な読み方の見本を示す。
　　　　　　　　⇩
② ストラテジーの明示的な説明（explanation）：
ストラテジーの種類と内容，その効果について，またいつどのような場面で用いればよいのかを具体的に説明する。
　　　　　　　　⇩
③ 各自でストラテジーの準備（preparation）：
読解テキストを与え，どのようなストラテジーを用いれば効果的なのかを各自に考えさせ，計画を練らせる。
　　　　　　　　⇩
④ 各自でストラテジーを用いた読解練習（practice）：
自分で立てた計画に沿って，実際にストラテジーを用いた読解練習を行う。
　　　　　　　　⇩
⑤ 過程の振り返り（reflection）と評価（evaluation）：
読解タスク後，まず個人で読みがどうであったか，ストラテジーをうまく用いることが出来たかを振り返らせ，うまくいかなかった時はどこに問題があったのかを考えさせる。その後，ペア，グループなどで同様に振り返りを行う。

⇓⇐ ⑥指導者の確認と支援：
指導者が学習者のジャーナルを集めて確認する。
⑦ストラテジーの応用と統合・発展（expansion）：
効果的に使えるようになるまで発展的に繰り返し訓練する。また，個々のストラテジーを指導した後，複数のストラテジーを組み合わせて用いることが出来るような指導も行う。

6.4.3　様々な読解ストラテジーとそれを活かした活動

次に，具体的に英語Ⅱのテキストを用いて指導する際の pre-reading, while-reading, post-reading のそれぞれの段階でのストラテジーの例を順に例示し，読解ストラテジーをつけさせるための活動を考えてみる。（リーディングに関する部分のみ抜粋）

● Example 2：教材

　A few months after my father's death, I was still suffering. During my senior year in high school, I started having pains in my stomach. The x-rays showed ulcers. I was hospitalized twice that year.

　Shortly after entering college, Donna, my high school girlfriend, broke up with me. Also, my uncle, who had become like a new father to me, committed suicide.

　I had lost all hope and thought of suicide, too. With my mother's advice, I checked into a mental hospital. My two-week stay there was the turning point in my life.

　The people who helped me recover the most were not doctors but my family, friends and roommate, Rudy. Rudy had had three wives and fifteen jobs and lived in his own world, full of failure and despair. People often came to visit me, but no one came to see Rudy. My pain seemed trivial, compared to his deep loneliness.

　It was then that I realized the importance of love and the people who loved me. I had been surrounded by love but hadn't let it affect me. I perceived a deep personal truth: I needed to be open to receive love.

Unicorn English course Ⅱ（文英堂），155-56；原典は P. Adams with M. Mylander, *Gesundheit!* (Rochester : Inner Traditions・Bear & Company)

(1) pre-reading

　・タイトルや，見出し，イラストに目を通して内容を予測させる。そのよ

うなものが無い場合は，キーワードに注目させる。
・読む計画を立てる。
・語彙や内容を推測する。

● Example 3：Example 2 の Warm-up Questions
内容に興味を持たせ，予測させる。自分のことと関連づけ，復習事項を利用して背景知識を活性化させる。

Please look at this picture. Does anyone know who he is? Have you ever watched this movie? I watched it twice. It was a wonderful story.
1 Do you know Patch Adams? What does he do? What is his real name?　⇒ Yes, he is a doctor. His real name is Hunter Adams.
2 Where does he live?　⇒ He lives in West Virginia, the USA.
3 When Patch's father die, how old was he?　⇒ He was 16 years old.
4 Have you ever had to stay in the hospital?　⇒ Yes, I have. I had to stay in the hospital once when I was five. I had a traffic accident./No, I haven't. I was lucky.
5 When you have problems or you need advice, who do you usually talk to?　⇒ My father, my mother, older brother, and my friend.
6 What is the hospital Patch Adams founded called?　⇒ It's called Gesundheit.
7 What does Patch believe?　⇒ He believes that laughter is the best medicine.
8 Do you think it's true?

● Example 4：Example 2 の New words, Vocabulary Input
語彙を定義より推測させる。キーワードをつかませる。

Now, I will say the definition of some words. So, listen to me very carefully and write the word on your notebook.
1 The permanent end of the life of a person or animal. The opposite word（antonym）is "birth".　（death）
2 To kill themselves deliberately because they do not want to continue living.　（commit suicide）
3 The person you share a rented room, apartment, or house with, for example when you are at university.　（roommate）

4 A sore area on the outside or inside of your body which is very painful and may bleed or produce an unpleasant poisonous substance. （ulcer）
5 It's the unhappiness that is felt by someone because they do not have any friends or do not have anyone to talk to. （loneliness）
6 You think that it is unimportant and not serious. （trivial）
7 You see, notice, or realize it, especially when it is not obvious. （perceive）

(2) while-reading
＜論説文・物語文共通＞
・背景知識の活性化：既存の知識を活用して，テキストから得られる新情報を理解しようとする。
・未知語を推測する。
・読みながら図やグラフを用いてまとめさせる。内容を要約する。
・分からないところを飛ばして読む，印を付けながら読む，メモを取りながら読む，後で辞書や単語リストを参照する。
・自ら質問を考え，それに答えようとする。
・読解をモニターする：仮説を立てたり，予測したり，読み誤りを訂正したり，進捗状況を評価したり，目標を明確にし，計画を立てるなど，自分の読解過程をモニターするように指導する。

＜物語文＞
・個人的体験と照合したり，文化的知識を活用したり，頭の中で情景や状況を絵に描く。
・テキストと対話しながら読み進めさせる。

＜論説文＞
・パラグラフの修辞構造をつかませる：論説文では，時間的経過，比較・対照，因果関係，例示など，修辞構造が明確である場合が多い。このような構造をつかませるために，以下のように図示させたり，談話標識などに注目させて読ませる。

< Cause and Effect >
Cause, condition or result signals: as, because, but, consequently, due to, for, from, if, since, resulting, so that, then, therefore, thus, unless, until, whether, while, without, yet

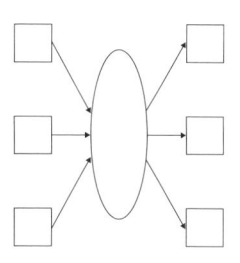

< Compare/Contrast Matrix >
Comparison-contrast signals: also, although, but, better, conversely, despite, either, even, however, in contrast, in spite of, instead of, less, more than, nevertheless, on the contrary, on the other hand, opposite, or, otherwise, rather, similar to, while, yet

< Series of Events Chain >
Conclusion signals: as a result, consequently, finally, from this we see, hence, in closing, in conclusion, in sum, in summary, last of all, therefore

Continuation signals: a final reason, again, also, and, finally, first of all, furthermore, in addition, last of all, likewise, moreover, next, one reason, another, secondly

Sequence signals: A, B, C; after; always; before, during; earlier; first, second, third; in the first place; last; later; next; now; o'clock; on time; since; then, until; while

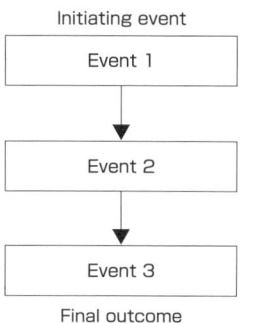

< Problem/Solution Outline >
Emphasis signals: above all, a central issue, a distinctive quality, a key feature, by the way, most of all, of course, remember that, especially important, a major event, a vital force, a primary concern, a significant factor, more than anything else, most noteworthy

Example signals: for example, for instance, in the same way as, much like,

Problem
| Who |
| What |
| Why |

Solution
Attempted solutions	Results
1	1
2	2

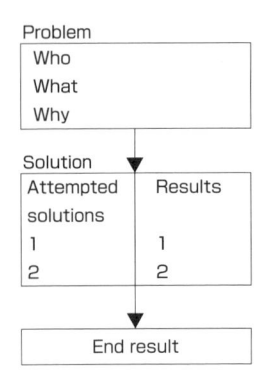

End result

similar to, specifically, such as, to illustrate

Hedging signals: alleged, almost, could, except, if, looks like, maybe, might, nearly, probably, purported, reputed, seems like, should, some, sort of, reported

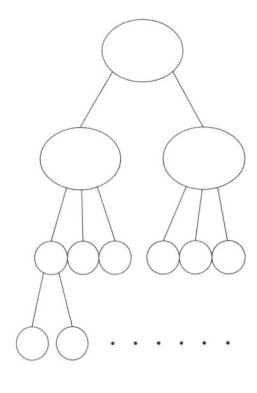

< Network Tree >

Spatial signals: about, above, across, around, away, behind, below, beside, between, beyond, by, close to, east, far, here, in, in front of, inside, into, left, middle, near, next to, north, on, opposite, out, outside, over, right, side, south, there, toward, under, upon, west

Time signals: after, already, at the same time, during, final following, immediately, lately, little by little, now, once, them, when

● Example 5 : Example 2 の true or false

概要について考えながら読ませる。skimming の練習

　Please read the following sentences and answer whether they are true (T) or false (F).
1. Patch had to stay in the hospital during his senior year in high school.
2. Patch tried to kill himself because his father died.
3. Rudy was Patch's classmate at college.
4. It was his mother's advice that made Patch realize the importance of love and the people who loved him.

● Example 6 : Example 2 の questions and answers

事実をつかみながら詳細に読ませる。scanning の練習

Please answer the following questions in English.
1. How many times was Patch in the hospital during his senior year in high school?
2. What happened after he entered college?
3. How long did he stay in the mental hospital?
4. Who helped him recover the most?
5. Did people often come to visit Patch in the hospital?

● Example 7 : Example 2 の Summary
トピックセンテンス，キーポイントをつかませる。
Please look at the summary sheet. Let's grasp the meaning of this part.
Q : What do you think is a key word or sentence?
A : The importance of love and the people who loved me. Last sentence, I perceived a deep personal truth: I needed to be open to receive love.

< Summary Sheet >
フローチャートを用いて要約させる。文構造をつかませる。

High school days :
・A few months after my father's death,
・_____ (at the age of 16)
・During my senior year in high school, _____
The x-rays (   ) ⇓
　　　　　I was _____.
Shortly after entering college ,
　(1)
　(2)
　　　　　　　　　　　　⇓
I had lost _____
With my mother's advice, I _____
　　　　　　　　　　　　⇓
My two-week stay at a hospital =_____
The people who helped me recover the most were (   )
Rudy 　　　　　　　　　　　　　　　I
　・　　　　　　　　　　　　　　　・
　・
　・
　・

His deep loneliness　　⇔　　My pain seemed(　　　　　)
　　　　　　　Then　⇓

I realized
・
・
・

● Example 8 : Example 2 の filling in the blanks
　自分の言葉でサマリーと感想を言わせると更によい。

　A few months after my father's (　　　　　), I was still suffering. During my (　　　　　) year in high school, I started having pains in my stomach. The x-rays showed (　　　　). I was (　　　　　　) twice that year.

　Shortly after entering college, Donna, my high school (　　　　　), (　　　　　　) up with me. Also, my uncle, who had become like a new father to me, (　　　　　　　) suicide.

　I had lost all hope and thought of (　　　　　), too. With my mother's (　　　　　), I checked into a (　　　　　　) hospital. My two-week stay there was the (　　　　　　) point in my life.

　The people who helped me (　　　　　　) the most were not doctors but my family, friends and (　　　　　　), Rudy. Rudy had had three wives and fifteen jobs and lived in his own world, full of (　　　　　) and (　　　　　　). People often came to visit me, but (　　　　　　) came to see Rudy. My pain seemed (　　　　　　　), compared to his deep (　　　　　　).

　It was (　　　　　) that I realized the (　　　　　) of love and the people who loved me. I had been (　　　　　) by love but hadn't let it (　　　　　) me. I (　　　　　　) a deep (　　　　　) truth: I needed to be open to (　　　　　) love.

(3) post-reading
　　・読んだ内容を振り返り，自分の予測通りであったかを確認する。
　　・テキストから学んだことを振り返り，自分の知識と照らし合わせる。
　　・目標達成を確認する。
（例）ペアやグループで自分の意見や感想を自由に言わせる活動（your own

opinion)。

　最初は，教師がタスクシートを用意して，質問や要約の仕方を指導するが，やがて学習者自らが，自分で質問を考え，それに対する答えを求めるように読み，要約し，自分の言葉で言えるように段階的に指導することが望ましい。それにより，自律的な読み手を育てることが出来る。

6.4.4　ストラテジー指導の留意点

　日ごろから年間を通してリーディングの授業の中で様々なストラテジーを指導し訓練することが大切である。明示的に説明し，どのようにストラテジーを用いればよいかを体験させ，振り返らせる。そこで重要なのは，例えばスキーマの活用を指導した後，そのままにするのではなくて，それが自らうまく使うことが出来たか，その効果はどうであったか，次はどのようなストラテジーを用いたいのかを考え，計画させ，モニターさせるといったストラテジー使用に意識を向けさせることである。そのためにはストラテジー使用に意識を向けさせるジャーナル，アンケート，チェックリスト等が有効である。

(1) ジャーナル

　ジャーナル（strategy training sheet）に書かせるねらいは，自律した学習者になるために自己の学習に責任を持たせて，計画し，実行し，振り返り，評価するといった一連のメタ認知方略を意識して使わせることにある。ジャーナルには以下のような事項を盛り込むとよい（次頁 Example 9）。

(2) 読解ストラテジー使用に関するアンケート

　ねらいを定めてストラテジーを使用させ，計画や振り返り，評価を重視するジャーナルに対して，包括的にどのようなストラテジーを使用したかを観察したい場合には，アンケートが役だつ。学習者もアンケートに記入する中で，自己のストラテジー使用を振り返ることも出来るので効果的である。ストラテジーの名称を英語で指導している場合は英語でもよいし，日本語で尋ねても構わない（p.269 Example 10）。

(3) 読解ストラテジー使用チェックリスト

　日々の授業の中でリーディング指導を行う際に，学習者にさまざまな読解

● Example 9：ジャーナルに盛り込むべき事項

氏名（　　　　　　　　）　題材（　　　　　　　　　　）日付（　　　　）

1　Goal setting：本時のねらいを各自で設定させる。
　　例：「本文の構造に注意して読めるようになる」
2　Strategy planning：どのようなストラテジーを使用するかあらかじめ考えさせ，ブレインストーミング（brainstorming）を行わせる。
　　例：「談話標識に印をつけ，文と文のつながりを図式化する」
＊原因と結果（cause and effect），分類（classification），比較と対照（comparison and contrast），定義（definition），描写（description），出来事が起こる順序（narrative sequence of events），問題と解決法（problem and solution）など
3　Peer reflection and feedback：読解後，ペアや個人で振り返りをさせて気がついたことを記入させる。
4　Evaluation：目標達成度の自己評価をさせる。
　　［1　全くそう思わない　2　あまり思わない　3　どちらともいえない
　　　4　かなりそう思う　　5　そう思う］
　✓このストラテジーの使い方は理解できましたか（1　2　3　4　5）
　✓このストラテジーは有効だと思いますか　　　（1　2　3　4　5）
　✓自分一人でも使えると思いますか　　　　　　（1　2　3　4　5）
　✓今回自分が使ったそれ以外のストラテジーがあれば，具体的に内容と
　　効果について書いてください。（　　　　　　　　　　　　　　　）
　✓ストラテジー使用の感想を述べてください。

5　Teacher's feedback：指導者がコメントをする。

　ストラテジーを繰り返し使用し，定着させるためには，ＲＳ使用チェックリストを用いて意識的に継続して指導することが有効である。リストを配布することで，ＲＳの種類も理解でき，学習者が自分で選んで使用することが可能となる。リストは定期的に集めてコメントを書いて返却するとよい（次頁Example 11）。

● Example 10：読解ストラテジー使用に関するアンケート

氏名（　　　　　　　　　）　Title of reading（　　　　　　　）

読んでいる間に以下のストラテジーを用いましたか。Yes か No に○をつけてください。
実際に使ったなら次の質問に対するコメントを書いてください。
Q：どのようにストラテジーを使いましたか，またそのストラテジーはあなたの読みに役立ちましたか

ストラテジー	Yes/No	コメント
読む目的を明確にする	Yes　No	＿＿＿＿＿＿
あらかじめ目を通す	Yes　No	＿＿＿＿＿＿
内容を予測する	Yes　No	＿＿＿＿＿＿
自分で質問を作る	Yes　No	＿＿＿＿＿＿
予測を確認する	Yes　No	＿＿＿＿＿＿
質問に対する答えを見つける	Yes　No	＿＿＿＿＿＿
テキストを背景知識とつなぎ合わせる	Yes　No	＿＿＿＿＿＿
要約する	Yes　No	＿＿＿＿＿＿
テキストの部分を他の部分と結び合わせる	Yes　No	＿＿＿＿＿＿
テキスト構造に焦点を当てる	Yes　No	＿＿＿＿＿＿
読み返す	Yes　No	＿＿＿＿＿＿
辞書で単語を調べる	Yes　No	＿＿＿＿＿＿
関係を見るのに談話標識を用いる	Yes　No	＿＿＿＿＿＿
間違った解釈を修正するための手段を取る	Yes　No	＿＿＿＿＿＿

（Grabe and Stoller 2002, 209；一部改編）

● Example 11：読解ストラテジー使用チェックリスト

	ストラテジー	使用した日				
1	読む目的を明確にする					
2	どのような読み方をするか（手段をとるか）計画を立てる					
3	テキストにあらかじめ目を通す					
4	タイトルや視覚補助からテキストの内容を予測する					
5	予測を確認する					
6	テキストに関する質問を設定する					
7	設定した質問に対する答えを見つける					

8	テキストを背景知識とつなぎ合わせる					
9	文章を区切りながら読む					
10	読みながらメモを取る					
11	メッセージや情報などを利用する					
12	トピックセンテンスを見つけ，大意を把握する					
13	内容を要約する					
14	論理的に推測する					
15	テキストのある部分を別の部分とつなぎ合わせる					
16	テキスト構造に注目する					
17	読み返す					
18	新出語の意味を文脈から推測する					
19	文と文の関係を見るために談話標識を用いる					
20	理解度を確認する					
21	難しい箇所を見つける					
22	辞書など情報源を利用する					
23	間違った解釈を修正するための手段をとる					
24	著者を批判する					
25	テキストを批判する					
26	どれだけうまく目標が達成できたかを判断する					
27	テキストから学んだことを振り返る					
28	その他					

(4) SQ3R technique：(survey, question, read, recite, review)

　次に読解指導でよく用いられている SQ3R technique について紹介する。このテクニックは 1946 年に Francis Robinson によって紹介されたアプローチで，創造的な読み手になるための指導法である。五つの段階的読解ストラテジー（Survey or Skim, Question, Read, Recite or Recall, Review）を取り，そのストラテジーの頭文字をとって SQ3R と呼ばれている。指導をする際の指示は以下の通りである。

● Example 12：五つの段階的読解ストラテジー

次の手順に従って，Unit を読みなさい。
(1) Survey（1分）：全体の章を通して読み始める前（pre-reading）に，タイトル，見出し，副題，イタリック体や太字，絵・グラフ・地図など視覚的な情報，質問などを見て，筆者のねらいや主な内容について考え，紹介文や要約を読んで，内容に関して三つから六つの主な考えを持ち，内容を想像しなさい。
(2) Question（通常は 30 秒以内）：この章は何について書かれているのかを自問自答し，質問を作りなさい。例えば「この章が答えようとしている問いは何なのか（What is the question that this chapter is trying to answer? or What question do I have that this chapter might help answer?)」など。よい質問が作れれば作れるほど，理解が深まり，積極的に関わりながら読むことが出来ます。この過程をそれぞれの節や項の中でも繰り返し，質問をもちそれに答えようとしなさい。また更に質問を自分で書きとめることもでき，その際は SQW3R と呼ばれます。大きな質問 2～3 個と更に踏み込んだ質問も考えるとよいでしょう。例："What does the author mean by X?" or "Is the author saying that such and such will really work?" or "Why is the author's using so many examples?"
(3) Read（各自のペースで，10 分程度）：最初に設けた質問に対する答えを探しながらセクションを読みなさい。これは積極的な読み（active reading）にあたり，集中出来る場所と時間が必要です。自分が構築した心的表象の証拠固めをする情報を集めることが重要です。もし更に質問が必要なら増やして，余白に書いたり，メモを取ったりしなさい。また重要な主張に下線を引いたり，丸をつけたり，カラーペンで塗るなど，後で見てわかるようにしておいてもよいでしょう。
(4) Recite/write（約 1 分）：セクションごとに止まり，質問を思い出し，そのセクションの主要ポイントとなり，質問の答えになっている文（キーフレイズ）を記憶の中から呼び戻し暗唱し，書き留めなさい。筆者の主張や具体例なども挙げなさい。もし出来なければもう一度読み直しなさい。本からのフレーズを写すのではなく，自分自身の言葉を用いることが大切です。出来るまで次のセクションに進んではいけません。
(5) Review（5 分以内）：全ての章で（2）～（4）の段階を繰り返した後，章の概要を述べているキーフレーズのリストを作り，それらを隠して，自分で覚えて言えるかどうかをテストしなさい。もしポイントを思い出せなければ，再度読みに戻る必要があります。頭の中で構築されたものを洗練し，記憶にとどめるためのステップです。フラッシュカードや，メモや他のステップで用いた題材は数日の間，毎日 2～3 分復習するため

に使えます。また，クラスで内容について話し合うことも有効です。読んだことから得られる情報が重要で，それらを記憶にとどめる手続きが必要です。

読みは考える過程であるので，読む前に質問を作ったりタイトルなど周辺情報から考えたりすること，読みながら答えを見出すこと，読んだ内容を見ないで言えること，重要な文を覚え長期記憶にとどめること，これらを自ら積極的に行うことこそが重要である。これがSQ3Rが目指すものである。

(6) PRTR technique（preview, read, think, review）

PRTR techniqueは，SQ3R techniqueと似かよっており，心理学者が実験を通して研究してきたことの原理を応用している。人は学んだ題材を理解し，自分の言葉で考えを表現し，何度も短い時間に題材を復唱／復習するなら情報をよりよく学び保持するようになる。PRTR techniqueは学習者が，事前準備をし，読み，考え，読んだことを復習するといった過程を重視している。

(1) Preview：読み始める前にその課をざっと見て，タイトルや見出しに注意する。
(2) Read：あらかじめ目を通したセクションを読む。与えられた情報を吸収出来るように1～2セッションのみ読む。
(3) Think：読んだことについて考える。学習者がメモを取ったり質問を考えたり，課題に対して批判的に読んだりといった積極的な読みの段階である。
(4) Review：最後に復習する。読んだセクションを拾い読みをしたり，鍵になる言葉や概念をメモに取り，まとめたりする。この過程を通して練習しながら内容をより理解することが出来る。

それ以外に，PQRST techniqueなどもあるが，いずれも読む前の段階であらかじめ質問を設定し，読みながらメモを取らせて要約するといった過程を経て，読んだ内容を個人と結び付けることで内在化させ，記憶に残りやすくしていることが特徴である。

(1) Preview：トピックの主要な見出しか摘要のポイントをさっと読みとる。

(2) Question：トピックを読み終えた後，自分が答えたい質問を書き出す。
(3) Read：情報を選びながら，学びたいトピックに関連する題材を通して自分の答えたいと思う質問に関連させながら読む。
(4) Summary：メソッドの最も柔軟な部分であり，情報を段落毎にまとめてメモを作る。Spider diagram（Flow chart）や diagram なども有効である。
(5) Test：重要情報に焦点を合わせて，自分の設定した質問に出来るだけ完全に答える。

　本節では，読解ストラテジーについて，まずメタ認知方略を育成するためにジャーナルやアンケートなどを用いて振り返りを行うこと，また従来のリーディング指導に学び方を教えるといったストラテジーの観点と学習者中心の考え方を入れていくことで，授業が大きく変わることを取り上げた。何より学習者に自己責任を持たせて，各自の目標を設定させたり，質問を考えさせたり，学習者一人ひとりがテキストと向き合い作者と対話をしつつ，深く内容を理解しながら読むことが重要である。そして，生徒が自ら最終的に理解の到達度をみることで，達成感や満足感を得ることができ，かつそのテキストが自分のものとして生まれ変わることが体験出来るような指導がよりよい読み手を育てるためには有効であろう。

《基礎知識12》読解方略とメタ認知

　6.4では，さまざまな読解方略の指導法について述べられたが，こうした方略を上手く使いこなすためには，学習者がメタ認知と呼ばれる力を有していなければならない（Flavell［1979］，Wenden［1998］など）。では，このメタ認知とは，一体どのようなものなのだろうか。
　メタ認知は，読み書きや聴いたり話したりする認知的な活動を，一段上のレベルから操縦する力で（竹内2008），操縦するための知識（メタ認知的知識）と技術（メタ認知方略）の二つに大別される（Brown et al. 1983; Flavell 1979; Wenden 1998）（図1参照）。前者のメタ認知的知識は，学習を効率よく進めるために学習者が持つべき知識で（Brown et al. 1983; Wenden 1998），主に (1) 学習に関する知識，(2) タスクに関する知識，(3) 方略に関する知識の三つに分類されている（Flavell 1979, 1981a, 1981b）[1]。

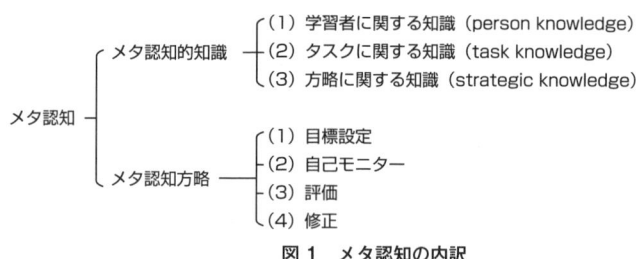

```
                    ┌─ メタ認知的知識 ─┬─ (1) 学習者に関する知識 (person knowledge)
                    │                  ├─ (2) タスクに関する知識 (task knowledge)
                    │                  └─ (3) 方略に関する知識 (strategic knowledge)
  メタ認知 ─┤
                    │                  ┌─ (1) 目標設定
                    │                  ├─ (2) 自己モニター
                    └─ メタ認知方略 ──┤
                                       ├─ (3) 評価
                                       └─ (4) 修正
```

図1　メタ認知の内訳

　一つ目の「学習者に関する知識」とは，学習に影響を与える人間の要素は何であるかについての知識や，それらの要素が学習者個人にどのように働いているかについての知識である。例えば，学習の動機や年齢，性格などの要素が，人間の学習に影響を及ぼすことを学習者が知っており，さらに自分の個人的な学習動機が何であるか，またそれが高いか低いかを把握していたり，自分の性格を把握している場合には，「学習者に関する知識」を持ち合わせていることになる。したがって，「学習者に関する知識」は，学習に対する信念や自信（自己効力：self-efficacy）とも深く関連しているといわれている（Wenden 1998)[2]。

　二つ目のメタ認知的知識「タスクに関する知識」は，タスクの目的や難しさについての知識や，タスク遂行に必要な知識およびスキルにいての情報をさす。目の前のタスクをすることでどのような力がつくのか，そのタスクが学習者個人にとってどれほど難しいものなのか，そしてうまくやり遂げるためにはどのような語彙や知識，スキルが必要なのか，などを学習者が把握していると，「タスクに関する」メタ認知的知識を持っていると言える。

　三つ目の「方略に関する知識」は，方略一般についての知識である。方略とは何か，どのような方略があるのか，なぜ方略が学習に役だつのか，そしていつどのようにどの方略を使えばよいのか，についての知識である。

　一方，メタ認知のもう一つの柱であるメタ認知方略は，上述した3種類のメタ認知的知識を駆使して，学習をコントロールする行動（技術）で，(1)目標設定，(2)自己モニター，(3)評価，(4)修正，の四つの行動が含まれる（図1参照）。目標設定の方略は，学習を開始する前に，学習者が自分なりの目標を設定することだが，抽象的すぎる目標や達成不可能な目標ではなく，短期間に達成可能なより具体的目標を設定することが重要である。また，目標を設定したままにするのではなく，定期的に自身の学習状況を振り

返ることが，自己モニターのメタ認知的方略である。そして，自己モニターをしながら，目標に近づいているかどうか，勉強方法は正しいかどうかなどを判断するのが評価のメタ認知的方略になる。さらに，もし勉強方法が正しくないと思ったり，目標の達成が難しいと判断した場合には，修正のメタ認知的方略を駆使して目標や勉強方法を再検討するのである。最近の研究では，このメタ認知方略を含んだ方略全般を使用している時には，我々の脳内においてワーキングメモリが活性化されるという理論も提唱されている（図2参照）（Macaro 2006）。

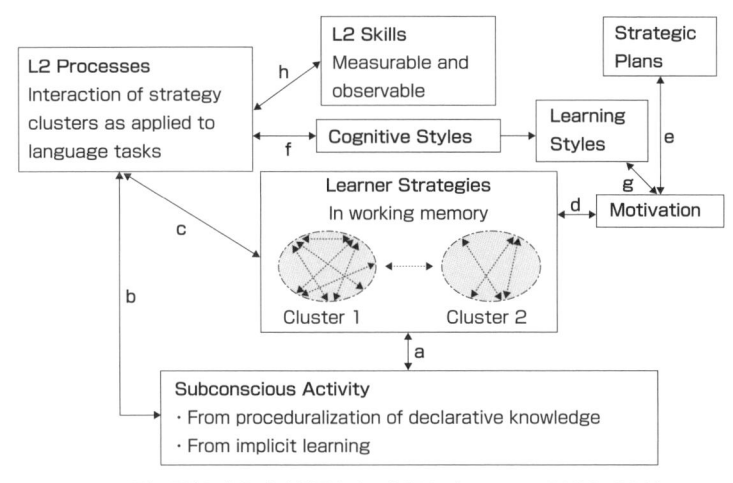

図2　認知理論にもとづく学習方略の枠組み（Macaro 2006, 326）

　メタ認知的知識とメタ認知方略の二つの柱からなるメタ認知は，第二言語学習において重要な役割を果たす要素として実証され始め，昨今，新たに注目されている（竹内 2008）。特に，メタ認知は，学習者が自ら学習をコントロールして進めていく「自己調整（self-regulation）」や「自律（self-direction）」の過程で重要になると考えられている（Dörnyei 2005; Rubin 2001）[3]。読解学習と方略使用に関する実証研究でも，読解学習の成功（または失敗）に直接的に関係するのは，個々の読解方略の使用ではなく，むしろメタ認知的方略の使用であると報告されている（Anderson 1991; Carrell 1989; Erler and Finkbeiner 2007）。読解学習を効率的に進めている学習者は，タスクの特徴

や目的に合わせて読解方略を使用したり，複数の読解方略を組み合わせて使用したり，また方略使用により文章を理解出来ているかを適宜振り返ったりしながら，読解活動を続けているのだという（Ikeda and Takeuchi 2006）。このように読解方略を効果的に使いこなすには，その前提条件として，学習者が自分の読解能力を把握し，これから取り組む読解タスクの目的や難しさを理解するだけの知識を持ち，タスクを滞りなく終わらせる（英文を理解する）ために利用出来る方略にはどのようなものがあるか，といったことに関する知識を有していなければならない。そして，これらの知識を生かして読解学習の目的を定め，タスクの進行状況や理解度をモニター・評価し，必要に応じて軌道修正しなければならい。言い換えれば，上述した三つの側面（学習者，タスク，方略）に関するメタ認知的知識を学習者が持ち合わせ，さらにその知識を活用しながらメタ認知方略を使用していく必要がある。そうして初めて，学習者は読解方略を自由自在に操って読解学習を進めることが出来る。つまり，メタ認知は，学習者が自ら効果的な学習を進める上で，最低限必要なものといっても過言ではないかもしれない。

注
1) メタ認知的知識は，言語関連や読解の対象となる分野の「背景知識」および「学習に関する信念」を含めて五つに分類されることもある。(Rubin 2001；竹内 2008)
2) 自己効力については，Zimmerman and Shunk（2001）などを参照のこと。
3) メタ認知と自律学習の関係については，竹内（2008）などに詳しくまとめられている。

6.5 タスクリーディングによるリーディング授業の活性化

タスクリーディング（task-reading）とは，設定された課題（タスク）を解決するという，目的を持った読みのことである。リーディングの授業では，本文を読んで重要構文や内容を理解することだけに終止してしまうケースも多い。ややもすると単調になりがちなリーディングの授業に，部分的にでも何らかの目的を持った読みの活動を取り入れることにより，読み手のリーディングに対する動機を高めることが出来る。タスクリーディングは，ゲームの要素を取り入れて，生徒に楽しみながら取り組ませるのがよい。ゲーム感覚で課題に取り組むこと自体が，リーディングの活動である。また，リスニング，ライティング，スピーキングなど，他の技能と統合しながら，ペアやグループワークでタスクに取り組ませることにより，読解力のみならずコミュニケーション能力の向上にもつなげることが出来る。

タスクには，本文の内容と図を一致させるなど個人でも出来るものや，複数で別々の文章を読み，内容を報告しあうなどのグループワークまで様々なやり方がある。本節では，通常の高校の教科書を用いてタスクリーディングを組み込む方法を，具体例をあげながら解説する。

6. 5. 1 read and match

read and match とは，本文を読んで，その内容を最もよく表している絵や文やタイトルなどとマッチさせる活動である。絵とのマッチングは，具体的なイメージを沸かせる助けにもなり，本文の内容を理解させるのに効果的である。この活動は個人でも出来るが，ペアを組ませ，一人に本文を音読させ，もう一人にマッチングさせれば，音読とリスニングの練習をさせることが出来る。以下に，高校の教科書を利用した read and match 活動の例をあげる。

● Example 1：Read and match の活動

　Whether you are a tourist, a student, or a businessperson, it is important to know the gift-giving customs of the country you are visiting. If you are invited for dinner, flowers are a safe and appreciated gift throughout the world. In some places, however, you must be careful when you choose a gift. In much of Europe, for example, red roses mean love and would be wrong for a gift. In Australia and Germany, it is considered bad luck to receive an even number of flowers. If you are in Hong Kong, gifts to avoid are clocks, which mean death, and scissors or knives, which indicate the end of a relationship. In Japan, you can impress your hosts by paying attention to the Japanese rules for gift-giving: Always wrap the gift, but not in black and white paper, as these colors often imply death. In addition, never give four of anything since the Japanese word for the number of four is also the word for death. As in Korea and much of Asia, do not expect your gift to be opened until after you have left.

Vivid reading（第一学習社），12-13

・絵やキーワードとのマッチング
　以下の地域でタブーとされる贈り物を（A）〜（E）から選びなさい。
　また，その贈り物が持つ意味を（a）〜（d）から選びなさい。

(1) 香港：贈り物（　　　）　　意味（　　　）
(2) 日本：贈り物（　　　）　　意味（　　　）
(3) オーストラリア・ドイツ：贈り物（　　　）　　意味（　　　）

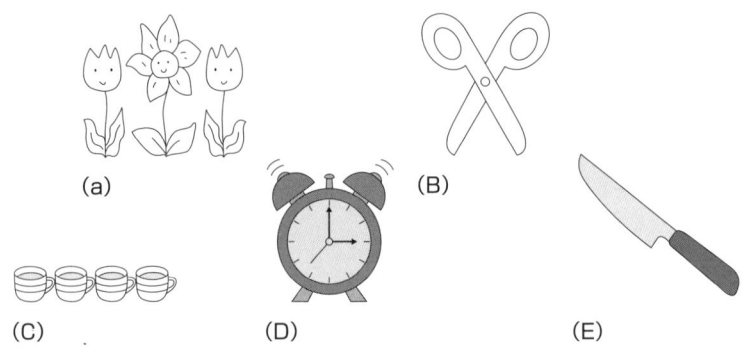

(A)　　　　　　　(B)

(C)　　　　(D)　　　　　　(E)

(a) bad luck　(b) end of relationship　(c) death　(d) love

　本文に出てくるターゲット語の定義を与え，マッチする単語を文中から探させるという活動もよい。グループのうちの一人が定義を読み上げ，他のメンバーが本文の中から正しい単語を探し，そのスピードを競わせれば，ゲームの要素を出すことが出来る。

　また，時には教科書から離れて，英字新聞や広告などを使ってみてもよい。1～2分で読める短い記事を五つぐらい用意しておき，本文と見出しとを切り離しておく。切り離した見出しは，カルタのようにして机の上に並べておく。グループの一人が本文を声に出して読み，残りのメンバーがマッチする見出しを探して取るというゲームである。反対に，本文の方を机の上に並べておいて，見出しを読み上げるようにすれば，メンバーにより多くの英文を読ませることが出来る。

The US Presidential Election will be...

6.5.2 read and correct

read and correct とは，絵と本文が矛盾する箇所を見つけて，文を修正する活動である。pre-reading 活動として４コマ漫画で話の大意を掴ませておいてから本文を読ませ，矛盾点を指摘させることにより，広い読みから細かい読みへと導くことが出来る。

● Example 2：Read and correct の活動

次の４コマ漫画を読んだあと，本文において矛盾している点を修正しなさい。絵との矛盾点は四つあります。

In the Middle East ...			
I really like that painting.	Please take it, then	Oh, No thank you. I didn't mean that.	UNHAPPY
Host　Guest ①	Host　Guest ②	Host　Guest ③	Host　Guest ④

　In <u>South Africa</u>（＝ the Middle East），be careful about telling your <u>father</u>（＝ host）that you <u>hate</u>（＝ like）one of his things. He or she may offer it to you and would be unhappy if you <u>take</u>（＝ refused）it. No matter where in the world you are, you will feel more comfortable if you take the time to learn some of the gift-giving customs there.

Vivid reading（第一学習社）

6.5.3 role-play

　状況説明の入った文章など，ロールプレイが可能な部分があれば２，３人のグループで実際に演じさせ，状況を言い当てるクイズを行うことが出来る。例えば6.5.1と6.5.2のExample 1とExample 2で使用したテキストならば，「中東における贈り物の習慣」「アジア諸国における贈り物の習慣」「欧米諸国における贈り物の習慣」といったように，指名したグループに状況を演じさせ，どの地域の習慣かクラスに当てさせるというクイズである。ロールプレイをするには，文章で説明してある状況を自分の言葉で具体的に再現しなくてはならないため，内容に関する自分なりの解釈が必要となる。

以下の例は，英語によるロールプレイの例だが，初学者にはまずは日本語で行わせてもよいだろう。

● Example 3：Example 1 の role-play の活動
このロールプレイは，どの地域の贈り物の習慣を表しているでしょう。
生徒A：Thank you for inviting us to your house. We have a small gift for you here. I hope you'll like it.
生徒B：Oh, you shouldn't have! But thank you! (Leaving the present on the table.)
生徒A：Well, we'd better go now. Thanks again for everything, and I'll see you at school tomorrow.
生徒B：See you then, bye! (After A had left her house, B reaches the present on the table and opens it.)

6. 5. 4　read and label

　read and label は，本文の内容を図式化したものに，キーワードを当てはめていく活動である。時間的順序を表す文章や原因と結果を表す文章に用いると，話の流れや因果関係を分かりやすくまとめることが出来て効果的である。キーワードを当てはめてから，本文を見ずに図だけを見て内容を説明するというペアワークを取り入れるとよい。

● Example 4：read and label の活動
　In the 1950s, Californian farmers began using DDT to kill the insects damaging their crops. However, after the insects had been killed, the chemical did not disappear from the environment. Instead, the DDT remained on the ground until it was washed into nearby lakes and rivers by seasonal rains. Once in water, the DDT was absorbed by tiny water plants and animals. Some of them died; others were eaten by fish. The fish absorbed the DDT into their bodies; again some died, but others survived and were eaten by brown pelicans. The pelicans were not directly killed by the chemical however, the DDT made the shells of the pelican eggs so thin that they broke easily. As a result, few baby pelicans were hatched.

Vivid reading（第一学習社），32

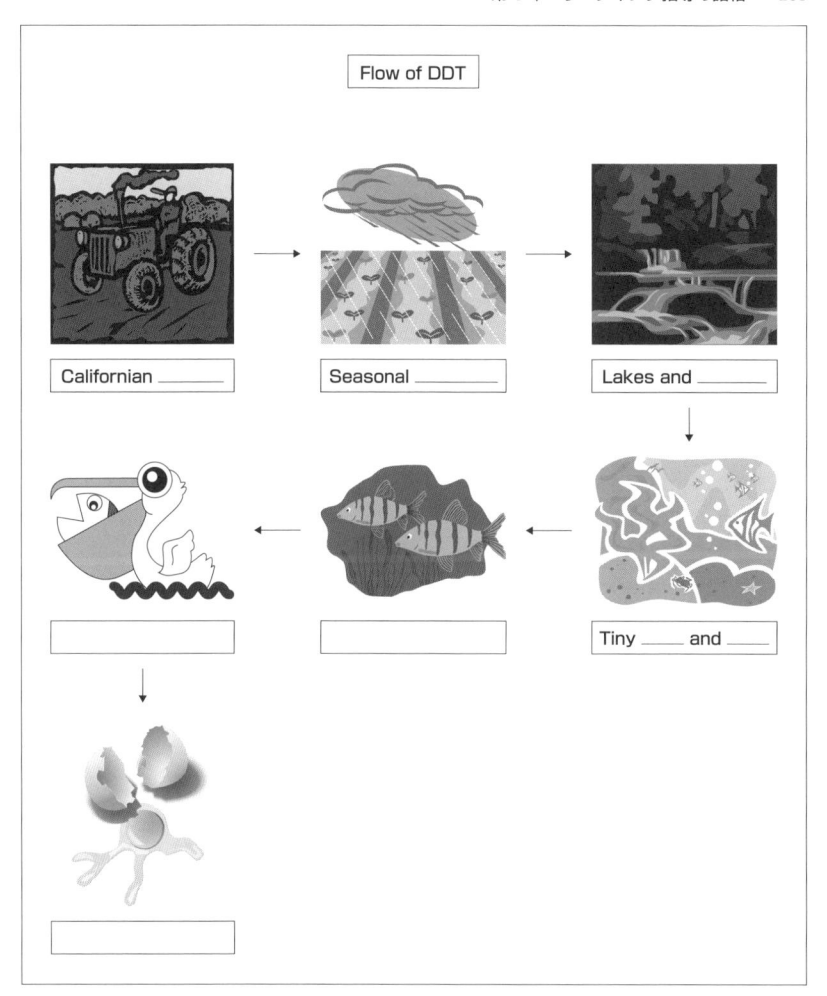

6.5.5 read and complete

　read and complete は，本文を読み，チャートを完成させる活動である。パラグラフごとの要点をまとめたり，比較・対照を表す文章をわかりやすくまとめたりするのに効果的である。チャートを完成させた後，本文を見ずにチャートだけを用いて内容を説明するというペアワークを併用するとコミュニケーションの練習になる。

● Example 5：Read and complete の活動

The ways Japanese and North Americans raise their children are different. In Japan, children are always kept close to their parents, and this makes the children dependent on their parents. On the other hand, in North America, it is believed that children should be individuals independent of their parents, so parents leave their children with babysitters when they go out. In addition to the ways of raising children, the ways people discipline their children are also different between the two cultures. In Japan, isolating children outside their families is very effective because Japan is a group culture. In North America, however, it is more effective to take away children's freedom because North America is an individual culture. From these facts, we may say that the ways Japanese and North Americans raise their children show the culture of the societies.

Vivid reading（第一学習社），80

・本文を読み，以下のチャートを完成させなさい。

	日本	北米
文化的特徴	✓ Dependent ✓ Group culture	✓ Independent ✓ Individual culture
外出時の子どもの扱い	✓ Kept close to parents	✓ Left with babysitters
しつけ方	✓ Isolate children outside their families	✓ Take away children's freedom

6. 5. 6　read and draw

　文章のうち，描写的な部分は生徒自身に絵を描かせることにより，具体的なイメージを持たせることが出来る。描いた絵を生徒の間で比べさせたり，絵をもとに内容を説明させたりする活動につなげる。描写的な部分とは，例えば以下のような記述である。

● Example 6：Read and draw の活動

Many animals find safety in blending in with their environment. Most fish are darker on the top than on the bottom; from above, they look like the land under the water, and from below, they look like the water's surface.　　　　　　　　　　　　　　*Vivid reading*（第一学習社），16

Water's Surface

darker

lighter

land under the water

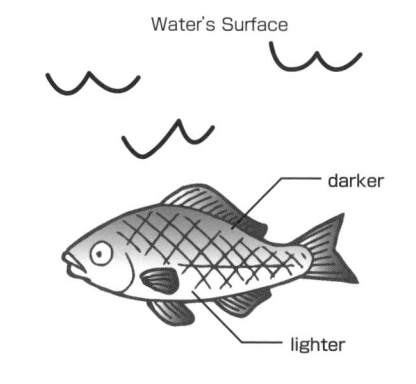

6.5.7 jigsaw reading

　jigsaw readingは，一つの文章をいくつかのセクション（段落）に分けてグループのメンバーにそれぞれ読ませ，各々読んだ内容をグループに報告するという活動である。文章を三つのセクションに分けるなら三人のグループ，四つなら四人のグループでの活動となる。

　まず，以下の例に示すように，文章をA，B，Cの3セクションにわけ，それを拡大コピーして，教室の3面に貼る。クラスの生徒を三人のグループに分け，それぞれA，B，Cと命名する。Aの人はAのセクションを，Bの人はBのセクションを，Cの人はCのセクションを，各々の壁のところへ読みに行く。読み終えたら，グループへ戻り，読んで理解した内容を他のメンバーに説明する。説明する順番は自由である。三人がそれぞれの内容を報告し終わった後，どの順番に並べたらよいかを話し合い，三人で協力してストーリーを文章にまとめる。速く正しく文章にまとめたグループが勝ちである。タスク終了後には，テキスト全体を生徒に配布し，難しい表現について質問をしながら，正確に理解するようにする。

　この活動は，リーディングのみならず，スピーキング，リスニング，ライティングと統合した言語活動を可能にしている。また，グループ内で協力して学習する態勢が整うため，生徒同士で教え合ったり刺激し合ったりするこ

とが出来る。

　jigsaw reading は，説明文よりも物語文を利用する方が適している。長い文章を一人ずつ読ませるのは個人の負担が大きいため，物語の summary を利用すると分量としては丁度よいだろう。

● Example 7：Jigsaw reading

A	B	C
Stella had the most amazing feeling of peace and blessing. She no longer needed to feel lonely. She decided to celebrate a Christmas with the puppy.	Stella was feeling lonely as the first Christmas without her husband was coming. She didn't feel like putting up a Christmas tree or setting up the stable that her husband built with his own hands.	Then a young man came to her house. He delivered a package and letter to her. Inside the package was a dog. He said that her husband had bought it before his death and asked the kennel owners to deliver it as his last Christmas gift for her.

Vivid reading（第一学習社），156

6. 5. 8　two-in-one stories

　two-in-one stories は，異なる二つの話を混ぜ合わせたテキストを読んで，二つの話に分け，話が通るようにそれぞれ並べ替えるというタスクである。話の順番の並べ替えは，一つの話だけでもタスクとして十分であるが，更に二つの話が混ぜ合わされているという点で，困難度の高いタスクである。two-in-one stories は，話の前後関係を表すつなぎ言葉を含んだ文章に適している。長い文章ではタスクが更に複雑になってしまうため，それぞれの話につき5文程度から成る文章が適当だろう。そのため，教科書の Lesson の本文よりも，summary や practice の文章を使うとよい。

● Example 8：Two-in-one stories

a) However, artificial milk has one advantage.
b) Our faces give much information about our emotions, and the position of our bodies tells people how strong our feelings are.

c) In addition, our eyes also send messages.
d) It always tastes the same to the baby.
e) For example, if the mother eats cabbage or garlic, many babies will refuse her milk.
f) Looking directly at people shows our desire to communicate with them.
g) Most doctors now agree that mother's milk is better for babies than artificial milk.
h) We use our faces and bodies in many different ways to communicate without words.
i) On the other hand, the taste of mother's milk can change.
j) Looking away briefly shows that we are going to stop speaking and begin listening to our partner.
k) Certain foods may give the milk a strange taste.

Vivid reading（第一学習社），14

　本節では，高校のテキストを使ったタスクリーディングの方法を八つ紹介した。限られた授業時間の中でタスクを取り入れるためには，テキストのどの部分がどのようなタスクに適しているのかを見定める必要がある。テキストの内容やスタイルに合ったタスクを，部分的にでも取り入れるよう工夫することにより，生徒自ら目的を持って積極的に読むよう導くことが出来るだろう。時には気分転換に，教科書から離れたリーディングタスクを与えることも大切である。タスクリーディングの一番の目的は，楽しみながらゲーム感覚で読ませることだからである。遊びの感覚で課題に取り組んでいるうちに，いつの間にかたくさんの英文を読んでいた，という状況を作ることが，タスクリーディングの狙いである。

6. 6　テキスト選択の指針
　中学校・高等学校での英語の授業では文部科学省検定教科書が用いられる。その中には論説文や物語文，会話文など様々なジャンルの読解用のパッセージが含まれている。しかしながら，教科書だけでは読解能力が十分身につくとは限らず，英語能力を高めるためには出来るだけ多くの英文に接することが必要である。最近では多読用，速読用，精読用などのテキストが多く市販されているが，本項では教科書以外で補助的に用いる場合を想定したテキスト選択に触れる。
　リーディングテキストには多くの出典や情報源がある。テキストにはさま

ざまな意味が含まれるが，一般には書かれたものという意味であり，コミュニケーション活動で用いられた言語の記録やコミュニケーションの手段として用いる目的で書かれたもの，すなわちある場面や状況で書き手によって読み手に発せられた，意思伝達や情報伝達の目的をもって書かれたものは全てテキストであると考えることが出来る。また，テキストは大きなものから小さなもの，長いものから短いものまでさまざまに捉えることができ，本1冊，何ページや何段落に及ぶものから，1文，見出しやタイトル，図表やグラフまで様々なものを指す。テキストには散文だけでなく，スケジュール，地図，広告，ダイヤグラムなどの視覚的情報源もある。例えば電話のメモや伝言板のメッセージ，看板や掲示，道路標識などもテキストである。まさに，我々の生活は書かれたもので取り囲まれているのであるが，それをそのまま用いるか，修正して用いるかは学習者のレベルや，学習の目的などによって臨機応変に選択する必要がある。日頃から，新聞，雑誌，パンフレット，説明書，ガイドブックなどのオーセンティックな題材を集めてファイルしておくとよい。また，適切なレベルで書かれた百科事典や辞書，インターネットの検索エンジンなどを用いることも可能である。さらに，小説，詩や随筆，伝記や歴史物，会話や講演記録，専門書や論文など様々なジャンルの読み物もある。

　テキストを選択する際には，内容も文化や歴史から世界の時事問題まで幅広く取り上げ，学習者が読んで面白い，指導者が教えたくなる，内容を深く考えさせたり独自に発展させたりすることが出来るテキストを，学習者のレベルを考慮して選択したい。基本的には，学習者が興味を持つもの，背景知識があるもの，難易度が適切で読み手に合っているものを選びたい。その上で，テキストの書体や，文字の大きさ，絵やイラスト，装丁，分量なども判断基準になるであろう。更に留意点として，読解指導の際にそのテキストを用いて様々な読解ストラテジーを指導することが出来るかどうかを意識して，指導に適したテキストを選ぶことが重要である。

6.6.1　読解テキストのジャンル

　先に述べたようにテキストには多くの種類があり，多岐にわたるが，実際に授業で使用される読解のテキストとしては，説明文（exposition），物語文（narration），論説文（argumentation），描写文（description）などが用いられることが多い。代表的なものの特徴を整理し，テキストを取り上げる

際の留意点などを考えてみたい。

(1) 説明文 (expository)

　学校教育現場や読解テストにおいて最も多く接し，情報伝達を扱う文を読むことで新たな知識を得たり，これまでの知識体系を変容させることが出来る説明文の読解指導は大変重要である。種類としては，料理のレシピ，使用説明書，教科書や百科事典，学術論文，新聞記事，エッセーなど様々なものが存在し数も多い。また，文章全体の構成 (organization) を考える際には，例示 (examples)，比較・対照 (comparison and contrast)，原因・結果 (cause and effect)，プロセス (process)，空間的配列 (space order)，時間的配列 (time order)，分類 (classification)，定義 (definition) といった論理構成を考える必要があるが，それらをつかませるためにも説明文は大変役だつテキストとなる。じっくり読み解釈するといった精読にも適しており，説明文を読んだ上で，段落毎に流れをまとめさせたり，段落にタイトルをつけたりすることも出来る。

　説明文は，通常動詞が仮定法を含んだ法助動詞の使用が一般的であり，場面設定或いは仮定的設定から，問題提起，問題解決に向けた計画，解決が見つかったかどうかを見るテストの示唆，問題についてのコメント或いは終了の合図といった出来事を中心とした文章が展開する。説明文の中でも，レシピは，タイトルの料理名，材料，番号をつけた進行手順といった構造上の修辞パターンが典型的である。また，同様に新聞記事も特徴が明白であり，headline, lead, body といった逆三角形をした構造であり，見出しにも独特の語彙・文法をもち，5W1Hを盛り込んだ lead が記事の全般と基本的情報を与えている。

　また，教科書，専門書，百科事典，論文など専門知識を扱った説明文も独特の構造をしている。読み手のこれまでの経験や知識などのスキーマと照らし合わせて，読んで得た知識と統合させ，洞察を試み，考えなどを変容させ，新たに知識や考えを構築させることが出来る。いわゆる説明文スキーマや文法など特徴的なものもあり，さまざまな読解ストラテジーを習うことも可能である。更には，ESP (English for specific purposes)，EAP (English for academic purposes) など専門的な内容を扱うテキストも重要である。

(2) 論説文（argumentative）

　現代は母語に限らず，外国語においても言葉の力をつけ，論理的に思考し，分析し，相手を説得したり，交渉したりするコミュニケーション力をつけることが大切だとされており，ディベートやディスカッションなどの活動が取り上げられることが多くなった。そのような発表の力を伸ばすためには，日頃から論説文に接し，論理展開や構造に慣れさせることが必要である。例えばあるテーマについて，立場の異なる二人の考えが述べてある文を読み，それぞれの主張や考えをまとめ図などで対比させ，内容を把握させる。その後，自分の立場はどうであるかを考えさせ，自分の意見を発表したり，文章でまとめたりして，ペアやグループで話し合いにつなげることも出来る。また，読んだ内容やトピックを取り上げ，ディスカッションやディベートの活動に展開することも可能である。テーマについて賛成・反対といった立場を明確にした主張や結論，支持文，反駁，対比，結論といった文章の流れや組み立てもはっきりしており，読み進める際に読解スキーマや推論ストラテジーが使いやすい。

(3) 物語文（narrative）

　誰しも子どものときからストーリーテリングや童話，民話，小話，教訓，伝記，小説など，物語文に接して成長する。物語は登場人物の心情や特徴をつかみ，書かれた内容を純粋に楽しむことが出来るテキストであり，音読にも適している。場面や状況を把握し，感情を込めて朗読したり，その人物や背景を分析したり，解釈を加えることや行間を読むなど様々な楽しみ方が出来る。また，物語スキーマと呼ばれる構造を持ち，生き物や人物の登場と描写，場面設定，時間の経緯，事件の出現と展開，主人公と出来事，登場人物との因果関係，障害，企て，結末などのエピソードから成り立ち，物語独特のトップダウン的なスキーマに加えて，文中の表示表現から知識の活性化による推論といったボトムアップ的な処理も同時に可能である。また，語彙やテキスト構造，レトリックに関しても説明文より物語文の方が読み手には比較的容易であるとされており，速読や多読指導においても物語文を数多く読ませることが有効である。

　従って，テキストによって内容や特徴が異なるので，満遍なく取り上げ，読み手が楽しんで読みながら，読解スキルとストラテジーを習得するような読解指導を実践したい。

6.6.2 内容の適切さ

テキストの内容については，学習者の発達段階や認知レベル，興味・関心，またニーズに合うものを工夫する必要がある。検定教科書では，さまざまな話題やジャンルのテキストを取り上げているが，それだけでは量的に不十分であったり，内容的に英語が苦手な学習者の興味をひかない場合もある。そこで，指導者は日頃から学習者と直接話をしたり，アンケートをとるなどして，話題となっている事柄や興味などについて知っておくと，補助教材を選ぶ際に役だつことがある。テキストの適切さはまず主な話題や内容が学習者にふさわしいものであるか，語や文法のレベル，文の長さが適切であるかを判断する必要がある。取り上げるテーマについては，身の回りの生活，学校・家庭・地域社会で起こる出来事，社会，文化，文学，コミュニケーション，国際関係，環境，福祉，健康，医療，衣食住，平和，人権，科学，地理，歴史，芸能，スポーツ，観光，政治，経済，時事問題など多岐にわたる。学習者それぞれの発達段階に応じた話題を選び，バラエティーに富む題材を数多く読ませることが，読解能力を育成する上でも重要であると思われる。

6.6.3 言語レベルの適切さ

テキストの文章の読みやすさ（readability）は，(1) 筆跡や書体の見やすさ（legibility），(2) テキストに対する興味の度合いによる読みやすさ，(3) テキストの文体による内容の理解のしやすさの三つの意味があると言われている。特に最近では，読みやすさを測る指標として，最初に出された Flesch (1948) の公式の他，Dale and Chall の公式，文法チェック・ソフトウェアなどで多く採用されている Flesch-Kincaid の方式などを用いて簡単に測ることが出来る。これらの基本的なパラメータは，1文あたりの単語数と，1単語あたりのシラブル数である。字数が少なく短い単語ほど理解しやすく，文構造が単純なほど文の平均語数が少なく読みやすいということになる。しかしながら，これらの公式は米国の学生における学齢であり，日本人英語学習者に当てはめると難しすぎるため，5〜6歳くらいは易しくする必要があると思われる。また，読みやすさは単語と文のみで決まるのではなく，内容に関する背景知識や興味・関心があるか，単語になじみがあるかなどによっても異なることに留意したい。

テキストの選定にあたり，英文の長さやレベルの確認には，マイクロソフ

ト（Microsoft）社のワード（Word）などで文字数を数えたり，リーダビリティーを計算する機能を活用すると容易に調べることが出来る。これは語と文の長さと受動態の使用などの指標から判定されるものであるが，書き換えることでこのレベルを高くしたり低くしたりすることも出来る。また，学習者の背景知識や興味にあった内容であるか，適切な語彙や文法などが用いられているか，が重要である。

6.6.4　読解テキストとタスク

　リーディングの総合力をつけるためには，異なる種類のタスクを準備して取り組ませ，リーディングスキルを活用・習得させることが重要である。さらにリーディングスキルやストラテジーを用いてコミュニカティブな活動が出来るようにテキストを用意し，タスクを開発する必要がある。

　テキストには，先述したように散文，物語文，説明文等さまざまなジャンルがある。また，学習者が日常生活の場で遭遇する「読む」といった行為を考えると，オーセンティックなテキストはコミュニケーション能力をつけさせるためには欠かせない。著作権の問題は避けて通れないが，新聞，雑誌，カタログ，パンフレット，テレビガイド，漫画，星占いなど身近でアクセスしやすいものも，楽しく読みながら，より多くの英文に接するといった意味において，テキストとして取り上げることが望ましい。

　また，スキミングやスキャニングといった能力だけでなく，読解においては推測力や批判的思考能力などをつけることも必要なので，論点が異なるさまざまな見解が述べられた文章を読み，立場を違えて考えたり，相手に対する問題提起や反駁などを考えさせるといった読みも大切であり，そのような議論の余地があったり（controvertible），異論の多い（controversial）テキストなどを取り上げることも重要である。ただし，宗教や国際紛争，児童虐待，アルコール，危険な交際，タブーな話題など，リーディングタスクには用いても，テストにはふさわしくないこともあるので，注意が必要である。中立的立場で，偏見や極端な主張のないものの方が適している。

　テキストの選定とあわせて，読解活動（タスク）を考える必要がある。それぞれのテキストには，それぞれに合った課題というものがある。物語文なら，ストーリーの内容について true or false や multiple choice, short answer などの questions and answers を行い内容を把握させたり，絵や文章を並べ替えさせる sequence task，感想や意見を書かせたり話し合わせ

る，続きや結末を考えさせたり，登場人物の気持ちを考えて演じさせたりするというタスクも考えられる。説明文なら，要点をまとめさせたり，口頭でサマリーやリプロダクションをさせることも出来る。以降で読解タスクの例をいくつか挙げてみよう。

(1) スキミングやスキャニングを用いて
　新聞や広告など，素早く英文に目を通して内容を把握したり，必要な情報をつかむことが要求されることは日常でよくある。コミュニカティブな活動を行うためには教材に素早く目を通し，求められた目的に応じて応答する必要がある。

●Example 1：スキミングやスキャニングの活動
① 筆者の意図を読み取ろう
　次の手紙文が，それぞれどのような用件で出されたものかを5分以内に読み取り，次の中から適切なものを選びなさい。
　　【　a. 推薦　　b. おわび　　c. お礼　　d. 苦情　】
　また，読んだ手紙に対してあなたならどのような返事を書きますか。

---

① Sorry for taking so long to write. Every day I wanted to write to you. But I couldn't do so, because I had a bad injury to my arm. As I wrote in the last letter, I ran a 100-meter race in the track meet. It is embarrassing for me to say this, but I tripped on a stone just before I reached the goal, and then I had my arm broken.

　Now I have completely recovered and my right arm has gotten strong enough to hold a pen.

　I will write a lot of things about my school life and my way of enjoying leisure in the next letter.

② I don't know how to thank you all your kindness you and your family showed me during my stay at your home.

　I had a very pleasant time with your family. I will never forget the wonderful memories all of you gave to me.

　Please give my best regards to all of your family. Many thanks again for your hospitality.

③ One of my closest friends, Masako Suzuki, will shortly fly to Europe and is scheduled to arrive in London, on Monday, July 17. She will be staying at Hotel London for a week.

She was at my office for five years and has a good deal of knowledge of the graphic arts.

I gave her your private telephone number, and hope that the two of you will get together. I am sure you will like her.

④ I regret to say that the wardrobe you sent to me is not the one I ordered.

I had found a beautifully flower-patterned wooden wardrobe in your showroom and had ordered it on the spot. But you sent me the white one. I don't want the white one at all.

Please inform me when you can deliver the wardrobe I ordered, and also let me know how you will take back the white one in my house.

I would appreciate your immediate reply.

Milestone English reading（啓林館），48-49

② レストランを選択しよう
ⅰ）友人五人と火曜日の午後6時に新宿で夕食をとることになりました。この予約をするためにぴったりのレストランを探し，店名を答えなさい。
ⅱ）新宿以外にもⅰ）の条件に合うレストランがあれば，第二候補として，その店名を答えなさい。

〈レストラン広告〉

Milestone English reading（啓林館），61

③　世界の川の長さを比べよう

　図やグラフを読み取り，その内容を尋ねる英文に答えさせることで，正しく情報を伝えることが出来るかどうかを見る問題である。

Scan the following chart on the World's Longest Rivers and answer each question with three words or less.

1. Which river is longer than 4,000 miles? ＿＿＿＿＿＿＿＿＿＿＿＿
2. How many of the longest rivers are in Asia? ＿＿＿＿＿＿＿＿＿＿
3. How many rivers start in mountainous areas? ＿＿＿＿＿＿＿＿＿＿
4. Which river is really two rivers together? ＿＿＿＿＿＿＿＿＿＿＿
5. Which rivers are not important for shipping? ＿＿＿＿＿＿＿＿＿＿
6. Did the information come from the Internet or a book?
   ＿＿＿＿＿＿＿＿＿＿＿＿＿＿＿＿＿＿＿＿＿＿＿＿＿＿＿＿＿＿
7. Which rivers flow north? ＿＿＿＿＿＿＿＿＿＿＿＿＿＿＿＿＿＿
8. Which river has the most water in it? ＿＿＿＿＿＿＿＿＿＿＿＿

The World's Longest Rivers

Name	Continent	Starts in	Ends in	Direction of Flow	Length in Miles	Navigation
Nile	Africa	Lake Victoria	Mediterranean Sea	North	4,180	⛴
Amazon*	South America	Andes Mountains	Atlantic Ocean	East	3,912	⛴
Mississippi (including Missouri River)	North America	Rocky Mountains	Atlantic Ocean	South	3,710	⛴
Yangtze	Asia	Tibet Plateau	Pacific Ocean	East	3,602	⛴
Ob	Asia	Altai Mountains	Arctic Ocean	North	3,459	

* - greatesr amount of water flow
⛴ - important for shipping
Source：www.adventurelandtravel.com/LongestRivers.htm

(Coombe, Folse, and Hubley 2007, 59)

(2) information transfer を用いて

　図やグラフ，地図やスケジュールなど文章以外の視覚情報すなわち非線形のテキスト（non-linear texts）から，それが表す情報を読み取り，読解用の英文サマリーテキストの空所を補充する information transfer の活動は，実際の英文テキストに情報や内容を文字化することで，読解力をはかることが出来る。この種類の問題は英語の能力測定／習熟度テストなどでもよく出題されるので，普段から慣れておく必要がある。

● Example 2：Information transfer の活動

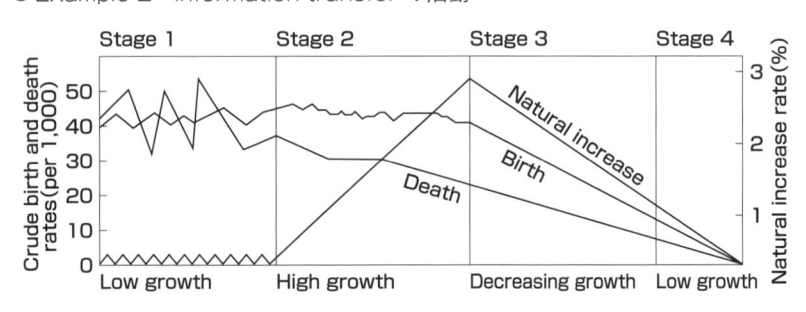

[Graph: Crude birth and death rates (per 1,000) on left axis, Natural increase rate (%) on right axis, across Stage 1 (Low growth), Stage 2 (High growth), Stage 3 (Decreasing growth), Stage 4 (Low growth), showing Birth, Death, and Natural increase curves]

The demographic transition is a model that social scientists use to explain how populations change over time. The model has four 1._____ or sections. Each one shows a different situation with birth and 2._____ rates that results in a particular pattern of natural 3._____ .

In the first stage, both birth and death rates are relatively high, but they cancel each other out so that the result is 4._____ growth. This is enough for the population to continue, but it dose not 5._____ .

In the next stage, birth rates continue to be relatively 6._____ but death rates start to 7._____ . In developing societies, this has happened as the result of better 8._____ care, nutrition and 9._____ to fight disease. Overall, more people survive, resulting in a 10._____ rate of 11._____ increase.

In the third stage, 12._____ birth and death rates 13._____ , so the rate of natural increase 14._____ declines. At the beginning of the third stage it is still 15._____ , but by the end of the stage, people have 16._____ children and the rate drops. However, there are still more 17._____ than 18._____ , so there is a 19._____ rate of natural increase.

The final or fourth stage is characterized by 20._____ birth and death rates.

As birth rates 21._____ to the 22._____ of death rates, the rate of 23._____ 24._____ also falls. In fact, it can 25._____ to below the rate of replacement of the population. Some contemporary societies that have reached this point are concerned about what their population levels will be in a few decades.

(Coombe, Folse, and Hubley 2007, 62-63)

(3) 英文の順序を並べ替えるタスクとテキスト

いわゆる sequencing tasks といわれる並び替えタスクは，英文読解でよく用いられる。学習者が，文章の論理構成や話の展開，流れを理解し，正しく文を読み解くことが出来るようになることが目的である。そのようなタスクには，主に物語（narrative），指示（instruction），調理法（recipe），伝記（biography）や歴史物（historical events）などのテキストが適している。物事が起きた順や時代順に並べ替えたり，論理的に筋が通るように並べ替えたり，物語の内容に合うように何枚かの絵を並べ替えるなど，話の内容が明確であることが望まれる。その際，jigsaw reading の手法を用いることで，

reading と speaking 活動を組み合わせることも可能である。

● Example 3：順序を並べ替えるタスク
① 説明文における jigsaw reading task
　ⅰ）三人のグループでそれぞれ分担を決めてＡＢＣのパッセージを素早く読み，残りの二人に英語で説明しましょう。その際，英語を見て説明してはいけません。最後に三つのパッセージを並び替えて正しい順番にしましょう。
　次に，その中に出てくる二つの動作を実際に身体で表現しましょう。どのような効果があるのでしょうか。

A　Head down. Arch back up. Change to sitting on heel position. Return to starting position. Change back to sitting on right heel. Bring arms toward left. Repeat changing to left heel, arms to right.

B　A few simple stress-relieving stretches are recommended. Breathe deeply to get the full relaxation benefits from neck stretch and lower back stretch. It sounds simple, but it's something many people forget. The body relaxed when you breathe out.

C　Lock fingers behind your head. Your neck should be in a relaxed forward position. The weight of your arms and hands increases the stretch. Do not pull.　*Mainstream English course* Ⅱ（増進堂），20

　ⅱ）後に続く文を正しく並べ替えて，パラグラフを完成させましょう。
　1　There are many reasons why people like to keep dogs.
　　a．Of course, we know that dogs make good pets.
　　b．Other dogs work, helping on farms or hunting wild animals.
　　c．In particular, they are good pets for elderly people.
　　d．It is no surprise that dogs are often called "a person's best friend."
　2　If you are giving a lecture or explaining an idea, here are some useful ideas.
　　a．Then you should organize your material so that your speech is clear and easy to follow.
　　b．The first thing you need to do is to research your topic carefully.
　　c．When you research, look for different viewpoints and interesting

examples.

d. After you have finished deciding the organization, think about whether your should make graphs or charts.

Sunshine advanced readings（開隆堂）, 61

② 物語文における Sequence task, Opinion/Idea

The Bear was on his way to town. He was dressed in his finest jacket and vest. He was wearing his best hat and his shiniest shoes. "How grand I look," said the Bear to himself. "The people in town will be impressed. My clothes are at the height of fashion."

"Forgive me for listening," said a Crow, who was sitting on the branch of a tree, "but I must disagree. Your clothes are not at the height of fashion. I have just flown in from town. I can tell you exactly how the gentlemen are dressed there."

"Do tell me!" cried the Bear. "I am so eager to wear the most fashionable clothes!"

"This year," said the Crow, "the gentlemen are not wearing hats. They all have frying pans on their heads. They are not wearing jackets and vests. They are covering themselves with bed sheets. They are not wearing shoes. They are putting paper bags on their feet."

"Oh, dear," cried the Bear, "my clothes are completely wrong!"

The Bear hurried home. He took off his jacket and vest and hat and shoes. He put a frying pan on this head. He wrapped himself in a bed sheet. He stuffed his feet into large paper bags and hurried toward the town.

When the Bear arrived on Main Street, the people giggled and smirked and pointed their fingers.

"_____" they said.

The embarrassed Bear turned around and ran home. On the way he met the Crow again.

"Crow, you did not tell me the truth!" cried the Bear.

"I told you many things," said the Crow, as he flew out of the tree, "but never once did I tell you that I was telling the truth!"

Even though the Crow was high in the sky, the Bear could still hear the shrill sound of his cackling laughter.

Planet blue: reading navigator（旺文社）, 9

a. 物語の前半と後半で主人公の服装がどのように変わったか絵に描いてみ

ましょう。
b. 下線部に入るせりふを考えましょう。
c. 最後にクマは何と言ったでしょう。物語の続きを考えましょう。
d. この物語の最後に一文を添えるとしたらどれを選びますか。その理由も考えましょう。
  1. Too much of anything often leaves one with a feeling of regret.
  2. A first failure may prepare the way for later success.
  3. When the need is strong, there are those who will believe anything.
  4. Nothing is harder to resist than a bit of sweet talk.
  5. At times, a change of routine can be most helpful.

(4) 論説文におけるタスク

論説文に合うタスク例をあげてみたい。

● Example 4：論説文向けのタスク

① 論点の読み取り

　Melissa gave birth to twins, a girl and a boy. Jasmine she wrapped in a pink blanket, and Adam, in a blue one. Relatives brought soft fluffy toys as gifts for Jasmine and a toy soccer ball and a tiny football jersey for Adam. Everyone cooed and gooed and talked softly to Jasmine, telling her she was pretty and gorgeous, but it was usually only the female relatives who picked her up and cuddled her. When the male relatives visited, they focused mostly on Adam, speaking louder, poking his belly, bouncing him up and down, and proposing a future as a football player.

　Such a scenario will be familiar to everyone. It does, however, raise the question: Is this kind of adult behavior caused by our biology, or is it learned behavior that is perpetuated from generation to generation? Is it nature or nurture?

　Until recently, psychologists and sociologists believed that most of our behavior and preferences were learned from our social conditioning and our environment. Indeed, we know that nurturing is a learned phenomenon—adoptive mothers, whether they are human or monkey, usually do a superb job of nurturing their infants. Scientists, on the other hand, have argued that biology and chemistry are largely responsible. Since 1990, there has been overwhelming evidence to support this scientific view that we are born with much of our brain software already in place. The fact that men were usually the hunters and women the nurturers even today dictates our behavior, beliefs, and priorities.

　According to this view, giving pretty dolls to girls and action figures to boys does not create their behavior; it simply intensifies it. A major study at Harvard University found that adults' distinctive behavior toward baby girls and boys only emphasized the differences that already exist. When you put a duck on a pond, it starts to swim. Look beneath the surface, and you'll see that the duck has webbed feet. If you analyze its brain, you'll find that it evolved with a "swimming module" already in place. The pond is just where the duck happens to be at the time. It is not causing the duck's behavior.

　Research shows that we are more products of our biology than the victims of social stereotypes. We are different because our brains are wired differently. This causes us to perceive the world in different ways and have different values and priorities. Not better or worse—different.

Planet blue: Reading navigator（旺文社）, 48-49

男女の双子の比較をしていますが、どのような違いがあると言っていますか。論点をまとめ表を完成しましょう。

	girl	boy
おくるみの色		
おもちゃの種類		
人々の話しかけ方		
人々の接し方		

「心理学者および社会学者」と「科学者」は男女の違いはどのようにして生まれると考えてきたのでしょうか。

心理学者および社会学者	科学者

② Problem-solving task：間違い探し読み

　次の文章には明らかに主張がおかしな（つじつまの合わない）箇所があります。間違った語や表現を正しく書き換えて読んでみましょう。

　Two cartoons, "Superman" and "Anpanman" explain similarities and differences in Japanese and American cultures. They are both popular heroes among <u>adults</u> in each country, and they both fight with bad people, but some interesting differences appear.

When Superman battles against bad people, he does it by himself. <u>Similarly</u>, Anpanman has many friends who are heroes too. They fight against Baikinman together. We think it is because of the idea of <u>individualism</u> in Japan, and of <u>cooperation</u> in America.

Furthermore, Superman values winning the fight, but Anpanman usually follows a pattern. At the climax of the drama Anpanman gets weak, then everyone works together to fight evil, and finally he <u>loses</u> the battle. On the other hand, we <u>see</u> such a process in Superman. We can definitely see how Japanese tend to focus more on <u>product</u> when doing something, while in the U.S. people tend to focus more on the goal.

New stream reading course（増進堂），17（改編，解答箇所は下線部）

本項では，リーディングテキストの種類と選択についてタスクとの関係にも触れながら考察した。さまざまなジャンルを考慮して，学習者のニーズと興味に合ったオーセンティックな，テキストとタスクを考えることが指導者にとっては重要な役目であろう。

6.7　易しめのテキスト・教科書利用の勧め
6.7.1　ある公開授業の事例と筆者の失敗経験から（難解な教科書を用いた失敗）

まず，数年前に行われたある研究会での公開授業について紹介しよう。最も難しいと言う定評のある教科書を用いた英語Ⅱの授業であったが，1時間中，教師が読んで，和訳して，補足説明をするというまさに教師中心型（teacher-centered）で，文法訳読式の授業であった。1時間にわずか数行しか進まなかったし，音読も行われず，クラスルームイングリッシュも全く聞かれなかった。生徒は終始受け身で，教室内はとても静かであった。この授業を見ながら，疑問が次から次へと頭をよぎったのを今でも覚えている。

もう一つ，今度は自分が担当した3年生対象の補習授業でのことである。テキストとして長文問題集を選んだが，力んでシリーズの中で最も難しいものを選んでしまった。その結果，途中でリタイアする生徒が続出した。また指導法も教師が一方的に知識を注入するような教師中心型の授業で，1時間に最後まで行くのが精一杯であることが多く，結果として音読を割愛するこ

とも多かった。いくら受験対策の補習とは言え，このような授業をしたことは苦い思い出として残っている。

　これらの二つの事例から，そもそも「授業とは何か」を考えさせられる。筆者は「授業とは生徒と教師の両方で作り上げる1回限りのドラマである」と考えている。従って，授業は動的で，エキサイティングで，時には騒々しくもなるものである。このように考えると，紹介した二つの事例は，両方とも授業とは言えないように思われる。なぜなら，ドラマ性がなく，静的，一方的で，教師の独り相撲であるからである。

　このようになってしまった主な原因は教科書やテキストの選択にあると思われる。要するに難しすぎるものを選んでいるからではなかろうか。

6.7.2　難しいテキスト・教科書 VS 易しめのテキスト・教科書
　では，なぜ教師は難しすぎるテキスト・教科書を選びたがるのか。

(1) 易しいテキストでは難しい英文を読めるようにはならない。
(2) 入試対策には教科書よりも難しい英文を教材にして当然である。
(3) 難しい英文を精読して100％理解させることが大切である。
(4) 難関大学と言われている大学が難解な英文の和訳を出題している以上，難解な英文の和訳が出来る力をつけることは必要である。

　このような思い込みに加えて，難しい教材を教えている方が高度なことをやっているという錯覚もあるのではなかろうか。
　しかし，難しいテキスト・教科書を選択することには，先の二つの事例でも見たように次のような問題点がある。

(1) 読んで訳してという「文法訳読式」の授業になりがちである。「文法訳読式」自体は必ずしも悪いわけではないが，音読やペアワークなどの音声を用いた活動や，コミュニケーション活動が隅にやられる場合が多い。
(2) 教師中心型の授業になりがちである。つまり，教師は主役，生徒は脇役になりがちである。
(3) 情報の流れが教師から生徒へという一方通行になる傾向がある。
(4) 和訳に終始して4技能を伸ばす活動がほとんど行われないことが多い。

(5) 多くの生徒は授業を退屈だと考えがちである。特に英語が苦手な生徒には授業が苦行になっている場合が多い。
(6) 英語をコミュニケーションの道具としてではなく，入試対策に必要なものとしてしか考えていない生徒を生みがちである。
(7) 英語を楽しんで読むのではなく，苦しみながら解釈する態度を作りがちである。
(8) 100％の理解をめざして完璧主義に陥りがちであり，結果として英語を読む分量が少なくなる傾向がある。

以上のような問題点が多く存在することに教師は気づくべきである。
一方，易しめのテキスト・教科書を用いることは，レベルの低いことをやっているのではなく，次のような多くのメリットがあることを認識するべきである。

(1) 教師が余裕をもって教材を扱うことが出来る。即ち，「読んで訳して」から離れて，音読やペアワークを含めた多様な読解指導を行うことが可能になる。
(2) 生徒を主役においた（student-centered）授業（生徒が活動する授業）を展開しやすくなる。
(3) 教師から生徒という方向だけではなく，生徒同士や生徒から教師というように多方向に情報が行き交う授業を行うことが可能である。
(4) 和訳に充てる時間を減らすことで，4技能を伸ばす活動の時間をとることが出来る。
(5) 多様な活動のある授業は生徒を飽きさせることなく，また英語に苦手意識を持っている生徒も参加出来る場面を授業の中に作ることが出来る。
(6) 一部の上位層の生徒だけでなく，中位層，下位層の生徒も落ちこぼすことなく，クラス全体の生徒を伸ばすことが出来る。
(7) 英語を使った活動を行うことによりコミュニケーションの道具としての英語を教えることが出来る。
(8) わかるようになると，一層よく読めるようになり，その結果一層たくさん読めるようになり，それにより一層力がついてわかるようになり，・・・という好循環が生まれる。

(9) 英語を楽しみながら学ばせることができ，教室の雰囲気が良くなり，教師にとっては教えるのが楽しくなる。

このように，易しめのテキスト・教科書を用いることには，多くのメリットがあることがわかる。とりわけ，1時間の授業で英文を多量に読ませることが可能になる点は，リーディング能力をつける上で極めて大切であることを指摘しておきたい。

6.7.3 あまり難しくない教材を用いて大学入試に対応出来るのか。

「易しめのテキスト・教科書を用いることには，多くのメリットがあるとしても，そんなことをしていては，実際に大学入試に対応出来る力はつかないのではないだろうか」と考える教師は多いのではなかろうか。そのような疑問に対して，鈴木（2000）は実証データとともに，明確に答えている。即ち，7割以上の生徒が「適切な難易度」と回答している教科書で学習した生徒と，半数以上の生徒が「難しい」と答えている教科書で学習した生徒の間でリスニングテストと読解速度（wpm × 理解度）を測定するテストの成績を比較している。その結果，リスニングにおいても，読解速度においても，両グループの間の平均値には，グループ全体と，中位群，下位群において統計的有意差が検出され，「適切な難易度」の教科書グループが「難しい」教科書グループより優れていることがわかった。ただし，成績上位群については，リスニングも読解速度も，その平均値は，「適切な難易度」の教科書グループが「難しい」教科書グループを数字の上では上回っていたが，統計的有意差は認められなかったという。以上のデータから，鈴木は「リスニングと読解速度の向上に関しては，成績上位群の生徒は教科書のレベルの違いによって影響を受けないが，中位群と下位群の生徒の場合は，教科書のレベルによって，大きく影響を受けることが分かる。言いかえれば，進学校と言われる学校の生徒でも，学力に合わないレベルの高い教材を与えると，かえって英語力は伸びないということになる」と結論づけている。

さらに，概して教師が「適切な難易度」と思う教材が生徒にとっては「難しい」と感じ，教師が「易しい」と思う教材が生徒は「適切」と思う場合が多いことを鈴木（2000）が指摘していることも注目に値する。

6.7.4 適切な難易度のリーディング教材選択のポイント

最後に，適切な難易度のテキスト・教科書を選択するためのポイントを考えてみる。

(1) 選択する前に必ず読んでみる。(決して表紙や装丁だけで選んではいけない。) そして，教師が難しいと感じるものは選択しないことである。
(2) 対象クラスのもっとも下位の生徒を思い浮かべて，その生徒が何とか読めると思われるものを選ぶ。補習などのテキストを決める場合は，本を購入させる前に，サンプルレッスンを読ませて，知らない語に○を付けさせて提出させ，それを参考にテキストを決定するのもよい。
(3) 教科書や長文問題集等にはたいてい電子データが付属しているので，それを用いてリーダビリティーをコンピュータで算出し，数値があまり高くないものを選ぶ。

以上のようにして教材を選択する。さらに，学期末や学年末には，生徒に教材についてアンケートをとり，生徒の生の声を集めて記録しておき，翌年度教材選択する際に生かすとよい。

《基礎知識 13》readability は信頼出来る指標か？

リーダビリティー(readability) とは，テキストの読みやすさの客観的指標である。この指標はある公式に基づいて算出され，学習者のレベルに適切な英文を選択する際やリーディングの研究に利用するテキストを選択する一つの基準として使用されている。算出方法は様々であるが，最もよく使用されるものが Flesch Reading Ease と Flesch-Kincaid Grade Level である。以下に Flesch のリーダビリティーの利点と欠点を解説する。

A リーダビリティーの利点
(1) 利点 1：使いやすさ

Grammatik というソフトや Microsoft Word (ツールのオプション→スペルチェックと文章構成→「文章の読みやすさを評価する」をチェック→OK で閉じて画面上の英文に文章校正をかける) で利用出来ることからもその汎用性がわかる。

(2) 利点2:一定した測定量である「長さ」を指標とする

テキストが難しいと思う要因は,「分からない単語が多い」「複雑な構文が多い」「文が長い」など様々であるが,全ての要素を含むことは不可能であるため一定して測定可能な要因のみを基に算出している。

Flesch Reading Ease:
- 読みやさすさ = 206.835 − 0.846（単語の長さ）− 1.015（文の長さ）
- 単語の長さ（一単語あたりの平均音節数）総音節数÷総単語数
- 文の長さ （一文あたりの平均単語数） 総単語数÷総文数
- 評価:数値が大きいほど読みやすい。
    0 − 30（大変難しい）　30 − 50（難しい）　50 − 60（やや難しい）
    60 − 70（標準的）　70 − 80（やや易しい）　80 − 90（易しい）
    90 − 100（大変易しい）

Flesch-Kincaid Grade Level:
- GL = 0.39（文の長さ）+ 11.8（単語の長さ）− 15.59
- GL はそのテキストがどのアメリカのどの学年に適切かを示す。
  1:Grade 1 → 1st grade; 9 → 9th grade（中学3年); 12 → 12th grade（高校3年）

(清川 1992, 2000)

(3) 利点3:「長さ」という指標は語彙や構造の複雑さを伴うことがある

以下は実際に使用されている教科書の一部の英文のリーダビリティーを算出している。Aは高校一年レベルで,Bは高校の高学年レベルである。読み比べれば,使われている構文,単語,内容,一文の長さにおいてBのほうが難易度は高そうだと感じるだろう。

●Example 1:教科書の一部の英文のリーダビリティーの算出

A
Gestures are a useful means of communication. For instance, a visitor may ask you in English how to get to the nearest post office. If you cannot answer in English, you can point in the right direction with your finger. In this way, gestures can be a helpful international *language*.

Mainstream English course I（増進堂）, 7

Flesch reading ease 66.3; Flesch-Kincaid grade level 7.5

B
Sugihara never spoke to anyone about his extraordinary deeds. It was not until 1968 that Sugihara was found by a man he had helped to save. Soon, many others he had saved came forward and testified to the Yad Vashem (Holocaust Memorial) in Israel about his life-saving deeds.
Mainstream English course Ⅱ（増進堂），96
Flesch Reading Ease 42.5; Flesch-Kincaid Grade Level 11.3

　主観的に感じ取れるようにAとBのFlesch reading easeの数値（A：66.3 標準的　B：42.5 難しい）を見れば二つの英文は完全に難易度レベルが異なることを反映しているように思える。一般的に長い文（単語が多く詰まった文）が書けるほど，語彙力や文構築の力があるという観点から，これらの指標が語彙と文構造の複雑さという要因を含む可能性がある。そのため，テキストの難易度をある程度予測出来ると考えられる。

(4) 利点4：長さは物理的処理負担の量を予測するので初級の読みの負担を予測する
　長さが決定的に予測する困難さの要因は，長さが読みの最中の処理負担を物理的に高める点であろう。単語が長いことや，文が長いことによる情報量の増加も処理の物理的量の増加であり，読みの最中にワーキングメモリの容量を制限するものである。ディコーディング力に問題がある（それに多くの認知資源を使う）習熟度の低い読み手の場合，一度で処理する量が増加すると，読みの最中に多くの情報の断片を統合して，文の意味を構築することが難しくなる（Koda 2005, 109）。ディコーディングに問題が無い，ある程度習熟度の高い学習者の場合は，単語や文が長くなったことによる情報量の増加に対する処理の負担は，それほど問題とならないだろう。また馴染みのある語や文法が含まれているならその処理の負担も補えるだろう。そうなると文や単語の長さという指標は，ディコーディングに問題がある，つまり知っている単語でも文中でうまく自動的に処理出来ないレベルの読み手に限定される指標となる。中高の生徒の多くが，このレベルに入るなら，ある程度は難易度を予測していることになるだろう。

B　リーダビリティーの欠点

(1) 欠点 1：テキストの内容の難易度は扱わない

　他のリーダビリティー公式に以下のものがある（清川 2000）。

<u>Dale-Chall cloze</u>：
- 64 − 0.95（難語率）− 0.69（文の長さ）
- 難語率：(Dale による語彙リスト以外の単語の数÷総単語数)× 100

つまり，頻度が低い単語が多いほどテキストの難易度が高くなる。清川（1992, 2000）は，使いやすさでは Flesch reading ease が優れているが妥当性は Dale-Chall のほうが高いと評価している。妥当性に関して Dale-Chall のほうの評価が高いのは，Flesch は文や単語の長さというテキストの物理的な量のみの評価であるのに対して，Dale-Chall は語彙の難易度というテキストの内容に触れる要因を含んでいるからである。

(2) 欠点 2：語彙の難易度や構造の複雑さと文や単語の長さとはあまり関係がない場合がある

　上記のBの文をなるべく文の長さを変えずに単語と文構造を多少分かり易いものに変えた文が以下のCである。Cの分析結果を見るとFlesch Reading Ease や Flesch-Kincaid Grade Level はBとほぼ同じレベルを示すことから，それらの指標で単語や文法構造の難易度は予測出来ていないことが分かる。数値に頼りすぎてテキストをよく分析しない場合は，この点を見落とす可能性は高い。

C：(B の書き換え)

　Sugihara never spoke to anyone his unusual achievement. In 1968 Sugihara was first found by a man he had helped to save. Soon, many others he had saved stood up and spoke to the Yad Vashem（Holocaunst Memorial）in Israel about his achievement in saving life of others.
　Flesch Reading Ease 46.9; Flesch-Kincaid Grade Level 10.7

(3) 欠点3：語彙や文法知識に馴染みがある場合，長さはそれほど問題ではない

　長い単語に分かりにくい単語が多いとは限らないだろう（information など）。要は頻度が高いか低いかの問題である。長い単語のほうが一般的に覚えにくい場合が多いので，それが馴染みのないことへ繋がる可能性はあるかもしれない。同様に提示された文が統語的に複雑であると学習者が思うかどうかも，その文法構造に馴染みがあるかないかで異なる。以下の（A）の文は（B）より長いが（A）に馴染みがあり（B）の関係代名詞の埋め込み文に馴染みがなければ，（B）のほうが難しいと感じるであろう。

　　(A) It is important for you to see a doctor as soon as possible.
　　(B) The house built by you is so beautiful.

(4) 欠点4：習熟度の高い学習者に対しては，単語の長さや文の長さが読みやすさを高める

　Koda（2005, 96）は，母語の場合，単語が長いほうが接頭辞や接尾辞から意味が予測出来ることもあり，理解を促進する場合があると指摘している。単語力がある第二言語学習者の場合でも，このような利点を得られる可能性がある。つまり，長い単語は意味が分かりにくいものが多いとは一概には言えないだろう。また母語の場合では文が長いことは精緻化（内容がより詳細に説明されていること）の現れであり，内容が明確になる場合がある（例：従属節を伴う方が文の関係が接続詞によってより明確になり分かり易くなる）と指摘している（Koda 2005, 96-97）。第二言語の場合でも統語的な知識がある程度備わった習熟度の高い学習者の場合，母語話者と同様に長い情報量の多い文のほうがより分かりやすくなる可能性は高まる。そうなると，情報量の増加は，テキストの難易度の指標にならないことになる。逆に習熟度の低いディコーディング能力が未熟な読み手は，文の情報量が増えても，内容理解を助けない可能性がある。つまり，単語の要素や接続詞の意味自体が分からなければ，内容の精緻化は複雑さを増すだけである。文や単語の長さという物理的な処理負担の増加という要因で，テキストの難易度を予測することは，習熟度の低い読み手に限定されて，全ての習熟度の読み手にあてはまるものではないだろう。

(5) 欠点5：単語の抽象度，文の論理性，内容への馴染みの有無などは予測出来ない

　清川（1992）は，リーダビリティーの限界を指摘している。つまり，テキストの内容を構成している要因は語彙と文の長さ以外に，単語や文の抽象度，論理構成の複雑さ，内容に馴染みがないなど読み手に基づく複数の要因がある。これらは公式では予測出来ないだろう。

C　授業で使うテキストの難易度を決める方法

　指導する生徒にどのような難易度のテキストがよいかは，様々な要素を兼ね合わせた複合的な視点が要求されることは，言うまでもない。Nuttall（2005）は，テキストの読みやすさの判断に関して以下のような項目を挙げている。

(1) テストで学習者のレベルをある程度予測しておく（学習者の弱点を予測する）。
(2) 新出単語の割合はどれぐらいが適切か確認する。
(3) 構造的な複雑さをリーダビリティーの公式である程度予測する。
(4) リーダビリティーの指標で測れないところ（トピックに馴染みがあるか，文化的要因，内容自体の複雑さ，学習者の興味など）は教師の経験で補う。

更に以下の点が付け加えられるだろう。
　(2) の補足：
　　テキストの語の難易度については，適切な語彙リスト（親密度リスト，JACET8000，北大語彙リスト）を基に平均的な語彙頻度レベルが算出出来る。適切な語彙サイズテストで生徒の平均的な語彙力を測定し，その平均語彙サイズのレベル以上の単語が，どれほど含まれているかで適切さを判断する。
　(4) の補足：
　　①どのようなタスクを何のために（ディコーディングを高めるため，推論力を高めるためなど）どのレベルの生徒を対象に行うかも考慮する。読みの複数の技能を個別なものと捉えて，各々にどのレベルのテキストがよいかを選ぶほうが，指導としては妥当であるのは言うまでもない（例えば，速度には短いもので単語が簡単なもの，推論や要点

をまとめる練習はある程度長いもの，精読には多少構文が複雑なものなど)。
②指導する生徒にタスクによってどの程度の認知負荷を伴わせるのが最適か（どれだけ足場掛けを与えるか）を，対象となる生徒のディコーディング能力から予測する必要があるだろう。つまり，読むこと自体にどれほど学習者の認知資源が奪われるかという判断を基に，その差し引かれる資源の程度から，新出単語や新たな文法項目の量などを決定すればよい。

利便さという面では，信頼出来る読みやすさの指標が今後開発されるべきである。リーダビリティーによる一般的なテキストの難易度の指標の開発だけではなく，どの技能開発にはどのようなレベルのテキストがよいかという研究が行なわれることで，より具体的なテキスト選択のアイデアが得られると思われる。

《基礎知識14》テキストにおける未知語の割合
A　読解を可能・不可能にする語彙の閾値とは？
　L2学習者の場合，語彙力が十分ではないので，読解を可能・不可能にする語彙の閾値が問題にされる。閾値には二つの考え方がある。「ある閾値を越えると読解が可能になり，それ以下になると読解が不可能になる」という，全か無か (all-or-nothing) 説と「ある閾値を越えると読解の可能性が高まり，それ以下では低くなる」という確率論的閾値 (probabilistic boundary) 説がある (Nation 2001, 144)。後者の方が経験的には妥当であろう。
　閾値を調べるには二通りある。一つは既知語のテキスト・カバー率（テキスト中の既知語の割合）を使う方法である。もう一つは，あるテキストを読解するのに必要な頻度レベルでのワードファミリー（基本形，屈折形，短縮形に派生形を含めて一語とする数）またはレマ（基本形，屈折系，短縮形をまとめて一語とする数）で算出する方法である。読解が可能となる閾値を予測するにはテキスト・カバー率を使う方がより安全な方法である。というのは，ある一定のテキスト・カバー率を達成するワードファミリー数は，①小説，新聞，学術テキスト，会話などのテキストのタイプ（表1），②テキストの長さ，③同じトピックで同じ書き手によって書かれたものかというテキ

表1 テキストのタイプとテキスト・カバー率（Nation 2001, 17）

レベル＼タイプ	会話	小説	新聞	学術テキスト
1000語	84.3%	82-3%	75.6%	73.5%
2000語	6%	5.1%	4.7%	4.6%
学術語	1.9%	1.7%	3.9%	8.5%
その他	7.8%	10.9%	15.7%	13.3%

ストの同一性などによって異なってくるからである。

閾値を考えるには，テキストをどれだけ理解出来れば読めたと言えるかを考えておかなくてはならない。Laufer and Sim (1985) は，ケンブリッジ英検 FCE の読解問題を基に，理解出来たと言える正答率を65～70%としている。正答率70%前後が妥当な線であろう。

B 読解にはどれほどの語彙知識が必要か？

Laufer (1989) は，学術テキストを読む場合，一応の読解が可能になるにはテキスト・カバー率が95%以上必要であるとしている。テキスト・カバー率が95%以上の学習者には，読解テストの成績が55%以上のものが有意に多いからである。55%のスコアはイスラエルのハイファ大学での最も低い合格点である。しかし，このスコアは Laufer and Sim (1985) の理解出来たと言えるスコアである65～70%と矛盾する。Hu and Nation (2000) は，テキスト・カバー率が100%，95%，90%，80%のテキストが小説の読解に及ぼす影響を調べた。テキスト・カバー率95%のテキストは読める学習者もいるが，多くは読めない。カバー率90%では更に読める割合は少なくなり，カバー率80%では誰も読めなかった。教師の支援なしに楽しんで読めるには，98%以上のカバー率が必要であると，主張する。Hu and Nation (2000) の研究は，小説の場合，全か無か説の閾値はテキスト・カバー率80%で，十分な理解が出来る確率論的閾値はテキスト・カバー率98%，最低限受け入れられる理解ならば，確率論的閾値は95%であることを示唆している (Nation 2001, 147)。

頻度レベルでのワードファミリー数を検討してみよう。Laufer (1992) はオランダとイスラエルの大学入試で使われた英語の読解問題と語彙レベルテスト (Nation 1983) とユーロセンター語彙テスト (Meara and Jones

1989) を実施した。読解テストで56%以上の読解を達成出来るにはワードファミリーで3000語以上の語彙を持つ学習者であることが分かった。この56%もLaufer and Sim（1985）の読解が出来たと言えるスコアと矛盾する。回帰分析の結果，63%の読解を達成するには4000語が，70%の読解を得るには，5000語が必要であることが分かった。Hirsh and Nation（1992）によると，学術テキストで95%のテキスト・カバー率を得るには4000語のワードファミリーを知っている必要があるという。しかし，非母語話者の学生が大学で問題なく勉強していけるには，オランダ語の場合，最小限10,000語のワードファミリーが必要であるというHazenberg and Hulstijn（1996）の研究から判断すると，3000～5000語は実際よりは少なく見積もった数字と考えてもよさそうである。オランダ語の研究を英語の読解に適用するには問題があるかも知れないが，Nation（2006）の最近の研究ではそれに近い語彙数が挙げられている。誰からも支援なしに読むのに必要なテキスト・カバー率を98%とした場合，書かれたテキストを読むのにワードファミリーで8000～9000語が必要であり，話されたテキストを理解するにはワードファミリーで6000～7000語が必要であることを指摘している。要するに，なんとか読める95%のカバー率を確保出来るワードファミリーで4000～5000語を語彙習得の目標にし，それが達成出来たら，支援なくして読める8000～9000語を目指すことが必要になる。

C　未知語の割合から見てどの程度の教材が適切か？

あまり未知語の多いテキストを使うと，どうしても解読や訳読になってしまう。そこでどのような教材を選んだらよいのか，未知語の割合から考えてみる。英語の母語話者の研究では，易しい題材の場合，未知語の割合はほとんど0%，難しい題材の場合，2%以上が未知語で，適切な題材の場合は，およそ1%が未知語である（Carver 1994）。

第二言語の場合，Nuttall（1996）は，多読には未知語の割合が1%，精読には2～3%くらいが適切な教材であるという。Nation（2001, 149-150）は，精読の場合にはテキスト・カバー率が95%より低くてもよいが，多読の場合，意味に焦点を当てたインプットから語彙学習を目指すならば，カバー率が95～98%のテキスト，読みの流暢さを伸ばすことを目的とするならば，99～100%のテキスト・カバー率のテキストが必要であると言う。日本の高校の教科書はテキスト・カバー率は95%よりかなり低く，多くの学生にとっ

て難しいように思われる。Nation の指標を目標に，カバー率を 90% よりも低くない教材を選択するように，教師は注意を払うことが重要である。もちろん，教材を選ぶ指針はテキストの未知語の割合だけではない。中・高生の年齢に相応しい知的好奇心を満足させるものか，面白い読み物か，英語が自然であるかなどを考慮する必要がある。

D　どれほど未知語を文脈から推測出来るか？

既知語のテキスト・カバー率が未知語を文脈から推測するのに影響を及ぼすことは予想されるが，テキスト・カバー率と未知語の推測の関係については実験デザインが難しく成功している実験はほとんどない。例えば，Bensoussan and Laufer（1984）の研究では，学習者は未知語が総語数の約 12% の難しいテキストを読むことになってしまい，未知語の推測に成功した割合はわずか 13% であった。

Liu and Nation（1985）は，少なくとも 95% のテキスト・カバー率がないと推測はなされないと言う。恐らく 98% が文脈から未知語を推測する最も適切なテキスト・カバー率であろう，と Nation（2001, 233）は主張する。この見解は妥当な目安であろうが，実際の教育現場で全ての学生にこのような教材を与えられるわけではなく，上記の Bensoussan and Laufer の研究のように，多くの学習者にはどうしても未知語の密度が高くなってしまうので，未知語の推測に成功するためには学習者の語彙サイズが重要な要素となる。Yamauchi（1995）が語彙力と未知語の推測力の間には高い相関があると言っているのは，うなずけることである。

テキスト・カバー率がたとえ適切であっても，必ずしも未知語の推測が正しく出来るわけではない。Schmitt（2000）が指摘するように，①未知語の意味を推測出来るほど手掛かりが文脈にあるわけではない。たとえ手掛かりがあっても，一度出てくるだけでは十分ではなく，何度か出現することが必要である。②スペリングや音声が似ている単語は既知の単語と間違えることがある。③英語の同族語にあたるものは外来語であるが，日本語に外来語として定着した語には，音声や意味の変化が起こっているので，その語と気がつかなかったり，意味を間違えたりする。④テキストの話題や扱われている文化について知らないと，推測が出来ない。⑤未知語の近くにある手掛かりは見つけやすいが，離れている手掛かりは見つけにくい。以上のことを考えると，学習者の語彙力を伸ばすとともに，文脈から正しい意味を推測する技

能や方略を訓練する必要がある。

6.8 読解力の評価：リーディングテスト
6.8.1 リーディング力の測定（テスト）について

　文章を理解するということは，読み手がテキストと相互作用する過程で，読み手のこころの中に，一貫性のある意味世界をつくること，つまり，心的表象（mental representation）を構築することである。文章理解の認知メカニズムをモデル化したものとしては，ボトムアップ処理モデル，トップダウン処理モデル，相互作用モデルがある。文字入力，単語，文，パラグラフ，文章というように小さな言語単位から大きな単位へと積み上げて処理するのがボトムアップ処理であり，背景知識やテキスト構造（text structure）などの知識を利用して文や単語を理解していくのがトップダウン処理である。実際の読みでは両方の処理の相互作用により，一貫した心的表象が読み手の心の中につくられていく（秋田 2002; 佐藤 1996）。

　読解力の測定（テスト）は，読み手が読解スキルやストラテジーを使用することが出来たかどうか，正確な心的表象が創造されたかどうかを評価することに他ならない。しかし，リーディングは受容的技能であることから，読み手の頭の中で起こっていることは，はっきりした行動として測定することは出来ない。従って，リーディングテストを作成する場合には，テキストを選定し，何らかのタスクを課すことによって，読み手が読解スキルやストラテジーを使用出来たかどうか，正確な心的表象を創造することが出来たかどうかを測定する必要がある（Hughes 2003）。

　リーディングテストは，その目的，内容，方法の観点から以下のように分類してまとめることが出来る（Nuttall 1996; Hughes 2003; Alderson 2000; 松沢 2002; 金谷 1995）。

(1) 目的
　①プレースメントテスト（placement test）：講座やクラス分けのテスト
　②診断テスト（diagnostic test）：読み手のニーズや弱点を把握するテスト
　③達成度テスト（progress test）：短期での読みの進捗状況を見るテスト
　④到達度テスト（achievement test）：定期的に読みの成績を総括するテスト

⑤熟達度テスト（proficiency test）：資格試験など読み能力を判定するテスト

(2) 内容
①読解スキル・ストラテジー：「未知語の推測」「特定の情報の検索」「談話標識の活用」「代名詞の照応把握」「テキスト構造の把握」「背景知識の利用」などの技能の測定
②グローバルな理解：テキスト内容についての全体的な理解が出来たかどうかを問うテスト

(3) 方法
①多肢選択（multiple choice test）：質問の答えを選択肢から選ばせる方法
②短答（short answer test）：T/Fや数語の短い英語で答えさせる方法
③空所補充（gap-filling test）：必要な語を空所に挿入して完成させる方法
④情報転移（information-transfer test）：読んだ内容を図やイラストにまとめさせる方法
⑤マッチング・整序（matching, ordering test）：段落の内容を選択肢とマッチングさせたり，段落を並べ替えさせるなどの方法
⑥リコール・思考発語（recall test, think-aloud）：読んだ内容を思い出して書かせたり話させたりする方法，読解過程をリアルタイムで報告させる方法（詳細は「8.2質的研究」を参照）
⑦英文和訳（translation test）：英文を日本語に翻訳させる方法
⑧クローズテスト（cloze test），サマリーテスト（summary test）（詳細は「6.8.3全体的理解のテスト」を参照）

以上のような分類に基づき，テストを作成する際には，「何のために」（目的），「どんな読み能力を」（内容），「どのように」（方法）測定するべきか，よく考えて組み合わせる必要がある。

次項では，教育実践場面でのリーディングテスト作成において，留意すべき点や実際の例について考えてみたい。

6.8.2 達成度テスト・到達度テスト（単元ごとの小テストや定期テスト）

教育現場で日常的に授業実践者が作成するのは，達成度テスト（progress test）や到達度テスト（achievement test）である。単元ごとの小テストや

中間，期末などの定期テストなどがこれにあたる。本項では，リーディングの達成度テスト（progress test）や到達度テスト（achievement test）について考えてみたい。

(1) 授業，学習と達成度テスト・到達度テスト

　定期テストや単元ごとのテストは，一定の期間に教えたことがどの程度学習者に理解されたかを把握することがその主要な目的となる。従って，授業で教えた読解スキル・ストラテジー，授業で教えた練習問題，授業で使った質問項目などを達成度テストや到達度テストの一部に盛り込む必要がある（Nuttall 1996）。「授業はすなわちテストであり，テストはすなわち授業であっても何ら不思議はない」（靜 2002, 133）と言われるほどである。

　実力テストや資格試験などの熟達度テスト（proficiency test）では，個々人の能力を出来るだけ際だたせて弁別することが大切であるのに対して，達成度テストや到達度テストでは，出来る限り多くの学習者が合格ラインに達することが重要である。すなわち，全員が満点を取ることが達成度テストや熟達度テストでは理想的な状態となる。

　単元ごとのテスト，授業での小テスト，定期テストが，授業を活性化させ学習を促進させるよう配慮する必要がある。つまり，テストが学習にプラスとなるような波及効果（backwash）を及ぼすよう留意することが重要である。Hughes（2003）や Aebersold and Field（1997）では，好ましい波及効果を生み出すための条件をいくつかの項目に整理している。とりわけ，①伸ばしてやりたい能力をテストすること，②授業で指導した事柄を広くテストすること，③到達目標を設定してテストすること，④テスト内容や形式を知らせておいてテストすること，などが重要な点であるとしている。

　まとめてみると，達成度テストや到達度テストは，授業を活性化させ，学習を促進させるためのものである。学習者にとっては，テストを通して学習意欲が高まり，達成感が得られるようにする必要がある。同時に，教師にとっては，学習の進捗状況を把握し，次回からの指導に利用出来ることが大切である（長崎 2005）。

(2) 達成度テスト・到達度テストづくりの留意点

　本項では，実際に，単元ごとのテストや定期テストをつくる際の留意点について，様々な観点から考えてみたいと思う。

①使用するテキストについて

　Nuttall（1996）によれば，達成度テスト・到達度テストにおいては，既習のテキストを使用するべきではないことが指摘されている。これは，既習のテキストを用いれば，学習者は既にテキスト内容を知っており，意味理解を済ませていることから，読解力を測定するというより，授業で習ったことの記憶や定着を測定することになってしまうという観点からの指摘である。

　達成度テストや到達度テストにおいては，理想的には授業での目標が達成出来たかどうかを測定することを前提として，既習のテキストとパラレルなテキスト，つまり語句，文法，文体，ジャンルなどが同じテキストを作成する必要がある。しかし，中学校レベルでは，パラレルなテキストを作成することは可能かもしれないが，高校レベルではなかなか困難である。また，テストの波及効果の点からも，既習のテキストを使用しないことが，かえって学習者にとってはマイナスの効果を生み出すことも懸念される。従って，テストの大部分は，既習のテキストを使って，教えた読解スキルやストラテジーを使用させるタスクを工夫することが現実的ではないかと考えられる（若林・根岸 1993）。同時に，少しチャレンジングな問題を課す場合には，インターネットを活用したり，他の教科書のよく似たテーマの文章を利用したり，ALTによる援助を受けたりしながら，パラレルなテキストによるテストを作成することも出来るであろう。

②リーディングテストの内容

　単元ごとのテストや定期テストにおいてテストすべき内容をどのように設定すべきであろうか。

　語彙や文法は言語知識に関するものであり，リーディングとは基本的に異なる分野であると一般的には考えられている。しかし，読解の構成技能（コンポーネントスキル）の点からは，単語の発音や意味，文法のテストも読解の下位レベル処理の技能と見なすべきである（「7.6 読解力を構成する要素は何か」を参照）という考え方も出来る。また，Nuttall（1996）とは異なるが，授業や学習への波及効果の点からは，語彙や文法の知識を，単元ごとのテストや定期テストで問うことも出来るのではないかと考えられる。

　読解スキル・ストラテジーについては，実際の読解においてどの程度使用されるのか，読解にどの程度貢献するのかなど，まだまだ明らかにされていないことや，不確かな点が多いのも事実である。しかし，基本的に授業で教

えることが出来るものであり、また、教えた場合は単元ごとのテストや定期テストの内容として含める必要があり、更にプラスの波及効果も期待出来る（松沢 2002）。例えば、授業で「未知語を推測する」という読解スキル・ストラテジーを教えたとすれば、単元ごとのテストや定期テストなどで、無意味語を未習のテキストに挿入しておいて、その語の意味を推測させるなどのタスクを設定することが重要である。

教科書のテキストによる「未知語を推測する」テストの参考例を以下に紹介したい。

● Example 1：未知語を推測するテスト
問：文章の流れに注意して wug はどういう意味か推測しなさい。

What do you imagine when you hear the word "blue"? Some people might recall the sky, and others might think of the sea. Everybody has associations with colors. Blue often makes us imagine the sky or the sea. But why do we wug blue with them?

On sunny days we enjoy relaxing outdoors. The vast blue sky is above us. The sea also looks blue as it reflects the sky. In this way, when we see the sky, we see both the sky and its color.

We take it for granted that everything has its own color. And we naturally wug each thing with its color.

World trek English course I（桐原書店），80

全体的な理解のテストは、様々なタスクを使って、読みの過程や結果として読み手が創造した心的表象（mental representation）を点検するものである。Nuttall（1996）によれば、単元ごとの小テストである達成度テストでは全体的理解のテストは扱わず、定期テストなどの到達度テストで扱うべきであるという指摘がある。これは、授業の途中での短期的なテストでは読解スキル・ストラテジーのテストに焦点化すべきであり、定期テストなどの一定期間の学習を経た時点で全体的理解のテストを課すべきであるという指摘である。しかし、実際の教室では、クローズテストやサマリーテストを利用するなど、タスクを工夫することによって、短期的なテストにも、定期テストにも、全体的理解のテストを実施することが出来るのはないかと考えられる。また、テキストで読んだことを図やイラストにまとめたりすることによって理解度を把握するテスト、すなわち情報転移テスト（information-transfer test) を利用することも一例として考えられる。

③総合問題とリーディングテスト

　いわゆる「総合問題」とは，一つのテキストに，下線を施したり，空所を設定したり，語句の並べ替えの部分を作ったりして問題としたものである。問題作成が容易であることや一つのテキストで様々なポイントがテスト出来ることから，しばしばリーディングテストとして使用されてきた。しかし，若林・根岸（1993, 36）によれば，総合問題はリーディング力の測定とは全く違っており，総合問題は「テストから排除しなければならない」との指摘がなされている。靜（2002）では，総合問題が，リーディング力を測定するどころか，リーディングが中断されてしまうという欠点を持つことを指摘した上で，総合問題を改善する方策を提案している。

　実際の定期テストなどの作成においては，文章を読んで理解したことを測定することをリーディングテストの基本として再認識する必要がある。従って，語彙，文法，発音，作文などのテストは理解のテストとは別に大問を設定すること，理解度を把握するタスクの種類はなるべく一つのテキストで数少ないものに限定していくことが大切であろう。

④英文和訳とリーディングテスト

　テキストに下線を施し，その部分を日本語に翻訳させることによって，理解を測定する方法，つまり英文和訳がリーディングテストによく利用されている。しかし，訳す能力は必ずしも理解の能力に直結しないこと，例えば，英文を理解出来なかったのに定訳をあてはめて正解となる場合や，逆に英文は理解出来ても適切な訳語が見出せなかったために不正解になる場合があることが指摘されている（根岸 1993; 金谷 2003）。

　リーディングテストの作成においては，英文和訳の使用の是非にこだわるよりも，どのように使用すれば理解の測定に有効であるかについて考えるべきであろう。例えば，なるべく構文に忠実に和訳させる事によって文解析力を測定することや，複雑な文章を自分の言葉でわかりやすくかみくだいて和訳させることなどが考えられる。つまり，英文和訳を使用してリーディング力を測定する場合には，その使用目的に留意することが大切である（金谷 1995; 靜 2002）。

　英文読解の実証的研究からは，母語での読み能力が転移し第二言語の読解

を促進させる場合があり，特に思考にかかわる処理は両言語で共通の能力による部分が大きいと言われている（堀場・荒木 2002）。してみれば，英文和訳によって理解度を測定することは，当然有効な方法となりうるわけである。

6.8.3 全体的理解のテスト（クローズテスト，サマリーテスト）

　本項では，全体的な読解力を測定する方法を紹介したいと思う。具体的にはクローズテスト（cloze test）とサマリーテスト（summary test）について詳細に説明したい。

（1）クローズテスト

　クローズテストはテキストの一部を読めなくしておき，読めなくなった部分を読み手に解答させることによって，理解を測定する方法である。標準型のクローズテストは，最初の1～2文はそのまま残し，次の文から機械的にn番目（nは通常5～12）の単語を抜いて作成する。採点は正語法（元の文の語のみ正解）と適語法（文脈に合う語は正解）がある。50項目以上を解答させれば信頼性が高まり，英語の総合的言語能力をおおむね測定することが出来ると言われている（望月 2007）。また，門田（2002）によれば，物語文においては，クローズテストが文を超えた談話処理能力の測定に敏感であったとの実証研究の報告がなされている。

　これを英文読解における理解のテストに用いる場合には，変形クローズテストを用いる方がより有効である。例えば，文章全体の理解に関わる語，文章の結束性や一貫性を保持するために必要な語，内容スキーマに関する語などを意図的に削除して作成するのが効果的である（川畑 2001）。この方法は，意図的削除クローズテスト（rational cloze test または gap-filling test）と呼ばれている。その際，文章の全体的な理解を測定するという目的からは，適語法による採点を行うこと，解答に選択肢を設定すること（multiple-choice cloze test）などの工夫も必要となる場合があるだろう。

　以下の Example 2 では，（1）（3）（4）は文章理解の要点となる語を，（2）は理由を付加する談話標識の知識を問うように意図的に削除し選択式にしたクローズテストである。

● Example 2：クローズテスト
問：(　　) に適切な語を書きなさい。(2) は下の語群から選びなさい。
　Hummingbirds have some interesting abilities. For example, they are the only birds that can (　1　) backwards, forwards, and upside down. Some of them can flap their wings very fast, more than 50 times a second. For this (　2　), it is hard to see their flapping wings with the human eye. They are always eating. Some (　3　) more than half their weight each day. They mainly eat insects and flower nectar. Why do they eat so much? Do you know the (　4　)?
　【語群】(2) way, example, reason, matter
Orbit English reading（三省堂），20

　その他にも，第1文はそのまま残して，第2文からは2語ごとに各単語の後半部分を削除して作成する C-test，テキストに余分な語を挿入しておいて読み手に削除させる cloze-elide test，などの変形クローズテストもあるので，これらのテストも文章のグローバルな理解の測定に利用することが可能である。

(2) サマリーテスト
　サマリーテストは，テキストを読んで内容を要約させることによって理解度を測定するテストである。読み手は，テキストの主要となるアイデアと，それ以外の部分を読み分け，内容を総合的に的確に把握してまとめることが要請される。従って，テキストの的確な理解が出来ているかどうかを測定するテストとなることが期待出来るわけである。
　留意点としては，採点方法に客観的な基準を持たせ，短時間で採点出来るようにすること，理解のテストに焦点化するにはライティング力などの影響を少なくすることなどが考えられる。そのためには，選択肢を与える（靜 2002），空所補充の形式にする（gap-filling summary）（米山 2002），日本語の使用を認める（Nuttall 1996）などの工夫が必要となる。
　また，読み手の発達段階に応じて，テキストの主要アイデアを並べ換えさせたり，内容理解の Q&A に答えさせた後，答えをつなぎ合わせて要約文を作らせるなどのバリエーションも可能である（薬袋 1993b）。サマリーテストの作成には，教科書の For Summary や指導書の要約文を活用して様々な問題形式に応用することも可能であろう。

以下に空所補充形式のサマリーテストの例を示したいと思う。

● Example 3：サマリーテスト
問：次の文章を読んで以下の要約文の（　）に適切な語を入れなさい。

　Some laws in other countries may be too strict for Japanese people. In Singapore, if you litter, you will be arrested. If you do it three times, you will get a severe punishment. You will be ordered to clean the streets, and this will then be broadcast on the local news.
　There is another strict law in Singapore. Although many Singaporeans love a fruit called durian, they can't take a durian on a bus or a subway. In fact, eating a durian is not allowed in many public places. That is because durians have a strong odor!

Power On English I（東京書籍），76

＜ Summary ＞
　Singapore has（　　）（　　）laws for Japanese. One is that you can't（　　）, and the other is that you can't have or（　　）（　　）
（　　）in many public places.

　サマリーによる全体的理解のテストを利用することによって，英文を読んで簡潔に内容把握が出来るようになることが期待出来る。また同時に，英文を読む場合には，内容をまとめながら読み進めていくという波及効果も生まれるのである。

《基礎知識 15》リーディングテストにおける妥当性と信頼性
A　妥当性と信頼性

　妥当性（validity）とは，作成したテスト問題が測定対象となる能力を評価するには妥当であるかという点について考える。信頼性（reliability）とは，その問題は能力を評価するのに常に信頼出来る一貫性のある測定力を持つかどうかという点を考える。簡単なたとえで言うと「海をわたって目的地にいく方法として船に乗るというのが妥当性であり，その船が問題なく運んでくれるかどうかが信頼性となる」。つまり，条件に応じた測定をしているかは妥当性であり，条件に必要となる反応を抽出する方法が，客観的に信頼出来るものかというのが，信頼性である。テストは，この妥当性と信頼性の

両方を満たす必要がある。

　妥当性は主観的な指標である。テスト作成の意図と目的（学期末テストや実力テストのため等）により，何が妥当であるか決まるのは当然であるが，それ以外では作成者のリーディング力の捉え方により，テストの内容が妥当かどうかの判断は異なると言える。例えば，「高校1年で養うべきリーディング力はこれまで習った語彙と文法をどれだけ熟知しているかという点にある」と考えていれば，語彙と文法に関するテストが妥当なリーディング力測定テストとなり得るだろう。同様に米国の中学2年レベルの英文を100 wpmで速読出来る力と考えている場合，速読テストが妥当となり得る。

　しかし，一般的に「この人は英語で読める力がどれほどあるのだろうか？」について測定する場合，作成した個々の尺度が，どれほど学習者のリーディング力の伸長を正確に反映しているかを何らかの形で示す必要がある。その場合，独自に作成したテストと，これまで比較的信頼性があるとされている読解力測定テストとの相関を測定するなどの指標が必要となる。例えば，等間隔で（　）を作成するクローズテストで測定した力が，どれだけリーディング力を反映するかは，そのテストと信頼のおける読解テストとの相関を見る必要がある。実際にクローズテストとTOEFLの相関を測定すると，そのブレはテストにより異なると指摘されているように（川畑 2001），妥当ではないと考えられる。やはり直感的にわかるように，読解力を見る場合，クローズテストのように間接的に理解力を測るのではなく，文章に対してどれだけ内容を正確に理解出来たかを測る必要があるだろう。

　そうなるとテキストを読んだ後に内容を筆記させて理解を測定する筆記再生法や，選択肢により理解出来ているかを問う測定法のほうが，妥当性は高いであろう。しかし，いくら理解度という観点にテストの目的が向いているとしても，果たして測定された結果は，正確に学習者の読解力を反映しているのかという疑問は残る。例えば，筆記再生法で使われた英文が，学習者にたまたま馴染みのある内容であり，推論することでその内容はおおよそ予測可能である場合や，正確に読めていても記憶出来ないといった，記憶力や記憶方略の有無がスコアを左右し，理解出来ていても再生出来ていない場合も考えられる。さらに採点方法の違いでスコアがばらつく場合もある。スコアのばらつきをなくし信頼性を高めるなら，理解を確認するための質問に対し選択肢をいくつか与える測定法が適切となる。しかし，そうなると選択肢の妥当性が問題となってくる。結局，信頼性という点で問題が生じることにな

る。このようにどの点で妥当性と信頼性のバランスについて妥協するのかは難しい問題である。したがって，作成者が読解テストを作成するにあたっての理論的根拠を十分踏まえて，利点と欠点を明瞭にしておき，可能な限り妥当性と信頼性という測定概念を満たすように，テストをデザインする必要があるだろう。

　少なくとも以下の観点から作成するテストについて考察がなされるべきである。

(1) トピックに偏りがないか：
　ある学習者だけが背景知識を有利に利用出来るものになっていないか。例えば，理系の学生と文系の学生に理系の内容の読解をさせて読解力を比較した場合，理系のほうが勝るだろう。

(2) 当該レベルの到達度に合致した理解力テストであるか：
　最終目標が *Time* の英文記事が読めるようになることであっても，難易度が無理に高いものをテストに使うと，現在発達中の読みの能力はそのテストには反映されない。つまり，語彙サイズ，文法項目が当該学習者に適切なレベルであり，発達中の読みの力が反映されるレベルのパッセージをテストに選ぶ必要がある。

(3) テスト上での読みの行為がいかに自然な状態に近いものであるか：
　これは時間の配分にも関わるが，母語話者が通常読める時間よりも少し長めに時間設定するべきで，短すぎる速読（目的によっては必要であるが）や長すぎる場合は自然な読みの能力という観点において適切ではないだろう。またPC上での文単位の提示などでは，操作や慣れの問題もあり，通常の読みの能力を測定する妥当性が欠ける場合も考えられる。

(4) テストから産出される結果がいかに正確に読解力を反映しているか：
　結果の産出にどのような手法を取るのが適切かを考える。つまり和訳問題か，要約問題か，選択肢式の理解度確認問題か，など，採点がどれほど正確に行えるかという信頼性と，その問いによりテキストに対してのどのような理解が導けるか（要旨確認，詳細の確認，推論，代名詞の理解，論理展開，事実内容など）を考え，バランスよくテキストに対する心的表象のレベル，①表層構造，②テキストベース，③状況モデル），を確認出来るテスト形式を採用するべきである。例えば，

内容を筆記再生させた場合は，それらの表象レベルに基づいて結果を分析し，適切な採点の重みづけを行うべきである。

B 基本的な理解確認の注意点

妥当性と信頼性を満たすことは技術の要ることであるが，問題作成において最低限確認するべきことがある。テスト問題を適当に作成した場合，偏りのある問題になり，内容理解に直結していないことがよくある。特に以下の間違いに気をつけたい。

(1) 文法力や語彙力などの測定に偏っている。
(2) 本文を読まなくても解ける問題になっている。
(3) 推論させることなど背景知識の有無のみを問うている。
(4) 選択肢が混同するもので，理解していても問題が複雑で解けない。
(5) 本文の分析を要しない，情報を探す scanning などに偏って簡単すぎる。

● Example 1：設問の問題点

While King was in college, he was deeply moved by the ideas of Mahatma Gandhi, a religious leader in British-ruled India who wanted to change laws that were unfair to Indians. Gandhi was a peaceful man who didn't believe in violence. He asked his followers to break laws that treated them unfairly, but he wanted them to remain non-violent at all times. Gandhi and his followers were punished and imprisoned for their beliefs, but they never raised a hand against any man. King knew there were laws in the United States that were unjust to Blacks everywhere. Perhaps he could follow in Gandhi's footsteps and change them.

Mainstream Reading course（増進堂），109

1) ガンジーについて何でも知っていることを書きなさい。
　　⇒背景知識のみを問うもので，答えが本文の内容には書かれていない。
2) キング牧師はこの文からどんな性格だと想像出来ますか。
　　⇒推論は可能だが過度な推論を要求している。
3) アメリカでアフリカ系アメリカ人に対する不公平な法律があった。（T／F）
　ガンジーは何のために闘ったのか。
　　⇒本文にあるが，本文を参照しなくても常識で解ける可能性が高い。

4) moved（1　）the idea of … ここに入る前置詞は何か。
　　⇒単語や文法に特化した問題である。
5) 適切なタイトルを考えなさい。
　　⇒何通りも可能であり評価しにくい。
6) Which country had ruled India when Gandhi was alive?
　　⇒一部の詳細のみであり，scanningの能力のみ問うもの。
7) What did Gandhi do?
　　⇒答えの範囲が広すぎる。
8) 本文の内容と一致するものを選びなさい。
　　a. Gandhi wanted to change unfair laws.
　　b. Gandhi always stands against any violent acts.
　　b. は本文からは読み取れるとも思えるし，また本文からは判断出来ないとも言える。
　　⇒選択肢が曖昧で判断に困る。

　全体としては，部分的な理解（local comprehension）と主旨などの全体的な理解（global comprehension）をバランスよく取り入れ，また背景知識を上手く利用する能力などを測る，"read between lines"といわれる問題（但し，「KingはGandhiの影響を受け，非暴力に徹した」など誰もが同じ推論に及ぶもの）も含むべきである。そのバランスを考えるにあたり，以下のリーディングに関わる問題点を評価のポイントとして考慮するべきである。

(1) トップダウンの情報〈背景知識〉を持ち合わせているかどうか。
(2) 文法，語彙などの習熟度の問題があるかどうか。
(3) (1)，(2)のどちらかが原因で推論ができないという問題があるかどうか。
(4) 情報の配置が整理できる論理力（主従関係や論理展開などを把握する力）があるかどうか。
(5) 瞬時にテキスト構築ができない処理面の問題があるかどうか。
(6) 目的に応じた読みができているかどうか（適切な読解方略の選択）。

　問題作成にあたり，指導目的に応じてこれらのどの点にフォーカスを置くか考え，また採点の配分を変える必要があるだろう。例えば，文法と語彙は

既習のものにして，それ以外の能力を見るなどテキストを統制することで，ある特定の能力を測定出来る。また指導前の学習者の読解力の状態を把握し，指導の狙い通りに上記の各能力が変化したか（問題点がどのように改善されたか）を評価していくべきである。そのような複合的な読解力の見方が出来ればより測定の妥当性が高まるであろう。つまり，読解力の評価とは，瞬時に入力した情報を組み合わせてテキストの意味を構築し，既存の情報を基にそれをさらに洗練されたものにするといった能力があるかを測定するものであり，これに対するどのような障壁を持っているかを特定することと言えるだろう。

　以上のような点を踏まえ問題を作成し，その信頼性の確認を行えばよい。信頼性の確認については靜（2002）などが参考になる。信頼性とは，テストを同じ被験者に同じ条件で何度実施しても同じスコアになるということだが，そのテストを何度も実施し修正を繰り返すなかで達成されていくだろう。

第7章 書かれた語や文はいかに処理されるか

7.1 はじめに

　本章は理論編として，これまで展開してきたさまざまなリーディング指導について，その基盤となる心理言語学的な枠組みを，人の言語情報処理の認知的なプロセスという観点から，解説する。

　読みの最初の段階は，眼球運動（eye movements）による視覚情報（文字）の取得である。ここではまず，英文のリーディング時に，眼球がどのようにして視覚情報をキャッチしているかについて，中心窩，傍中心窩の役割とともに概観する。その上で，英語の母語話者が英文テキストを読む際の眼球運動基礎データと，日本人英語学習者が英文テキストを読む際の基礎データについて報告する。

　第一言語における読解では，音韻符号化などディコーディング（decoding）の過程を自動化することの重要性が指摘されている。第二言語においては，文字の発音は出来ても，語彙力の不足もあり，なかなか文脈に合致した形での単語の意味アクセスが実現出来ない。第二言語のリーディングにおいて，単語認知を自動化することの意味・重要性について検討する。

　既習の文法知識をもとに，いかに文の統語構造を分析するかという能力は，しばしば統語解析（parsing）と呼ばれ，人の文理解おいて中心的な位置を占めるものである。ここでは，英語母語話者を想定してこれまでに提案された，この統語解析の占める位置づけや，統語解析のメカニズムについての心的モデルを紹介する。さらに，大学生および大学院生など，上級レベルの日本人英語学習者を対象に，ガーデンパス文（袋小路文；読み手が一時的に誤った構造解析に至るような文）を視覚呈示し，それを読む際の眼球運動，すなわち眼球の停留数や停留時間，逆戻り数などのデータを収集した共同研究の成果について紹介する。そうすることで，第二言語における，書かれた文の統語解析の仕組みについて議論したい。

　最後に，本章では，読解力を構成する主たる要素とは何か，とくに語彙知

識と統語知識についてどちらの方が読解力をうまく説明出来るかについて検討する。読解力を構成する技能分析に基づく研究は，読み手の読解力を正確に説明するだけでなく，読み手一人ひとりの読解力の違いが何に起因しているのか明らかにしてくれるものである。実証研究を通して，第二言語の読解力にどのような要因が重要な役割を果たしているかについて報告する。

7．2 リーディングにおいて眼球はいかに情報を受容するか：眼球運動研究の成果

7．2．1 読みと眼球運動：中心窩，傍中心窩の役割

母語であれ第二言語であれ，私たちが文章を読んでいる時，眼球は停留（fixation），サッケード（saccade），逆戻り（regression）の繰り返しというかなりダイナミックな動きを行っている。一般に想像されるように，決して文字列の上をなめらかに順次移動して，理解の難しいところだけ，留まって内容を考えたりしているわけではない。

停留（固視や注視と言うこともある）とは，眼がある点に固定して，ほとんど動いていない状態のことをいう（通例，200msecから250msec程度）。そして，停留から次の停留の間へと眼が高速に移動している間は，知覚能力は皆無であるが，この飛翔（跳躍）運動をサッケードと呼ぶ。また，以前の文字列にさかのぼって戻ることを，逆戻りと呼ぶ。この眼球の動きと情報の受容のシステムは，よく一種のスライドショーにたとえられる（Rayner and Pollatsek 1989）。スライドが一枚映写され（停留），その後数十ミリ秒というごく短期間のブランクを置き（サッケード），その後次のスライドが映し出される。スライドをみている時に情報の受容が行われる。

一般に，人の視野には次の三つがある（門田 2002 など参照）。

(1) 中心窩（fovea）：知覚能力が最も鋭敏な視野の中心部分で，眼球の焦点を形成する部分。そこで捕らえられる範囲は，通常のサイズの文字数にして約7〜8文字程度で，中心から視角2度位であると言われる。しかし，他方，視角にして1度，文字にして3〜4文字であるという報告もある（Rayner 2001）。
(2) 傍中心窩（parafovea）：停留点から視角5度程度までというように中心窩のまわりに位置している。読みにおいては，傍中心窩で文字入力の形態レベルでのごく大ざっぱな特徴分析が行われ，これが次の眼球

の停留箇所を読み手に示唆する働きをしている。このことは，
① 中心窩には入っていないものの，傍中心窩内にある語を別の語に変えると次の停留点での停留時間が長くなること，
② 傍中心窩内で視覚的に類似した語を知覚すると次の停留における語の認知が速くなること，
③ 通常の読み手（sighted readers）の場合，300wpm 程度で読める人は多いが，点字の読み手（braille readers）の場合，かなり熟達した人でも，読速度は平均 100wpm 程度であること，
などから，理解出来よう。言い換えると，リーディング時の眼球運動は，傍中心窩で得た概括的な視覚情報を次の停留の際に詳細に処理するプロセスであると言ってもよい。③については，通常の読みの場合には，傍中心窩内の情報の利用が関係しているからだと考えられる（Taylor and Taylor 1983）。

(3) 周辺視野（periphery）：感覚受容器がほとんど詰まっていない。中心窩や傍中心窩に比べると文字などの識別能力はほとんどない。例えば，移動窓法（moving windows）の手法（Rayner and Pollatsek 1989；吉田 2001 など参照）により，中心窩の知覚領域がマスクされても，12wpm 程度の読みは可能で，リーディングは不可能ではないが，中心窩と傍中心窩の両方がマスクされると，一切の読書は出来ないという（Rayner and Bertera 1979）。

7.2.2 読みにおける眼球運動に関する基礎事実：英語母語話者

Just and Carpenter（1980）によれば，英語母語話者の読み手は，典型的には，1回の停留により約 1.12 から 1.2 語を知覚するという。このことは，ほとんど全ての語において眼球の停留が生じることを意味する。Rayner（2001）に従って，英語母語話者の英文読解の際の眼球運動基礎データを表1に掲載する。図1のサンプルデータもほぼこれに近い様相を呈している。

表1　英語母語話者の英文読解時の典型的な眼球運動データ（Rayner 2001）

平均停留時間	200～250 ミリ秒
サッケードの長さの平均	平均約 30～40 ミリ秒
平均のサッケード幅	ほぼ 8 文字スペース（letter spaces）
逆戻りの割合	全体の眼球運動の約 10%から 15%程度

次の図1は，一般的な英語母語話者による読書の際の眼球の停留点（黒点）と停留時間（単位 msec）の様子を示したものである（Rayner and Pollatsek 1989; Field 2003）。なお，＜の印はそこで逆戻りが生じたことを示す。

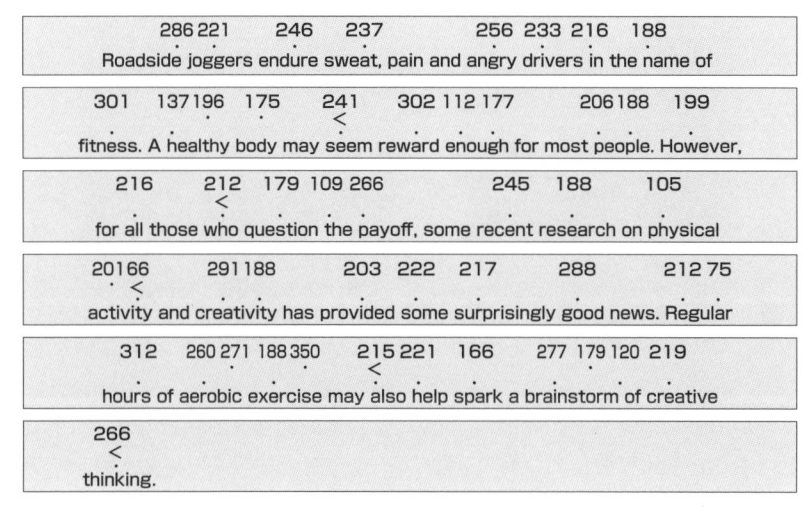

```
 286 221    246    237        256 233 216   188
  ・  ・    ・    ・         ・   ・  ・   ・
Roadside joggers endure sweat, pain and angry drivers in the name of
```

```
 301   137 196  175    241    302 112 177     206 188   199
  ・    ・  ・   ・    ・      ・   ・  ・      ・   ・   ・
               <
fitness. A healthy body may seem reward enough for most people. However,
```

```
 216    212   179 109 266           245     188        105
  ・    ・    ・   ・  ・           ・      ・         ・
         <
for all those who question the payoff, some recent research on physical
```

```
 201 66      291 188      203  222  217       288        212 75
  ・  ・      ・   ・      ・   ・   ・        ・         ・  ・
  <
activity and creativity has provided some surprisingly good news. Regular
```

```
 312    260 271 188 350    215 221   166       277 179 120 219
  ・    ・   ・   ・  ・    ・   ・    ・        ・   ・   ・   ・
                            <
hours of aerobic exercise may also help spark a brainstorm of creative
```

```
 266
  ・
  <
thinking.
```

図1　平均的英語母語話者による英文読解時の眼球の停留点と停留時間（Field 2003）

7.2.3　第二言語の読解における眼球運動：EMR8 による基礎データ

　門田・西山（2005）は，外国語として英語を学ぶ日本人英語学習者による英文読解時の眼球運動基礎データとして，読みにおけるスピード（秒単位の処理語数・文字数）や眼球運動（語・文字あたりの平均停留回数，平均停留時間，サッケード幅，語・文字あたりの平均逆行回数）に関する基礎データを測定した。対象としたのは，日本人学習者（大学生・大学院生）計18名で，全員が裸眼視力 0.5 以上で，提示された英文の知覚に全く問題がないことを確認した上で実験に参加してもらった。

　筆者（門田）の所属先には，すでに眼球運動計測装置として，アイマークレコーダー（Eye-Mark Recorder EMR-8；ナック社製）を導入済みであった。この装置は，瞳孔・角膜反射法を採用し，近赤外照明の角膜反射像の位置と瞳孔中心位置の相対的な位置から，視野映像内の視線位置情報を検出するものである。これに，さらに計測用の顎台，英文提示用ノートパソコンおよびモニターなど必要な若干の器具を導入し，データ処理のための設備を用

意した（図2）。

図2　EMR 8を使いパソコンモニター上の英文を読んでいる際の眼球の運動を測定している風景

図3　英文中にスーパーインポーズされた眼球停留点：画面右上（門田・西山 2005）

　提示用英文テキストと設問は，TOEICの予想問題集（速読問題）を利用し，そこから比較的長文の英文（約120～130語）と短文の英文（約50～70語）をそれぞれ四つずつ選択し，素材とした。

　英文テキストの提示は，ノートパソコンおよび17インチ液晶モニターを用い，1画面に一つのパッセージおよび設問を表示した（図3）。表示した短文のパッセージ（約50～70語）と設問の例を次に示す。

　　Due to remodeling, the Fairhaven branch of the Greater Sound Bank of Washington will be closed from August 23 to September 17. Customers who normally use this bank may wish to use our Three Trees branch during this period. The night deposit service will be available at both locations. We apologize for this inconvenience and look forward to serving you in our new, expanded facility.

　　（設問）How long will this branch be closed?
　　（A）For a little less than one month.　　（B）Permanently.
　　（C）Until the end of the year.　　（D）Until further notice.

具体的な実施手順は次の通りであった。

　（1）被験者に，視力および利き眼について聞き，利き眼が左右どちらかを

判定する簡単なテストを口頭で実施する。
(2) 英文提示用のノートパソコン，液晶17インチモニター，アイマークレコーダー(コントローラーおよび野球帽タイプのヘッド検出ユニット)，動画像保存用のビデオレコーダー，眼球運動データ集計用デスクトップパソコンを用意し，ヘッドユニットを参加者に装着し，モニターの表示環境の調整など必要なセッティングを行う。
(3) モニター上に赤点を表示させ，参加者にその赤点を眼で追跡させ，被験者が見ている箇所と照射ポイントキャラクタとの間にずれがないか確認する。
(4) 実験開始の合図とともに，モニター上に英文パッセージを提示し，次いで内容理解を問う多肢選択型の設問を表示し，マウスを用いて正しい解答をクリックさせる。

なお，データの収集は，専用の共同研究室にて，一人ひとり個別で実施された。収集したデータは次の通りであった。

① 速度データ：1秒あたりの処理単語数・文字数
② 眼球運動データ：1語・1文字あたりの平均停留回数，1回の平均停留時間，平均サッケード幅，語・文字あたりの平均逆戻り回数

次の表2に，読解速度，眼球停留，眼球逆戻りおよびサッケード幅に関する基礎データを示す。

表2 読解速度，眼球停留，眼球逆戻り，サッケード幅に関する基礎データ

	平均読解時間 (sec)	1秒あたりの読語数 (words/sec)	1秒あたりの読文字数 (letters/sec)
読解速度	59.308	1.844	9.241
	平均停留数	1語あたりの平均停留数	1文字あたりの平均停留数	平均停留時間 (sec)
停留	145.278	1.609	0.270	0.333
	平均逆戻り数	1語あたりの平均逆戻り数	1文字あたりの平均逆戻り数	平均サッケード幅 (視野角度)
逆戻り	33.847	0.380	0.064	4.026

本研究のデータから，大学・大学院レベルの日本人英語学習者は：

(1) 1秒間に単語数で約1.844語，文字数で9.241字の読解スピードを持つ，
(2) 1語について平均してほぼ1.6回の停留をすることから，1回の停留に換算すると平均約4文字を，平均で約333msecの停留の間に知覚する，
(3) 1語あたり平均0.380回（約3語に1回）の逆戻り現象がみられる，

ことが分かる。

以上の結果から，直接表1の英語母語話者の基礎データとの比較は出来ないものが多いが，1回の停留あたりの時間については，約80msec.から130msec.程度長いことがわかる。

門田・西山（2005）は，日本人英語学習者の英文読解の際の眼球運動を探ろうとしたパイオニア的検討である。今後さらに分析を継続して，①単語単位の停留時間の分析，②内容語・機能語別，品詞別の停留時間の分析，③テキストの理解度と眼球運動データとの相関などを検討する必要がある。

7.3 語彙処理の自動化と読解プロセス
7.3.1 リーディングにおける単語認知の働き

第一言語のリーディング・モデルに Simple View of Reading Model (Hoover and Gough 1990) がある。文字通り簡潔なモデルで「読解力は word recognition abilities と general comprehension abilities で構成されている」というものである。general comprehension abilities は聴解で測定される力である。「ディコーディングとは，単語の文字情報から音韻情報を引き出すこと，単語認知とは，単語の音韻情報と意味情報を引き出すこと (Koda 2005, 29)」という定義に従えば，一般的な理解力は聴解によって測定されるということを考慮すると，ここでの word recognition abilities はディコーディングの力ともいえる。ではこのディコーディング，単語認知はどのようにしてなされるのか。

文字を見て単語認知に至る処理については多くのモデルがあるので，一般に認められている処理過程を簡単に紹介する。語が提示されると，読み手の眼球は一文字一文字進むのではなく，ある点から別の点まで飛んでサッケードして，停留する。難しいテキストを読む場合には，逆戻りする場合もあ

る。停留の際，中心窩が捉える範囲は約7〜8文字程度である。その停留中に文字の形態的特徴が取り入れられ，パターン認識を通して文字や単語が同定される。読みを習い始めた児童は，文字列や単語が音声化出来れば，すでに耳で聞いて理解出来るので，本を読めることになる。文字列や単語を音声化するには，図4の二重経路モデルが示すように，2経路がある。一つは，

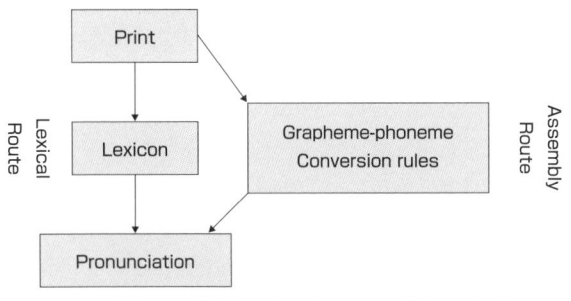

```
        ┌─────────┐
        │  Print  │
        └────┬────┘
      ┌──────┴──────┐
      ▼             ▼
 ┌─────────┐  ┌──────────────────┐
 │ Lexicon │  │ Grapheme-phoneme │
 │         │  │ Conversion rules │
 └────┬────┘  └────────┬─────────┘
      └──────┬─────────┘
             ▼
      ┌─────────────┐
      │Pronunciation│
      └─────────────┘
  Lexical Route        Assembly Route
```

図4　音読の二重経路モデル（Harley 2001, 181）

レキシコンを仲介として，視覚提示された語を単語全体として認識し，発音する語彙ルート（lexical route）で，不規則な文字-発音対応を持つ語に使われる。他方は，レキシコンを経由しないいで，書記素-音素変換規則にもとづいて発音する非語彙ルート（non-lexical route）／集積ルート（assembly route）で，文字と音声が規則的に対応する語や擬似単語の発音に利用される。

　英語圏の国々では，小学校に入って英語を音読出来ない発達性難読症（developmental dyslexia）が25％から30％でると言われている。これは英語の書記素と音素の対応関係に起因している。アルファベットを使用する言語の中でも，英語の書記素と音素の対応規則は例外も多く複雑である。Katz and Frost（1992）の正書法深度仮説（orthographic depth hypothesis）では，話し言葉の音素に対応する文字が一貫している正書法を浅い正書法（shallow orthography）と呼び，反対に，文字と音素の関係が曖昧で，不透明な正書法を深い正書法（deep orthography）と呼ぶ。フィンランド語やトルコ語は非常に浅い正書法を持ち，それに反し，英語は最も深い正書法を持つ。この仮説によれば，正書法が深ければ深いほど，書記素―音素対応規則を習得するのが難しく時間がかかるのである。

　このように英語における文字と音声との関係は複雑で，文字の音声化が速

く，正しく出来るようになるには長い時間の練習が必要になる。母語話者の場合，3年生か4年生になって，ディコーディングなり単語認知が自動的に処理出来るようになると言われている。ではこの自動化とは何なのかを考えてみたい。

7.3.2　第一言語の読解におけるディコーディングの自動化

　Grabe and Stoller（2002, 21）は，処理が自動化されているとは，「（処理が）速いだけでなく，無意識のうちになされ，抑制を受けることがない」という。すなわち，自動化されれば，ワーキングメモリーの注意資源がほとんど使われないことになる。

　Segalowitz（2003, 385-94）は，自動化された処理の特徴として，次の7点を挙げている。「①速い（fast）処理，②途中で止められない（ballistic）処理，③負荷に影響されない（load independent）処理，④努力を要しない（effortless）処理，⑤無意識になされる（unconscious）処理，⑥（規則に基づく処理から）事例に基づく処理，⑦（自動化された処理の場合）処理を示す脳の領域がより小さくなる」である。Segalowitz は，結論の一つとして，「自動化は速い処理の単に同義語として使われるべきではない。むしろ，自動化は処理が実行される方法に大きな変化があることを表している。」と述べている。このことは，自動化を何らかの方法で測定しようと考えている研究者はよく頭に入れておくべきことであろう。

　図5は，Samuels（2006）の第一言語の流暢な読みのプロセスを示している。図中の点線は自動化している状況，実線は注意が向けられている状況を示している。↔は理解とメタ認知との相互作用を示している。注意（attention）は，ディコーディングのような課題を実行する際の認知資源のことである。この自動化理論によると，読み手の注意資源には制約があるが，ディコーディングが自動化されていると，その処理に注意資源をほとんど使わなくてよい。読み手は残りの資源を全て意味理解や意味の統合にあてることが出来るので，読解が向上する。第一言語の場合，ディコーディングがなされれば自動

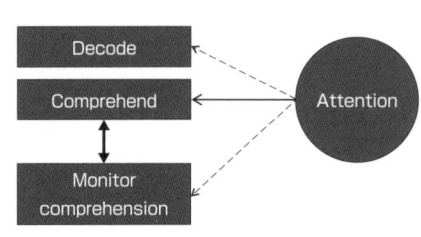

図5　流暢な読み手の理解（Samuels 2006, 38）

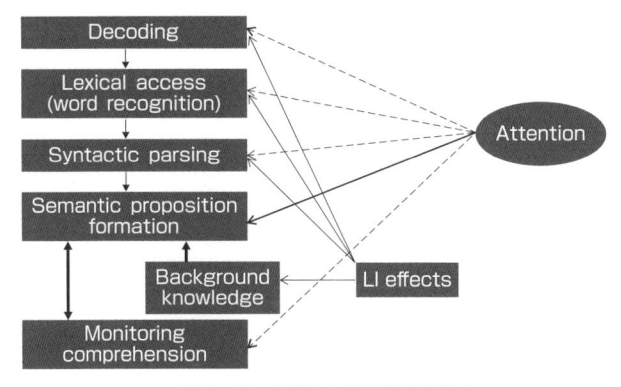

第7章 書かれた語や文はいかに処理されるか　337

図6　第二言語における流暢な読み

的に語の意味にアクセス出来ることも忘れてはならない。意味アクセスについては，「活字の意味を認知し，捉える能力が素早く，楽に，自動的になればなるほど，読み手は正確な内容理解を決定づける認知エネルギーと認知資源を利用出来る」(Adams 1994, 849) のである。

7.3.3　第二言語の読解における意味アクセスの自動化

　第一言語と第二言語の読解処理には違いがある。第二言語ではディコーディングが遅いこと，語彙力の不足のため意味アクセスが不正確で遅いこと，文法に十分習熟していないこと，統語解析は不正確で時間がかかること，が考えられる。その他にも第一言語の及ぼす影響が挙げられる。正書法の違いがディコーディング処理に，言語間の距離やプロトタイプの違いが単語の意味処理や統語解析に影響を及ぼすであろう。トピックに関する背景的知識が欠如していたり，不足していたりすると理解が促進されなくなる。また，第一言語の処理能力や処理技能が第二言語の処理に転移するように，第一言語の読解力を構成する理解力や方略が第二言語読解において影響を与えることはよく知られている。

　第一言語の影響はあるが，第二言語の読み手が流暢な読み手になるには，図6に示すように読書経験を積むことによって，単語認知，統語解析や理解のモニターを徐々に自動化することが重要である。自動化が進めば，読解速度が速くなることが予想される（Grabe and Stoller 2002）。しかしながら，「効率的な単語認知は十分理解のための必要条件かもしれないが，十分条件とは思われない」と Stanovich（1992, 4）が述べているように，単語認知

が効率的になっても，必ずしもそれが読解の向上にすぐにつながるわけではない。統語解析も同様のことが言えるであろう。効率的な統語解析だけでは十分ではない。新しい意味情報が記憶保持されるのは2秒以内なので(Cowan 2008)，単語認知も統語解析も意味の統合も速くなされる必要がある。単語認知と統語解析の両方が自動化され，無意識に処理されるようになると，ワーキングメモリーのほとんど全ての注意資源が理解に使われ，読解が十分出来るようになる。

7.3.4 リーディングの流暢さ

既に，「流暢さ」という表現を使ってきたが，リーディングの流暢さ (reading fluency) の定義については専門家の間で意見の一致をみていない。その理由は，歴史的に見て，流暢さの概念が変化しているからである。Rasinski (2006) によると，初期の第一言語において，読みの流暢さは音読の行為と考えられていた。書かれたテキストの内容を解釈し，口頭で効果的に表現することが指導の目的になった。その後，音読の流暢さと理解の関係が疑問視されるようになり，理解に焦点をおく黙読が普通に行われるようになった。また，リーディングの流暢さはディコーディングの自動化と読解の関係から論じられるようになった。LaBerge and Samuels (1974) の発表した自動化理論 (automaticity theory) がこのような考えの発端になった。流暢な読み手は，文字を音声化するディコーディングが自動化されているので，処理資源である注意力 (attention) をディコーディングに向けないで，ほとんどの注意力を理解 (comprehension) に使うことが出来るので，速く正確に理解出来るようになる。処理資源には制約があるので，資源が効率的に使われるには下位処理の自動化が必要になる (Perfetti 1985)。

このような自動化理論などを考慮し，Grabe (2009, 290-93) は，読みの流暢さを構成する核となる下位処理技能を，自動化，正確さ，速さ，それに韻律的な語句の区切り方と音調曲線の認識力とした。

すでに言及したように，自動化とは，速く，比較的処理資源を使わない，無意識の，止められない処理であった (Grabe 2009)。自動化は長い訓練によって得られるものであるが，ただ単にテキストを速く処理する以上のものを含んでいる。Segalowitz and Segalowitz (1993) は，自動化は単なるスピードアップと異なるとして，自動的な認知処理能力の相対的な安定性を測る指標として，変動係数 (coefficient of variation：CV) を算出することを提案

した。単語認知における反応時間の変動係数（coefficient of variation: CV）は反応時間の標準偏差（standard deviation: SD）を反応時間（reaction time: RT）の平均値で割った値である（CV = SD/Mean RT）。反応時間が減少した場合，変動係数を見れば，ただ単語認知速度がスピードアップしたのか，単語認識メカニズムが質的に変化し，自動化したのか判別出来るという。例えば，訓練を行う前の単語認知の RT^1 と SD^1 が訓練後に RT^2 と SD^2 に減少したとし，SD の減少が RT の減少以上のものである場合（SD^1/RT^1 ＞ SD^2/RT^2），変動係数は CV^1 ＞ CV^2 となり，自動化が進んだと考えられる。反応時間の平均値の減少と標準偏差の減少がほぼ同じ割合であれば，変動係数は $CV^1 ≒ CV^2$ となり，単なるスピードアップと考えられる。赤松（2008）は日本人学習者を対象に単語認知訓練を実施し，単語認知課題を使って算出した変動係数と反応時間の相関分析の結果，頻度の低い単語では自動化が見られたが，頻度の高い単語では単なるスピードアップであった，と報告している。Hulstijn, Van Gelderen, and Schoonen（2009）も，L1（オランダ）と L2（英語）での単語認知の反応速度課題からなる 2 年にわたる研究と L2 の単語認知訓練についての研究を実施したが，納得のいく自動化の証拠は見つからなかったと報告している。Segalowitz and Segalowitz の仮説を検証する場合の問題点は，この実験で使われた反応時間課題では，速さと正確さとの間には認知資源のトレードオフがあるので，単語知識の獲得とその知識を処理する技能の獲得を十分に区別出来ないことを，Hulstijn らは指摘している。自動化は速度の問題だけではない，処理が始まったら途中で止められない（ballistic）という要素も含まれている。この点をどう確かめるのかも重要な問題であるように思える。今後更なる研究が必要であろう。

　自動化と速さは切り離せないものであるが，正確さも流暢さの必須の要素である。単語を同定する処理，意味にアクセスする単語認知処理，統語解析処理，テキストレベルの認知処理が速いだけでなく正確でなければ，読解の質は下がってしまうからである。また，特に音読に関して言えることであるが，流暢な読み手であれば，適切なチャンクのつなぎ目でポーズを置いて，適切な音調曲線で読めるであろう。

7．3．5　読みの流暢さの測定

　読みの流暢さはどのように測定したらよいのだろうか。第一言語の研究で行われるように，第二言語においてディコーディングや音読で読みの流暢さ

を測定するのには無理がある。ディコーディングや音読がすらすら出来ても理解出来ていないことがあることは現場の教師が経験することである。すでに Stanovich（1992, 4）の見解を紹介したように，単語認知が効率的になっても，必ずしもそれが読解の向上にすぐにつながるわけではない。第二言語学習者の場合，語彙や文法などのリーディング構成要素の知識が十分ではないので，ディコーディングの力や音読の流暢さだけでテキストを読む流暢さを評価するには無理がある。

　Grabe の挙げた流暢さを構成する下位処理技能の中で簡便に使えるものは「正確さ」と「速さ」であろう。Perfetti（1985）は「読解力を定義づけるには，読みの速さと正確さを考慮すべきである」と述べているし，Carver（1997）は「リーディングにおける効率（efficiency）の概念は『速さ』と『正確さ』をあわせたものである」と主張する。これらのことを考えると，テキストを読む「速さ」とテキスト理解の「正確さ」を読みの「流暢さ（fluency）」の測定基準と考えるのは妥当であろう。ここで言う読みの「効率」と読みの「流暢さ」は同等の意味である。

　「速さ」と「正確さ」を利用する「効率」の考え方は，リーディング力の構成要素である単語認知処理や統語解析処理の効率を算出するのに利用出来る。単語認知処理や統語解析処理の反応時間を測定出来れば，Segalowitz and Segalowitz（1993）の唱える自動化の指標である変動係数（CV）を算出出来る。

7.3.6　読解効率は読解の正確さだけより信頼性や妥当性が高い

　読解力を構成する重要な要素である単語認知や統語解析の自動化が進めば，当然読むスピードは速くなり，読解も向上することが予想される。靜（2001, 324-25）は，固定窓で英文を1文ずつ提示した読解テスト（SCT-S）と移動窓で1語ずつ英文を提示した読解テスト（SCT-M）を実施して，「正確さ」のみの場合と「正確さ×速さ」の場合で，どちらが信頼性と妥当性が高いかを検証した（SCT：sentence comprehension test）。その結果は図7と図8が示すとおりである。「正確さ×速さ」，すなわち読解効率の方が「正確さ」よりも信頼性も妥当性も高かった。読解効率の方がより実際のリーディング力を反映していると言えるであろう。

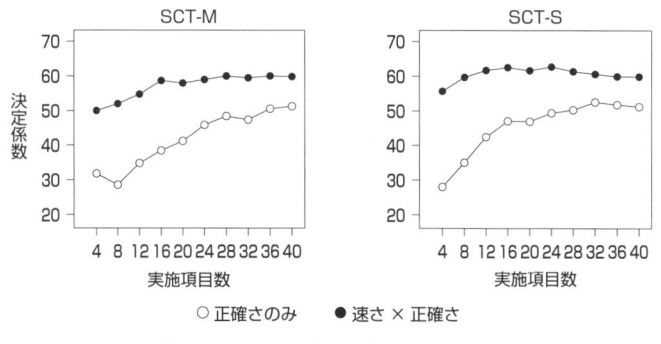

図7 実施項目数による妥当性の変化（靜 2001, 333）

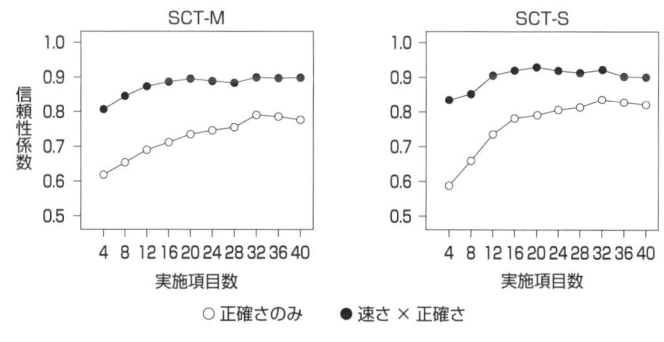

図8 実施項目数による信頼性の変化（靜 2001, 332）

7.3.7 リーディングの流暢さの算出法

　制限時間内に読まれた正答数または正答率は読解効率と考えられないことはないが，時間内に読み終えている者もいるし，読み終えていない者もいるので，正確に読解スピードを反映しているとは言えない。読解効率は「正確さ×速さ」で算出される。「正確さ」とは読解テストの正答率のことで，「速さ（rate）」は1分間に読んだ語数である wpm（words per minute）で表される。例えば，読みの速度が 150 wpm で正答率が 80％であれば，120wpmになり，実質的な速度と考えられる（Jackson and McClelland 1979）。

　反応速度が何分何秒とか出てくる文法性判断テストのようなものとの相関をとるには上記の語数にあたるものを算出しにくい。そのようなテストの効率は「(誤答数のZ値＋速さのZ値)÷2」という計算方法を使えば算出出来

る (Stanovich and West 1989)。ただし，Z値はいわゆるテストの「偏差値」として知られた変換値と同一の値である。Z尺度は，平均値が50で，標準偏差が10となる。

7.4 文法力と読解力：文理解におけるパージング
7.4.1 文理解と統語解析の関係

人が文を理解する際には，言語に関するどのような情報が関係し，どのような処理が行われるのであろうか。門田・玉井（2004），門田（2007a）は，音声提示された文の処理に，便宜上，主に六つの処理段階があることを示している。そしてそれぞれの段階の処理を実行するのに必要な情報（知識）と，その結果として形成される心の中の内的表象（internal representation）を示すと，おおよそ図9のようになる。

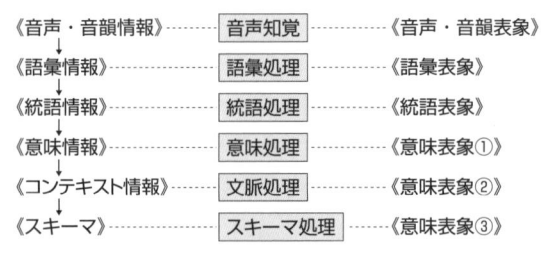

```
《音声・音韻情報》……  音声知覚  ……《音声・音韻表象》
        ↓
《語彙情報》    ……  語彙処理  ……《語彙表象》
        ↓
《統語情報》    ……  統語処理  ……《統語表象》
        ↓
《意味情報》    ……  意味処理  ……《意味表象①》
        ↓
《コンテキスト情報》… 文脈処理  ……《意味表象②》
        ↓
《スキーマ》    ……  スキーマ処理 ……《意味表象③》
```

図9　音声提示文の理解にかかわる主な処理段階（門田・玉井［2004］；門田［2007a］)

すなわち，聴覚的に受け取った言語音をもとに，脳内の音声・音韻情報を駆使して，音声（分節音および韻律）の受信を行い，その操作の結果，音声・音韻表象を形成するのが音声知覚である。同様に，音声・音韻表象をもとに，メンタルレキシコン内の語彙情報を検索して，語彙表象を形成するのが語彙処理である。さらに，どのような単語が含まれているかが表現された語彙表象をもとに，語の統語情報（例えば動詞の項情報など）を利用して，統語表象を形成する。その後，語の意味情報，前後のコンテキスト情報，スキーマ（背景情報）などを駆使した意味処理・文脈処理・スキーマ処理を適用し，その結果形成された意味表象を①から③へとより洗練されたものに変貌させていくのだと考えられる。ただし，上記の各処理の区分けや実施順は，あくまでも便宜的なもので，以下に検討するように，必ずしもこの区分け通りに，この順序通りに実行されるというわけではない。例えば，リズム・イ

ントネーションなど韻律音の処理は，分節音の知覚とは本当は区別する必要がある。最後に，文字言語を処理するリーディングの場合は，音声知覚を文字列の知覚に変更する必要がある。

このように文理解には，ざっと見積もってみても，六つの処理段階が含まれている。本節ではこのうち，特に統語処理（syntactic processing）を取り上げ，次の二つの課題について検討したい。

(1) 統語処理が，文理解の他の処理段階とは独立して自律的に（autonomously），モジュール（module）として実行されるのか，それとも，モジュールではなく，他の処理と相互作用的に（interactively）実行されるのか。
(2) 文の統語構造を処理するにあたって，可能性の高い一つの統語表象しか形成しない（シリアルモデル）のか，それとも同時並行的に可能性のある全ての統語表象を形成する（パラレルモデル）のか。

なお，統語処理は，しばしば統語解析（syntactic parsing；或いは parsing）と呼ばれることもある。また，(1)の問題について，英語母語話者ではなく第二言語学習者（日本人英語学習者）を対象に，ガーデンパス文の読みにおける眼球運動データを収集した結果については，「7.5 日本人英語学習者によるガーデンパス文の処理」を参照されたい。

7.4.2　文処理過程において統語解析はどのような位置づけにあるか？：モジュラーモデル vs. 相互作用モデル

統語解析とは，音声や文字列の中に文（sentence）を構成する連鎖を見つけだし，その構造を特定する過程である。例えば，The woman hit the man. は文であり，NP + VP + NP や SVO といった構造分析が出来るが，The hit man woman the は単なる語の連鎖（word string）であり，そこには内部構造は認知出来ない。

このような統語解析が，文理解の他の処理段階とどのような関係にあるかについて検討する際に，通常のノーマルな文の処理プロセスを検討するだけでは統語処理の特質はつかめない。一般に言語処理のプロセスを深く調べるのに，言語障害の分析やその治療から多大な示唆が得られるように，スムーズな言語処理が行えないような文を素材にすることが多い（門田 2007b,

324)。これまでの研究でしばしば用いられたものには，

①多義文（ambiguous sentence）例えば The hostess greeted the guest with a smile.＜女主人はにこやかに客に挨拶した＞＜女主人はにこやかに笑っている客に挨拶した＞,
②ガーデンパス文（garden-path sentence）例えば The horse raced past the barn fell.＜小屋のそばを駆け抜けたその馬は転倒した＞,
③中央埋め込み文（center-embedded sentence）例えば The rat that the cat that the dog chased killed ate the cheese.＜犬が追いかけた猫が殺したネズミがチーズを食べた＞

などがある。

文理解における統語解析の位置づけについては，これまで二つのモデルが提案されている。

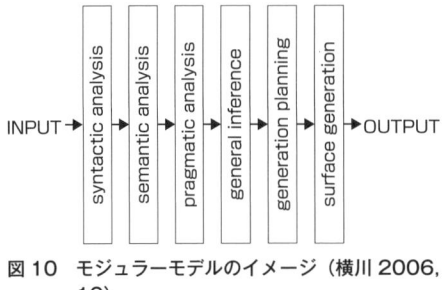

図10 モジュラーモデルのイメージ（横川2006, 16）

(1) モジュラーモデル（modular model）

自律的モデル（autonomous model）やガーデンパスモデル（garden-path model）と言うこともある。このモデルでは，各々の文処理モジュールが，自律的に一定の決まった順序で働いて文の処理が行われるとする（図10）。例えば，図9で示した音声知覚からスキーマ処理までの各処理段階についても，他の処理段階からの影響なしにそれぞれが一つひとつ独立した形で作動すると考える。また，実際の統語解析は，意味内容は無視して，文を構成している句構造規則（phrase structure rules）に対し，(a) 最少付加（minimal attachment）と (b) 遅い閉鎖（late closure）という二つの解析原則を適用することにより実行される（次節参照）。

(2) 相互作用モデル（interactive model）

制約にもとづくモデル（constraint-based model）とも呼ばれる（Hashida

1995)。このモデルによれば，統語解析は，統語モジュールだけでなく，他の処理モジュールも作動して影響し合いながら実施されるという。

例えば，"After Mary left Tom cried..."といった，文頭の部分が提示されたと仮定しよう。この場合，通例英語母語話者は，いったん Tom を left の目的語と解釈した後，cried を受けて Tom を今度は cried の主語だと再構造化することが多い。このように，モジュラーモデルでは，「遅い閉鎖」の原則により，Tom を目的語と考え，その後再構造化をすることになる。次に相互作用モデルでは，再構造化の現象は説明出来ないのであろうか。実はこのモデルでは，leave という動詞の項情報という語彙処理の結果，他動性が意識された結果，Tom を left の目的語と考えてしまうという説明になる。どちらのモデルも，再構造化を説明出来るが，その説明方法が明らかに異なる。

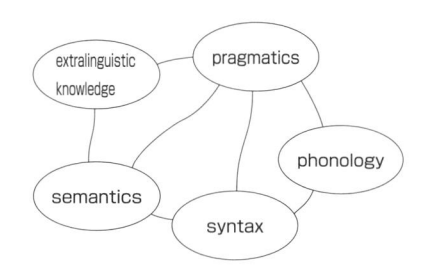

図11 相互作用モデルのイメージ（横川 2006, 16）

これら二つのモデルは，それぞれ第二言語学習者の場合にも，妥当なモデルになるのであろうか。一般に，母語話者の場合は，第二言語学習者に比べて，統語処理の自動化が大幅に進んでいる。その点，モジュラー的に処理が稼働してしまうことが予想出来る。それに対し，第二言語学習者は，そのような自動性が達成されておらず，その分，相互作用的な側面が強いのではないかと予想出来る。

7.4.3 統語解析の実態は？：シリアルモデル vs. パラレルモデル

一般に文理解は，冒頭など文の一部を見聞きしただけでも，すぐさま可能性の高い統語表象を構築してしまうという，漸進的な (incremental) 性質を持っている（先の，"After Mary left Tom cried..."の例など）。ただ，ここで問題となるのは，文の断片情報をもとにした統語解析が二つ以上可能な場合にはどうなるのかということである。次の二つの可能性がある。

(1) 文の再構造化のための認知資源を残しつつ，常に一つの統語構造しか

心内に表象しない。
(2) 同時並行的に複数の可能な統語解析を行い，それらを全て表象しておき，処理が進行するにつれ，可能性の低くなったものを破棄していく。

これら (1) (2) は，それぞれシリアルモデル (serial model) とパラレルモデル (parallel model) に相当する。

(1) シリアルモデル
このモデルでは，次の二つの原則が作動すると仮定されている。

①最少付加 (minimal attachment) の原則
　生成文法にてよく表示される枝分かれ図において，非終端記号 (nodes) の数が最少になる，可能な限り単純な文構造を想定するという原則である。例えば，"The farmer hit the tramp *with the stick.*" では，with the stick の部分が，hit を修飾するという副詞句として解釈する方が，tramp に係るという形容詞句解釈よりも，より少ない nodes を持つ構造になる。そのために，一般に最初に表象される統語解析であり，それでうまく文脈に合わない場合に，再分析を行うことになる (Frazier 1979)。

②遅い閉鎖 (late closure) の原則
　例えば，"John said Fred died yesterday." という文において，yesterday は，said ではなく died という動詞を修飾しているというように一般に理解される。これは，上記 (1) の nodes の数が同一の 2 文の場合には，出来るだけ最新で遅い現在処理中の (currently being processed) 語句に係るような統語解析を実行するという原則である (Pickering 1999)。

これら①②の原則にもとづき，Parser は，複数の統語表象を仮定するのではなく，必ず一つの統語構造しか表象しないのが通常の統語解析だというのである。"The horse raced past the barn fell." のような文において，再構造化が英語母語話者において必要なのは，このような一つの構造分析しか心内に表象していないからだというのがこのモデルの基本的立場である。言い換えれば，複数の可能性がある解析の場合でも，一定の決められた通りの適用順に従い，どの統語表象がこれまで出現頻度が高いとか，どの解析がよ

り文脈に合致して妥当であるかといった分析はしない。以上の①②の原則は，シリアルな統語解析を仮定する立場の前提条件である。

(2) パラレルモデル

人は文の断片的な入力情報（"After Mary left Tom cried ..."など）に基づいて，シリアルモデルのように一つの統語表象しか形成しないというのではなく，その後のインプット情報からそれを破棄しなければならなくなった際には，代わりに採択出来るような統語構造表象をもう一つ同時並列的に活性化している。そのために即座に対応することが可能となっているというのがこのモデルの主張である。つまり，始めから特定の統語構造を仮定しないで，意味的曖昧文などにも対応出来る柔軟な，非決定的モデルである。

ただ，以上述べた(1)(2)のうち，英語母語話者を対象にした研究では，どちらかというと，(1)のシリアルモデルの妥当性を支持する傾向が強い。統語処理がほとんど意識のコントロールを離れた自動性を備えており，ガーデンパス現象にもたやすく陥ってしまうことがその根拠になっている。今後，統語処理が意識的，非自動的な第二言語学習者を対象にした研究が増えていくことが期待される。

7.5 日本人英語学習者によるガーデンパス文の処理

一般に，読み手が一時的に統語上の解析困難に至る文をガーデンパス文と呼ぶ。本節では，このガーデンパス文の処理過程について，上級レベルの日本人英語学習者を対象に，その眼球運動を記録した研究成果について報告する。

7.5.1 ガーデンパス文とはどのようなものか

ガーデンパス文とは，典型的には "The horse raced past the barn fell." のような文を指す。この文の理解は，成人の英語母語話者でも，文末の "fell" で一時的に理解困難に陥るという現象が観察されている。これがなぜ困難かについては，関係詞が省略された縮約関係詞節（過去分詞）の "raced" が一時的に主節の動詞と解釈されてしまうことによる。このように読み手が意識する程度の処理困難を一時的に引き起こす文をガーデンパス文（garden-path sentence［袋小路文］）と言い，一時的に理解困難を覚えることをガーデンパス現象（garden-path (GP) phenomenon）と呼ぶ。

Pritchett（1992, 19-20）は，英語のガーデンパス文を次の5種類に分類している。

(A) 主節名詞句・関係詞節名詞句曖昧文（main clause-relative NP ambiguity）
The horse raced past the ban *fell*.
(B) 補文・関係詞節曖昧文（complement clause-relative clause ambiguity）
The patient persuaded the doctor that he was having trouble with *to leave*.
(C) 目的語・主語曖昧文（object-subject ambiguity）
Without her contributions *would* be impossible.
(D) 二重目的語曖昧文（double object ambiguity）
Ned gave the boy the dog *bit* a bandage.
(E) 語彙範疇曖昧文（lexical categorical ambiguity）
The old train *their* dogs.

(A) は，既に述べたとおり，最初に現れる動詞 raced が過去形で，The horse が主節名詞句であるという解釈が優先された結果，ガーデンパス現象が生じる。(B) では，persuade + 目的語 + that 節という補文の解釈が文の中途まで予測され，そのために関係節が続く場合には理解困難に陥る。また (C) では，her contributions 全体が，直前の without の目的語であると解釈してしまい，実は her だけが目的語だとは考えにくいことがガーデンパス化を引き起こしている。(D) では，give の二つの目的語として，順番に the boy と the dog を割り振ってしまうために生じる理解困難で，すぐには袋小路から抜け出せないものである。最後に (E) も，the old train で一つのチャンクを形成してしまうために生じるものである。以上の (A)〜(E) の文で，イタリックの語は，そこで理解困難が生じると想定される箇所である。以上のガーデンパス現象は，「最少付加」や「遅い閉鎖」といった文解析原理が働いていることが原因だと説明されている。

以上は，主として英語母語話者を対象に確認されている文処理機構である。7.5.2 以降の報告は，第二言語学習者（日本人英語学習者）の場合にも，

(1) 同様のガーデンパス現象がみられるか,
(2) ガーデンパス文の種類(上記の (A)〜(D) を使用)によって処理困難の程度が変わるか
(3) 統語情報を補うこと(例えば, "The woman sent a doll was very excited." において, that was を the woman の後に補い通常の非縮約関係詞節に代える)で, ガーデンパス化が回避されるか, すなわちガーデンパス文に通常みられるような処理困難性がみられなくなるか,
(4) 語の意味情報, すなわち有生名詞句(animate NP)を無生名詞句(inanimate NP)に代えることで, ガーデンパス化が回避されるか,
(5) 読み手の持つ常識など背景情報によってガーデンパス化が回避されるか,

といった事項について, 学習者の視線の停留数, 停留時間, 逆戻り数などの眼球運動データを計測することにより, 検討しようとしたものである。

7.5.2 眼球運動データをいかにして収集したか

外国語として英語を学ぶ, 中上級レベルの日本人学習者(大学生・大学院生など)計 34 名(全員が裸眼視力 0.4 以上)に対し, 眼球運動計測装置を装着してもらい(図 12), 視覚的に呈示された英文(図 13;"Nancy handed the boy the bees stung a handkerchief." と表示)を黙読する際の眼球運動データを記録した。英文提示には, ノートパソコンおよび 17 インチ液晶ディスプレイを用いて, 画面上に一つの英文を呈示し, 被験者はその英文を黙読し, 黙読終了後スペースキーを押すという自己制御読み(self-paced

図 12 EMR を装着した実験状況(門田 2007c)

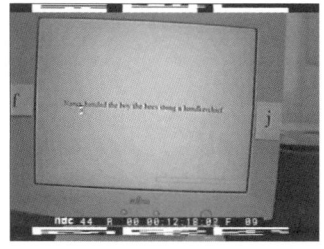

図 13 画面に呈示された英文(門田 2007c)

reading）を実行した．そして意味内容の理解をしてもらうために，黙読後に二つ英文を呈示し，どちらが先行の英文の意味と合致しているかを判断させる二者択一問題を与えた．被験者の眼球運動は動画データとして保存され，アイマークデータ解析システムによって停留回数，停留時間，逆戻り数など各種眼球運動データを算出し，集計および統計検定を行った．

7.5.3 どのような結果・考察が得られたか

先に記した五つの検討課題について，停留数，平均停留時間，逆戻り数の結果を一覧表にしてまとめたのが次の表3である．

表3 各検討課題に対する停留数，停留時間，逆戻り数データ結果の一覧

課題	停留数	平均停留時間	逆戻り数
(1)	GP文＞非GP文	GP文＝非GP文	GP文＞非GP文
(2)	A＜B＜C＜D	A＝B＝C＝D	A＜B＜C＜D
(3)	GP文＞非GP文 （関係詞節）	GP文＝非GP文 （関係詞節）	GP文＞非GP文 （関係詞節）
(4)	GP文＞非GP文 （無生主語）	GP文＝非GP文 （無生主語）	GP文＞非GP文 （無生主語）
(5)	GP文＞非GP文	GP文＝非GP文	GP文＞非GP文

まず，課題（1）については，眼球の停留数，逆戻り数では，GP文（上記（A）～（D））の方が非GP文（controlsおよびfillers）よりも，有意に多いが，各停留の平均長（時間）については，ほぼ同じで大差がないことが分かった（停留数データは図14参照）．

    control例：The book written by the woman was hard to obtain.
    filler例：Mary showed Tom some pictures of Canada.

課題（2）ガーデンパス文のタイプによって処理困難度が変わるかについては，(A)から(D)の順に，停留数，逆戻り数が有意に増大することが分かった（停留数データは図15参照）．しかし，平均停留時間については一切差は生じなかった．

    (A) GP例：The man warned last night regretted what he did.

(B) GP 例：Keiko told the man she was uncomfortable with to go home.
(C) GP 例：Before the mother ate the candies had disappeared.
(D) GP 例：Mary gave the boy the dog bit a warning.

課題（3）については，縮約関係詞節を通常の非縮約関係詞節に代えることで，ガーデンパス化が回避されることが，平均停留時間ではなく，少なくとも停留数および逆戻り数が有意に減少することから裏づけられた（停留数データは図16参照）。

GP 例（縮約関係詞節）：The woman sent a doll was very excited.
非 GP 例（非縮約関係詞節）：The woman that was sent a doll was very excited.

ガーデンパス化を回避する同様の効果は，課題（4）（主語 NP において有生名詞を無生名詞に代えること）でも，また，課題（5）（ネズミはネコに追いかけられるといった一般的な語用論的なバイアスが働くこと）によっても，実現されることが分かった。すなわち，有生名詞句よりも無生名詞句の場合に，さらに主語 NP が常識的に動作主ではなく被動作主になるような場合に，停留数も逆戻り数も有意に減少することが明らかになったのである（停留数データは図17，図18参照）。ただここでも，平均停留時間では一切有意差は見られなかった。

GP 例（有生主語 NP）：The man warned last night regretted what he did.
非 GP 例（無生主語 NP）：The boat floated on the river finally sank.
GP 例（バイアスのない主語 NP）：The man questioned by the lady couldn't answer.
非 GP 例（バイアスのある主語 NP）：The mouse chased by the cat climbed the tree.

7.5.4 まとめと考察

先に述べた検討課題（1）〜（5）については，文単位での停留数，停留時間，逆戻り数の分析から，以上のような結果が得られた。これらの結果から，第二言語における文処理については次のような点が示唆として導ける。

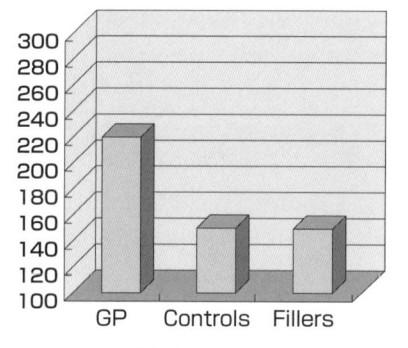

図 14 GP 文と非 GP 文：停留数

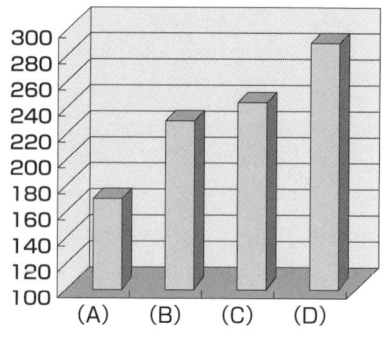

図 15 GP の種類による差：停留数

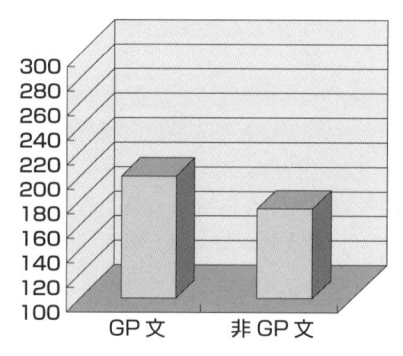

図 16 縮約関係詞 GP 文と非縮約関係詞非 GP 文：停留数

図 17 有生主語名詞句 GP 文と無生主語名詞句非 GP 文：停留数

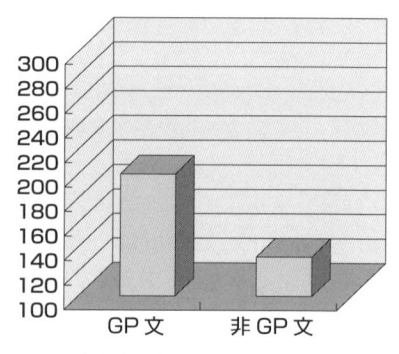

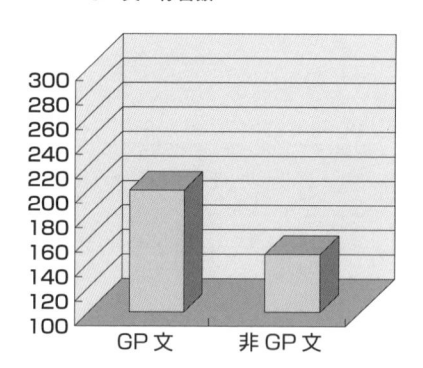

図 18 GP 文（バイアスなし）と非 GP 文（バイアスあり）：停留数

(1) 英語母語話者と同じように，ガーデンパス文を処理する際には，日本人英語学習者の場合でも，一時的に理解困難を覚えるガーデンパス現象が存在する。このことは，第二言語における文処理においても，例えば，"The woman sent a doll was very excited." のような文の処理では，sent に過去・過去分詞の両解釈を当てはめて，両方の可能性を並列的に保持しつつ，文処理を継続する非決定的モデルではなく，sent に遭遇した段階で過去形解釈に偏るという決定論的モデルが支持出来ることを示している。
(2) 文頭の名詞句の意味素性（有生・無生のいずれであるか）や，語用論的なバイアス情報により，一時的な理解困難（ガーデンパス化）が生じなくなる。このことは，文末まで処理をして全ての情報を入手してはじめて文構造が特定出来るのではなく，得られた統語，意味，語用論などの情報にもとづき，順次統語構造を仮定していくという漸進的処理（incremental processing）が行われることを示唆するものである。
(3) 統語，意味，語用論などの各種情報を漸進的に取り込むということは，第二言語における英文解析においても，統語処理が他の処理と別個にモジュラー的に実施されるのではなく，相互作用的な処理（interactive processing）が実行されることを示唆する。
(4) 文単位で集計した，眼球運動データの中では，停留数，逆戻り数の方は敏感な指標になるものの，各停留の平均持続時間（平均長）については，ほぼ一定であり，文処理の影響をあまり受けないことを示唆している。

最後に，本研究では，各ガーデンパス文や非ガーデンパス文をフレーズ（phrase）に分割して，フレーズリージョン（region）毎の眼球運動データも併せて報告している。必ずしも，明確な結論が得られた訳ではなく今後の検討が必要であるが，以下図 19 に次の 2 文のリージョン毎の分析結果を示しておく（単位：秒 [sec.]）。なお，1st pass, 2nd pass, all passes とは，それぞれのフレーズ内に 1 回目に眼球が入って停留した時間と，2 回目に当該のフレーズに眼球が戻ってきて停留したときの時間，およびそのフレーズ内での眼球の停留時間を合計した時間を指している。これにより，各フレーズリージョンの理解が，初期処理（early processing）において達成されたか，

比較的後期処理（late processing）まで成し遂げられなかったかある程度推測することが可能になる。

S2 : The man / sent / flowers / was / very pleased.（GP文）
(Phrase 1) / (Phrase 2) / (Phrase 3) / (Phrase 4) / (Phrase 5)
S6 : The man / that was sent / flowers / was / very pleased.（非GP文）

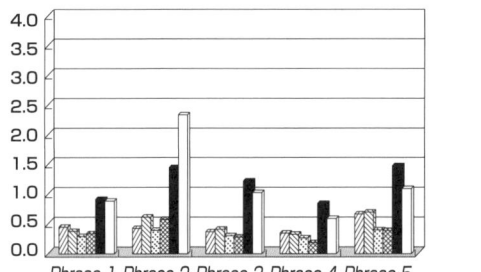

図19　テスト文（上）とリージョン毎の分析結果

　結果として，Phrase 4 や Phrase 5（was/very pleased）において，GP文の方が非GP文よりも総停留時間が長くなるという傾向が見られた。しかしながら，初期処理と後期処理については，上記のデータでは十分な違いがみられなかった。明確な結論を打ち出す前に，研究方法の問題も含めて，さらに検討する必要があろう。

7. 6　読解力を構成する要素は何か
7. 6. 1　構成技能に基づく方法とは何か。

　「構成技能に基づく方法（component skills approach）」は，リーディングの基盤にある認知的技能とは何かを明らかにし，それらの技能がそれぞれ読解にどれほど貢献するかを比較する方法である（Carr et al. 1990）。リーディング研究者はこの方法によって，読解力が発達するとき構成技能はどのように変化するのか，また，どうして個人によって読解力に違いがでるのかを正確に捉えようとする（Carr and Levy 1990, xi）。

　「構成技能に基づく方法」の基礎にある前提条件として，Koda（2005, 19）は次の3点を指摘する。

(1) リーディングとは一連の密接に関係した心的操作を含む，複雑な情報処理の結果である。
(2) 各々の心的操作は理論的に区別でき，経験的に分離出来るものであり，それぞれ識別出来る機能を果たしている。
(3) それらの構成要素である技能は，お互いに作用しあって，書かれた言葉の知覚や理解や記憶を促進する。

　要するに，読解力を構成する技能は密接に相互に関係しており，何か一つの技能が欠如していると他の構成要素にも影響を及ぼすことになる。構成要素が多層に重なり合い，その働きが相互に依存していることをはっきりと理解していないと，読み手の読解力の違いや問題点を正確に突き止められないことになる。
　「構成技能に基づく方法は第二言語のリーディング能力の発達を評価するのに，特に読解技能の転移を検討するのに使われるときには適している」というKoda（2005, 19-20）の指摘は重要である。第二言語としての英語のリーディングを教えた経験のある者は，第一言語の読解力が第二言語のリーディングに影響を与えることに気づいているが，どの技能が最も転移しやすいか，どのような条件が転移を促進するのか，についてはほとんど分かっていない。いかなる読み手においても全ての技能が同じように転移するということはないようである。体系的に第一言語と第二言語のリーディングの構成技能を分析することによって，転移出来る技能と転移出来ない技能を区別することができ，技能の転移を進める認知的，言語的要因を見つけることが出来る。
　更に，Koda（2005, 20）では，リーディング能力の習得に必要な技能には言語間で違いがあることを「構成技能に基づく方法」が明らかにし，第二言語の優れた読み手とそうでない読み手の技能の比較をすることで，後者の読み手に欠けている点が分かる，と主張している。

7.6.2　構成技能とは何か？

　リーディングの構成技能をどのように捉えているかは研究者によって違いがある。Carr et al.（1990）は，下記のようなリーディング力を構成する技能を取り上げ，各種テストによって測定している。

・視覚コード形成と評価（visual code formation and evaluation）

- 視認語認知の正確さと速さ（sight-word recognition accuracy/speed）
- 音韻変換の正確さと速さ（phonological translation accuracy/speed）
- 音韻認識（phonological awareness）
- 正しいつづりの認知と産出（recognition and production of accurate spelling）
- 語義に関する知識（semantic vocabulary knowledge）
- 予測的な文脈使用と検証（predictive context use and verification）
- 統合的処理（integrative processing）（統語解析・命題分析・記憶保持を含む）
- ワーキングメモリの貯蔵容量（working memory storage capacity）
- 一般的なパターン感覚（general pattern sensitivity）
- 知能（intelligence）

　Grabe and Stoller（2002, 19-30）は，読解力の構成要素として，下記のように上位レベルと下位レベルの処理要素に分けて提示している。

●下位レベルの処理
- 語彙アクセス（lexical access）
- 統語解析（syntactic parsing）
- 意味命題形成（semantic proposition formation）
- ワーキングメモリの活性化（working memory activation）

●上位レベルの処理
- 理解のテキストモデル形成（text model of comprehension）
- 読み手の解釈による状況モデル形成（situation model of reader interpretation）
- 背景知識の利用と推測（background knowledge use and inferencing）
- 実行制御処理（executive control processes）

　Carr et al.（1990）のテストの参加者は，リーディングの矯正指導を受けている者も含めて読解力が優れない生徒が多く，下位レベルの構成技能を測定する試験が多く使われている。構成技能を測定するテスト以外に，読解効率を測定する試験を実施している。それに反し，Grabe and Stoller（2002）は，第二言語話者を意識してか，上位レベルを十分考慮しているが，語彙ア

クセスよりも低位の単語の同定や書記素から音素へ変換する力も測定したいところである。しかし実際は，被験者への負担や時間的制約を考慮すると，多くのテストを実施するのは実際には難しく，構成技能に基づく方法の利点は良く分かっていても，実際多く使われないのはこの点にある。

7.6.3 構成技能に基づく方法から見た第二言語の読み

Nassaji and Geva（1999）は，第一言語がFarsi語で，高い英語熟達度を持つ大人60人を被験者にして，読解，黙読の速さ，単語認知，ネーミング・テスト（単語の記憶音読），ワーキングメモリ，音韻処理△，正書法処理△，統語処理△，意味処理（単語の意味と文の意味△）の技能を測定した。△印のある技能は反応速度も計測し，効率（efficiency）も算出している。その結果は表4の通りである。各技能間の相関，重回帰分析を行い各技能間の説明率を算出している。表4は読解と他の技能間の相関のみ示している。統語処理と読解，単語の意味処理と読解に焦点を当ててみると，単語の意味処理の方（$R^2 = .35$）が統語処理（$R^2 = .26$）よりも読解をより説明出来る。

表4 読解と他の技能との相関（Nassaji and Geva［1999］に基づく）

番号	変数	読解 （変数の正確さとの相関）	読解 （変数の効率との相関）
1	黙読の速さ	.71**	
2	単語認知	.53**	
3	ネーミング・テスト	-.20	
4	作業記憶	.35*	
5	音韻処理	.30*	-.42**
6	正書法処理	.33*	-.47**
7	統語処理	.44**	-.51**
8	意味処理（単語の意味）	.59**	
9	意味処理（文の意味*）	.53**	-.65**

注：*$p < .01$；**$p < .001$

Shiotsu and Weir（2007）は日本人の英語学習者を被験者にして，語彙知識と統語知識のどちらが読解力を予測出来るかを共分散構造分析を使って調べている。共分散構造分析では，直接に観測出来ない構成概念を分析するのに潜在変数という考え方を使う。その潜在変数の指標となる観測変数を指定し，測定の誤差も変数として加え，構造方程式モデルを仮定する。この研究では語彙知識と統語知識が観測変数で，下記の三つのモデルを仮定した。こ

の分析ではこれらの仮定したモデルがデータをどのくらいうまく説明出来るかを検討する。すなわちモデルとデータの適合度をみるのである。

モデル1：統語知識と語彙知識はリーディングパフォーマンスに有意に貢献すると仮定。

モデル2：統語知識の回帰係数は0。語彙知識がリーディングの分散のかなりの部分を説明した後，統語知識は予測に貢献しないと仮定。

モデル3：語彙知識の回帰係数は0。統語知識がリーディングの分散のかなりの部分を説明した後，語彙知識は予測に貢献しないと仮定。

この研究は三つの実験からなり，下記の実験2と実験3が日本人を被験者とするものである。モデル1が最も良くフィットしていることが明らかになった。

●実験2
(1) モデル1が最もよく適合した。
(2) 標準化された回帰係数の中で，統語知識が語彙知識を上回ってリーディングパフォーマンスを良く説明することが明らかになった。($.61^*$ vs. $.34^*$)
(3) 統語知識と語彙知識の2要因は互いに高い相関を示した。($r = .84^*$)

●実験3
(1) モデル1とモデル3でかなり高い適合値を示したが，どの指標でもモデル1がより適合している。
(2) 標準化された回帰係数の中で，統語知識は語彙知識よりも強力な予測因子であることが明らかになった。($.64^*$ vs. $.25^*$)
(3) リーディングと統語知識との相関は$r = .85^*$でリーディングと語彙知識との相関は$r = .79^*$であった。2要因間の相関は$r = .84^*$であった。
(4) 統語知識と語彙知識の2要因によって説明される分散の大きさは上位群よりも下位群で大きかった。統語知識のほうが語彙知識よりも相対的に影響が大きいとの結果は熟達度によらず見られた。

「語彙知識の方が統語知識よりもリーディング力を説明する」という Nassaji and Geva（1999）の研究は他のいくつかの量的研究（Yamashita 1999；Brisbois 1995）と一致する。それに反し，Shiotsu and Weir（2007）の「統語知識の方が語彙知識よりもリーディング力を予測する」という結果は従来の見解と異なる。リーディングテスト，語彙テスト，統語テストを精査し，分析する統計手法も統一して実施する必要がある。

7．6．4　第二言語の研究からみた今後の課題

第二言語の実証研究の紹介では，リーディングと語彙知識・統語知識との関係に焦点を当てたが，「構成技能に基づく方法」は最も有望である。優れた読み手とそうでない読み手の特徴は何か，第一言語は第二言語の読みにどのような影響を及ぼすのか，第二言語におけるリーディング能力はどのように発達するのか，等の問いに対する研究に「構成技能に基づく方法」が使える可能性がある。

第8章 第二言語読解研究の方法

8.1 はじめに

本章では，第二言語読解の研究法に関し，特にクラスルームで実施することを念頭に置きつつ，質的・実践的手法に焦点をあてて，解説する。

まず最初に，読解行動や読解プロセスについて研究を進めるための質的研究（qualitative research；質問紙，ポートフォリオ，インタビューなど）の手法について，各手法のデータ収集の方法，特徴に焦点を当てながら解説する。そうして，収集したデータの分析方法や分析データの可視化の方法についても検討する。

次に，同じく質的データの一種である，発話プロトコルデータおよび筆記再生データの収集方法について紹介する。前者は，問題解決研究の方法論として提唱されたもので，発話思考法を用いて得られるプロトコルデータにより，読解の認知過程を探ろうとするものである。Ericssonらによるモデルを紹介し，発話内容から認知過程モデルを構築する手法，および発話プロトコル分析の意義・方法・実践例，さらには使用にあたっての留意点などについて述べる。また，後者は，与えられたテキストの処理後，その遡及的再生を評価しようとするものである。心内の情報を検索するための方法である再生および再認のしくみ，第二言語読解における再生方法の種類，実施手順，評価法，留意点などについて解説する。

最後に，教場での実践に基づく方法であるアクションリサーチ（action research）について事例を交えてとり上げる。この方法は，実際の指導上の問題を研究の出発点とし，その問題解決のための実践的な研究手法である。それは，問題の把握と理解に始まり，解決策の考案と実施を行った上で，結果の分析と評価を行い，その結果を指導改善に還元するというステップを踏む。ここではリーディング指導におけるこのアクションリサーチの進め方と留意点について解説する。

8.2 質的研究

本章では、第二言語での読解に関する質的・実践的な研究を試みたいと思われる読者のために、いくつか主な研究手法を紹介していくことにする。本節および次節では、質的研究と呼ばれる手法の代表的なものに焦点を絞って、その特徴、実際のデータ収集法、分析法、留意点などに言及しながら紹介していく。

まず、質的研究とはそもそもどのような方法のことを意味するのかを理解しておきたい。質的研究は、量的研究とは違い、数値で表されたデータを統計的に分析するという手法ではない。量的研究では、多数の参加者から比較的短期間に得られた数値データを分析して、全体の傾向を見ることを目的としている。そのため、得られた結果を一般化して考えることが容易である。したがって、量的研究は、先行研究で提唱された仮説や主張などを検証するのに適した方法と言える。しかし、質的研究は、数値化されたデータではなく文字による記述データなどを主として取り扱う（佐藤 2006）。そして、少人数の参加者から得たデータを対象とするため、結果を一般化して解釈することは難しい（Bailey 1991）。代わりに、詳細なデータを比較的長期間にわたって収集する。いわばある事象のパターンを見出したり、変化のプロセスを観察したりするのに適した手法と言える（Matsumoto 1987）。そのため、仮説の検証よりもむしろ仮説の形成を目指した研究手法となる。こうした違いを理解し、質的研究の根本的な目的を踏まえた上で、以下に、質的研究の具体的な方法を見ていくこととする。まずは、研究の第1段階となるデータ収集の方法を三種類（ダイアリー、ポートフォリオ、インタビュー）紹介する。その次に、第二段階として、データの分析手法について述べる。

8.2.1 データの収集：ダイアリーによる方法

ダイアリーは、日常生活で書かれる日記のように、比較的長期間、定期的に参加者の心情や考えなどを記述してもらう方法である。勿論、一般的な日記の場合とは異なり、参加者が自発的に書くのではなく、研究を実施する側が参加者に「依頼して」書いてもらう。ダイアリーは、記述してもらうタイミングの違いにより、二通りの方法に分けられる（Dörnyei 2007）。一つ目の方法は、ある一定の期間に、等間隔に記述してもらう方法である。例えば、毎週火・木・金曜日の夜9時に、その日の英語の授業で実施したリーディング活動について振り返り、学習した内容や思ったことなどを記述して

もらう場合などがこの方法に当てはまる。二つ目の方法は，ある特定の出来事が起こる度に記述してもらう方法である。例としては，定期テストを受けた直後や，自宅でリーディングの学習（宿題）をした直後に必ず記述してもらう場合が相当する。学習中にどのようなことに気を付けたのか，どのようなことを考えたのか，などを記述してもらうのである。

ダイアリーを使ってデータを収集することの利点としては，主に次の5点が考えられる（Dörnyei 2007; Matsumoto 1987; 舘岡 2003）。

(1)（他の方法では得るのが難しい）参加者の情意面に関するデータを取得出来る
(2)（実験環境ではなく）日常生活で実際に生じる現象や行動を観察することが出来る
(3) 細分化しては捉えきれない行動を，文脈の中で包括的に把握出来る
(4) 時間に伴うプロセスの変化を観察することが出来る
(5) 比較的正確なデータを得ることが出来る

一つ目の利点として挙げられた「情意面に関するデータ」の取りやすさは，日記が本来，日常生活において個人的な考えや感情などを記すために書かれるものであることに起因する。ダイアリー法は，この特徴に注目して生まれたデータ収集法なのである。二つ目の利点に関しては，ダイアリーが調査者も同席するような実験環境で書かれるものではないため，参加者の日常生活における現象や行動を調査対象として観察することが可能となる。また，それは三つ目の利点とも関係しており，日常生活で書かれるダイアリーであるからこそ，調査している内容が日常生活という文脈の中で，どのように位置づけられているのかという観察が出来る。四つ目の「時間に伴うプロセスの変化」は，ダイアリーがそもそも一度だけ記述されるものではなく，継続して記されるものであることによる。そのため，複数回にわたって定期的にデータを収集することができ，プロセスの変化を観察することが出来る。最後に，五つ目の「比較的正確なデータ」というのは，ダイアリーがその日のうち（24時間以内）に書き記されるものであるため，参加者が忘れたりする危険性が低いという理由による。

以上のような利点がある一方，ダイアリーを使ってデータを集める際に気を付けなければならないこともある（Dörnyei 2007；Matsumoto 1987）。例

えば，ダイアリーを書いてもらう参加者の書く能力が高くなければならない。能力が低い場合や年少者の場合は，本人の思っていることが記述にうまく現れず，せっかくダイアリーを長期にわたって書いてもらったとしても，データとして利用出来なくなってしまう恐れがある。したがって，クラス全員にダイアリーを書くことを授業の一環として取り入れ，それをデータとする場合などは，書くことを得意とする学習者のダイアリーのみを取り上げて分析するなどの工夫が必要であろう。また，通常書かれる日記のように何でも自由に記述してもらうと，書かれている話題や内容が学習者によりばらつきすぎることになり，データとして利用出来る部分がとても少なくなる可能性が予想される。これを防ぐためには，フォーマットを（自由記述式質問紙のように）予め研究者の方で決めておくとよい（図1参照）。必ず記述してほしい項目を設定しておき，それに加えて自由なコメントも残してもらえるような欄を設けておくと，より有益なデータを得ることが出来る。さらに，こうした点以外にも，詳しい記述を毎回忘れずに残し続けてもらうことが学習者の負担となることも考えられる。書き忘れてしまったり，回数を重ねるにつれ記述量が減少してしまったりするのを防ぐために，書いてもらう日に

●ダイアリーの書き方
授業中または授業外でも韓国語（ドイツ語）の学習について，以下の項目に関することを日記に記述してください：
　1）学習内容
　2）学習したタスクや活動の内容
　3）タスクや活動，学習内容に関して思ったこと

より具体的には…
a) 学んだことをできるだけ詳しく記述してください。
　　（例：発音，単語，表現，文法，韓国文化，など）
b) それらのことをどのように学んだかをできるだけ詳しく記述してください。
　　学ぶために何をしましたか？また，学習中には何を考えましたか？
　　（例：書いて覚えた，音読した，推測した，など）
c) 授業の方法やアクティビティーなど，学習について感じたことや思ったことを記述してください。（例：楽しかったけれど，ペアで音読させられたときはつまらなかった，など）
d) 授業でペアになったクラスメートやそれ以外のクラスメートのことでも，何か感じたことがあれば記述してください。
e) 小テストがあった場合には，それに対してどのように思ったかを記述してください。

図1　ダイアリー記述項目の事前設定例（Yabukoshi and Takeuchi［2004, 14-15］より改編）

は毎回参加者に連絡をしたり，読んでいることを示す（読み手の存在を意識させる）コメントを，研究に支障のない程度に時折返したりするなどして対処したい[1]。

8.2.2 データの収集：ポートフォリオによる方法

ポートフォリオとは，テストや課題レポート，リーディング学習で用いた読み物のコピーなど，学習で作成・使用したものと，それらに対する学習者の記述がまとめられたものである[2]。前節で紹介したダイアリーでも得られる学習者の記述データに加えて，ポートフォリオには学習の具体的な産物が含まれるのが大きな特徴である（Donato and McCormick 1994）。例えば，1学期間にわたって授業で複数のリーディング教材を学習する場合を想定してみよう。一つの教材を学習し終えるごとに，何を考え，何を思ったのかを学習者に記述してもらうと，1学期終了時には，複数の教材（コピー）と，その各々に対する学習者の記述が，一つのファイルにまとめられてポートフォリオとなり，データとして集められる。このようにして収集されるポートフォリオのデータは，ダイアリーのデータとは異なり，学習者がどの教材のどの部分に対してどのような考えをもったのかということが，より明確になるという利点がある。図2は，ポートフォリオに含まれる1回分の記録の例である（Ikeda 2007; Ikeda and Takeuchi 2006）。ここでは，左側にある"Puppies for Sale"という読み物を読むときに，学習者がどの部分でどのような読解方略をどのように使用したか，さらに使用してみてどのようなことを考えたかが右側に記述されている。実際のポートフォリオは，こうした図2のような産物を複数まとめて1冊にファイリングされることになる。それにより一連の学習過程で読解方略の具体的な使用方法にどのような変化が見られたか，また使用には変化が見られなくとも学習者の思考に何か変化が見られたか，などを分析することが可能となる。

4 Puppies For Sale

A store owner was tacking a sign above his door that read "Puppies For Sale." Signs like that have a way of attracting small children, and sure enough, a little boy appeared under the store owner's sign. "How much are you going to sell the puppies for?" he asked.

The store owner replied, "Anywhere from $30 to $50."

The little boy reached in his pocket and pulled out some change. "I have $2.37," he said. "Can I please look at them?"

The store owner smiled and whistled and out of the kennel came Lady, who ran own [down?] the aisle of his store lagging considerably behind. Immediately the little boy singled out the lagging, limping puppy and said, "What's wrong with that little dog?"

The store owner explained that the veterinarian had examined the little puppy and had discovered it didn't have a hip socket. It would always limp. It would always be lame. The little boy became excited. "That is the little puppy, that [which?] I want to buy."

The store owner said, "No, you don't want to buy that little dog. If ou [you?] really want him, I'll just give him to you."

(*Chicken soup for the soul* [Health Communications], 88-89)

● Strategy 3：トピックセンテンスをつなげて大意をとる

各パラグラフのトピックセンテンスだと思った文を読んだ。

※だいたいの意味をつかむことはできたけど、トピックセンテンスが分かりにくかったり、その文章の中に分からない単語が多くて意味がつかめなかったりしたので、今回の文章ではあまり効果的ではなかった。

● Strategy 2：前後から意味を推測してみる

"tack"という単語を above his door（ドアに）や a sign, A store owner という、前後の単語から「（ドアなどに）かける」と推測した。

※今回は自分なりに少し自信をもって推測できたけれど、念のために辞書で調べた。「〜を鋲で止める」と、少し意味は違ったものの、文全体の意味をつかむうえでは問題ないかな、と思う。

● Strategy 4：キーワードを利用して読む

題名の「Puppies For Sale」や「little dog」をキーワードだと推測して、これらの単語の含まれる文章を読んだ。

※トピックセンテンスの中にこれらのキーワードが含まれているものが多いと気づいた。キーワードを含む文を読むだけでだいぶ内容がつかめてきたので、使いやすい方略だと思う。

図2　ポートフォリオの一部の例（Ikeda［2007, 188-89］より改編）

8.2.3 データの収集：インタビューによる方法

　インタビューは，参加者にいろいろな質問を口頭ですることによりデータを収集する方法である。したがって，前述のダイアリーやポートフォリオとは異なり，データが文字ではなく音声となる。インタビューは，事前に質問をどの程度準備するかにより，構造型，非構造型，そして半構造型インタビューの3種類に分けられる（Dörnyei 2007）。構造型インタビューは，質問する項目を事前に全て決めておき，インタビュー中にはその質問をどの参加者に対しても同じ順番で聞いていく方法である。このタイプのインタビューでは，事前に準備した質問以外に何か追加で質問したりはしない。また，質問も Yes, No や5段階などの選択肢で準備し，それをもとに答えてもらうというように，回答方法までも固定する場合が多い。したがって，質問紙による方法とある程度類似しているため，質問紙調査が何らかの理由で実施出来ない場合によく用いられる。つまり，質的研究というよりもむしろ量的研究の一種と言える。

　次に，非構造型インタビューは，質問する項目を事前にはまったく決めず，参加者が思うことを自由に話してもらう方法である。この方法では，自由に話してもらう発話が重要なデータとなるため，リラックスした雰囲気作りがとても大切になる。調査する側は，参加者の発言をもとに追加或いは関連の質問をその場ですることはあるものの，参加者の発話を遮るようなことはせず，ほぼ聞き手の役割に徹することが大切となる。

　三つ目の半構造型インタビューは，構造型インタビューと非構造型インタビューの中間に属するタイプの方法で，質問する項目をある程度事前に準備して臨むものの，インタビュー時の状況や参加者の返答などに応じて，質問を追加しながら実施する。この半構造型インタビューは，事前に骨子となる質問項目を準備でき，さらにインタビュー中にも調査のために必要な質問を臨機応変に追加出来るタイプのインタビューであるため，3タイプのインタビューの中でも英語教育学に関する研究では頻繁に用いられる。

　どのタイプでインタビューを実施するにせよ，たくさんのデータを集めるためには，参加者に出来るだけ多く発話してもらうことが（非構造型インタビューに限らず）重要である。そのための「Do's and Don'ts」が表1にまとめられているので参照されたい。

表1 インタビューの Do's and Don'ts

Do's	Don'ts
・「聞いている」という姿勢をとる ・相槌を打つ ・(質問に対して) 参加者の好きなように，自由に話してもらう	・参加者の発話を遮る ・参加者の発話に解釈を加える ・参加者の発話に対して (良し悪し) の判断を加えたりコメントを付け加えたりする

注:Richards [2003, 54] より改編

　また，インタビューは，構造型，非構造型，半構造型のいずれのタイプも，他の方法（例えば読解行動の観察）で集めたデータを補足する手段として実施されることがある。このような場合は，プロセスの変化をみるためではなく，他のデータの補足的な手段としてインタビューが実施されるため，同じ参加者に長期間にわたってインタビューを実施する必要はない。しかし，このような場合でも，異なる観点から3回程度同じ参加者にインタビューを実施することが理想的であるといわれている（Dörnyei 2007）。つまり，1回目でインタビューに慣れてもらい，2回目で知りたいことを本格的に質問し，データを見直した後に，聞き逃したことなどをさらに3回目で補完することが望ましい。

　インタビューの発展形として，昨今では stimulated recall（Gass and Mackey 2000）という方法も注目されている。stimulated recall は，日本語では「刺激提示による回顧法/再生法」などと訳されるが，事前に参加者から収集したデータの一部を実際に提示しながら行うインタビューである。例えば，参加者が読解活動をしているときの様子を録画したビデオや，その時に使った教材，質問紙などを提示して，参加者の記憶を刺激（stimulate）し，その時の状況を思い出させ（recall させ）ながらインタビューを行うといった具合である。stimulated recall は，情報処理理論を背景に考案された方法で，より精緻で正確なデータが収集出来るという利点がある。

　インタビューで得られたデータは，ダイアリーやポートフォリオによる文字データとは異なり音声データであるため，分析を始める前には，一度これを文字化すること（文字起こし）が大切である。その理由は，文字に置き換えることによって，詳細な分析や他の場面との比較検討がしやすくなるからである（佐藤 2006）。しかし，文字起こしの作業はとても時間を費やす作業で，10分のインタビューを文字化するのに1時間近くかかるほどである。そのため，インタビューで得られたデータが，調査にとって主要なデータで

はなく補助データとなる場合には，インタビューを全て文字化せずに，音声を聞きながら重要と思われる部分のみを文字化したりメモを取ったりする方法も認められている（Dörnyei 2007）。

　音声データを文字化すると，強調して発話された部分などが失われてしまうことになる。しかし，こうした文字に出来ない非言語的な情報も，データとして重要な場合があるため，必要と考えられる部分では，文字に下線を引いたり引用符で囲ったりするとよい（Richards 2003）。また，文としては不完全な発話が現れることもあるが，このような場合には，内容を変更しない範囲で修正・追加することが可能である。ただし，この文字起こしの段階では，次の分析の段階で何が重要なデータになるかはわからないため，あくまでも内容の修正は避けなければならない。図3では，強調して発話された部分に下線が引かれ，非言語的な情報は［　］内に記されている。また，発話内容の補足説明が（　）内に追加されている。このように，一目見て理解しやすいルールを決め，そのルールに従って文字起こしを進めていくとよいであろう。

```
研究者：このプリントは難しかった？
学習者：はい。難しかったです。［大きくうなずく。苦笑］
研究者：どの辺りが難しかった？
学習者：なんか，意味のわからない単語がたくさんあったのと，（単語の）意味は
　　　　わかるけど何が言いたいのかよくわからない部分も時々あって…。
研究者：じゃあ，そのわからない部分がでてきたら，どうした？
学習者：んー…。［プリント見直しながら］この辺は（2段落目who以降）意味
　　　　がわかるようでわからなかったから，ちゃんと読み直してみようと思っ
　　　　て，（文の）最初に戻ってじっくり読みました。それで，何回か読んでみ
　　　　ました。
```

図3　文字起こしされたインタビュー・データの一部の例

8.2.4　データの分析

　データの収集が済んだら，次は分析の段階へ進む。質的分析の主な方法としては，KJ法やグラウンデッド・セオリー・アプローチ（grounded theory approach：GTA）が挙げられる。KJ法は，文化人類学者の川喜田（1977，1986）が考案した方法で，グラウンデッド・セオリー・アプローチは社会学者のA. L. StraussとB. G. Glaserが1967年に考案した方法である。グラウ

ンデッド・セオリー・アプローチはその名前からもわかるように，最終的には理論の構築を目指して行われる手法であるため，KJ 法よりも手間の掛かる方法であるが，どちらの手法も，(1) セグメント化，(2) コーディング，(3) カテゴリー化，の三つのステップを踏んで進められる点では類似している（Dörnyei 2007；佐藤 2006）。この一連の作業は，データの中から，ある共通した現象や傾向を見出すことを目的として行われる。

　まず，第 1 ステップとなるセグメント化とは，データを文ごとや動作ごとなどの単位で切り分け，もともとその部分が埋め込まれていた文脈から切り離す作業を意味する。この作業をすることにより，他の部分との共通項などが見つけやすくなり，これ以降のステップでの分析がやりやすくなる。次頁図 4 は，セグメント化されたデータの一例である。もともとのデータは，コンピュータ上で読解学習をしているときの学習者の行動（約 4 回分）を録画したビデオであるが，そこで観察された行動を文字に起こすことによってセグメント化がなされている。

　セグメント化が終了したら，次はコーディングである。コーディングとは，データに名前（コード）を付けるという意味である。実際には，セグメント化されたデータを何度も読み返し，気になる箇所に下線を引いたり抜き出したりして，その箇所を説明するのに適した名前を付けていくという作業になる。例えば，図 4 でセグメント化されたデータをもとに「コンピュータ上での学習行動を，紙媒体での学習行動と比較する」という研究をすると，次頁図 5 のようなコーディングが可能となる[3]。セグメント化されているデータの中から気になる部分を別個のメモ用紙に書き出しているのである。この際，誰がデータを見ても同じような部分に同じようなコーディングがなされていると，信頼性の高い分析になる。そこで，データの一部を抽出し，同僚など他の研究者にもコーディングの作業をしてもらい，自分のコーディングとの一致度（抽出一致度）を測ってみるとよいだろう（Loewen and Philp 2006）[4]。

```
△△くん（○月×日）
「背景知識」のページを読む
本文を読み始める
注釈を見る
注釈を見る
注釈を見る
本文を最後までの読み終わる
（本文の）音声を聞く
付属の内容理解問題を解き始める
本文に戻る（問題解答中に）
内容理解問題の答え合わせをする
内容理解問題を再度解き始める（2回目）
内容理解問題の答え合わせをする
内容理解問題を再度解き始める（3回目）
内容理解問題の答え合わせをする
学習記録のページを閲覧する
```

図4　データのセグメント化の一例

```
△△くん
（○月×日）
背景知識を先に読む
```

```
△△くん
（○月×日）
注釈を見る
（すべて必ず見るようになる）
```

```
△△くん
（○月×日）
音声を利用する
```

```
△△くん
（○月×日）
本文を読んでから内容理解問題を解く
```

```
△△くん
（○月×日）
何度も内容理解問題を解く
```

```
△△くん
（○月×日）
学習を振り返る
（「学習記録」ページ利用）
```

図5　データのコーディングの一例

　コーディングが済んだら，最後はカテゴリー化のステップへ進む[5]。ここでは，コーディング化されたデータを似通ったグループに分ける（カテゴリーを作る）作業をする。つまり，似たような名前の付いている箇所を一つのグループにまとめたり，複数の箇所を合体させてより抽象的な名前を付けたりして，いくつかのグループに分類する。そしてさらに，カテゴリー同士

の関係を図にして視覚化したりしながらデータに解釈を加え，結論を導き出していくのである．図5でコーディングしたデータの場合であれば，例えば2，3種類のカテゴリーに分類し，「紙媒体での読解時と変わらない行動」や「紙媒体の時と比べて変わった行動」などのカテゴリー名を付けることが出来る（図6）．このカテゴリー化の段階でも，一つ前のコーディングの段階同様に，分類の仕方が誰によってもほぼ同じであるかを確認するために分類一致度を測っておくとよいだろう．

事前に背景知識を利用	何度も内容理解問題を解く	学習を振り返る
紙媒体での読解時と変わらない行動	紙媒体の時と比べて変わった行動	コンピュータ独自の特性に，誘発された行動

図6　カテゴリー化の一例

　上述した一連の分析は，紙媒体で行う場合もあれば，コンピュータを利用する場合もある．紙媒体を用いた分析は従来行われてきている方法であるが，この場合，小さなメモ用紙を何枚も用意し，そこへデータを切り分けて書き写していき，コーディングをする．そして，書き込まれた紙を並べ替えたりまとめたりしてカテゴリーを作成する．用意するのは紙とペンだけなのでとても手軽である一方，カテゴリー化の際に大きなスペースが必要となったり，厚紙でなければ紙が簡単に飛ばされてしまったりするなどの短所がある．紙媒体ではなくコンピュータを利用した場合は，切り分けた（＝セグメント化した）データを入力し，専用のソフトウェア（MAXQDAやNVIVOなど）の上でコーディングやカテゴリー化を行う（次頁図7）．コンピュータや専用のソフトウェアなどの設備投資が必要となる点は紙媒体に劣るものの，カテゴリー化したものを簡単に色分け出来るなど可視化が容易であったり，テキスト中のどのような語でも自由に検索・抽出することが出来たり，分析途中のデータをそのままの状態で保存しておくことが出来たりするといった利点もある（佐藤2006）．

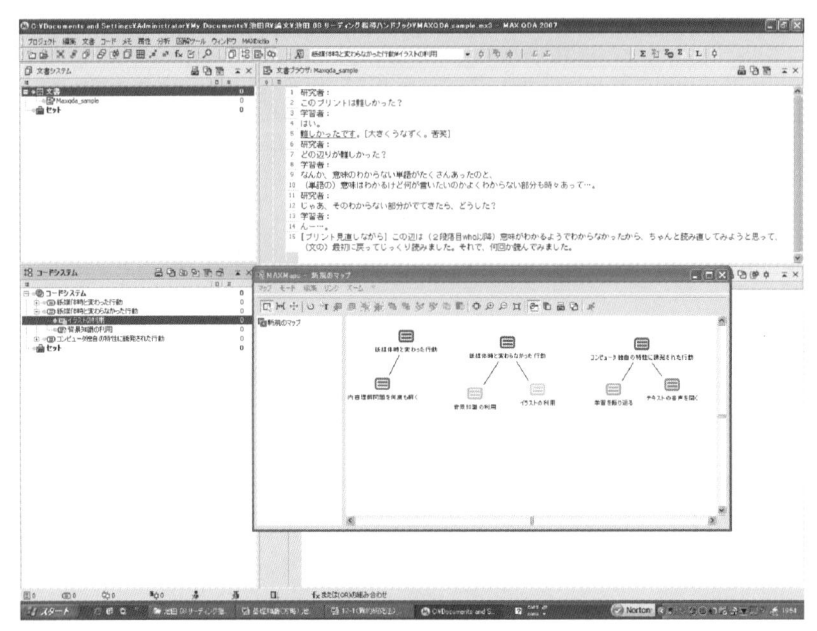

図7　MAXQDA による分析

8.2.5　まとめ

　本節では，質的研究について述べてきた。まず，データ収集の方法として，ダイアリー，ポートフォリオ，インタビューについて紹介し，それぞれの特徴や実施の際の利点，留意点などに言及した。そして，これらの方法で集めた質的データを分析する際の基本的な方法を，セグメント化，コーディング，カテゴリー化の順に紹介した。ここで記した方法以外にも，実にさまざまな質的手法が存在する。学問の発展とともにさまざまな研究手法が確立され複雑化すると，自分の研究ではどの手法でデータを収集すべきかを見極めるのがとかく難しくなりがちである。そのような場合には，事前に，どのように分析するのかまでを具体的にイメージし，本当に自分が調査したいことに関するデータを集められるかを熟考した上で，収集方法を決定することがとても重要になる。また，データ収集の方法は，一つに限定しなければならないのではなく，いくつかを併用してもよい。むしろ，複数の方法で収集を行い（これを triangulation と呼ぶ），複数の観点から分析を行う方が，調査したいことをより正確に把握出来るであろう。とくに，質的研究と量的研

究を組み合わせて収集・分析をすると，興味深い結果を得ることも可能となる（Matsumoto 1994 など）。いずれの方法を選択するにせよ，自分の研究目的をしっかりと把握し，研究手法に振り回されることなく調査を進めていくことが最も大切であることを忘れずに，研究に臨みたい。

注
1) 読み手の存在を意識させることにより，データの内容が変質する危険性もあるため，実際のデータ収集の前に，読み手の存在を意識させた方がよいのか，それとも意識させない方がよいのかをよく吟味する必要がある。
2) ポートフォリオは元来，教授および評価の手段として使用されることが多いが（峯石 2002），昨今は，質的データの収集手段としても用いられている（Donato and McCormick 1994; Ikeda 2007; Ikeda and Takeuchi 2006）。
3) この研究の詳細については，池田・竹内・住（2007）を参照のこと。
4) コーディングを依頼するデータの量は，全体の約10%でよいとされている（Loewen and Philp 2006）。また，一致度は約80％を超える必要があるといわれている（Loewen and Philp 2006）。80％以上の一致度が確認された場合にも，一致をみなかった点について分析者同士の間で議論をし，一致するように調整することも忘れてはならない。
5) グラウンデッド・セオリー・アプローチの場合は，カテゴリー化までの３ステップをまとめて「オープン・コーディング」と呼び，さらに「アクシャル・コーディング」「セレクティブ・コーディング」と呼ばれる二つのステップを踏んで分析が行われる。「アクシャル・コーディング」では，カテゴリーの中からサブカテゴリーとなるものを見つけ出し，カテゴリーとサブカテゴリーの関連づけや，カテゴリー同士の関連づけを行い，ある現象が生起するプロセスを把握していく。そして「セレクティブ・コーディング」では，カテゴリー同士を統合してある事象をよりよく説明する理論を作り上げるとされている。グランデッド・セオリー・アプローチの詳細については，戈木（2005，2006）などを参照のこと。

8.3　発話・筆記プロトコルによる方法
8.3.1　Ericsson らによる発話プロトコルモデルの紹介

認知研究で参加者に要求する反応を分類すると，行為として行わせる「行為」，および，自分の中で起こったこと・起こっていることに目を向けさせる「内省」からなる軸と，反応時間や正答率が指標となる「遂行」，および，課題処理中に何が起こっているかについて自然な状態で記録する「過程」の軸からなる四つの象限に位置づけされる。第１象限では，実験終了後，課題処理中のことを思い起こして，理由とともに述べてもらう「内省法」，第２象限では，最大遂行が要求される反応時間，第３象限では，認知課題中の諸

行為や現象の記録をする「生理的計測」，第4象限では，直接的に心の中を探る「プロトコル分析」がある（海保・加藤 1999）（図8参照）。

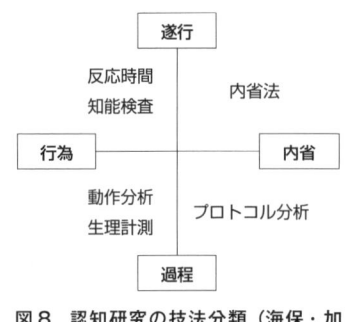

図8 認知研究の技法分類（海保・加藤［1999］より改編）

このうち，プロトコル分析は，Ericsson and Simon（1984）が，認知科学，特に問題解決研究の方法論として提唱したもので，発話思考法によって得られるデータを分析することで，思考しているときに心の中でどのようなことが行われているかを探る方法である。この手法は，19世紀のWundtの内観心理学までさかのぼり，一時は行動主義心理学によって否定された。しかしながら，人工知能研究が現れると，人間と同じような思考が出来るコンピュータ・プログラムを作成するために，発話思考法を積極的に採用した結果，コンピュータ・プログラムと人間の思考の比較が可能となり，同時に，発話思考法を含んだプロトコル分析が方法論として確立された。さらに，認知心理学のみならず，第二言語における読解研究においても，種々の読み手の処理ストラテジーを探る有効な手段として，数多く行われるようになり，これにより母語，第二言語の別に関わりなく効果的な読解ストラテジーが存在することが明らかにされている（例えば，Block 1986, 1992）。

発話思考についてEricssonらは，図9のようなメカニズムを想定している。このモデルでは，認知システムの中を情報が流れると考えることで，諸プロセスを個別でなく統合的に理解しようと試みる。大きな流れは，感覚入力バッファ（情報貯蔵）⇒短期記憶（ワーキングメモリ）⇒長期記憶へと進むと考えられている。最も新しく獲得された情報，つまり現在注意が向けられている情報は短期記憶中にあり，これは言語報告のために直接呼び出すことが可能である。長期記憶中の情報を言語報告するためには，一旦短期記憶に転送される必要がある。そのため，認知過程の中で言語化が可能なのは，短期記憶上にある言語情報のみで，これをありのままリアルタイムで発話したものが発話プロトコルデータであるとしている。これに対して，既に長期記憶に転送された情報に基づいて抽出したり，推測して再構成した結果である言語化とは区別する必要がある。

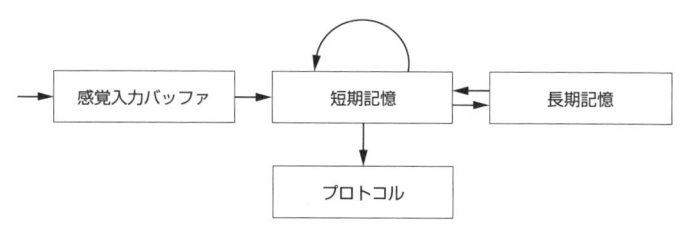

図9 発話思考法のモデル（Someren, Barnard, and Sandberg [1984] より改編）

8.3.2　発話内容から認知過程モデルを構築する手法

　人の問題解決の一般的な能力は，ハノイの塔や伏せ字計算などの課題を用いて調べられてきた。Newell and Simon（1972）は，DONALD + GERALD の問題（Bartlett 1958）を用いて，実験参加者のプロトコル分析により，問題解決の手法をモデル化している。DONALD + GERALD の問題解決は次のような指示で行われる。「次の問題を解いて下さい。D = 5 の時に，アルファベットの各文字に0から9までの数字を一つずつあてはめなさい。その際，頭の中で考えたことを全て報告して下さい。」（図10参照）

```
  DONALD      D←5
 +GERALD
  ROBERT
```

図10　DONALD + GERALD の問題（Bartlett 1958）

　図10の筆算式中のアルファベット A, B, D, E, G, L, N, O, R, T は，それぞれ0から9までの数字を表しており，D のみは5であることが分かっている。目標は，これらのアルファベットを数字に置き換えて，筆算式を完成することにある。実際の発話プロトコルにおける各数字同定のストラテジーは次のようなものである：

　T = 0: "each D is 5; therefore, T is zero." (D はそれぞれ5だから T は0となる)

　R = odd number: "2 L's equal an R ... Of cause [course?] I'm carrying a 1, Which [which?] will mean that R has to be an odd number." (L 2つで R，それに繰り上がりの1が加わるので R は奇数となる)

　R = greater than 5: "I'm looking at the left side of this problem here where it says D + G, R has to be a number greater than 5, which means that it can be either 7 or 9."（左端のコラムでは D（= 5）たす G なので R は 5 より大きい。そのため R は 7 か 9 となる）

このように，徐々に手がかりを探っていきながら，以下 320 のプロセスを経て 526485 + 197485 = 723970 の式が導かれる。課題終了後のプロトコルデータ分析では，最初にデータをいくつかの発話に分割し，これらを試行（エピソード）に分け，エピソード間での認知過程の変化（学習）が観察される。

8.3.3 第二言語読解過程における発話プロトコル分析の意義・方法・実践例
(1) 意義

　読解研究の分野では，発話プロトコル分析は帰納的，演繹的の両面において探求する手段として用いられてきた。そこでは特に読解の理解度（Olshavsky 1976-77）の研究，文脈からの未知語の推測過程の解明（Werner and Kaplan 1950），クローズテストの空所補充理由の解明（Bridge and Winograd 1982），内容の理解度を試す設問の解答過程の解明（Kavale and Schreiner 1979），要約文作成の過程の研究（Brown and Day 1983）などが行われてきた。一方，第二言語（L2）研究においても，Hosenfeld（1977, 1984），Block（1986, 1992），Sarig（1987）らにより，発話プロトコル法を取り入れた読解過程の研究が始められたが，赤池（1995）によると，発話プロトコル法を取り入れた読解過程の研究の意義として次の三点があげられる。第一は，読解過程において中心的役割を果たすとされている読解ストラテジーの具体的な分類を作成出来ること，第二は，L2 学習者の読解過程を明確にすることができ，その結果，ボトムアップ的な要因により多くの注意を向けている初級の L2 の読み手においても，トップダウン的な要因もかなり影響していること，第三は，読み手がより高次な読解活動に取り組む際のプロセスにおける顕著な違いを発見出来ることとしている。

(2) 留意点

　発話プロトコル法を使用する際の留意点として以下のことがあげられる（海保・原田 1993；ポズナー 1991）。①被験者にいきなり教示を行ってデータを取らず，「考えていることを話す」ということが意味することを十分理解させた上で行うことが重要であり，そのためには事前にハノイの塔や伏せ

字計算で十分練習しておく必要がある。②説明を求めたり，言語遡及報告を求めた場合，言語化に介在プロセスが必要になり，対象となる思考過程とは別のものになる可能性があるため，たった今考えていることだけを発話するように促す必要がある。③出来るだけ自然なかたちでプロトコルを産出出来るように工夫すること。

(3) 具体的な指示
①開始時の指示

　Ericsson and Simon（1984）では，「与えられた問題について，これから皆さんの発話プロトコルを記録させていただきます。これは問題を解決している過程で，皆さんが心の中でどのように考えているのかを記録するもので，最初に問題を見た瞬間から，たった今考えている全てのことを口に出して言ってみて下さい。途中で沈黙して，何を言うかについて考えたり，何かを説明しようとしたりせず，考えているありのままの状態を言葉に出し続けていただく必要があります。あなたが自室で独り言を言うようにふるまって下さい」と指示するように述べている。

　そのためには，「意味のあるなしを自分で判断せず，頭に浮かんだことを全て述べ」「発話が不完全な表現でも気にしないで下さい」そして「実験者を透明人間と思って下さい」といった表現で状況の理解を得ることが大切である（海保・原田 1993）。

　さらに，日常生活における発話例として，パソコンのお絵かきソフトを使って作図中のユーザーが，「もう少し円を右に寄せたいんだけど…これでいいかな。ウーンこうなるとこの四角もちょっと…」とつぶやきながら操作している光景を思い浮かべれば分かりやすいとしている（海保・原田 1993）。この場合，誰に語りかけることもなく，自然に発話されている状態が発生している。

②練習中の指示

　練習中は，被験者の不安感，緊張感を除き，課題に集中出来る状態を作り出す。そのためには被験者との間に安定した人間関係を形成する必要があり，両者が等しく発話出来るような雑談で気をほぐすように工夫する。伏せ字計算を用いる場合，「次の問題を解いて下さい。$D = 5$ の時に，アルファベットの各文字に 0 から 9 までの数字を一つずつあてはめなさい。その際，

頭の中で考えたことを全て報告して下さい」という指示で始め，途中沈黙状態になると，「話し続けて下さい」「今どういう状況になっていると思いますか」「なぜそうなったと思いますか」などと発言し，被験者の発話を促す。

③本番

実験中も，被験者の不安感，緊張感を除き，課題に集中出来る状態を作り出す。被験者が沈黙したら，「話し続けて下さい」と指示したり，「今どういう状況になっていると思いますか」や「なぜそうなったと思いますか」などの質問で発話を促す。

(4) 活用例

L2の読解過程研究での発話プロトコル法の活用例としてしばしば引用されるBlock (1986, 1992) による実験方法を以下に紹介する。これはESLを中心とした読解補習コースの大学生9名について，読解中の読解ストラテジーと読解により獲得したもの（内容の理解度と再生）について調査したものである。以下，次の手順で実験が行われた。

①練習：被験者は二つのサンプル文を提示され，それらを読んでいる間に何を考えているか正確に報告するように指示される。ただし，内容を説明したり自分の考えを分析したりしないように注意を与える。沈黙が続けば何を考えているかを報告するよう催促する。
②本番：この方法に慣れてきたら本番の文章を提示し，オーディオテープに録音しながら発話するように指示する。教示者はその間傍らで控え，機械のトラブル以外一切関知しないで，時間制限は設けない。
③発話：被験者は黙読し，一文を読み終わるごとに何を考えていたか，何が理解出来たか，理解出来ない箇所で何を考えていたかについて出来る限り多く発話するように指示する。各文の後ろに赤色で丸印を付け，発話を促すように工夫する。

(5) 書き起こし

オーディオテープの内容を書き起こす。実際の書き起こし例を冒頭から第4文まで示す：

Text no. 1　　P＋Qv：It's baby talk.；What's baby talk and Urdu?「これは baby talk。baby talk, Urdu とは何か。」
Text no. 2　　R：(本文の再度の読みのため略)；Qc：What's general practice of speech?「speech の一般診療とは何か。」
Text no. 3　　RMT：(本文の再度の読みのため略)；Oh, I see.；They're trying to point out the difference between baby talk sounds and adult speech.「分かった。赤ちゃん言葉と大人の言葉の違いを比較をしようとしている。」
Text no. 4　　T：The main point, how adult talk to babies ...「大人の赤ん坊に対する語りかけと，赤ん坊が大人から学ぶ方法で重要な点は…」；P-：... and the baby learn from adults ...

(※ P, Qv 等の略号は，下記②の文字コードを参照。)

①コーディング

　パイロットスタディーで確認されたモードとストラテジーによりコード化される。すなわち，モードについては，書き手のメッセージの中で操作する外延的モード（extensive mode）と，読み手が自らの経験等に結び付ける内省的モード（reflexive mode）に分けられ，ストラテジーにおいては，全般的ストラテジー（予測，統合，背景知識，推論，コメント，モニター等）と局所的ストラテジー（パラフレーズ，読み直し，文・句・語の意味等）の2種類からなるカテゴリーにより分類される。コーディングについては，パイロットスタディーでコーダー間の信頼度（inter-rater reliability）を高めておき，複数で行う。時間軸にそって記録され，モードの区別，各ストラテジーの適用と沈黙の所要時間，テキストの対象部分が視覚的に把握出来るようにする。これをもとに読みの所要時間，モードの使用率，ストラテジーの使用数と使用率が集計・分析される。内容の理解度については事後テストの得点が，再生については，テキストの主旨，メインアイデア，細部についての記憶の度合いがそれぞれ測定される。

②コード化例（開始から3分間）
```
[Xtn...
  ----P＋Qv------------R      Qc-------------------RMT    ---------R        TP---
 |-------------------|-----------------1-----------|------------2----------|-------3
  (1)              (2)                  (3)                  (4)
```
※ (1) から (4) はそれぞれの文番号を示す。

(Block 1986)

[記号] ──：10秒； ｜：30秒； ─N─：分； ------：沈黙； (n)：文番号

[文字コード] Xtn：外延的モード（extensive mode）；P＋：正確なパラフレーズ；Qv：語の意味の問いかけ；R：再度の読み；Qc：文や節の意味の問いかけ；M：自らの理解度のモニター；T：テキスト構造の理解；P-：不正確なパラフレーズ

(6) 分析

　分析段階には二つの方法がある。第1は，表出されたままのデータを形式的に分析する方法であり，そこでは，①文章材料の分析に用いられる物語文法で分析するものと（Thorndyke 1977），②単語単位（橋本 1967），句・文節単位（Carrell 1985; Ikeno 1996），命題単位（Kintsch and Van Dijk 1978; Singer 1982; Vypond 1980）のそれぞれにおいて，アイデアユニットで分析するものがある。第2は，なんらかの解釈を加えて内容を読み取りながら分析をするもので，①学習や問題解決における手順や方略を発見したい場合，それらの単位をデータの中に求める方法（及川 1991），②一人の被験者のプロトコルをそっくり一つのエピソード単位として分析するもの（立林 1993），③言語現象だけでなく，音声ピッチ，抑揚，リズムなどの準言語現象を含める思考操作の単位で分析するもの（海保・原田 1993），④発話内行為と発話媒介行為を用いてプロトコル生産者の意図や動機を分析するもの（海保・原田 1993），⑤行動観察のカテゴリーを用いた行動単位による分析を行うものがある。

(7) 実践例

　L2学習者の読解行動や読解力を測定する手段としてクローズ法がしばしば用いられてきた。そこでは自動的に埋められない空所に直面した場合，読解ストラテジーを駆使して適語を探す作業が行われることになる（Black 1993）。これまでの研究で，クローズで高得点をあげた読み手は，①より多様なストラテジーを用いる，②当該空所補充の目的に応じたストラテジーを選択出来る，③より多くの再検討などのモニタリングストラテジーを用いる，④前後の文脈から帰納的ストラテジーを用いる，⑤統語構造に関しては

演繹的ストラテジーを用いる，⑥テキスト全体の情報を効果的に用いる傾向がある，としている。一方，得点が低い読み手では，①L1への翻訳に過度に頼る，②テキスト情報を無視して，自らの意見や経験から推測する，③空所の直前直後の語句に過度に頼って補充する，としている（Hosenfeld 1977; Hashkes and Koffman 1982; MacLean and d'Anglejan 1986; Abraham and Vann 1987）。クローズテストの解答時のストラテジーを効果的に探るため，発話プロトコル法を用いた研究もL1，L2において行われてきた。L1ではKletzien（1991）が，ストラテジーを七つに分類し，優れた読み手は幅広く文脈を活用し，平均的な読み手は本文そのものに着目し，劣った読み手は2，3語に注目して理解する傾向があると指摘している。L2ではBlack（1993）が，ストラテジーを五つに分類し，使用頻度の高いものは有効なストラテジーではあるが，それよりもむしろそれらの質と組み合わせがより有効に作用するとしている。また，筆者のグループの研究（Yoshida 1997）においては，クローズの得点が低い読み手でもさまざまなストラテジーを用いて空所を補充しようとしていることが確認出来た。また必要なストラテジーのみを的確に使うための方法として，Kletzien（1991）の分類によるストラテジーの内，今回調査に使われた七つのもの以外に，筆者のスタイル，よく見かけるフレーズ，全体や段落の構成，視覚化，推測または導かれる結論，パラフレーズ，キーワードの発見などのストラテジーを活用しながら，効果的にストラテジーが使えるように指導する必要があることが示唆された。

8.3.4 発話プロトコルデータの妥当性

発話プロトコルデータの妥当性については，様々な批判がある。第1に，データが本当に内的に生じている認知過程を正しく反映しているかという点と，第2に，発話思考を行うことで，本来の認知過程に影響を与えるのではないかという疑問である。これらの妥当性に対する疑問に対処するため，海保・原田（1993）は，実施するにあたり次の注意点をあげている。すなわち，①まず観察から始め，参加者にいきなり語らせないこと，②説明をさせたり，遡及言語報告を求めたりしないこと，③認知過程の時間的特性を解明することには用いないこと，④出来るだけ自然な状況で実施すること，⑤発話プロトコル法のみに頼らず，他の手法も並行して行う必要があること，である。

8.3.5 筆記再生法：再生法と再認法

　記憶のテストには，大きく分けて再生法（recall）と再認法（recognition）がある。このうち，再生法は，文字や絵を見せて，その後どのようなものがあったか書かせたり（筆記再生），答えさせたりする（口頭再生）方法である。再生法は，特別の条件をつけず思い出すままに自由に再生する自由再生法（free recall）と，再生のために何らかの点で関連している情報が与えられる手がかり再生法（cued recall）に分けられる。再認法は，前に見せた図形，または文字を示して，それが前に見たものかどうかを判断させるものである。

　また，再生法におけるリスト提示から再生までの時間については，リストを提示した直後に再生させる直後再生と，提示後，心の中で，或いは声を出して項目を繰り返すリハーサルを妨げるような計算課題を与え，時間をおいてから再生させる遅延再生がある。

　さらに，直後再生として自由再生を行う直後自由再生では，提示されたリストの最初の項目ほど再生率が高い「初頭効果」が認められ，また，リストの最後は短期記憶として残っている「新近効果」のために再生率が高いといわれている。しかし，リハーサルを妨害する挿入課題を行ってから遅延自由再生を行わせると，新近効果のみが消失する。

8.3.6 第二言語読解における筆記再生法の種類

　筆記再生法は，文字，数字，単語，文レベルでの記憶テストに加えて，文章全体（物語）の内容や構造が理解出来ているか，そこから背景知識などとの連携のもとで正しい推論がなされているか等について調べることで，読み手の読解力を量的に把握する方法として用いられてきた。その手法には，主として全文再生，要約再生，文再生がある。

（1）実施方法

　文字，数字，単語等のリストを記銘材料として呈示する場合，呈示順序に関わりなく自由に再生させる「自由再生」では，再生出来た項目数が指標とされ，呈示順序通りに再生させる「系列再生」では，連続して正しく再生された項目数の最大値が古くから記憶範囲の指標とされてきた。また再生，の方向づけや促進を行うための手がかりを与える「手がかり再生」では，例えば「記銘材料にあった動物の名前を思い出して下さい」のような手がかりが

与えられ，そうすることで記憶検索の仕組みが調べられてきた。

　筆記再生法のような文章（物語）の場合，呈示されたものを記憶させ，口頭や筆記により，出来るだけ正確かつ多く表出させる方法をとる。具体的には，次のような指示を与える：

　「いま読んでもらった英文の内容について，以下の3点に注意してその内容を再生筆記して下さい。時間は○分です。ただし，本文を見直すことは出来ません。」
　　①文章の内容に関して覚えていることを残らず吐き出すように書いて下さい。
　　②単語を羅列するのではなく，出来るだけ文章の形にして下さい。
　　③繰り返しや余分なことでもかまいません。多くのことを書いて下さい。

（吉田真美 2001）

　分析方法としては，もとの文に含まれているアイデアユニット（Bransford and Johnson 1972）と呼ばれる単位が，参加者の筆記プロトコルに含まれているかどうかを，複数の評定者が判断して得点化するものや（次頁表2)，［設定］+［テーマ］+［筋書き］+［解決］のような物語の文法規則を用いる物語文法（Thorndyke 1977）（次頁表3）がある。

(2) 留意点

　筆記再生法の利点としては，読み手がテキストのどの部分に困難を感じているかが，テキストの文法や言語的要素に意識を向けさせることなく測定出来る点がある。同時に，筆記再生を行う際に留意すべき点としては，①筆記再生法が記憶を試すものなのか，読解力を測定するものかが明確に区別出来ないこと，②アイデアユニットや，物語文法の構成カテゴリーの同定が困難であること，③評定者間での評点の一致度（inter-rater reliability）を高める必要があること，などがあげられる（吉田真美 2001）。いずれにしても，課題終了後の事後報告データは，参加者自身の主観で自己観察した結果であることから，多少信頼性に欠けることがあり，客観的データに基づいて仮説を検証するための二次的手段としてや，仮説探索型の研究として活用されることが望まれる。

表2　アイデアユニット分析例

太郎が，道路の向こうにいる花子を見つけて，呼ぼうとした時，
黒猫が飛び出したので，赤い乗用車が急ブレーキをかけて止まった。
　①太郎は花子を見つけた。
　②花子は道路の向こうにいた。
　③太郎は花子を呼ぼうとした。
　④その時，猫が道路に飛び出した。
　⑤その猫の色は黒であった。・・・・・

注：市川（1991）より改編

表3　物語文法（概略）

物語	⇒	［設定］＋［テーマ］＋［筋書き］＋［解決］
設定	⇒	［登場人物］＋［場所］＋［時間］
テーマ	⇒	［事件］＋［目標］
筋書き	⇒	［エピソード］⇒［下位目標］＋［試行］＋［結果］
解決	⇒	［事件］または［状態］

注：海保・原田（1993）より改編

8.4　実践にもとづく方法：アクションリサーチ

8.4.1　アクションリサーチとは？

　私たち教師は，日々何らかの形で授業を振り返っている。なぜ今日の授業はスムーズに進んだのか，なぜ上手くいかなかったのかなど自分の授業を振り返ることは，教師の指導力の向上には欠かせない。授業の振り返りの中でも，漠然とした形のものではなく，授業改善のために，意図的，かつ，体系的に行われる授業の振り返りは，アクションリサーチ（action research）と呼ばれる。

　アクションリサーチは，実際の指導上での問題や疑問を研究の出発点とし，その問題解決のために行われる実践的な研究を指す[1]。アクションリサーチは，一般的に，問題の把握と理解から始まり，解決策の計画と実施を行った上で，結果の分析と評価を行い，その結果をその後の指導改善に生かすという段階を踏む。そのプロセスをまとめたものが表3である。

表4　アクションリサーチのプロセス

プロセス	特徴
(1) 課題発見 (problem identification)	指導中の問題や気になることが何かを明確にする
(2) 事前調査 (preliminary investigation)	現状としてどのような問題が起きているかを調べる
(3) 仮説設定 (hypothesis formulation)	問題の原因を捉え改善策を考え仮説を立てる

表4 アクションリサーチのプロセス（続き）

プロセス	特徴
(4) 行動実施 (plan intervention)	考え出した改善策を実際の授業で実施する
(5) 情報収集 (data collection)	改善策の効果の有無を示す情報を集める
(6) 結果考察 (result consideration)	改善策を実施した結果について深く検討する
(7) 課題発見 (problem identification)	さらなる課題を見つけ新たなリサーチを開始する

注：Nunan（1989），Bailey, Curtis, and Nunan（2001），佐野（2005）を参考

　これら全ての段階において，教師は研究者であると同時に授業の実践者でもあり，教師自身の指導力の向上を目的としている点が，理論の構築を目的として行われる学術的な研究との大きな違いである。では，次に事例をもとにリーディング指導におけるアクションリサーチの進め方と留意点を提示することにする。

8.4.2　リーディング指導におけるアクションリサーチとは？

　音読，スラッシュ読み，発問，など本書で取り上げられたリーディング指導方法を見ても分かる通り，リーディング指導には数多くの指導方法があり，教材・生徒・活動の数だけ指導方法にバリエーションがある。従って，指導を行う教師自身が，教材の特徴や，生徒の実態，指導目標，活動の特徴に合ったよりよいリーディング指導のあり方を微調整しながら探っていく必要がある。

　では，リーディング指導におけるアクションリサーチには，どのようなものがあるのだろうか。リーディング指導に焦点を当てたアクションリサーチの目的例として，以下のようなものを挙げることが出来る。

●Example 1：リーディングに関わるアクションリサーチの目的例
　(1) ある指導法の効果の有無とその理由を調べる，
　(2) 効果の出ないこれまでの指導法を分析する，
　(3) 教師の行動がどのように読みに影響しているかを観察する，
　(4) ある指導法の読解への効果を異なる角度から評価する，
　(5) 生徒にとっての英文テキストの適切さを調べる，

(6) 異なるテキストタイプやトピックへの生徒の反応を調べる，
(7) 生徒の学習結果から指導目標の適切さを調べる，など

(Grabe and Stroller [2002] を参考)

　これらの例から，教師自身がリーディング指導の理解を深め，指導実践を改善する目的で行われるものがアクションリサーチであることがわかる。次に，リーディング指導におけるアクションリサーチをどのように行うかを見ることにする。

8.4.3　アクションリサーチの実際と留意点は？

　リーディング指導に焦点を当てたアクションリサーチはどのように進めればよいのであろうか。表5の中で挙げた具体例をもとに，アクションリサーチの進め方と留意点を見てみよう。

表5　アクションリサーチの具体例とプロセスごとの留意点

プロセス	具体例	留意点
1) 課題発見	リーディング指導をする中で，英文テキストを読む生徒の意欲が低下してきている	指導上の課題を的確に捉え，自分にとって必要性の高いもの，興味をもっているもの，すぐに実行できそうなものを考える
2) 事前調査	生徒にアンケート調査を行ってみた結果，教科書の英文テキストに対し生徒の読む目的が明確でなかったり，英文の話題に関心をもっていなかったりすることがわかった	解決策を実施する前後でどのような変化があるかを見るために調査を行う。何を改善結果の対象とするかをよく検討する必要がある
3) 仮説設定	教科書に入る前の段階で，英文テキストの主題や話題を身近なものにする発問を生徒にすることが，テキストに対する生徒の興味関心を高めるのではないかとの仮説を立てた	指導の改善ポイントは，どのような要素が効果的であるかを的確につかむためにも，仮説は出来る限り具体的に，かつ，シンプルにしておく必要がある
4) 行動実施	指導の工夫として，英文テキストの主題や話題を身近なものにする発問を生徒に投げかける導入を行なってみた	様々な要素が指導効果に影響するため，解決策を実施する際の学習状況を十分考慮する必要がある

表5　アクションリサーチの具体例とプロセスごとの留意点（続き）

5)	情報収集	事前調査で行ったものと同じ形で，指導後，英文テキストや生徒が受けた指導に対するアンケートを生徒に実施した	改善点とは全く関係のないことを調べないためにも，何をもって指導の効果があったとするのか指標を明確にしておく
6)	結果考察	導入での発問の工夫によって，英文テキストに対する興味関心をもつ生徒が多くなることがアンケートの結果からわかった	仮説は検証できたかどうか，その理由も含めて，多様な角度から調査結果を検討する
7)	課題発見	アンケートの結果，話題によっては，興味をもてない生徒が一部いることが分かったため，生徒が意欲を高めるような導入発問は何かを引き続き考えてみたい	解決策のバリエーションを変えてみたり，効果の対象を変えてみたりするなど，今回の試みから見えてきた新たな改善のポイントを見つけ出す

(1) 課題を発見する

この段階では，教師が直面している問題をよく見極め，何を調査の対象として取り上げるかを的確に考えることになる。調査の対象となるものは，必要性の高いもの，興味関心のあるもの，すぐに実行出来そうなものである。例えば，リーディングの授業に生徒があまり興味を示さないという問題があったとする。この問題の原因を考えてみる。教材自体は興味のもてるものであるにもかかわらず，読みという活動に生徒が意義を感じていなかったり，テキストを読む構えが出来ていなかったりすることが，生徒の意欲が低い理由の一つではないかと予想される。そこで，教科書本文を読む前の教師の働きかけが，課題の一つであるかもしれないと考えることが出来る。

リーディング指導の一般的な課題として，考えられる参考例として，以下のようなものがある。

● Example 2：リーディング指導における課題の参考例
　(1) クラス内の学力差が大きく一斉授業での指導が困難である，
　(2) プレリーディング活動での語彙の提示に時間がかかる，
　(3) 本文を和訳することに時間がかかりすぎてしまう，
　(4) 音読を行っているが生徒の音読への意欲が見られない，
　(5) 目標とする読解力を育成する有効な指導法がわからない，
　(6) 生徒が本文の意味を理解出来ているかどうかよくわからない，など

リーディング指導において教師が直面する問題には，複雑な要素が絡んでいることが多い。そのため，本質的な課題が何であるかを見逃さないことが重要である。そこで，課題に関わる諸要素を分けてみると，自分の課題は何かを的確に見つけ出せる可能性が高くなる。例えば，リーディング指導の構成要素を，教材，生徒，目標，活動，に分けて捉えることが出来る。教材であれば，難易度やジャンルなどで教材を区分し，教材の影響や教材の扱い方を考えてみる。生徒の認知過程を，語彙処理，統語処理，談話処理，スキーマ処理などに分析し，生徒のつまずきを考えてみる。目標であれば，大意を把握する，詳細を理解する，行間を推測する，などに分け，目標到達のための指導を検討してみる。リーディング活動を Pre-reading/While-reading/Post-reading の3段階で捉え，それぞれの段階でどのような活動の工夫が出来るかを考えてみる，などが考えられる。

(2) 事前調査を行う
　次の段階として，指導改善にあたる前に，調査の対象とした問題がどのような実態であるのかを具体的に調べ記録することになる。それは，何を測って指導改善の効果を見るかを決めることでもある。データとなりうる資料の例としては，以下の通りである。

● Example 3：データとなる資料の例
インタビュー，アンケート調査，出欠記録，教師（生徒）の日記，授業のビデオ録画，テストの得点，生徒の活動の記録，観察ノート，写真，など
(Bailey, Curtis, and Nunan 2001)

　例えば，教科書の英文テキストの内容に興味をもてたかどうかについてのアンケート調査を生徒に行うことが考えられる。その結果，教科書の英文テキストに対し生徒は読む目的が明確でなかったり，英文の話題に関心をもっていなかったりすることがわかることで，改善策のヒントを得ることが出来る。
　リサーチの中で，どのような側面を対象にして調査するかによって，データを収集する適切な手段が異なってくる。調査対象に応じた，一般的なデータ収集の手段は，以下の通りである。

● Example 4：調査対象に応じたデータ収集の手段の例

調査対象	データ収集の手段
（a）学習者の情意 （関心・意欲・態度）	インタビュー，アンケート調査，観察ノート（挙手の回数など），ビデオ録画・写真，生徒の日記，など
（b）学習者の技能 （読解スキル）	リーディングテスト，読解の所要時間，読解方略に関するインタビューやアンケート調査，など
（c）学習者の知識 （語彙・文法など）	リーディングテスト，語彙テスト，文法テスト，など
（d）教師の行動 （発問・指示・説明）	ビデオ録画，録音，観察ノート，教師の日記，など

　データ収集の際に注意すべきことは，指導改善の効果を適切に測定するために，調査したい対象に対して妥当なデータを選んで記録を残すことである。

(3) 仮説を設定する

　事前調査をもとに，問題に対する改善策を考えることになる。問題の改善策をいくつか検討した後，その中でも最も重要であると思われる要素に着目して，仮説を立てリサーチを進めることになる。ここで言う仮説の設定とは，直面する課題の原因を考え，どのような対策を行えば事態が改善されるのかを考えることである。つまり，「〜すれば，〜が改善するであろう」といった形で仮説を立てることになる。例えば，生徒が教科書の英文テキストに興味をもって授業に臨んでいないという課題に対する解決策としては，教科書に入る前の段階で，テキストの主題や話題を身近なものにする発問を生徒に投げかければ，興味をもっていないことが改善する。つまりテキストに対する生徒の興味や関心を高めるであろうという仮説を立てることが出来る。

　仮説を立てる場合の注意として，仮説は一つに絞り，シンプルな調査にすることが挙げられる。仮説が複数になると，どの要素が指導の改善に影響したのかが見えにくくなる。仮説が複数ある場合は，別のアクションリサーチとして調査することも出来る。また，仮説を考えるにあたり，大きな仮説ではなく，すぐにでも実行出来る小さなものを考えることも大切である。そのためには，直面している課題に関して，どのようなアイデアや方法があるの

か，英語教育に関する専門書や専門誌など[2)]を調べてみたり，同僚に尋ねてみたりすると，具体的かつ実行可能な改善策が見つかりやすい。リーディング指導における仮説の参考例として，以下のようなものがあげられる。

● Example 5：Example 2に対するリーディング指導における仮説の参考例
(1) 読解発問を多様化すれば，学力差があっても一斉授業での指導が効率よく出来るであろう，
(2) 指導語彙を精選すれば，より短時間の指導で済ませることが出来るであろう，
(3) 教材研究で重要箇所を押さえれば，重点的に訳をすべき箇所が見つかるだろう，
(4) 暗唱発表を前提に音読を行えば，生徒は音読に主体的に取り組むであろう，
(5) 速読問題に自力で取り組む活動を増やせば，方略的な読解力が伸びるであろう，
(6) 本文要約をさせれば，説明文の理解度を確かめることが出来るであろう，など

(4) 解決策を実施する

そして，仮説を立てる段階で考案した解決策を実際の授業で実施することになる。具体的には，リーディング指導の事前活動として，英文テキストの主題や話題が生徒にとって身近になるような発問をしてみること，などである。

ここでは，調査の客観性を厳密に求めすぎる必要はないが，改善策以外の要素からの影響を受けないように注意する必要がある。例えば，体育の授業のあとであれば，たとえよい授業が行われたとしても，生徒の疲れなどから効果が見られないことが考えられる。

(5) 情報を収集する

解決策にあたる指導を実施する際，或いは，その指導の後，指導効果の有無を調べるためのデータを収集することになる。データを収集する際に注意すべき点として，改善策の効果の有無を的確に見るために，改善策の実施前後のデータのタイプが同じものになるように注意したい。例えば，教科書の英文テキストの内容に興味がもてたかどうかに関するアンケート調査を，指

導前後において同様に行い，指導前後で生徒の意見に変化があるかどうかを見ると，改善策の効果の有無を的確に見ることが出来る。

(6) 結果を考察する

解決策の実施後情報を集めたら，今度はその情報をもとにどのような結果が得られたかを整理し，なぜそのような結果になったかを考察することになる。ここで考察すべきポイントは，少なくとも以下の通りである。

● Example 6：結果を考察するポイント
・なぜ仮説通りの結果が得られた（得られなかった）のか，
・他の側面での効果が見られなかったかどうか，
・効果の有無に対して想定したものとは別の理由がないか，
・すでに明らかにされている研究結果との相違がどこかにあるか，など

例えば，導入発問を工夫したことで，生徒の読む意欲が高まったという結果になった場合，生徒のアンケート調査から，導入段階における発問が，テキストの情報を主体的に読もうとする生徒の目的意識を高めることにつながったことを考察出来るかもしれない。また，実際の授業の中での生徒の様子などから，導入段階での簡単な発問により，リラックスした雰囲気が生まれ，その結果，読みの活動にスムーズに入れたのかもしれない。出来るだけ多くの示唆を得るため，調査結果を異なる視点から考察する必要がある。

なお，アクションリサーチでは，一般的な学術研究で求められる厳密な形での仮説設定や情報収集，および，統計処理を使用した結果の分析が求められているわけではないため，リサーチで得られた結果が，すぐに他のクラスの指導にまで一般化出来るかどうかは注意が必要である[3]。

(7) 新たな課題を発見する

一連の調査を終えると，新たな課題が見つかることが多い。例えば，アンケート調査の結果，導入発問を工夫したにもかかわらず，テキストにあまり興味をもてなかった生徒がいたことがわかった，などである。そこで，クラスの生徒全員に対してよい効果を及ぼすためには何をする必要があるのだろうか，指導のバリエーションをもう少し変えてみるとどうなるのか，など改善策に微調整を加える新たなポイントが出てくる。そこからまた，新たなア

クションリサーチが始まることになる。Example 7 には，新たな課題の参考例を示した。このように，アクションリサーチは，ある課題の解決から新たな課題の解決へと循環する特徴をもつ。

● Example 7：新たな課題の参考例
(1) 推論発問を活用すれば生徒の学力差を生かした授業が出来るかもしれない
(2) 指導語彙を精選する場合，意味を推測出来ない語を選択すべきかもしれない
(3) 教材研究で問いを工夫すれば，和訳に時間をかけずに効率的に本文内容を確認出来るかもしれない
(4) 音読指導を行うのに適したテキストとそうでないテキストがありそうである
(5) 速読問題で早く読むことには慣れてきたが，正確に早く読む力を育成したい
(6) 本文要約の際に文章全体を読む力が弱い生徒の支援を考える必要がある，など

以上，アクションリサーチのプロセスを見てきたが，自分の指導方法を一部変え，授業を行いその効果の有無を見てみることは，誰でもすぐに行うことが出来る。また，一つひとつの授業がアクションリサーチの機会にもなりうる。したがって，アクションリサーチは，自分のリーディング指導のあり方を見直し，よりよいものにするための客観的な振り返りの機会であると言える。

8. 4. 4　よりよいアクションリサーチにするために

アクションリサーチは，教師自身の指導力を向上させ，授業をより良くすることを目的とした実践的な研究である。アクションリサーチは，教師自身が研究の主体になるという性格上，一人で課題を見つけ出したり，結果を客観的に考察したりすることが難しい場合が多い。そのようなときは，同僚との研修の中などで，自分のアクションリサーチを共有し，指導改善に関する深い理解と洞察を得ることを考えてもよいであろう。

同時に，調査対象となる問題に関してこれまで明らかにされてきている理論的な知識も，教師の指導力や授業力の向上には不可欠である。例えば，音

読指導の場合,音韻符号化(phonological coding)という知識が教師にあるかないか,或いは,音声情報と視覚情報の2重アクセスモデル(dual access model)という概念があるかないかで,音読指導での改善方法を見つけやすくなったり,指導効果に対する解釈がより深くなったりする可能性があり,アクションリサーチを効果的に行うための手助けになりうる。理論的な情報を身に付けておくことは,やみくもに実践を振り返るのではなく,ある程度,的を射た形で,自分の指導や授業を振り返る豊かな視点を身に付けることになるはずである。

注

1) アクションリサーチの詳しい定義については,柳瀬ほか(2000)を参照。
2) 専門書としては,門田・野呂(2001),高梨・卯城(2000),金谷(1995)などがある。
3) 学術的な研究の手法については,Seliger and Shohamy(1989)やBrown(1988)を参照。

参考文献

欧文文献

Abla, D., K. Katahira, and K. Okanoya. 2008. On-line assessment of statistical learning by event-related potentials. *Journal of Cognitive Neuroscience* 20 : 952-64.
Abraham, R. G., and R. J. Vann. 1987. Strategies of two language learners : A case study. In *Leaner strategies in language learning*, ed. A. L. Wenden and J. Rubin, 85-102. Englewood Cliffs, NJ : Prentice Hall.
Adams, M. J. 1994. Modeling the connections between word recognition and reading. In *Theoretical models and processes of reading*. 4th ed., ed. R. B. Ruddell and H. Singer, 838-63. Newark, DE : International Reading Association.
Aebersold, J. A., and M. L. Field. 1997. *From reader to reading teacher*. Cambridge : Cambridge University Press.
Aizawa, K. 1998. Developing a vocabulary size test for Japanese EFL learners. *ARELE* 9 : 75-85.
Akamatsu, N. 2008. The effects of training on automatization of word recognition in English as a foreign language. *Applied Psycholinguistics* 29: 175-93.
Alderson, J. C. 2000. *Assessing reading*. Cambridge : Cambridge University Press.
Amer, A. A. 1997. Reading aloud on the reading comprehension of EFL students. *ELT Journal* 51 : 43-47.
Anderson, N. J. 1991. Individual differences in strategy use in second language reading and testing. *Modern Language Journal* 75 : 460-72.
Anderson, R. C., and P. Freebody. 1983. Reading comprehension and the assessment and acquisition of word knowledge. *Advances in Reading/Language Research* 2 : 231-56.
Arnold, J. E., J. G. Eisenband, S. Brown-Schmidt, and J. C. Trueswell. 2000. The rapid use of gender information : Evidence of the time course of pronoun resolution from eyetracking. *Cognition* 76 : B13-B26.
Bailey, K. M. 1991. Diary studies of classroom language learning : The doubting game and believing game. *Proceedings of the SEAMEO / RELC Conference* : 1-40.
Bailey, K. M., A. Curtis, and D. Nunan. 2001. *Pursuing professional development*. Boston, MA : Heinle & Heinle.
Baker, L., and J. L. Wagner. 1987. Evaluation information for truthfulness : The effects of logical subordination. *Memory and Cognition* 15 : 247-55.
Bartlett, F. C. 1958. *Thinking*. New York : Basic Books.
Barton, S. B., and A. J. Sanford. 1993. A case study of anomaldetection : Shallow semantic processing and cohesion establishment. *Memory and Cognition* 21 : 477-87.
Bensoussan, M., and B. Laufer. 1984. Lexical guessing in context in EFL reading comprehension. *Journal of Research in Reading* 7 (1) : 15-32.
Black, J. H. 1993. Learning and reception strategy use and cloze procedure. *Canadian Modern Language Review* 49 : 418-45.
Block, E. 1986. The comprehension strategies of second language readers. *TESOL Quarterly* 20 : 463-94.
Block, E. 1992. See how they read : Comprehension monitoring of L1 and L2 readers. *TESOL Quarterly* 26 : 319-43.
Bock, J. K. 1986. Syntactic persistence in language production. *Cognitive Psychology* 18 : 355-87.
Bock, J. K., and Z. M. Griffin. 2000. The persistence of structural priming : Transient activation or implicit learning? *Journal of Experimental Psychology : General* 129 : 177-92.
Bohan, J. T. 2008. Depth of processing and semantic anomalies. Doctoral diss., University of

Glasgow.

Bohan, J., and A. J. Sanford. 2008. Semantic anomalies at the borderline of consciousness : An eye-tracking investigation. *Quarterly Journal of Experimental Psychology* 61 : 232-39.

Bransford, J. D., and M. K. Johnson. 1972. Contextual prerequisites for understanding : Some investigations of comprehension and recall. *Journal of Verbal Learning and Verbal Behavior* 11 : 717-26.

Bransford, J. D., B. S. Stein, and T. Shelton. 1984. Learning from the perspective of the comprehender. In *Reading in a foreign language*, ed. J. C. Alderson and A. H. Urquhart, 28-47. London : Longman.

Bredart, S., and M. Docquier. 1989. The Moses illusion : A follow-up on the foculization effect. *Cahiers de Psychologie Cognitive/European Bulletin of Cognitive Psychology* 9 : 357-62.

Bredart, S., and K. Modolo. 1988. Moses strikes again : Focalization effect on a semantic illusion. *Acta Psychologica* 67 : 135-44.

Bridge, C., and P. Winograd. 1982. Readers' awareness of cohesive relationships during cloze comprehension. *Journal of Reading Behavior* 14 : 299-312.

Brisbois, J. E. 1995. Connections between first- and second-language reading. *Journal of Reading Behavior* 27 : 565-84.

Brown, A. L., J. D. Bransford, R. Ferrara, and J. C. Campione. 1983. Learning, remembering and understanding. In *Carmichael's manual of child psychology*. Vol. 1, ed. J. H. Flavell and E. M. Markman, 77-166. New York : Wiley.

Brown, A. L., and J. D. Day, 1983. Macrorules for summarizing texts : The development of expertise. *Journal of Verbal Learning and Verbal Behavior* 22 : 1-14.

Brown, J. D. 1988. *Understanding research in second language learning*. Cambridge : Cambridge University Press.

Büttner, A. C. 2007. Questions versus statements : Challenging an assumption about semantic illusions. *Quarterly Journal of Experimental Psychology* 60 : 779-89.

Carr, T. H., T. L. Brown, L. G. Vavrus, and M. A. Evans. 1990. Cognitive skill maps and cognitive skill profiles : Componential analysis of individual differences in children's reading efficiency. In *Reading and its development: Component skills approaches*, ed. T. H. Carr and B. Y. Levy, 1-55. San Diego, CA : Academic Press.

Carr, T. H., and B. A. Levy, eds. 1990. *Reading and its development: Component skills approaches*. New York : Academic Press.

Carrell, P. L. 1985. Facilitating ESL reading by teaching text structure. *TESOL Quarterly* 19 : 727-52.

Carrell, P. L. 1989. Metacognitive awareness and second language reading. *Modern Language Journal* 73 : 121-34.

Carrell, P. L., and J. C. Eisterhold. 1983. Schema theory and ESL reading pedagogy. *TESOL Quarterly* 17 : 553-73.

Carver, R. P. 1990. *Reading rate: A review of research and theory*. San Diego, CA : Academic Press.

Carver, R. P. 1994. Percentage of unknown vocabulary words in text as a function of the relative difficulty of the text : Implications for instruction. *Journal of Reading Behavior* 26 : 413-37.

Carver, R. P. 1997. Reading for one second, one minute, or one year from the perspective of reading theory. *Scientific Studies of Reading* 1 : 3-43.

Cataldo, S., and N. Ellis. 1988. Interactions in the development of spelling, reading and phonological skills. *Journal of Research in Reading* 11 : 86-109.

Chang, F., G. S. Dell, and K. Bock. 2006. Becoming syntactic. *Psychological Review* 113 : 234-72.

Chase, W. G., and H. A. Simon. 1973. Perception in chess. *Cognitive Psychology* 4 : 55-81.

Chen, H.-C., and M. F. Graves. 1995. Effects of previewing and providing background knowledge on Taiwanese college students' comprehension of American short stories. *TESOL Quarterly* 29 : 663-86.

Chenoweth, N. A., and J. R. Hayes. 2001. Fluency in writing : Generating text in L1 and L2. *Written Communication* 18 : 80-98.

Clahsen, H., and C. Felser. 2006. Grammatical processing in language learners. *Applied Psycholinguistics* 27 : 3-42.

Clarke, M. A. 1980. The short-circuit hypothesis of ESL reading, or when language competence interferes with reading performance. *Modern Language Journal* 64 : 203-9.

Collins, J. 1997. How Johnny should read. *Time*, October 27.

Conklin, K., and N. Schmitt. 2008. Formulaic sequences : Are they processed more quickly than nonformulaic language by native and nonnative speakers? *Applied Linguistics* 29 : 72-89.

Constantino, R. 1994. Pleasure reading helps, even if readers don't believe it. *Journal of Reading* 37 : 504-5.

Cook, A. E., and S. Guéraud. 2005. What have we been missing? The role of general world knowledge in discourse processing. *Discourse Processes* 39 : 265-78.

Cook, V. 2001. Using the first language in the classroom. *Canadian Modern Language Review* 57 : 402-23.

Coombe, C., K. Folse, and N. Hubley. 2007. *A practical guide to assessing English language learners*. Ann Arbor : University of Michigan Press.

Cowan, N. 2001. The magical number 4 in short-term memory : A reconsideration of mental storage capacity. *Behavioral Brain Science* 24 : 87-185.

Cowan, N. 2008. What are differences between long-term, short-term, and working memory? *Progress in Brain Research* 169 : 323-38.

Daneman, M., T. Lennertz, and B. Hannon. 2006. Shallow semantic processing of text : Evidence from eye movements. *Language and Cognitive Processes* 22 : 83-105.

Day, R. R. 2006. The reader dependence hypothesis (RDH). Lecture, University of Hawaii, Honolulu.

Day, R. R., and J. Bamford. 1998. *Extensive reading in the second language classroom*. Cambridge : Cambridge University Press.

De Beaugrande, R., and W. Dressler. 1981. *Introduction to text linguistics*. London : Longman.

Deno, S. L., and D. Marston. 2006. Curriculum-based measurement of oral reading : An indicator of growth in fluency. In *What research has to say about fluency instruction*, ed. S. J. Samuels and A. E. Farstrup, 179-203. Newark, DE : International Reading Association.

Donato, R. T., and D. McCormick. 1994. A sociocultural perspective on language learning strategies : The role of mediation. *Modern Language Journal*. 78 : 453-64.

Dörnyei, Z. 2005. *The psychology of the language learner : Individual differences in second language acquisition*. Mahwah, NJ : Lawrence Erlbaum.

Dörnyei, Z. 2007. *Research methods in applied linguistics*. Oxford : Oxford University Press.

Dussias, P. E. 2003. Syntactic ambiguity resolution in L2 learners : Some effects of bilinguality on L1 and L2 processing strategies. *Studies in Second Language Acquisition* 25 : 529-57.

Ehrlich, M.-F. 1999. Metacognitive monitoring of text cohesion in children. In *The construction of mental representations during reading*, ed. H. van Oostendorp and S. R. Goldman, 281-301. Mahwah, NJ : Lawrence Erlbaum.

Ehrlich, M.-F., and M. Rémond. 1997. Skilled and less skilled comprehenders : French children's processing of anaphoric devices in written texts. *British Journal of Developmental Psychology* 15 : 291-309.

Ellis, G., and J. Brewster. 2002. *Tell it again! : The new storytelling handbook for primary*

teachers. 2nd ed. Essex : Pearson. (松香洋子・八田玄二・加藤佳子 [訳] 2008.『先生，英語のお話を聞かせて！：小学校英語「読み聞かせ」ガイドブック』東京：玉川大学出版部)
Ellis, N. C. 1996. Sequencing in SLA : Phonological memory, chunking, and points of order. *Studies in Second Language Acquisition* 18 : 91-126.
Ellis, N. C. 2001. Memory for language. In *Cognition and second language instruction*, ed. P. Robinson, 33-68. Cambridge : Cambridge University Press.
Ellis, N. C. 2003. Constructions, chunking and connectionism : The emergence of second language structure. In *The handbook of second language acquisition*, ed. C. J. Doughty and M. H. Long, 63-103. Malden, MA : Blackwell.
Erickson, T. D., and M. E. Mattson. 1981. From words to meaning : A semantic illusion. *Journal of Verbal Learning and Verbal Behavior* 20 : 540-51.
Ericsson, K. A., and H. A. Simon. 1984. *Protocol analysis : Verbal reports as data*. Cambridge, MA : MIT Press.
Erler, L., and C. Finkbeiner. 2007. A review of reading strategies : Focus on the impact of first language. In *Language learner strategies*, ed. A. D. Cohen and E. Macaro. Oxford : Oxford University Press.
Ferreira, F., K. G. D. Bailey, and V. Ferraro. 2002. Good-enough representations in language comprehension. *Current Directions in Psychological Science* 11 : 11-5.
Fiebach, C. J., M. Schlesewsky, and A. D. Friederici. 2002. Separating syntactic memory costs and syntactic integration costs during parsing : The processing of German WH-questions. *Journal of Memory and Language* 47 : 250-72.
Field, J. 2003. *Psycholinguistics : A resource book for students*. London : Routledge.
Filik, R., and A. J. Sanford. 2008. When is cataphoric reference recognized? *Cognition* 107 : 1112-21.
Flavell, J. H. 1979. Metacognition and cognitive monitoring : A new area of cognitive developmental inquiry. *American Psychologist* 34 : 906-11.
Flavell, J. H. 1981a. Cognitive monitoring. In *Children's oral communication skills*, ed. W. P. Dickinson, 35-60. New York : Academic Press.
Flavell, J. H. 1981b. Monitoring social cognitive enterprises : Something else that may develop in the area of social cognition. In *Social cognitive development : Frontiers and possible futures*, ed. J. H. Flavell and L. Ross, 272-87. New York : Cambridge University Press.
Flesch, R. 1948. A new readability yardstick. *Journal of Applied Psychology* 33 : 221-33.
Frazier, L. 1979. On comprehending sentences : Syntactic parsing strategies. PhD thesis. University of Connecticut.
Frazier, L., and J. D. Fodor. 1978. The sausage machine : A new two-stage parsing model. *Cognition* 6 : 291-325.
Frazier, L., and K. Rayner. 1982. Making and correcting errors during sentence comprehension : Eye movements in the analysis of structurally ambiguous sentences. *Cognitive Psychology* 14 : 178-210.
Fujita, K., and T. Noro. 2009 The effects of 10-minute extensive reading on the reading speed, comprehension and motivation of Japanese high school EFL learners. *ARELE* 20 : 21-30.
Furukawa, A. 2007. Extensive reading special : Win 3 English books by reading 100 books. *Daily Yomiuri*, November 29.
Garnham, A. 1999. Reference and anaphora. In *Language processing*, ed. S. Garrod and M. J. Pickering, 335-62. Hove : Psychology Press.
Garnsey, S. M., N. J. Pearlmutter, E. Myers, and M. A. Lotocky. 1997. The contributions of verb bias and plausibility to the comprehension of temporarily ambiguous sentences. *Journal of Memory and Language* 37 : 58-93.
Gass, S. 1988. Second language vocabulary acquisition. *Annual Review of Applied Linguistics* 9

: 92-106.
Gass, S., and A. Mackey. 2000. *Stimulated recall methodology in second language research*. Mahwah, NJ : Lawrence Erlbaum.
Gass, S., and L. Selinker. 1994. *Second language acquisition : An introductory course*. Hillsdale, NJ : Lawrence Erlbaum.
Geva, E. 1983. Facilitating reading comprehension through flowcharting. *Reading Research Quarterly* 15 : 384-405.
Geva, E., and E. B. Ryan. 1993. Linguistic and cognitive correlates of academic skills in first and second languages. *Language Learning* 43 : 5-42.
Gibbons, P. 2002. *Scaffolding language, scaffolding learning*. New Hampshire : Heinemann.
Gobet, F., P. C. R. Lane, S. Croker, P. C-H. Cheng, G. Jones, I. Oliver, and J. M. Pine. 2001. Chunking mechanisms in human learning. *Trends in Cognitive Sciences* 5 : 236-43.
Gorsuch, G. J. 1998. Yakudoku EFL instruction in two Japanese high school classrooms : An exploratory study. *JALT Journal* 20 : 6-32.
Grabe, W. 2009. *Reading in a second language: Moving from theory to practice*. NY : Cambridge University Press.
Grabe, W., and F. L. Stoller. 2002. *Teaching and researching reading*. Harlow : Longman.
Graesser, A. C., M. Singer, and T. Trabasso. 1994. Constructing inferences during narrative text comprehension. *Psychological Review* 101 : 371-95.
Granger, S. 1998. *Learner English on computer*. London : Addison Wesley.
Guéraud, S., M. E. Harmon, and K. A. Peracchi. 2005. Updating situation models : The memory-based contribution. *Discourse Processes* 39 : 243-63.
Guéraud, S., and E. J. O'Brien. 2005. Components of comprehension : A convergence between memory-based and explanation-based processes. *Discourse Processes* 39 : 123-24.
Haberlandt, K. F., and A. C. Graesser. 1989. Processing of new arguments at clause boundaries. *Memory and Cognition* 17 : 186-93.
Haberlandt, K. F., A. C. Graesser, N. J. Scheneider, and J. Kiely. 1986. Effects of task and new arguments on word reading times. *Journal of Memory and Language* 25 : 314-22.
Halliday, M. A. K., and R. Hasan. 1976. *Cohesion in English*. London : Longman.
Hannon, B., and M. Daneman. 2001. Susceptibility to semantic illusions : An individual-differences perspective. *Memory & Cognition* 29 : 449-61.
Harley, T. 2001. *A psychology of language : From data to theory*. 2nd ed. Hove : Psychology Press.
Harries, J. 1968. *The ghost hunter's road book*. London : Muller.
Hashida, K. 1995. A constraint-based view of language : A unified theory of competence and performance. In *Japanese sentence processing*, ed. R. Mazuka and N. Nagai, 135-51. Hillsdale, NJ : Lawrence Erlbaum.
Hashkes, B., and N. Koffman. 1982. Strategies used in a cloze test. Course paper, School of Education, Hebrew University of Jerusalem. Quated in A. D. Cohen, On taking language test. *Language Testing* 1 (1984) : 70-81.
Hayashi, K. 1999. Reading strategies and extensive reading in EFL classes. *RELC Journal* 30 : 114-32.
Haynes, M., and T. H. Carr. 1990. Writing system background and second language reading : A component skills analysis of English reading by native speaker-readers of Chinese. In *Reading and its development : Component skills approaches*, ed. T. H. Carr and B. Y. Levy, 375-421. San Diego, CA : Academic Press.
Hazenberg, S., and J. H. Hulstijn. 1996. Defining a minimal receptive second-language vocabulary for non-native university students : An empirical investigation. *Applied Linguistics* 17 : 145-63.

Heimlich, J. E., and S. D. Pittelman. 1986. *Semantic mapping : Classroom applications.* Newark : International Reading Association.

Henriksen, B., D. Albrechtsen, and K. Haastrup. 2004. The relationship between vocabulary size and reading comprehension in the L2. *Angles on the English-Speaking World* 4 : 129-40.

Hijikata, Y. 2012. *The chunking process of Japanese EFL readers focusing on verb bias, L2 reading proficiency, and working memory.* Saarbrücken, Germany : Lambert Academic Publishing GmbH & Co. KG.

Hino, N. 1992. The yakudoku tradition of foreign language literacy in Japan. In *Cross-cultural literacy : Global perspectives on reading and writing,* ed. F. Dubin and N. A. Kuhlman, 99-111. Englewood Cliffs, NJ : Prentice Hall.

Hirsh, D., and I. S. P. Nation. 1992. What vocabulary size is needed to read unsimplified texts for pleasure? *Reading in a Foreign Language* 8 : 689-96.

Hoover, W., and P. Gough. 1990. The simple view of reading. *Reading and Writing : An Interdisciplinary Journal* 2 : 127-60.

Hosenfeld, C. 1977. A preliminary investigation of the reading strategies of successful and non-successful second language learners. *System* 5 : 110-23.

Hosenfeld, C. 1984. Case studies of ninth grade readers. In *Reading in a foreign language,* ed. J. C. Alderson and A. H. Urquhart, 231-49. London : Longman.

Hu, M., and I. S. P. Nation. 2000. Unknown vocabulary density and reading comprehension. *Reading in a Foreign Language* 13 : 403-30.

Hughes, A. 2003. *Testing for language teachers.* 2nd ed. Cambridge : Cambridge University Press.

Hulstijn, J. H. 1992. Retention of inferred and given word meanings: Experiments in incidental vocabulary learning. In *Vocabulary and applied linguistics,* ed. P. J. C. Arnaud and H. Héjoint, 113-25. London : Macmillan.

Hulstijn, J. H., A. van Gelderen, and R. Schooner. 2009. Automatization in seconde-language acquisition : What does the coefficient of variation tell us? *Applied Psycholinguistics* 30 : 555-82.

Ikeda, M. 2007. *EFL reading strategies: Empirical studies and an instructional model.* Tokyo : Shohakusha.

Ikeda, M., and O. Takeuchi. 2006. Clarifying the differences in learning EFL reading strategies : An analysis of portfolios. *System* 43 : 384-98.

Ikeno, O. 1996. The effect of text-structure-guiding questions on comprehension of texts with varying linguistic difficulties. *JACET Bulletin* 27 : 51-68.

Iwahori, Y. 2008. Developing reading fluency : A study of extensive reading in EFL. *Reading in a Foreign Language* 20 : 70-91.

Jackson, M. D., and J. L. McClelland. 1979. Processing determinants of reading speed. *Journal of Experimental Psychology: General* 108 : 151-81.

Johnson, P. 1982. Effects on reading comprehension of building background knowledge. *TESOL Quarterly* 16 : 503-16.

Johnson, W., T. J. Bouchard Jr., N. L. Segal, M. Keyes, and J. Samuels. 2003. The stroop color-word test : Genetic and environmental influences ; Reading, mental ability, and personality correlates. *Journal of Educational Psychology* 95 : 58-65.

Just, M. A., and P. A. Carpenter. 1980. A theory of reading : From eye fixation to comprehension. *Psychological Review* 87 : 329-54.

Just, M. A., and P. A. Carpenter. 1987. *The psychology of reading and language comprehension.* London : Allyn and Bacon.

Kadota, S. 1986. The process of speech production : An analysis of pauses. In *NCI Ronso,* 381-

98. Tokyo : New Current International.
Kamas, E. N., L. M. Reder, and M. S. Ayers. 1996. Partial matching in the Moses illusion : Response bias not sensitivity. *Memory and Cognition* 24 : 687-99.
Katz, L., and R. Frost. 1992. The reading process is different for different orthographies : The orthographic depth hypothesis. In *Orthography, phonology, morphology, and meaning*, ed. R. Frost and L. Katz , 67-84. Amsterdam : Elsevier Science.
Kavale, K., and R. Schreiner. 1979. The reading process of above average and average readers : A comparison of the use of reasoning strategies in responding to standardized comprehension measures. *Reading Research Quarterly* 15 : 102-28.
Kern, R. G. 1994. The role of mental translation in second language reading. *Studies in Second Language Acquisition* 16 : 441-61.
Kern, R. G. 2000. *Literacy and language teaching*. Oxford : Oxford University Press.
Kintsch, W. 1988. The role of knowledge in discourse comprehension : A construction-integration model. *Psychological Review* 95 : 163-82.
Kintsch, W. 1998. *Comprehension : A paradigm for cognition*. Cambridge : Cambridge University Press.
Kintsch, W. 2005. An overview of top-down and bottom-up effects in comprehension : The CI perspective. *Discourse Processes* 39 : 125-28.
Kintsch, W., and T. A. van Dijk. 1978. Toward a model of text comprehension and production. *Psychological Review* 85 : 363-94.
Kletzien, S. B. 1991. Strategy use by good and poor comprehenders reading expository text of differing levels. *Reading Research Quarterly* 26 : 67-86.
Koda, K. 1989. The effects of transferred vocabulary knowledge on the development of L2 reading proficiency. *Foreign Language Annals* 22 : 529-40.
Koda, K. 2005. *Insights into second language reading : A cross-linguistic approach*. Cambridge : Cambridge University Press.
Kohno, M. 1993. Perceptual sense unit and echoic memory. *International Journal of Psycholinguistics* 9 : 13-31.
Krashen, S. D. 1982. *Principles and practice in second language acquisition*. New York : Pergamon.
Krashen, S. D. 1985. *The input hypothesis : Issues and implications*. New York : Longman.
Krashen, S. D. 1993. *The power of reading : Insights from the research*. Englewood, CO : Libraries.
Krashen, S. D. 1997. *Foreign language education : The easy way*. Culver City, CA : Language Education.
Kroll, J. F. 1993. Accessing conceptual representations for words in a second language. In *The bilingual lexicon*, ed. R. Schreuder and B. Weltens, 53-58. Amsterdam : John Benjamins.
LaBerge, D., and S. J. Samuels. 1974. Toward a theory of automatic information processing in reading. *Cognitive Psychology* 6 : 293-323.
Laufer, B. 1989. What percentage of text-lexis is essential for comprehension? In *Special language : From humans thinking to thinking machines*, ed. C. Lauren and M. Nordman, 316-23. Clevedon : Multilingual Matters.
Laufer, B. 1992. How much lexis is necessary for reading comprehension? In *Vocabulary and applied linguistics*, ed. P. J. L. Arnaud and H. Béjoint, 126-32. London : Macmillan.
Laufer, B. 1996. The lexical threshold of second language reading comprehension : What it is and how it relates to L1 reading ability. In *Approaches to second language acquisition*, ed. K. Sajavaara and C. Fairweather, 55-62. Jyväskylä, Finland : University of Jyväskylä.
Laufer, B., and D. D. Sim. 1985. Measuring and explaining the reading threshold needed for English for academic purposes texts. *Foreign Language Annals* 18 : 405-11.

Leech, G. N., and M. H. Short. 1981. *Style in fiction : A linguistic introduction to English prose.* London : Longman.
Liu, N., and I. S. P. Nation. 1985. Factors affecting guessing vocabulary in context. *RELC Journal* 16 : 33-42.
Loewen, S., and J. Philp. 2006. Recasts in the adult L2 classroom : Characteristics, explicitness, and effectiveness. *Modern Language Journal* 90 : 536-56.
Long, D. L., and L. de Ley. 2000. Implicit causality and discourse focus : The interaction of text and reader characteristics in pronoun resolution. *Journal of Memory and Language* 42 : 545-70.
MacLean, M., and A. d'Anglejan. 1986. Rational cloze and retrospection : Insights into first and second language reading comprehension. *Canadian Modern Language Review* 42 : 814-26.
Macaro, E. 2006. Strategies for language learning and for language use : Revising the theoretical framework. *Modern Language Journal* 90 : 320-37.
Mason, B., and S. D. Krashen. 1997. Extensive reading in English as a foreign language. *System* 25 : 91-102.
Matsumoto, K. 1987. Diary studies of second language acquisition : A critical overview. *JALT Journal* 9 : 17-34.
Matsumoto, K. 1994. Introspection, verbal reports and second language learning strategy research. *Canadian Modern Language Review* 50 : 363-86.
McKoon, G., and R. Ratcliff. 1992. Inference during reading. *Psychological Review* 99 : 440-66.
McQuillan, J., and S. D. Krashen. 2008. Commentary : Can free reading take you all the way? ; A response to Cobb (2007) . *Language Learning & Technology* 12 : 104-8.
Meara, P., and G. Jones. 1990. *Eurocentres vocabulary size test 10KA.* Zurich : Eurocentres.
Mezynski, K. 1983. Issues concerning the acquisition of knowledge : Effects of vocabulary training on reading comprehension. *Review of Educational Research* 53 : 253-79.
Mikulecky, B. S., and L. Leffries. 2004. *More reading power.* New York : Pearson Education.
Miller, G. A. 1956. The magical number seven, plus or minus two : Some limits on our capacity for processing information. *Psychological Review* 63 : 81-97.
Mori, S. 2002. Redefining motivation to read in a foreign language. *Reading in a Foreign Language* 14 : 91-110.
Nassaji, H. 1998. *A component skills approach to adult ESL reading : Evidence from native speakers of Farsi.* Doctoral diss. Ontario Institute for Studies in Education, University of Toronto.
Nassaji, H., and E. Geva. 1999. The contribution of phonological and orthographic processing skills to adult ESL reading : Evidence from native speakers of Farsi. *Applied Psycholinguistics* 20 : 241-67.
Nation, I. S. P. 1983. Testing and teaching vocabulary. *Guidelines* 5 : 12-25.
Nation, I. S. P. 2001. *Learning vocabulary in another language.* Cambridge : Cambridge University Press.
Nation, I. S. P. 2006. How large a vocabulary is needed for reading and listening? *Canadian Modern Language Review* 63 : 59-82.
Nation, I. S. P., and D. Belgar. 2007. A vocabulary size test. *Language Teacher* 31 (7) : 9-12.
Nattinger, J. R., and J. S. DeCarrico. 1992. *Lexical phrases and language teaching.* Oxford : Oxford University Press.
Newell, A. 1990. *United theories of congnition.* Cambridge, MA : Harvard University Press.
Newell, A., and H. Simon. 1972. *Human problem solving.* Englewood Cliffs, NJ : Prentice Hall.
Noro, T. 2002. The roles of depth and breadth of vocabulary knowledge in reading comprehension in EFL. *ARELE* 13 : 71-90.

Nunan, D. 1989. *Understanding language classrooms : A guide for teacher-initiated action.* New York : Prentice Hall.
Nuttall, C. 1996. *Teaching reading skills in a foreign language.* Oxford : Heinemann English Language Teaching.
Nuttall, C. 2005. *Teaching reading skills in a foreign language.* 3rd ed. Oxford : Macmillan.
Oakhill, J., and N. Yuill. 1986. Pronoun resolution in skilled and less-skilled comprehenders : Effects of memory load and inferential complexity. *Language and Speech* 29 : 25-37.
Olshavsky, J. E. 1976-7. Reading as problem solving : An investigation of strategies. *Reading Research Quarterly* 12 : 654-74.
O'Malley, J. M., and E. L. V. Pierce. 1996. *Authentic assessment for English language learners.* New York : Longman.
Paribakht ,T. S., and M. Wesche. 1997. Vocabulary enhancement activities and reading for meaning in second language vocabulary acquisition. In *Second language vocabulary acquisition : A rationale for pedagogy*, ed. J. Coady and T. Huckin, 174-200. New York : Cambridge University Press.
Pawley, A., and F. H. Syder. 1983. Two puzzles for linguistic theory : Nativelike selection and nativelike fluency. In *Communicative competence*, ed. J. C. Richards and R. Schmidt, 191-225. London : Longman.
Perfetti, C. A. 1985. *Reading ability.* New York : Oxford University Press.
Pickering, M. J. 1999. Sentence comprehension. In *Language processing*, ed. S. Garrod and M. J. Pickering, 123-53. Hove : Psychology Press.
Pickering, M. J., and H. P. Branigan. 1998. The representation of verbs : Evidence from syntactic priming in language production. *Journal of Memory and Language* 39 : 633-51.
Plomer, W. 1963. On not answering the telephone. In *Modern lighter essays.* Vol. 2, ed. W. Plomer, R. Lind, and M. Beerbohm, 1-8. Tokyo : Kinseido.
Potter, M. C., K. F. So, B. von Eckardt, and L. B. Feldman. 1984. Lexical and conceptual representation in beginning and more proficient bilinguals. *Journal of Verbal Learning and Verbal Behavior* 23 : 23-38.
Pritchett, B. L. 1992. *Grammatical competence and parsing performance.* Chicago, IL : University of Chicago Press.
Qian, D. 1999. Assessing the role of depth and breadth of vocabulary knowledge in reading comprehension. *Canadian Modern Language Review* 56 : 282-307.
Rasinski, T. V. 2006. A brief history of reading fluency. In *What research has to say about fluency instruction*, ed. S. J. Samuels and A. E. Farstrup, 4-23. Newark, DE : International Reading Association.
Rasinski, T. V., and N. D. Padak, 2008. *From phonics to fluency : Effective teaching of decoding and reading fluency in the elementary school.* 2nd ed. Boston, MA : Allyn & Bacon.
Rayner, K. 2001. What have we learned about eye movements during reading? In *Converging methods for understanding reading and dyslexia*, ed. R. M. Klein and P. McMullen, 23-56. Cambridge, MA : MIT Press.
Rayner, K., and J. H. Bertera. 1979. Reading without a fovea. *Science* 206 : 468-69.
Rayner, K., and A. Pollatsek. 1989. *The psychology of reading.* Hillsdale, NJ : Lawrence Erlbaum.
Read, J. 1993. The development of a new measure of L2 vocabulary knowledge. *Language Testing* 10 : 355-71.
Read, J. 2004. Plumbing the depths : How should the construct of vocabulary knowledge be defined? In *Vocabulary in a second language*, ed. P. Bogaards and B. Laufer, 209-27. Amsterdam : John Benjamins.
Reder, L. M., and G. W. Kusbit. 1991. Locus of the Moses illusion : Imperfect encoding,

retrieval, or match? *Journal of Memory and Language* 30 : 385-406.
Reid, J. M. 1994. *The process of paragraph writing*. 2nd ed. Englewood Cliffs, NJ : Prentice Hall.
Richards, J. C. 1976. The role of vocabulary teaching. *TESOL Quarterly* 10 : 77-89.
Richards, K. 2003. *Qualitative inquiry in TESOL*. New York : Palgrave Macmillan.
Rubin, J. 2001. Language learner self-management. *Journal of Asian Pacific Communication* 11 : 23-57.
Samuels, S. J. 1979. The method of repeated reading. *Reading Teacher* 32 : 403-8.
Samuels, S. J. 1985. Automaticity and repeated reading. In *Reading education : Foundations for a literate America*, ed. J. Osborn, P. T. Willson, and R. C. Anderson, 215-30. Lexington, MA : Lexington Books.
Samuels, S. J. 2006. Toward a model of reading fluency. In *What research has to say about fluency instruction*, ed. S. J. Samuels and A. E. Farstrup, 24-46. Newark, DE : International Reading Association.
Sanford, A. J., R. Filik, C. Emmott, and L. Morrow. 2007. They're digging up the road again : The processing cost of institutional "they." *Quarterly Journal of Experimental Psychology* 61 : 372-80.
Sanford, A. J., and S. C. Garrod. 1981. *Understanding written language : Explorations of comprehension beyond the sentence*. Chichester : John Wiley.
Sanford, A. J., and A. C. Graesser. 2006. Shallow processing and underspecification. *Discourse Processes* 42 : 99-108.
Sanford, A. J., and P. Sturt. 2002. Depth of processing in language comprehension : Not noticing the evidence. *Trends in Cognitive Sciences* 6 : 382-6.
Sanford, A. J. S., A. J. Sanford, J. Molle, and C. Emmott. 2006. Shallow processing and attention capture in written and spoken discourse. *Discourse Processes* 42 : 109-30.
Sarig, G. 1987. High-level reading in the first and in the foreign language : Some comparative process data. In *Research in reading in English as a second language*, ed. J. Devine, P. Carrell, and D. Eskey, 105-20. Washington, DC : TESOL.
Scheele, P. R. 1999. *Photoreading*. 3rd ed. Wayzata, MN : Learning Strategies Corporation.
Schmidt, K. 2004. Find your level. In *Extensive reading activities for teaching language*, ed. J. Bamford and R. R. Day, 31-32. Cambridge : Cambridge University Press.
Schmitt, N. 2000. *Vocabulary in language teaching*. Cambridge : Cambridge University Press.
Schmitt, N., S. Grandage, and S. Adolphs. 2004. Are corpus-derived recurrent clusters psycholinguistically valid? In *Formulaic sequence : Acquisition, processing, and use*, ed. N. Schmitt, 127-51. Amsterdam : John Benjamins.
Segalowitz N. 2003. Automaticity and second language acquisition. In *The handbook of second language acquisition*, ed. C. Doughty and M. Long, 384-408. Oxford : Blackwell.
Segalowitz, N., and S. J. Segalowitz. 1993. Skilled performance, practice, and the differentiation of speed-up from automatization effects: Evidence from second language word recognition. *Applied Psycholinguistics* 14 : 369-85.
Seliger, H. W., and E. Shohamy. 1989. *Second language research methods*. Oxford : Oxford University Press. (土屋武久ほか [訳] 2001. 『外国語教育リサーチマニュアル』東京 : 大修館書店)
Shiotsu, T., and C. J. Weir. 2007. The relative significance of syntactic knowledge and vocabulary breadth in the prediction of reading comprehension test performance. *Language Testing* 24 : 99-128.
Singer, M. 1982. Comparing memory for natural and laboratory reading. *Journal of Experimental Psychology* 111 : 331-47.
Singer, M., and E. Richards. 2005. Representing complex narrative goal structures : Competing memory-based and situational influences. *Discourse Processes* 39 : 189-204.

Skehan, P. 1998. *A cognitive approach to language learning.* Hong Kong : Oxford University Press.
Smith, F. 1985. *Reading.* 2nd ed. Cambridge : Cambridge University Press.
Someren, M. W., Y. F. Barnard, and J. A. C. Sandberg. 1984. *The think aloud method : A practical guide to modeling cognitive processes.* London : Academic Press.
Stanovich, K. E. 1986. Matthew effects in reading : Some consequences of individual differences in the acquisition of literacy. *Reading Research Quarterly* 21 : 360-407.
Stanovich, K. E. 1992. The psychology of reading : Evolutionary and revolutionary development. *Annual Review of Applied Linguistics* 12 : 3-30.
Stanovich, K. E., and R. F. West. 1989. Exposure to print and orthographic processing. *Reading Research Quarterly* 24 : 402-33.
Sturt, P., M. J. Pickering, and M. W. Crocker. 1999. Structural change and reanalysis difficulty in language comprehension. *Journal of Memory and Language* 40 : 136-50.
Sturt, P., A. J. Sanford, A. Stewart, and E. Dawydiak 2004. Linguistic focus and good-enough representations : An application of the change-detection paradigm. *Psychonomic Bulletin and Review* 11 : 882-8.
Swain, M. 1985. Communicative competence : Some roles of comprehensible input and comprehensible output in its development. In *Input and second language acquisition,* ed. S. Gass and C. Madden, 235-53. Rowley, MA : Newbury House.
Swain, M. 1995. Three functions of output in second language learning. In *Principle and practice in applied linguistics,* ed. G. Cook and B. Seidlhofer, 125-44. Oxford : Oxford University Press.
Takase, A. 2007. Japanese high school students' motivation for extensive L2 reading. *Reading in a Foreign Language* 19 : 1-18.
Taylor, B. M. 1982. Text structure and children's comprehension and memory for expository material. *Journal of Educational Psychology* 74 : 323-40.
Taylor, I., and M. M. Taylor. 1983. *The psychology of reading.* New York : Academic Press.
Thorndyke, P. W. 1977. Cognitive structures in comprehension and memory in narrative discourse. *Cognitive Psychology* 9 : 77-110.
Torrance, M., and D. Galbraith. 2006. The processing demands of writing. In *Handbook of writing research,* ed. C. A. MacArthur, S. Graham, and J. Fitzgerald, 67-80. New York : Guilford.Press.
Towell, R., R. Hawkins, and N. Bazergui. 1996. The development of fluency in advanced learners of French. *Applied Linguistics* 17 : 84-119.
Trueswell, J. C., M. K. Tanenhaus, and C. Kello. 1993. Verb-specific constraints in sentence processing : Separating effects of lexical preference from garden-paths. *Journal of Experimental Psychology : Learning, Memory, and Cognition* 19 : 528-53.
Van Dijk, T. A., and W. Kintsch. 1983. *Strategies of discourse comprehension.* New York : Academic Press.
Van Oostendorp, H., and I. Kok. 1990. Failing to notice errors in sentences. *Language and Cognitive Processes* 5 : 105-13.
Van Oostendorp, H., and S. de Mul. 1990. Moses beats Adam : A semantic relatedness effect on a semantic illusion. *Acta Psychologica* 74 : 35-46.
VanPatten, B. 2004. Input processing in second language acquisition. In *Processing instruction : Theory, research, and commentary,* ed. B. VanPatten, 5-31. Mahwah, NJ : Lawrence Erlbaum.
VanPatten, B. 2007. Input processing in adult second language acquisition. In *Theories in second language acquisition : An introduction,* ed. B. VanPatten and J. Williams, 115-35. Mahwah, NJ : Lawrence Erlbaum.

VanPatten, B., and T. Cadierno. 1993. Input processing and second language acquisition : A role for instruction. *Modern Language Journal* 77 : 45-57.

Vypond, D. 1980. Micro- and macro-processes in text comprehension. *Journal of Verbal Learning and Verbal Behavior* 19 : 276-96.

Waring, R. 2000. Extensive reading in second languages : A critique of the research. http://www1.harenet.ne.jp/~waring/papers/kiyo2001.html

Wenden, A. L. 1998. Metacognitive knowledge and language learning. *Applied Linguistics* 19 : 515-37.

Werner, H., and E. Kaplan 1950. Development of word meaning through verbal context : An experimental study. *Journal of Psychology* 29 : 251-57.

Wesche, M. M., and T. S. Paribakht. 2000. Reading-based exercises in second language vocabulary learning : An introspective study. *Modern Language Journal* 84 : 196-213.

Widdowson, H. 1978. *Teaching language as communication.* Oxford : Oxford University Press.

Wood, D. 2004. An empirical investigation into the facilitating role of automatized lexical phrases in second language fluency development. *Journal of Language and Learning* 2 : 27-50.

Wray, A., and M. Perkins. 2000. The function of formulaic language : An integrated model. *Language and Communication* 20 : 1-28.

Yabukoshi, T., and O. Takeuchi. 2004. Formulating hypotheses on language learning strategy use : A diary study. *LET Kansai Chapter Collected Papers* 10 : 1-15.

Yamashita, J. 1999. Reading in a first and a foreign language : A study of reading comprehension in Japanese (the L1) and English (the L2). PhD thesis, Lancaster University.

Yamashita, J. 2004. Reading attitudes in L1 and L2, and their influence on L2 extensive reading. *Reading in a Foreign Language* 16 : 1-19.

Yamauchi, Y. 1995. *Inferencing strategies of unknown words in EFL reading comprehension.* MEd. Diss., Graduate School of Tokyo Gakugei University.

Yoshida, S. 1997. Strategies in answering cloze items : An analysis of learners' think-aloud protocols. *JACET Bulletin* 28 : 207-22.

Yuill, N., and J. Oakhill. 1988. Understanding of anaphoric relations in skilled and less skilled comprehenders. *British Journal of Psychology* 79 : 173-86.

Zimmerman, B. J., and D. H. Shunk, eds. 2001. *Self-regulated learning and academic achievement : Theoretical perspectives.* Mahwah, NJ : Lawrence Erlbaum.

和文文献

阿部純一・桃内佳雄・金子康朗・李 光五．1994．『人間の言語情報処理：言語理解の認知科学』東京：サイエンス社．

相澤一美．2003．「単語はどう教えたらよいのか」『英語語彙の指導マニュアル』107-43．東京：大修館書店．

赤池清隆．1995．「読解過程研究における Think-Aloud の先行研究の外観」『研究論集』（上越教育大学大学院学校教育研究科言語系コース［英語］）10：11-22.

赤松信彦．2006．『多読が日本人大学生の英文読解力向上に与える効果に関する研究』（平成14年～17年度科学研究助成金研究［基盤研究 C］研究成果報告書）．

秋田喜代美．2002．『読む心・書く心』（心理学ジュニアライブラリ2）京都：北大路書房．

安藤昭一．1979．「速読の方法」『読む英語』107-31．東京：研究社．

安藤昭一．1989．「やさしい文を速く読む指導」『英語教育』7：14-15.

江川泰一郎．1991．『英文法解説』（改訂三版）東京：金子書房．

藤田賢．2007a．「AceReader による読解速度の測定と速読訓練」『外国語の読みにおける流暢さ（reading

fluency)の構成概念と測定』(平成16～18年度科学研究費補助金［基盤研究C］研究成果報告書),50-59.
藤田賢. 2007b.「読解速度の測定：コンピュータソフトと紙のタスクによる比較」『LET第47回全国研究大会発表論文集』：184-87.
深谷優子. 2006.「テキストの理解過程」『授業研究と談話分析』秋田喜代美（編), 97-106. 東京：放送大学教育振興会.
古川昭夫・伊藤晶子. 2005.『100万語多読入門』東京：コスモピア.
古川昭夫・神田みなみ・黛道子・西沢一・畑中貴美・佐藤まりあ・宮下いづみ. 2008.『英語多読完全ブックガイド』(改訂第2版) 東京：コスモピア.
古田潔香. 2006. Relationships between the acquisition of grapheme-phoneme correspondence rules and English proficiency. 未発表卒業論文, 愛知教育大学.
長谷川修治・中條清美・西垣智佳子. 2008.「中・高英語検定教科書語彙に実用性の検証」『日本大学生産工学部研究報告B』41号：49-56.
橋本槙矩. 1989.『大学入試"RIC方式"速攻英語長文問題』東京：旺文社.
橋本雅文・高田哲朗・磯部達彦・境倫代・池村大一郎・横川博一. 1997.「高等学校における多読指導の効果に関する実証的研究」『STEP Bulletin』9：118-26.
橋本進吉. 1967.『国語法研究』東京：岩波書店.
土方裕子. 2006.「目指せ, 全問解答! 速読術をモノにする!」『TOEIC Test プラス・マガジン』14-19. 東京：リント.
廣森友人. 2006.『外国語学習者の動機づけを高める理論と実践』東京：多賀出版.
戈木クレイグヒル滋子. 2005.『質的研究方法ゼミナール：グラウンデッドセオリーアプローチを学ぶ』東京：医学書院.
戈木クレイグヒル滋子. 2006.『グラウンデッドセオリーアプローチ：理論を生みだすまで』東京：新曜社.
堀場裕紀江・荒木和美. 2002.「言語習熟度」『英文読解のプロセスと指導』津田塾大学言語文化研究所読解研究グループ（編), 166-84. 東京：大修館書店.
市川伸一. 1991.『心理測定法への招待』東京：サイエンス社.
伊田勝憲. 2003.「高校生版・価値課題測定尺度の作成」『名古屋大学大学院教育発達科学研究科紀要（心理発達科学)』50：71-81.
池田真生子・竹内理・住政二郎. 2007.「コンピュータ上での英語学習における学習行動について：語彙学習と読解学習からの知見」『日本教育工学会第23回全国大会講演論文集』：225-26.
池野修. 2000.「読解発問」『英語リーディング事典』髙梨庸雄・卯城祐司（編), 73-88. 東京：研究社出版.
磯田貴道. 2006.「授業の中の動機づけ：認知的評価を中心とした動機づけプロセスの検証」『Dialogue』5：19-38.
伊東昌子. 2004.『筆記説明が構成的学習に与える影響』東京：風間書房.
門田修平. 2002.『英語の書きことばと話しことばはいかに関係しているか：第二言語理解の認知メカニズム』東京：くろしお出版.
門田修平. 2007a.『シャドーイングと音読の科学』東京：コスモピア.
門田修平. 2007b.「文処理のメカニズム」『ことばと認知のしくみ』河野守夫・井狩幸男・石川圭一・門田修平・村田純一・山根繁（編), 321-39. 東京：三省堂.
門田修平. 2007c.『日本人英語学習者によるガーデンパス文の処理メカニズム：眼球運動データに基づく検討』(平成16年度～平成18年度科学研究費補助金［基盤研究C］研究成果報告書).
門田修平. 2008.「多読と多聴のリンク編：アウトプットへの近道は『シャドーイング』と『音読』」『多聴多読マガジン』7：128-32.
門田修平・池村大一郎（編). 2006.『英語語彙指導ハンドブック』東京：大修館書店.
門田修平・西山正秋. 2005.「英語リーディング時の眼球運動基礎データ：日本人英語学習者に対する予備的検討」『英語教育音声学と学際研究・日本英語音声学会中部支部創立10周年記念論文集』205-13. 愛知：日本英語音声学会.
門田修平・野呂忠司（編). 2001.『英語リーディングの認知メカニズム』東京：くろしお出版

門田修平・氏木道人・伊藤佳世子. 2005.『英語エッセイライティング』東京：コスモピア.
門田修平・高田哲朗・溝畑保之. 2007.『シャドーイングと音読：英語トレーニング』東京：コスモピア.
門田修平・玉井健. 2004.『決定版英語シャドーイング』東京：コスモピア.
門田修平・吉田信介・吉田晴世. 1999.「読解における処理単位：英文の提示単位が理解度および処理時間に及ぼす影響」*ARELE* 10：61-71.
海保博之・加藤隆. 1999.『認知研究の技法』東京：福村出版.
海保博之・原田悦子. 1993.『プロトコル分析入門』東京：新曜社.
金谷憲（編）. 1995.『英語リーディング論』（英語教育研究リサーチ・デザイン・シリーズ3）東京：河源社.
金谷憲. 2003.『英語教育評価論』東京：河源社.
金谷憲・高知県高校授業研究プロジェクトチーム. 2004.『和訳先渡し授業の試み』東京：三省堂.
金谷憲・長田雅子・木村哲夫・薬袋洋子. 1992.「英語多読プログラム：その読解力，学習方法への影響」『関東甲信越英語教育学会研究紀要』6：1-12.
金谷憲・長田雅子・木村哲夫・薬袋洋子. 1994.「中学生英語多読プログラム：その動機づけと読解力への影響」『関東甲信越英語教育学会研究紀要』8：39-47.
金谷憲・長田雅子・木村哲夫・薬袋洋子. 1995.「英語多読の長期的効果：中学生と高校生プログラムの比較」『関東甲信越英語教育学会研究紀要』9：21-27.
神田みなみ. 2007.「大学での多読授業の実際」日本多読学会関西多読新人セミナー講演，兵庫，神戸国際大学.
川畑松晴. 2001.「クローズテスト」『英語リーディングの認知メカニズム』門田修平・野呂忠司（編），286-97. 東京：くろしお出版.
川喜田二郎. 1977.『知の探検学：取材から創造へ』東京：講談社.
川喜田二郎 1986.『KJ法：混沌をして語らしめる』東京：中央公論社.
岸学. 2004.『説明文理解の心理学』京都：北大路書房.
清川英男. 1992.「リーダビリティーと読書教材」『英語教育』41（10）：28-30.
清川英男. 2000.「リーダビリティー」『英語リーディング事典』高梨庸雄・卯城祐司（編），29-40. 東京：研究社出版.
小室俊明. 2001.『英語ライティング論：書く能力と指導を科学する』東京：河源社.
河野守夫. 2001.『音声言語の認識と生成のメカニズム：ことばの時間制御機構とその役割』東京：金星堂.
松井孝彦. 2008.「中学校における10分間読みの効果：読解力と動機づけの観点から」『中部地区英語教育学会』38：15-22.
松井孝志. 2005.「英語教育の明日はどっちだ」http://d.hatena.ne.jp
松香洋子. 2007.「MPIの考える多聴・多読」松香フォニックス研究所 英語教育フォーラム2007（大阪）講演，大阪，梅田研修所.
松野和子・松尾玲美・森田光宏・阪上辰也・村木恭子・大名力・杉浦正利. 2007.「統語の観点から見た英文ライティングにおけるポーズ位置の分析：英語母語話者と日本人英語学習者の比較」『言語科学会第9回年次国際大会予稿集』：27-30.
松沢伸二. 2002.『英語教師のための新しい評価法』東京：大修館書店.
薬袋洋子a. 1993.「リーディング・マラソン：多読指導の一試み」『現代英語教育』4月号：12-14.
薬袋洋子b. 1993.「リーディングの指導」（英語教師の四十八手）東京：研究社出版.
峯石緑. 2002.『大学英語教育における教授手段としてのポートフォリオに関する研究』広島：渓水社.
水野的. 2003.「サイト・トランスレーション」『応用言語学事典』小池生夫・河野守夫・田中春美・水谷修・井出祥子・鈴木博・田辺洋二（編），399. 東京：研究社.
望月正道. 1998.「日本字学習者のための語彙サイズテスト」『財団法人語学教育研究所紀要』12：27-53.
望月正道・相澤一美・投野由紀夫. 2003.『英語語彙の指導マニュアル』東京：大修館書店.
望月昭彦. 2007.「クローズテストと英語教育」『新しい英語教育のために：理論と実践の接点を求めて』望月昭彦・久保田章・磐崎弘貞・卯城祐司（編），256-69. 東京：成美堂.
森千鶴. 2007.『L2学習者のスペリング力とリーディング能力の関係』広島：渓水社.

向井美穂. 2005.「絵本の与え方」『文芸研・新国語教育事典』文芸教育研究協議会（編）, 194-197. 東京：明治図書.
邑本俊亮. 1998.『文章理解についての認知心理学的研究：記憶と要約に関する実験と理解過程のモデル化』東京：風間書房.
邑本俊亮. 2001.「文章の要約」『おもしろ言語のラボラトリー』森敏明（編）,115-34. 京都：北大路書房.
村野井仁. 2004.「第二言語習得研究から見た多読指導」『英語教育』52（12）：30-31.
村尾玲美・杉浦正利. 2004.「学習者コーパスと母語話者コーパスの4語表現の比較」『なぜ英語母語話者は英語学習者が話すのを聞いてすぐに母語話者でないとわかるのか』（平成13-15年度 科学研究費補助［基盤研究C］研究成果報告書）, 25-35.
村尾玲美・松野和子・森田光宏・阪上辰也・大名力・杉浦正利. 2006.「日本人英語学習者のライティングにおける産出単位の分析」『言語科学会第八回年次国際大会予稿集』：37-42.
長崎政浩. 2005.「総括的評価と形成的評価」『これからの学力評価のあり方』野呂忠司・達川奎三・西本有逸（編）, 211-19. 東京：教育出版.
中川綾. 2008.「訳中渡し授業の試み：新たなパラダイムを求めて」中部地区英語教育学会三重県支部口頭発表, 三重, アスト津.
中條清美・吉森智大・長谷川修治・西垣智佳子・山崎淳史. 2007.「高等学校英語教科書の語彙」『日本大学生産工学部研究報告B』40：71-92.
行方昭夫. 1994.『英文解読術』東京：岩波書店.
行方昭夫. 2007.『英文の読み方』東京：岩波書店.
成瀬武史. 1995.『英日日英翻訳入門』東京：研究社出版.
根岸雅史. 1993.『テストの作り方』（英語教師の四十八手）. 東京：研究社出版.
ナイダ, E. A.・C. R. テイバー・N. S. ブラネン. 1973.『翻訳：理論と実際』（沢登春仁・弁川潔［訳］）東京：研究社出版.
野呂忠司. 2001a.「繰り返し読みの方法」『英語リーディングの認知メカニズム』門田修平・野呂忠司（編）, 352-61. 東京：くろしお出版.
野呂忠司. 2001b.「多読指導」『英語リーディングの認知メカニズム』門田修平・野呂忠司（編）, 339-51. 東京：くろしお出版.
野呂忠司. 2001c.「視覚言語と音声言語の同時提示：聞きながら読む」『英語リーディングの認知メカニズム』門田修平・野呂忠司（編）, 362-68. 東京：くろしお出版.
野呂忠司. 2003.「外国語の語彙学習と指導法」『英語のメンタルレキシコン』265-304. 東京：松柏社.
野呂忠司. 2007.「小中連携と文字指導」『小学校英語と中学校英語を結ぶ：英語教育における小中連携』松川禮子・大下邦幸（編）, 102-33. 東京：高陵社書店.
野呂忠司. 2008.「中学・高校生に対する10分間多読の効果」『中部地区英語教育学会紀要』39：461-68.
小木野初. 1983.「訳読と構造的読解」『大学英語教育学会紀要』14：137-48.
及川敏. 1991.「児童の思考様式についての基礎的研究：覆面計算の問題解決過程に焦点化して」上越教育大学大学院修士論文.
ピネル, J. P. J. 2005.『ピネルバイオサイコロジー：脳ー心と行動の神経科学』（佐藤敬・若林孝一・泉井亮・飛鳥井望［訳］）東京：西村書店.
ポズナー, M. I.（編）. 1991.『概念と方法』（認知科学の基礎1）（佐伯胖・土屋俊［訳］）東京：産業図書.
斎藤栄二. 1996.『英文和訳から直読直解への指導』東京：研究社出版.
斎藤栄二. 2003.『基礎学力をつける英語の授業』東京：三省堂.
齊藤智・三宅晶. 2000.「リーディングスパン・テストをめぐる6つの仮説の比較検討」『心理学評論』43：387-410.
酒井邦秀. 2004.「『100万語多読』の原則と指導」『英語教育』52（12）：9.
酒井邦秀・神田みなみ. 2005.『教室で読む英語100万語：多読授業のすすめ』東京：大修館書店.
佐久間まゆみ（編）. 1994.『要約文の表現類型』東京：ひつじ書房.
佐野正之（編）. 2005.『はじめてのアクション・リサーチ』東京：大修館書店.

佐藤郁哉. 2006.『定性データ分析入門：QDAソフトウェア・マニュアル』東京：新曜社.
佐藤公治. 1996.『認知心理学からみた読みの世界』京都：北大路書房.
柴崎秀子. 2006.『第二言語テキスト理解と読み手の知識』東京：風間書房.
島本たい子 1998.「読解における語彙サイズと語彙方略について」『JASET Bulletin』7：71-9.
島宗理. 2004.『インストラクショナルデザイン』千葉：米田出版.
清水真紀. 2005.「プロセス研究からの英語リーディングテストの妥当性検証：質問文の分類とタイプ別項目分析」『STEP Bulletin』17：48-62.
白畑知彦・若林茂則・須田孝司. 2004.『英語習得の「常識」「非常識」』東京：大修館書店.
白畑知彦・冨田祐一・村野井仁・若林茂則. 2009.『英語教育用語事典 改訂版』東京：大修館書店.
靜哲人. 1999.『英語授業の大技・小技』東京：研究社出版.
靜哲人. 2001.「読みの速さを考慮した評価法」『英語リーディングの認知メカニズム』門田修平・野呂忠司（編），324-34. 東京：くろしお出版.
靜哲人. 2002.『英語テスト作成の達人マニュアル』東京：大修館書店.
靜哲人. 2003.「『リーディング』授業において目標言語によるコミュニケーションを行う理念とその方法論」『外国語研究：言語・文化・教育の諸相；織田稔教授古稀記念論文集』宇佐見太一ほか（編），109-22. 大阪：ユニウス.
鈴木寿一. 1992.「個人差に対応した多読指導の効果：多読指導を成功させるために」『英語教育研究 (SELT)』16：88-94.
鈴木寿一. 1994.「ペーパーバック・クラブの試み：運営の実際と効果を上げるための留意点」『現代英語教育』4月号：14-17.
鈴木寿一. 1996.「読書の楽しさを経験させるためのリーディング指導」『新しい読みの指導：目的を持ったリーディング』渡邉時夫（編），116-23，東京：三省堂.
鈴木寿一. 1998.「音声教材中のポーズがリーディングスピードに及ぼす影響に関する実証的研究」『ことばの心理と学習：河野守夫教授退職記念論文集』ことばの科学研究会（編），311-328. 東京：金星堂.
鈴木寿一. 2000.「コミュニケーション能力の育成を目指す授業で、大学入試に対応する学力を養成する！」『より良い英語授業をめざして：教師の疑問と悩みにこたえる』斎藤栄二・鈴木寿一（編），20-33. 東京：大修館書店.
鈴木寿一. 2007.「コミュニケーションのための基礎力と入試に対応できる英語力を育成するための効果的な指導法：ラウンド制指導法」『京都外大西高等学校 平成18年度SELHi 研究開発報告書』資料12.
鈴木寿一. 2008.「『スラッシュ・リーディング』に関する実証的研究：モデル・リーディングを聞きながらスラッシュを入れる作業は有効か」『第34回全国英語教育学会東京研究大会発表予稿集』：448-49.
鈴木淳子. 2002.『調査的面接の技法』京都：ナカニシヤ出版.
田近洵一・井上尚美. 2006.『国語教育指導用語辞典』（第3版）. 東京：教育出版.
高橋一幸. 2003.『授業づくりと改善の視点：よりコミュニティカティブな授業をめざして』（英語授業ライブラリー）東京：教育出版.
高橋正夫. 2007.「和訳を介さない双方向のリーディング授業への挑戦」『すぐれた英語授業実践』樋口忠彦・緑川日出子・高橋一幸（編），199-202. 東京：大修館書店.
高梨康雄・高橋正夫. 1987.『英語リーディング指導の基礎』東京：研究社出版.
高梨庸雄・卯城祐司（編）. 2000.『英語リーディング事典』東京：研究社出版.
高瀬敦子. 2007.「大学生の効果的多読指導法：易しい多読用教材と授業内読書の効果」『関西大学外国語教育フォーラム』6：1-13.
竹内理（編）. 2002.『認知的アプローチによる外国語教育』東京：松柏社.
竹内理. 2008.「メタ認知と英語学習」『スペシャリストによる英語教育の理論と応用』小寺茂明・吉田晴世（編），79-92. 東京：松柏社.
田鍋薫. 2000.『英文読解のプロセスの指導：談話の結束性と読解』広島：溪水社.
田中博晃・廣森友人. 2007.「英語学習者の内発的動機づけを高める教育実践の介入とその効果の検証」

JALT Journal 29：59-80.

田中武夫．2008．「リーディング指導における教材解釈のあり方について」『中部地区英語教育学会紀要』37：105-12.

田中武夫・田中知聡．2009．『「自己表現活動」を取り入れた英語授業』東京：大修館書店.

谷口賢一郎．1992．『英語ニューリーディング』東京：大修館書店.

立林尚也．1993．「理科的分野に特殊なセンスを示す児童の因子分析的研究」上越教育大学大学院修士論文.

舘岡洋子．2003．「日記研究」『応用言語学事典』小池生夫・河野守夫・田中春美・水谷修・井出祥子・鈴木博・田辺洋二（編），752．東京：研究社.

鳥飼玖美子．1997．「英語教育の一環としての通訳訓練」『言語』26（9）：60-66.

津田塾大学言語文化研究所読解研究グループ．1992．『学習者中心の英語読解指導』東京：大修館書店.

津田塾大学言語文化研究所読解研究グループ．2002．『英文読解のプロセスと指導』東京：大修館書店.

上淵寿．2004．『動機づけ研究の最前線』京都：北大路書房.

上野ダン．1996．『SIM方式 英会話こうすれば速く身につく！中級編』東京：日本実業出版社.

卯城祐司．2000．「読む目的と読む速度」『英語リーディング事典』高梨康雄・卯城祐司（編），58-72．東京：研究社出版.

卯城祐司．2003．「訳読を超えた実践：スキーマ理論から考える」http://www.modern.tsukuba.ac.jp/~ushiro/index.html

若林俊輔・根岸雅史．1993．『無責任なテストが「落ちこぼれ」を作る』東京：大修館書店.

渡邉時夫．1996．『新しい読みの指導：目的を持ったリーディング』東京：三省堂.

渡邉時夫（監）．2003．『英語が使える日本人の育成：MERRIER Approachのすすめ』東京：三省堂.

ウェスト，M．1968．『困難な状況のもとにおける英語の教え方：Teaching English in difficult circumstances』（小川芳男［訳］）．東京：英潮社.

山田純・松浦伸和・柳瀬陽介．1988．『英語学力差はどこから生じるのか：入門期のドキュメント』東京：大修館書店.

山本敏子．2000．「速読指導と多読指導」『英語リーディング事典』高橋康雄・卯城祐司（編），278-98．東京：研究社出版.

山岡大基．2005「なぜ和訳が必要となるのか」http://hb8.seikyou.ne.jp/home/amtrs/why_wayaku.html

山下淳子．2007．「EPER testsによる多読効果の測定」『外国語の読みにおける流暢さ（reading fluency）の構成概念と測定』（平成16-18年度科学研究費補助金（基盤研究C）研究成果報告書），95-106.

柳瀬陽介・横溝紳一郎・峰野光善・吉田達弘・兼重昇・那須敬弘・藤井浩美・加藤賢一・三浦省吾．2000．「アクション・リサーチと第二言語教育研究」『英語教育』49（8）：42-59.

横川博一．2006．『日本人英語学習者の英単語親密度（文字編）』東京：くろしお出版.

横森昭一郎．2000．「授業内多読指導：スターター・レベルの高校生に対する効果」『コミュニケーションと言語教育（SURCLE）』2：6-11.

米山朝二．2002．『英語教育：実践から理論へ』（改定増補版）．東京：松柏社.

吉田晴世．2001．「文をいかに知覚しているか：眼球運動と文字認識」『英語リーディングの認知メカニズム』門田修平・野呂忠司（編），85-98．東京．くろしお出版.

吉田真美．2001．「筆記再生法」『英語リーディングの認知メカニズム』門田修平・野呂忠司（編），298-309．東京：くろしお出版.

教科書

浅羽亮一ほか．2003．*World trek English course* 1．東京：桐原書店.

橋本宏ほか．2006．*Sunshine advanced readings*．東京：開隆堂出版.

橘内武ほか．2007．*Revised Polestar English Course* 1 東京：数研出版.

市川泰男ほか．2003．*Unicorn English course* 1．東京：文英堂.

市川泰男ほか. 2004. *Unicorn English course 2*. 東京：文英堂.
神保尚武ほか. 2007. *Power on English 1*. 東京：東京書籍.
笠島準一ほか. 2011. *New horizon English course 1*. 東京：東京書籍.
森岡裕一ほか. 2007. *Big Dipper English course 1* 東京：数研出版.
森住衛ほか. 2004. *Exceed English reading*. 東京：三省堂.
森住衛ほか. 2004. *Exceed English series 2*. 東京：三省堂.
南村俊夫ほか. 2004. *Vivid reading*. 広島：第一学習社.
根岸雅史ほか. 2004. *Planet blue reading navigator*. 東京：旺文社.
大熊昭信ほか. 2003. *Milestone English reading*. 大阪：啓林館.
霜崎實ほか. 2003. *Crown English series 1*. 東京：三省堂.
霜崎實ほか. 2004. *Crown English series 2*. 東京：三省堂.
塩澤利雄ほか. *Pro-vision English reading*. 東京：桐原書店.
末永國明ほか. 2004. *Powwow English reading*. 東京：文英堂.
鈴木寿一ほか. 2003. *Mainstream English course 1*. 大阪：増進堂.
鈴木寿一ほか. 2006. *Mainstream English course 2*. 大阪：増進堂.
鈴木寿一ほか. 2004. *Mainstream reading course*. 大阪：増進堂.
鈴木寿一ほか. 2006. *New stream reading course*. 大阪：増進堂.
高梨庸雄ほか. 2004. *Orbit English reading*. 東京：三省堂.
卯城祐司ほか. 2007. *Element English course 1*. 大阪：啓林館.
卯城祐司ほか. 2008. *Element English course 2*. 大阪：啓林館.

索引

あ

アイデアユニット 383
アイマークレコーダー（Eye-Mark Recorder : EMR-8) 331
アウトプット仮説 194
アウトライン 126
アクションリサーチ（action research) 384
一貫性（coherence) 172
インタビュー 366
インテイクの活動 145
インプット仮説 188
インプット処理理論 195
英語の取り込み（intake) 142
遅い閉鎖（late closure) 346
オーラルインタラクション 5
オーラルイントロダクション 5
音韻符号化（phonological coding) 393

か

外延的モード（extensive mode) 379
解釈力（interpreting) 97
概念的意味（conceptual meaning) 98
概要を掴むための質問（paragraph questions) 8
概略読み（skimming) 234
獲得価値 210
確率論的閾値（probabilistic boundary) 310
仮説設定 386
課題発見 386, 387
カテゴリー化 369
ガーデンパス文［袋小路文］（garden-path sentence) 344, 347
関係性支援 214
聞きながら読む 21
期待・価値理論 209
気づき（noticing) 194
逆戻り（regression) 329
教師中心型（teacher-centered) 300
クイック・リスポンス 146
グラウンデッド・セオリー・アプローチ（grounded theory approach) 368
繰り返し読み（repeated reading) 158
クローズテスト 320
KJ 法 368
系列的関係（paradigmatic relations) 182
結果考察 387
結束表現 74
原義（signification) 97

言語化装置（translator) 129
言語閾値仮説（language threshold hypothesis) 248
言語相互依存仮説 linguistic interdependent hypothesis 248
検索読み（scanning) 234
語彙サイズ 180
語彙知識の深さ（DVK) 181
語彙的結束性（lexical cohesion) 74
語彙ネットワーク（network knowledge) 181
語彙フレーズ（lexical phrases) 133
語彙ルート（lexical route) 335
語彙連想課題 182
語彙連想テスト（Word Association Test) 182
構造型インタビュー 366
行動実施 386
後方照応（cataphoric) 75
5W1H 形式 122
コーディング 369, 379
語用論的意味（pragmatic meaning) 99

さ

再構築（reorganization) 35
最少付加（minimal attachment) 346
再生法（recall) 382
サイト・トランスレーション（sight translation) 62, 63, 147
再認法（recognition) 382
先読み 8
サッケード（saccade) 329, 334
サマリーテスト 321
サマリーライティング 107
資源レベル（resource level) 129
自己調整（self-regulation) 275
自己認知因子 210
指示（reference) 74
支持文（supporting details) 110
事前調査 386
自動化理論（automaticity theory) 338
自由再生法（free recall) 382
修正装置（reviser) 129
集積ルート（assembly route) 335
周辺視野（periphery) 330
熟達訓練（fluency building) 235
主題文（topic sentence) 110
状況モデル 71, 100
情報収集 387
情報転移テスト（information-transfer test)

318
省略（ellipsis）74
書記素と音素の対応規則　21
処理レベル（process level）129
シリアルモデル（serial model）346
自律（self-direction）275
真義（value）97
心的表象（mental representation）41，314，318
信頼性（reliability）322
推測（inference）35
スキーマ　4
スキミング　12
スキャニング　11，12
ストーリー・リテリング（story retelling）231
スラッシング　147
制御レベル（control level）129
正書法深度仮説（Orthographic Depth Hypothesis）335
セグメント化　369
接続（conjunction）74
説明文（expository）287
セマンティック・マッピング（semantic mapping）17
全か無か（all-or-nothing）310
センテンスライティング　121
前方照応（anaphoric）75
相互作用モデル（interactive model）344
速読　166

た
ダイアリー　361
代用（substitution）74
多義文（ambiguous sentence）344
タスクに関わる計画（task schema）130
達成度テスト（progress test）316
妥当性（validity）322
多読　186
多読の三原則　190
段階別読本（グレイデッドリーダー）188
談話（discourse）172
談話標識（discourse markers）74
チャンキング　61
中央埋め込み文（center-embedded sentence）344
中間言語体系　194
中心窩（fovea）329，335
聴解単位　22
直読直解　162
沈黙期間（silent period）193
つなぎ語　118
定型表現　60

ディコーディング（decording）87，246，334
停留（fixation）329，334
手がかり再生法（cued recall）382
テキストベース（text base）71，100
統語解析（syntactic parsing）343
到達度テスト（achievement test）316
読解構成技能アプローチ（component skills approach）183
読解ストラテジー　270
読解単位　22
トップダウン処理　314

な
内省的モード（reflexive mode）379
内的表象（internal representation）342
内発的価値　210
2重アクセスモデル（dual access model）393

は
発問　32
発話思考法（think aloud protocol）131，374
パラフレージング（paraphrasing）41
パラフレーズ　114
パラレル・リーディング　160
パラレルモデル（parallel model）346
半構造型インタビュー　366
非語彙ルート（non-lexical route）335
非構造型インタビュー　366
筆記装置（transcriber）129
筆記プロトコル　383
100万語多読　191
表層構造　71
ブックレビュー（book review）231
ブレーンストーミング　127
プロトコル分析　374
文脈的意味（contextual meaning）98
ペーパーバック・クラブ　215
包括的な単語知識（comprehensive word knowledge）181
傍中心窩（parafovea）329
ポートフォリオ　364
ボトムアップ過程の自動化　226
ボトムアップ処理　314
翻訳　71

ま
マクロ構造　101
ミクロ構造　101
未知語　15
命題生成装置（proposer）129

命題的意味（propositional meaning） 98
メインアイデア 109
メタ認知 273
メタ認知的知識 273
メタ認知方略 273
文字通りの理解（literal comprehension） 35
モジュール（module） 343
物語文（narrative） 288
問題解決 375

や
訳す 71
有能感 210
有能感支援 212
読み聞かせの指導 226
読み手依存仮説（reader dependence hypothesis） 224
読みの流暢さ 187

ら
ラウンド制リーディング指導法 152
理解可能なインプット（comprehensible input） 42, 193
理解力（comprehending） 97
リーダビリティー（readability） 304
リーディング・マラソン 215
利用価値 210
連辞的関係（syntagmatic relations） 182
論説文（argumentative） 288

わ
和訳中渡しリーディング指導法 142

欧文
A Vocabulary Levels Test（VLT） 180
A Vocabulary Size Test（VST） 180
BACE（basic assessment of communicative English） 224
CBM（curriculum-based measurement） 237
EMR8 331
EPER（Edinburgh Project on Extensive Reading）テスト 205
Flesch Reading Ease 305
Flesch-Kincaid Grade Level 305
form-meaning connection（形式と意味の関連づけ） 195
global comprehension（大局的な理解） 107
intake（インプットの取り込み） 194
lemma(s) 180
local comprehension（局所的な理解） 107
MERRIER Approach 25, 26
parallel reading 230
P-burst 131
perceptual sense unit 22
pre-reading 4
previewing questions 9
signpost questions 7
SPS（simultaneous phonic spelling） 247
SRA（Science Research Associates） 189
timed reading 235
tokens 180
transitions 118
types 180
while-reading 20
word families 180
wpm（words per minute） 233

[編著者紹介]

門田修平(かどた　しゅうへい)
1981年神戸市外国語大学大学院修了。博士（応用言語学）。現在関西学院大学教授。専門は心理言語学，応用言語学。
主な著書に『英語リーディングの認知メカニズム』（くろしお出版，共編著），『英語のメンタルレキシコン』（松柏社，編著），『第二言語理解の認知メカニズム』（くろしお出版）などがある。

野呂忠司(のろ　ただし)
1987年兵庫教育大学大学院修了。博士（文学）。現在愛知学院大学教授。専門は英語教育（主にリーディングと語彙習得）。
主な著書に，『英語リーディングの認知メカニズム』（くろしお出版，共編著），『英語のメンタルレキシコン』（松柏社，共著），『これからの英語学力評価のあり方－英語教師支援のために』（教育出版，共編著）がある。

氏木道人(しき　おさと)
1996年米国カンサス大学大学院修士課程修了。M.A. in TESL。現在関西学院大学教授。専門は英語教育（主にL2リーディング指導）。
主な著書に『英語語彙指導ハンドブック』（大修館書店，共著）がある。

英語リーディング指導ハンドブック
©Shuhei Kadota, Tadashi Noro, & Osato Shiki, 2010
NDC375／ix, 415p／21cm

初版第1刷――2010年5月30日
第2刷――2014年9月1日

編著者――――門田修平／野呂忠司／氏木道人
発行者――――鈴木一行
発行所――――株式会社大修館書店
〒113-8541 東京都文京区湯島2-1-1
電話 03-3868-2651（販売部）03-3868-2293（編集部）
振替 00190-7-40504
[出版情報] http://www.taishukan.co.jp

装丁者――――内藤創造
印刷所――――広研印刷
製本所――――牧製本

ISBN 978-4-469-24555-4　Printed in Japan

Ⓡ本書のコピー，スキャン，デジタル化等の無断複製は著作権法上での例外を除き禁じられています。本書を代行業者等の第三者に依頼してスキャンやデジタル化することは，たとえ個人や家庭内での利用であっても著作権法上認められておりません。